Knaur

Über den Autor:

Dieter Baumann, geboren 1965, Olympiasieger 1992 im 5000-Meter-Lauf (Barcelona), Silbermedaille 1988 in Seoul, Europameister, 36facher deutscher Meister, Silbermedaille 2002 bei der EM in München. Er lebt in Tübingen mit zwei Kindern und seiner Frau Isabelle, die ihn als Bundestrainerin jahrelang betreute.

Dieter Baumann

Unter Mitarbeit von Josef-Otto Freudenreich

Lebenslauf

Knaur

Besuchen Sie uns im Internet:
www.droemer-knaur.de

Aktualisierte und um zwei neue Kapitel erweiterte Taschenbuchausgabe 2003
Droemersche Verlagsanstalt Th. Knaur Nachf., München

Umschlaggestaltung: ZERO Werbeagentur, München
Umschlagabbildung: Peter Schinzler
Satz: Ventura Publisher im Verlag
Druck und Bindung: Nørhaven Paperback A/S
Printed in Denmark
ISBN 3-426-77668-5

5 4 3 2 1

Inhalt

Das Undenkbare: »Dieter, deine Probe ist positiv.«

15. November 1999

»Papa, Papa, du musst jetzt aufstehen, das Baby weint.« Meine Tochter widmete sich hingebungsvoll ihrem Lieblingsspiel Mutter und Kind. Wieder einmal war aus dem Kinderzimmer eine Höhle geworden. Jackie befahl mir, Teppiche und Decken über Betten und Stühle zu hängen, die Tür zu verrammeln und die Läden zu schließen. Mit ihren vier Jahren beanspruchte sie selbstverständlich die Rolle der Mutter. Robert war gerade ein Jahr alt geworden und wackelte auf seinen Beinen noch sehr unsicher durch die Gegend. Er war das Kind. Ich hatte die denkbar einfachste Rolle: Ich war der Vater. Ich musste unter einer Decke sitzen und auf die Anweisungen meiner Tochter warten. Papa musste das Kind zum Spielplatz bringen, Suppe kochen oder alle zehn Minuten zum Schlafen gehen.

Aber Papa musste nebenbei auch laufen. Ich glaube nicht, dass Jackie dafür Verständnis hatte. Die tägliche Rennerei musste ihr ziemlich sinnlos erscheinen, weil sie mich nur vom Kuchenbacken und von sonstigen wichtigen Dingen abhielt. Trotzdem, irgendwann musste der Vater raus aus der Höhle, hinaus in die Natur. Die schönen Herbsttage waren wohl vorüber, draußen war's grau, aber die Vorstellung, auf den Spitzberg zu laufen, hellte mir das nasskalte Wetter auf. Ich versprach Jackie, in einer Stunde zurück zu sein.

Es ist eine wunderschöne Strecke durch die alten Weinberge Tübingens. Die ersten zehn Minuten ist sie flach, führt am Neckar entlang stadtauswärts. Für mich ein idealer Anfang, um den Körper auf die bevorstehenden Kilometer einzustimmen. Ich bin kein Schnellstarter, ich bevorzuge eher den langsamen Einstieg. Ein kurzer steiler Anstieg führt hinauf zum Spitzberg. Mit

kurzen Schritten nehme ich die Steigung, die im zweiten Drittel merklich flacher wird. Langsam, ohne viel Druck, laufe ich auf dem nassen Untergrund und merke, wie meine Beine allmählich warm werden.
Gleich muss die Wurmlinger Kapelle zu sehen sein. Sie taucht immer nur kurz auf, wenn der geschwungene Höhenweg eine Biegung macht. Unter mir liegt das Neckartal, an dessen südlichem Rand die Schwäbische Alb ihre Konturen in den Himmel zeichnet. Hier ist mein Boden, auf dem ich manchmal »fliegen« könnte. Begeistert von meiner Stimmung ziehe ich das Tempo an. Mir ist klar, jetzt um diese Jahreszeit, in den Monaten November und Dezember, muss ich den Grundstock legen für den Höhepunkt der kommenden Saison: Sydney 2000.
Das ist noch einmal ein reizvolles Ziel. Meine vierten Olympischen Spiele. Aber noch ist Zeit. Ich weiß, das nächste Jahr wird lang werden. Die Spiele liegen sehr spät, erst Mitte September. Ich erinnere mich an meinen ersten Auftritt, damals 1988 in Seoul. Gerade von dem späten Zeitpunkt habe ich profitiert. Viele meiner damaligen Konkurrenten waren von der anstrengenden Saison müde. Vielleicht könnte ich auch in diesem Jahr wieder von Fehlern der neuen jungen Garde profitieren. Natürlich weiß ich, dass ich gegen Haile Gebrselassie aus Äthiopien oder auch gegen Daniel Komen aus Kenia keine Chance habe. Aber vielleicht, bei optimalem Rennverlauf ...?
Sie haben nach wie vor großen Respekt vor mir, was vielleicht an meinem Alter liegt. Mit 34 gehört man nicht mehr zu den jungen Wilden. Ein Bild vom letzten Jahr wird wieder in mir wach. Monte Carlo. Die afrikanischen Kollegen stehen vor den Ergebnislisten des Wettkampfs, ich stelle mich in den Halbkreis, um die offizielle Zeit meines 3000-Meter-Laufes zu erfahren, und höre einen jungen Kenianer sagen: »Der alte Mann aus Deutschland ist persönliche Bestzeit gelaufen. Echt stark.« Das sind Momente, die mit keinem Geld der Welt zu bezahlen sind.

Laufen, unabhängig vom Resultat, das war mir in den vergangenen Jahren klar geworden, macht mir einfach Freude. Die Form entwickeln, zu sehen, wie man schneller wird. Dazu die Reisen, dieses immer noch ungestillte Fernweh. In wenigen Wochen wird es wieder nach Kenia gehen. Mit der Gruppe um Moses Kiptanui ist alles geregelt, das faszinierende Land steht mir wieder offen, eine Welt, die ich mir stets aufs Neue durch das Laufen erobere. Vielleicht liebe ich auch deshalb meinen Sport. Diese Bilder lassen mich sofort ein wenig schneller werden. Der letzte Anstieg. Die Wurmlinger Kappelle nun direkt vor mir, in Wurfweite fast. Der Weg zurück führt mich auf der anderen Spitzbergseite zurück nach Tübingen. Ideal, um bei welligem Gelände an den Bergaufpassagen das Tempo leicht zu verschärfen. Ich fühle mich gut. Soll ich noch eine kleine Runde anhängen? Ich biege nach rechts ab, eine extra Schleife, nur drei Kilometer. Es dämmert schon. Mit kurzem Blick auf die Uhr überschlage ich die Zeit. Ich müsste gerade noch vor Einbruch der Dunkelheit zu Hause ankommen. Jackie wird wieder sauer sein.
Meine Gedanken schweifen zum gestrigen Abend mit Helmut Digel. Der Präsident des Deutschen Leichtathletik-Verbandes (DLV) war erst vor wenigen Wochen einem Ruf an das Tübinger Sportinstitut gefolgt. Hier hatte er seine wissenschaftliche Karriere begonnen, von hier aus will er sein sportpolitisches Gewicht in die Waagschale werfen. Er will es mit mir zusammen tun, auch als väterlicher Freund. So sehe ich ihn. Geeint hat uns dasselbe Anliegen, dieselbe Sorge: die grassierende Dopingseuche.
Wir saßen im »Ratskeller«, im Herzen der Tübinger Altstadt, in einer verborgenen Nische, wo wir uns ungestört unterhalten konnten. Digel war wie immer. Voller Tatendrang, ständig neue Ideen gebärend, mit einem Hang zum Besserwissen, aber auch in der Lage zuzuhören. Erst vor ein paar Tagen war ich von einem Athletentreffen auf Lanzarote zurückgekehrt. Natürlich haben wir dort, wie immer, über das Thema Doping gesprochen. Die

Mannschaft, das brauchte ich unserem Präsidenten nicht erzählen, war in dieser Frage gespalten. Unsere Bemühungen, die Kontrollen so optimal, so unvorhersehbar wie möglich zu gestalten, stieß nicht überall auf Gegenliebe. Wo dieser Riss durch die Mannschaft lief, war schwierig auszumachen. Wer waren die Befürworter einer Freigabe? Wer waren die Aktivposten im Kampf gegen den Missbrauch? Wer waren unsere Gegner?
Wir glaubten aber, dass der größte Teil des deutschen Teams sauber war. Wie sollten sie auch manipulieren, bei dieser Kontrolldichte? Es wäre doch glatter Selbstmord. Später, als der grüne Tübinger Bundestagsabgeordnete Winfried Hermann zu uns stieß, kam das Gespräch auf meine Zukunft nach der aktiven Laufbahn – ob ich nicht Anti-Doping-Beauftragter der Bundesregierung werden wolle?
Während mich die Dämmerung im Wald fast verschluckt, frage ich mich, ob mich diese Aufgabe reizen könnte. Irgendwie schon. Das wäre doch noch was. Die Sicht reicht nur noch wenige Meter. Ich fixiere den Untergrund, um nicht ein kleines Loch im Weg oder eine Wurzel zu übersehen.
Was für ein Dauerlauf heute Abend. Spielerisch, würde Isabelle, meine Frau, dazu sagen. Einfach »rollen« lassen. Trotz der schlechten Sicht, obwohl meine Beine auf dem kaum mehr zu sehenden Boden unsicher Halt suchen, halte ich das Tempo. Locker bleiben, einfach locker bleiben. Stell dir ein Rennen vor. Reihe dich ein, suche eine gute Ausgangsposition. Denk an die Kenianer.
Isabelle war es, die mich auf die Spur der Afrikaner brachte. In einem Trainingslager in St. Moritz hatte ich sie vor zwölf Jahren kennen gelernt. Es war, wenn man so will, Liebe auf den ersten Blick. Was genau sie an mir fand, konnte ich mir damals nicht vorstellen. Einfach Glück gehabt. An Hermann Hesses »Nürnberger Reise«, die ich wegen seines Zwischenaufenthalts am Blaubeurer Blautopf ständig mit mir herumschleppte, kann es

jedenfalls nicht gelegen haben. Die Wienerin, zu dieser Zeit noch aktive Mittelstrecklerin, fand meine Heimattümelei grauenhaft. Seit 1991 ist sie für mein Training verantwortlich, versorgt mich mit neuen Ideen, und als spätere Bundestrainerin reizt es sie vor allem, über den Tellerrand zu schauen. Was machen die Kenianer anders? Was genau macht sie so stark, dass sie seit Jahren die Langstrecken dominieren? Fragen, deren Antworten nach ihrer Ansicht vor allem in Kenia selbst zu suchen waren. Daraus entstand unsere gemeinsame Liebe zu dem ostafrikanischen Land.
Denk an die Kenianer. Augenblicklich entsteht ein Bild vor meinen Augen: Moses Kiptanui im Stadion. Ich laufe direkt hinter ihm. Ich sehe eine kleine Schweißperle, die sich an seinem Haaransatz gebildet hat. Mein Blick hängt an seinem schmalen Hals. Der Tropfen perlt an seinem Nacken hinunter und glitzert in der Sonne. Mit jeder Sekunde, mit jedem Schritt und mit jeder Runde werden es mehr, bis sie als kleiner Bach in sein Trikot fließen. Ich spüre seine Anstrengung, sehe, wie seine Adern anschwellen, um die Muskulatur mit mehr Sauerstoff zu versorgen. Auch dieser begnadete Körper empfindet den Schmerz einer zu schnellen Runde. Aber was ist schnell?
Plötzlich bin ich wieder in der Realität. Ich muss mich bremsen. Noch bin ich nicht in Sydney, sondern am Spitzberg und ich bin zu schnell. »Ruhiger laufen, ganz ruhig, einfach locker bleiben«, murmele ich vor mich hin. Was für ein wunderbarer Dauerlauf. Die beste Grundlage für meine letzten Olympischen Spiele. Entspannt laufe ich den letzten Kilometer den Berg hinunter. Meine Gedanken sind geordnet, das Ziel liegt klar vor mir, ich bin mit meiner Welt zufrieden.

»Was meinst du damit: eine Probe ist positiv?« Ich hatte mich noch nicht richtig umgezogen. Meine verschwitzten Trainingsklamotten klebten an meiner Haut. Ich fror. »Von wem?«
Der Technische Direktor des Leichtathletikverbandes, Jan Kern,

hatte mich angerufen. Warum musste man mich immer mit den Problemen von anderen behelligen? Musste der Baumann, der Vorzeigesportler, zu allem ein Statement abgeben?
»Deine Trainingskontrolle vom 19. Oktober ist positiv, Dieter.« Kern machte eine Pause, als wolle er mir die Gelegenheit geben, zu begreifen. »Deine Kontrolle. Mit den Metaboliten auf das anabole Steroid Nandrolon.« Ich kapierte es nicht. »Was heißt meine Trainingskontrolle?«
»Dieter, du bist positiv getestet worden, im Oktober«, seine Stimme klang leise, unsicher.
Ich begriff immer noch nicht. Meine Trainingskontrolle? Im Oktober? Das geht ja nicht, dachte ich. Wie soll eine Trainingskontrolle von mir positiv sein? »Das ist doch nicht möglich.« Meine Stimme drohte zu versagen. Irgend etwas schnürte mir langsam die Kehle zu.
»Dieter, ich habe die Weisung, dich zu einer Anhörung einzuladen. Wir würden den Mittwoch dieser Woche vorschlagen. Übermorgen.« Ich hörte das Unbehagen in seiner Stimme. Er sagte nichts mehr. Eine Anhörung? Eine positive Probe? Ich konnte nicht mehr reden. »Dieter, ist dir Mittwoch recht?« Kerns Stimme drang kaum noch an mein Ohr. Er war weit weg. Er sprach zu leise. »Aber ich nehme doch nichts. Das muss ein Irrtum sein. Auf was bin ich denn positiv getestet worden?«, stammelte ich mit letzter Kraft in den Hörer.
Wie gelähmt saß ich auf dem Schreibtischstuhl. Mein Blick suchte Halt. Draußen in der Nacht konnte ich das Tübinger Schloss sehen. Wie immer war es beleuchtet, eine ruhige, malerische Kulisse. Doch diesmal gab es keinen Halt. Ich fixierte die Tür und hoffte, Isabelle würde hereinkommen. Ich wollte ihr ein Zeichen geben.
Nandrolon. Mit dieser Antwort konnte ich nichts anfangen, gar nichts. Wie in Trance bewegte ich mich, versuchte aufzustehen, machte einen Schritt in Richtung Tür. Isabelle, ich musste zur

Tür, ich konnte nicht mehr denken. Wie aus weiter Ferne hörte ich abermals die Stimme von Kern: »Hast du Zeit am Mittwoch?« Nandrolon. »Ja, ja, ich habe Zeit.« Geistig war ich nicht mehr da. »Gut, bis Mittwoch dann.« Kern legte auf. In diesem Moment erreichte ich die Tür.

Der Präsident kannte das Ergebnis die ganze letzte Woche

»Ruf ihn an.« Nur schwach hörte ich Isabelle. Wie ein großes schweres Kissen drückte die Nachricht auf meinen Kopf. Weit weg schien mir die vertraute Stimme. In mir waren andere Geräusche. Ein immer stärker werdendes Pochen machte sich breit, wuchs an zu einem unaufhörlichen Hämmern, verhinderte jeden klaren Gedanken.

»Was sollen wir machen?«, fragte ich, ohne zu merken, dass ich diese Frage in den letzten Stunden schon hundertfach wiederholt hatte.

»Ruf ihn einfach an«, drängte mich Isabelle. Selbst ihre Verzweiflung fand kein Gehör mehr. Mit wem sollte ich sprechen? Was sagen? Die positive Probe war doch nicht wahr, sie musste ein Irrtum sein. Langsam sickerte die Nachricht immer tiefer in mein Bewusstsein, Horrorszenarien vervielfältigten sich, auf die ich keine Antwort hatte. Das konnte doch nicht stimmen.

Durch diesen Nebel griff ich zum Telefon. Resigniert wollte meine Hand den Hörer schon wieder auflegen, da nahm jemand ab: »Helmut Digel.« Der DLV-Präsident klang gebrochen. »Herr Digel, gerade hat mich Jan Kern angerufen.« Ich machte eine Pause, konnte kaum reden. Ich hörte seinen schweren Atem. Instinktiv wusste ich, dass ich meine Frage nicht mehr stellen musste, und tat es dennoch: »Wissen Sie von meinen Trainingskontrollen?«

Er musste meine Verzweiflung gespürt haben. Ich hörte sein

Atmen, als stünde er neben mir. Er kämpfte offensichtlich mit der Fassung. »Es ist fürchterlich, Herr Baumann, einfach nur fürchterlich.« Er brach ab. Nur mit äußerster Anstrengung, um jedes Wort ringend, fragte ich: »Sie kannten das Ergebnis schon gestern Abend im Ratskeller?«

»Ich kannte es schon die ganze letzte Woche, Herr Baumann. Diese Vorstellung« – Pause – und er fuhr mit fast weinerlicher Stimme fort, »ist für mich die Hölle. Schon seit einer Woche kann ich nicht mehr schlafen.« Seine Niedergeschlagenheit wirkte echt. Ich konnte es nicht glauben. Schon seit einer Woche. Warum hatte er mir nichts gesagt? Mich informiert? Warum hatte er sich mit mir noch am Vorabend getroffen, um über neue Anti-Doping-Strategien nachzudenken? Was ging im Kopf dieses Mannes vor?

»Wir mussten den formalen Weg einhalten, Herr Baumann.« Eine Mischung aus Verzweiflung und Rechtfertigung war aus diesem Satz herauszuhören. »Sie müssen das verstehen.« Digel verlor zwischen den Worten immer wieder seine Stimme. »Auch gestern Abend, ich hätte nur noch heulen können, als ich Sie so unbeschwert sah. Als ich Sie reden hörte, über Anti-Doping-Projekte, über Ihr Engagement für einen sauberen Sport.« Für mich war nur noch ein schwerer Atem wahrnehmbar.

Ich hatte Digel angerufen, wie so oft in der Vergangenheit. Wen sonst? Er war ein langjähriger Wegbegleiter. Vom ersten Treffen an verband uns eine nicht immer konfliktfreie, aber aufrichtige Partnerschaft. Immer wieder holte er sich gerade von mir Rückendeckung, vom Vorbildathleten der deutschen Medien. Auch innerhalb der Nationalmannschaft konnte er sich auf mein Wort verlassen, stellvertretend für ihn hatte ich dort oft gekämpft. Er wusste genau, wenn er mich an der Spitze der Leistungsträger im Boot hatte, konnte er seinen Anti-Doping-Kurs halten, auch gegen die Widerstände im eigenen Verband. Dopingbekämpfung war von Beginn an sein Thema, damit machte er sportpolitisch Karriere.

Auf diesem verminten Gelände hatten wir zusammengefunden. Wir waren beide umgeben von Trainern, Ärzten und Funktionären, die in der Öffentlichkeit scharfe Kontrollen anmahnten und hinter vorgehaltener Hand forderten, das Problem bitte nicht zu ernst zu nehmen. Für sie galt, den deutschen Platz in der Hierarchie der Sportwelt zu halten, und ihn nicht durch allzu genaues Hinsehen zu gefährden. »Es machen doch alle«, so lautete ein gängiges Argument innerhalb des Sports, »warum sollen wir die Dummen sein?«
»Die Dummen«, so war mein Eindruck, waren aber gerade die Athleten, die diesen Weg nicht gehen wollten, die ihren Sport hormonfrei betreiben, und dennoch die Chance haben wollten, ein Finale oder eine Medaille zu erreichen. Wir, die Ehrlichen, fühlten uns manches Mal betrogen.
In einigen Disziplinen schien das nicht mehr möglich. Trainer zeigten den Athleten sehr eindeutig den scheinbar einzig gangbaren Weg. Waren sie dazu nicht bereit, wurden sie nicht berücksichtigt, fielen zurück oder mussten ihre Laufbahn beenden, ohne erprobt zu haben, wie weit sie es mit einem unmanipulierten Körper geschafft hätten. Verschärft wurde dieses generelle Problem durch den Anschluss des DDR-Leichtathletikverbandes, aus dessen Bereich viele belastete Trainer übernommen wurden. Ich konnte mich deshalb nur wundern, wenn nach der Wende behauptet wurde, der Sport habe die Wiedervereinigung beispielhaft gemeistert.
In Helmut Digel, dem Soziologen und ehemaligen Handballspieler, hatte ich einen Querdenker gesehen. Einen Mann, der sich noch nicht in der Funktionärsmühle hatte abschleifen lassen, der sagte, was er meinte. Insoweit schien er, der damals gradlinige Poltergeist, mir authentisch. Inhaltlich hatte uns der Kampf für eine gerechte Sache vereint. Ja, es war ein freundschaftliches Verhältnis.
Sein kurzer, schnappender Atem war immer noch nicht zu über-

hören. Der sonst so eloquente Redner suchte nach Worten. »Wir sollten uns treffen, aber nicht bei mir und nicht bei Ihnen.« Warum nicht? Musste ich jetzt schon abtauchen? Wer konnte hier wem nicht mehr vertrauen?
Ich war kaum noch in der Lage, das Gespräch fortzuführen. »Vielleicht bei Professor Dickhuth.« In meiner Dunkelheit fühlte ich mich plötzlich sehr müde. »Können Sie ihm trauen, Herr Baumann?« Seine Frage klang für mich so absurd, so außerhalb jeglicher Vorstellung. Natürlich konnte ich Dickhuth trauen. Seit Jahren begleitete mich der Tübinger Sportmediziner mit seinem Team. Ich brachte den Digelschen Gedanken nicht zu Ende, schüttelte nur den Kopf ob der ungeheuerlichen Frage, ohne zu bemerken, dass Digel meine wortlose Entrüstung am Telefon nicht hören konnte. »Wenn ich Professor Dickhuth nicht vertrauen kann, wem dann?«
»Natürlich, Herr Baumann«, beeilte sich Digel zu sagen, »natürlich.«
War Digel ein Freund?
Wie sehr hätte ich mir gewünscht, er, Digel, könnte mir helfen. Zu sehr glaubte ich an einen Irrtum, den es zu lösen galt, wie einen komplizierten Knoten. Zu sehr vertraute ich darauf, dass Digel auch diesmal eine Antwort hatte. »Alles Deppen« – diese bei ihm übliche Tirade hätte ich jetzt gerne gehört, und alles wäre wieder gut gewesen. Aber es war kein Irrtum, die Trainingskontrollen waren die Wirklichkeit.
»Morgen Vormittag?« Er redete, als hätte er selbst einen positiven Befund. So schwach. »Kennen Sie einen Anwalt?« Mein Gehirn war nicht in der Lage, sich Gedanken zu machen. »Sie brauchen einen guten Anwalt, Herr Baumann«, wiederholte Digel. »Wir sehen uns morgen.«
Langsam legte ich den Hörer auf den Schreibtisch. Die Welt um mich zersprang in tausend Teile. »Isabelle«, wollte ich rufen. »Isabelle.« Es war mehr ein Gedanke. Wo waren meine Kinder?

»Nehmen Sie einen Anwalt mit.«
16. November 1999

»Machen Sie von jedem Vorgang eine Aktennotiz. Sie werden alles protokollieren. Alles, auch diesen Anruf. Haben Sie verstanden?« Digels Stimme klang bedrohlich. Er stand hinter dem Schreibtisch von Dickhuth, den Hörer in der breiten Faust, als müsste er den Mann am anderen Ende der Leitung erdrücken. Er sprach mit seinem Geschäftsführer Jan Kern. Sprechen war der falsche Ausdruck. Es waren Befehle. Digels wuchtiger Körper bebte.

»Wie können solche Werte zustande kommen? Gibt es eine medizinische Erklärung?« Nachdem Digel den Hörer aufgelegt hatte, wandte er sich, immer noch erregt, aber mit deutlich gedämpftem Ton, an Dickhuth. Der ruhige, weißhaarige Mediziner wirkte wie ein natürlicher Prellbock für den Digel'schen Gefühlsausbruch. Ich hatte mich auf ein kleines Ecksofa gesetzt. Mit drei, vier Schritten kam Digel hinter dem Schreibtisch hervor.

Dickhuth hatte noch in der Nacht im Internet nach Informationen gesucht. Er reichte uns das Material, das er ausgedruckt hatte. Es besagte nicht mehr, als dass man »dieses Zeug überall bestellen kann«. Bei »diesem Zeug« handele es sich nicht um Nandrolon, sondern um Vorläufer. »Welche Vorläufer?« – Nur mit Mühe konnte ich Informationen aufnehmen. Dickhuth erklärte den Unterschied zwischen dem Dopingmittel Nandrolon und Norandrostendion sowie Norandrostendiol, den Vorläufern. Alle drei Wirkstoffe werden im Körper zu denselben Abbauprodukten zersetzt. Wie sollte ich das begreifen? Durch welchen der drei Wirkstoffe kamen meine positiven Befunde nun zustande? Ich hatte seit dem gestrigen Anruf von Jan Kern nicht geschlafen. Wie sollte ich auch?

Digel hatte sich neben mich auf das Sofa gehockt, in sich zusammengesunken. Dickhuth berichtete, dass der Leiter des Kölner Labors für Dopinganalytik, Wilhelm Schänzer, die Nandrolonvorläufer im Zusammenhang mit verunreinigten Nahrungsergänzungsmitteln sehe, und damit auch hunderte von ungeklärten Nandrolonfällen. Plötzlich fielen die Namen anderer prominenter Athleten, und plötzlich tat sich für mich eine andere, völlig neue Welt auf. Mit einem Mal war ich dabei, mitten unter den Dopingsündern, deren Unschuldsbeteuerungen ich nie geglaubt hatte.

Auch Dickhuth schien ratlos. Das Pochen in meinem Kopf hatte seit gestern Abend nicht nachgelassen. Mein Gehirn schien jede Sekunde zu platzen. Von irgendwoher musste eine Antwort kommen. Es musste sie geben. Aber die beiden Experten kannten sie auch nicht. Digel versuchte es mit einem neuen Anlauf: »Am 19. Oktober war die positive Kontrolle. Hatten Sie seitdem nochmals eine?« Mühsam presste er die Frage zwischen kurzen Atemzügen heraus. »Seit Oktober?« Ich versuchte meine Gedanken wieder zu sortieren. »Ja, ich glaube, letzte Woche. Es muss am Freitag gewesen sein.« Hektisch sprang Digel wieder auf. Mit einem schnellen Schritt war er schon fast hinter dem Schreibtisch und hatte das Telefon in der Hand. Dickhuth zwängte sich hinter ihm vorbei und räumte seinen Platz.

»Ja, hier Digel nochmal.« Er bemühte sich diesmal, leiser zu sein. »Haben Sie ein Ergebnis der Trainingskontrolle von letzter Woche? Freitag, der Zwölfte?« Digel hörte nicht lange zu. »Rufen Sie sofort in Köln an.« Er wechselte in den Befehlston. »Ja, Professor Schänzer. Er soll sofort die Probe von Herrn Baumann untersuchen. Veranlassen Sie das.« Nur ungern ließ er sich von seinem Gesprächspartner unterbrechen, um dann ungnädig »natürlich sofort« in den Hörer zu zischen.

Die Anweisungen kamen im Stakkato. »Noch eine Frage, Herr Kern, hat man im Urin von Herrn Baumann Nandrolon festgestellt?« Kern muss offenbar mit Ja geantwortet haben. Kurze

Pause. »Reines Nandrolon? Sind Sie sicher? Klären Sie das ab. Fragen Sie dazu Professor Schänzer.« Er legte auf. Wild schnaufend wandte er sich mir zu und fauchte mich an: »Wenn diese Probe auch positiv ist, dann ist das kein Zufall mehr. Dann ist das systematisches Doping, Herr Baumann.«
War Digel noch ein Freund?
Ich konnte ihm nicht folgen. Wieso sollte diese Probe positiv sein? Unfähig, überhaupt noch zu antworten, versuchte Dickhuth im selben Augenblick zu beruhigen. »Jetzt warten wir erst einmal die Untersuchung ab. Wann ist denn diese Anhörung?«
»Morgen.«
Digel drängte sofort. »Sie müssen unbedingt hingehen, Sie gehen doch hin?« Warum sollte ich nicht? Seine Aufgeregtheit machte mich verrückt. Diese irrsinnige Situation machte mich krank. Warum sollte ich nicht zur Anhörung gehen? Ich hatte doch nichts getan, hatte nichts zu verbergen. Es musste doch eine Erklärung geben. Ich spürte den schrecklichen Stimmungswechsel, hier im Büro von Professor Dickhuth. Auf einen Schlag war alles anders als vor zwei Tagen im »Ratskeller«.
Digel hatte damals das Ergebnis meiner Trainingskontrollen schon gekannt. Trotzdem diskutierte er in freundlichem Ton über Dopingbekämpfung, über die Idee eines Runden Tisches in Tübingen. Es sollte eine regelmäßige Einrichtung in unserer gemeinsamen neuen Heimat sein, eine Plattform für Politik, Sportverbände, Medien und Athleten.
»Ich werde morgen in Darmstadt sein«, sagte ich und versuchte, meiner Stimme Festigkeit zu geben. »Werden Sie mit Herrn Baumann fahren?« Digel wandte sich an Dickhuth, der mir aufmunternd zunickte. Der DLV-Präsident spielte den Organisator, was ich weder verhindern konnte noch wollte. Ich saß wie versteinert auf dem Sofa, unfähig, selbst zu denken. Ob ich einen Freund hätte, der mich juristisch beraten könnte, fragte Digel, einen Rechtsanwalt, den ich mit Dickhuth nach Darmstadt mitneh-

men könnte? Jetzt wirkte er wieder besorgt, wie ein Vater, der um seinen Sohn bangt.
Ich kannte keinen. Warum sollte ich auch? Bisher hatte ich keinen nötig gehabt. Keiner sagte mehr etwas. Ratlos. Digel schien fürchterlich zu leiden. Hatte er gesundheitliche Probleme? Dickhuth wirkte eher gelassen. Aufgeregtheit war nicht seine Art, er verabschiedete sich von uns, fragte nur: »Herr Baumann, wann fahren wir morgen?« Ohne eine Antwort abzuwarten, fügte er hinzu: »Rufen Sie einfach an. Ich bin immer für Sie da.« Auch Digel war aufgestanden und sagte nur noch: »Herr Baumann, nehmen Sie einen Anwalt mit, morgen zur Anhörung.«

Karriere beenden: Kein Verfahren, keine Öffentlichkeit

17. November 1999

Einen Anwalt? Dunkel erinnerte ich mich an den Namen eines Juristen aus Heidelberg, Michael Lehner. Er hatte mit den DDR-Dopingopfern zu tun. Ich hatte ihn noch nie gesehen, ich wusste aber, dass er mit dem Wissenschaftler Werner Franke eng zusammenarbeitete. Dieser angesehene Zellbiologe war der engagierteste Streiter im Anti-Doping-Kampf. Ihn kannte ich von vielen Podiumsdiskussionen, bei denen wir Seite an Seite saßen. Wer mit ihm zusammenarbeitete, musste ein breites Kreuz haben. Also Lehner. Er wurde mein Anwalt. Er warf seine Termine um und kam mit.
Ich glaubte an das Gute, an einen guten Ausgang. Mit dieser Überzeugung fuhr ich nach Darmstadt. Im DLV-Hauptquartier hatten sie einen großen Raum gewählt und dort die Tische im Quadrat aufgebaut. Die Herren von der Anti-Doping-Kommission, Jan Kern, Theo Rous, Volker Wollschläger, waren bei unserer Ankunft schon im Raum. Nach einer kurzen, unter-

kühlten, vielleicht auch verlegenen Begrüßung platzierten sie sich, von der Tür aus gesehen, auf der rechten Seite entlang der Tischfront. Ich durfte ihnen gegenüber sitzen. Dickhuth und Lehner bildeten eine Art Verbindungssteg.

Der Amtsrichter Clemens Prokop, der im Verband als Vizepräsident für Recht zuständig war, kam verspätet. Betont locker, fast schon fröhlich betrat er den Raum. Es passte gar nicht zur Stimmung der übrigen Anwesenden. Prokop setzte sich zu seinen Funktionären. Der Raum wirkte dunkel. Lag es an diesem regnerischen Novembernachmittag?

Prokop sortierte einige Blätter Papier, die vor ihm lagen und eröffnete die Sitzung. »In der Trainingskontrolle vom 19. Oktober wurden Metaboliten von der anabolen Substanz Nandrolon festgestellt. Kannst du uns eine Erklärung dafür geben?«, fragte Prokop. Sein Versuch, die Sitzung ungezwungen, geradezu freundlich zu eröffnen, war holprig, wirkte angesichts dieses Eröffnungssatzes mehr als gezwungen.

Ich weiß nicht, warum, aber in diesem Moment, in dem ich sein falsches Lächeln und die versteinerten Gesichter seiner Kollegen sah, wurde mir bewusst, dass dies nicht mehr meine Weggefährten der letzten Jahre waren.

Prokop war auf den Vorteil des Verbandes bedacht, auf seinen Vorteil, war nicht wirklich daran interessiert, mir zu helfen. Nein, ich hatte an nichts Böses gedacht auf der Fahrt hierher. Diese andere, diese neue Realität, war mir fremd und ich wurde von ihrem kalten, hässlichen Gesicht geradezu erschüttert.

Prokop wartete auf eine Erklärung. Acht Augen schauten mich an, musterten jede Bewegung. Ich hatte keine Erklärung für die Abbauprodukte, die Metaboliten. Wie sollte ich etwas erklären, was mir selbst ein Rätsel war? Das unaufhörliche Pochen in meinen Kopf machte mich krank.

Dickhuth und Lehner versuchten es mit ersten Erklärungen.

Möglich sei, sagten sie, dass ich verunreinigte Nahrungsergänzungsmittel zu mir genommen hätte oder eine Eigenproduktion von Nandrolonmetaboliten vorliege, nach starker körperlicher Belastung oder Stress. Diese Theorie hatte Lehner von Werner Franke.

Die positive Probe vom Oktober war nicht zu bezweifeln. Sie lag ja vor. So weit traute ich unserem Kontrollsystem. Ich glaubte auch nicht an eine Manipulation. Aber wie kam das Ergebnis zustande?

»Ich habe nie verbotene Substanzen genommen, Herr Prokop. Auch nicht im Oktober dieses Jahres. Weder das anabole Steroid Nandrolon noch andere Dopingmittel. Dies kann ich beschwören.«

»Wir glauben dir ja, Dieter«, beschwichtigte er mich. »Aber wie kommt dann der positive Befund zustande? Was sollen wir denn machen?«

Was fragte er mich? Was sollten »wir« machen? Was wollte er hören?

»Hast du einen Vorschlag?« Sein Gesicht wirkte wie eine Maske. Aalglatt. Noch nie war mir diese berechnende Kälte an ihm aufgefallen. Es war eine Falle. Worauf wollte er hinaus?

»Wir als Anti-Doping-Kommission können nur ein Verfahren gegen dich einleiten, wenn du Mitglied eines Vereins bist.« Kunstpause. »Du bist doch schon fast 35.«

Hatte ich das richtig verstanden? Prokop bot mir an, ich sollte den Leistungssport beenden, aus dem Verein austreten und bliebe dafür unbehelligt? Keine Veröffentlichung, kein Verfahren, einfach Schluss, wenn ich mitspielte und mich davonstahl. Eine Ungeheuerlichkeit, auch nur eine Sekunde darüber nachzudenken. Ich war wie vom Donner gerührt.

Noch im Mai hatte mir der Verbandsjurist Prokop seine Einlassungen zu einer Anti-Doping-Stiftung zugefaxt, die ich bei einem Gespräch mit Innenminister Otto Schily erläutern sollte. Die

Verbände erhofften sich von der Bundesregierung finanzielle Unterstützung.
Wütend sprang ich auf und verließ den Raum. Ich hielt die Falschheit dieser Menschen nicht mehr aus. Lehner und Dickhuth folgten mir hastig. Isabelle saß im Foyer, voller Sorgen über meinen Gemütszustand. In der Teeküche versuchten sie mich zu beruhigen und davon zu überzeugen, dass ich Prokop falsch verstanden hatte. Danach kehrten wir in den Besprechungsraum zurück. Die vier Herren des DLV saßen stumm am Tisch und musterten mich.
Prokop nahm einen neuen Anlauf. »Was war denn deiner Meinung nach die außergewöhnliche Belastung, welche die Eigenproduktion ausgelöst haben könnte?«
Und wieder hatte er diesen scheinbar ungezwungenen Ton in der Stimme, als unterhielten wir uns über verschiedene Methoden des Ausdauertrainings. Er lächelte mich an. Ich war angeknockt, meine Nerven lagen blank. Am liebsten hätte ich ihn angeschrien, sein dämliches Grinsen zu unterlassen. Stattdessen versuchte ich meine Gedanken zu sortieren.
»An dem Tag der Probe war ich im Kraftstudio. Wir haben in diesem Herbst zum ersten Mal mit einer neuen Form des Krafttrainings begonnen. Ich habe nicht, wie in der Vergangenheit, alles über das eigene Körpergewicht und in einem Zirkeltraining gemacht, sondern mit Geräten gearbeitet. Danach war ich immer sehr müde, fühlte mich ungewöhnlich angestrengt.« Ich versuchte ruhig zu antworten.
»Waren das hohe Gewichte?«, wollte Prokop wissen. Er war nicht der Vorsitzende, hatte aber zentral Platz genommen und führte ganz offensichtlich durch diese Sitzung. Von Rous, dem eigentlichen Vorsitzenden, war nichts zu hören. Wollschläger blieb regungslos und Kern machte ein desinteressiertes Gesicht, als wäre er eher aus Versehen in diese Runde geraten. Dickhuth wollte vermitteln und Lehner beobachtete schweigend.

»Ich wiege 60 Kilogramm. Wenn ich 30 Liegestützen mache, ist das ein hohes Gewicht, Herr Prokop. Meistens arbeiten wir Langstreckenläufer im Training ohne Gewichte. Eine halbe Kniebeuge beispielsweise, mit vielleicht 25 Kilogramm. Es geht bei dieser Art des Krafttrainings mehr um Dauer und Wiederholungen der Übungen. Mit Maximalkraft hat das nichts zu tun.« Resigniert hielt ich inne – »Wenn Sie das meinen«. Nur Sekundenbruchteile später schob ich diesen Halbsatz nach. Ich hatte den Eindruck, dass, egal was ich sagen würde, es im Endeffekt keine Rolle mehr spielen würde.
Was war das für eine Veranstaltung? War ich hier völlig ausgeliefert? Keines der Kommissionsmitglieder wagte es, mich anzuschauen. Lag es am spärlichen Licht des trüben Novembertages? Ich hatte den Eindruck, der Abstand zwischen mir und der Tischreihe der Funktionäre wurde immer größer.
»Nimmst du auch Nahrungsergänzungsmittel?« Prokop ersparte mir jetzt sein Lächeln. Offensichtlich war für ihn der Kampf eröffnet. »Du weißt, nach unseren Regeln ist der Athlet selbst verantwortlich für das, was man in seinem Körper findet.« Ich hatte mir über diese juristischen Feinheiten nie weiter gehende Gedanken gemacht.
Otto Schily schoss mir durch den Kopf. Im Mai, bei der Diskussion in Bonn, hatte er alle sechs anwesenden Athletensprecher gefragt, mit dem Zeigefinger auf die Brust deutend, ob wir einverstanden wären, wenn man für alle verbotenen Substanzen, die im Körper eines Sportlers gefunden wurden, eine zweijährige Sperre aussprechen würde. Die Frage des Ministers kam jetzt wie aus dem Off. Schily, dem Juristen, war die Tragweite einer solchen Regel für die betroffenen Athleten offenbar bewusst, ich hatte bis dahin nie darüber nachgedacht.
Hier in Darmstadt wurde mir der Sinn seiner Frage, wurde mir die ausweglose Situation klar, und sie machte mich zornig. Wie kann ich für etwas in meinem Körper verantwortlich sein, von

dem ich nicht weiß, wie es dorthin gelangt ist? »Ich nehme im Prinzip keine Ergänzungsmittel«, antwortete ich, mühsam beherrscht, »vielleicht ab und zu Magnesium. Nach einer langen oder harten Belastung greife ich manchmal zu diesem Elektrolytgetränk.« Ich hatte eine solche Dose dabei, die ich allerdings erst Ende Oktober aufgemacht hatte, und stellte sie neben mich auf den Tisch.

Lehner nickte mir aufmunternd zu. Prokop blätterte in Papieren, die vor ihm lagen, und dann schaute er mir kalt lächelnd ins Gesicht. »Die Dose, die du mitgebracht hast, kann nicht der Grund deines positiven Befundes sein. Wir haben heute eine Faxnachricht vom Labor in Köln erhalten.« Er machte eine bedeutungsvolle Pause. »Deine Trainingskontrolle vom 12. November weist Nandrolon in ähnlich hoher Konzentration aus.«

Im ersten Moment kapierte ich gar nichts. Eine zweite Probe? Im November? Das ist unmöglich, dachte ich.

»Gibt es aus deiner Sicht dafür eine Erklärung? Was sagst du dazu?«, fragte Prokop. Auch bei Dickhuth und Lehner löste die Nachricht heftiges, ungläubiges Kopfschütteln aus.

Man hatte mir die positive Probe, die vor nicht einmal acht Tagen genommen worden war, bis jetzt verschwiegen. Warum hatte Prokop diesen Sachverhalt die ganze Zeit zurückgehalten? Ich war benommen.

»Der DLV hat deine Ergebnisse der letzten Trainingskontrollen abgefragt.« Um die Wichtigkeit seiner Botschaft zu betonen, hob er ein Papier hoch, das er vor sich hatte. »Alle Proben von diesem Jahr waren negativ. Außer einer vom 5. August. Sie hatte einen Schleier mit denselben Metaboliten des Wirkstoffs Nandrolon. Sie lag unter dem Grenzwert von zwei Nanogramm pro Milliliter und war somit negativ zu bewerten.« Prokop spielte jetzt den Jäger, fragte mich, ob ich bereit wäre, noch heute einen Urintest zu machen. Kein Problem, dachte ich, wenn's der Wahrheitsfindung dient. Und schon eilte Kern aus dem Raum,

um diese weitere Probe zu veranlassen. Prokop nutzte die Gelegenheit und unterbrach die Sitzung.
Verwirrt ging ich aus dem Zimmer und suchte Trost bei Isabelle. »Es gibt eine zweite Probe.« Sie verstand nicht. »Die Kontrolle von letzter Woche ist auch positiv. Mit demselben Zeug.« Isabelle verlor die Fassung, sie weinte. Dickhuth versuchte sie zu beruhigen. Ich konnte mich wenigstens wehren, sie aber konnte nur hilflos zuschauen. Nach wenigen Minuten kehrten wir in das Besprechungszimmer zurück. Diesmal nahm ich Isabelle mit.
Prokop und Co. überlegten nun, ob sie aufgrund des zweiten positiven Befunds weitere Nachforschungen anstellen lassen sollten. »Die Probe liegt ja noch nicht einmal eine Woche zurück. Vielleicht kann man die Ursache noch herausfinden«, warf Dickhuth ein. Prokop wollte daraufhin von mir wissen, ob ich mit weiteren Untersuchungen einverstanden wäre. Selbstverständlich. Der bis dahin teilnahmslose Rous bot an, das von mir mitgebrachte Getränk und den Urin noch heute bei Professor Schänzer abzuliefern.
Mittlerweile war auch der Kontrolleur eingetroffen. Jan Kern verließ geschäftig den Raum, um mit Schänzer zu telefonieren. Nach kurzer Zeit kam er mit der Nachricht zurück, dass der Kölner Wissenschaftler grundsätzlich bereit wäre, weiter zu untersuchen, auch bei mir zu Hause. Noch heute Abend könne er einen Mitarbeiter nach Tübingen schicken.
In aller Eile wurde das weitere Vorgehen beschlossen. Prokop wollte die Analysen abwarten und so lange nicht an die Öffentlichkeit gehen. Aus seinem Mund klang es wie eine Drohung, deshalb verlangte ich: »Ich werde die Presse selbst informieren, wenn es sein muss. Ich bitte darum, mir dieses Recht zu lassen. Natürlich werden wir alles miteinander abstimmen.« Schnell beeilte sich Prokop, meiner Forderung zuzustimmen. Was er darunter verstand, sollte ich früh genug erfahren.

Es war dunkel geworden in Darmstadt. Der Aufbruch war hektisch, als müssten alle noch etwas sehr Wichtiges erledigen. Aber gleichgültig, wohin sie auch gehen mochten, die Herren Prokop, Rous, Kern und Wollschläger, sie würden von nun an keine ruhige Minute mehr haben. Die Bombe tickte und alle wussten, dass sie mit verheerender Wirkung hochgehen würde. Ich konnte es spüren, sie waren dieser Aufgabe nicht mehr gewachsen. Der Aufbruch war für sie ein Weglaufen.

»Es wird eine Lösung geben, davon bin ich überzeugt. Diese positiven Resultate kommen doch nicht aus der Luft, Herr Baumann.« Dickhuth unterbrach meine Gedanken auf der Heimfahrt. Ich steuerte den Wagen, Isabelle saß auf dem Rücksitz. »Meinen Sie, dass Schänzer heute Abend etwas findet?« Dickhuth rekapitulierte offensichtlich die Anhörung, es dauerte eine Zeit lang, bis er antwortete. »Es gibt bei dieser Substanz noch viele offene Fragen, es muss eine Erklärung in Ihrem Fall geben.« Es regnete. Die Lichter der entgegenkommenden Wagen spiegelten sich auf der nassen Windschutzscheibe. Bald würde der Mitarbeiter aus Köln in Tübingen sein.

Die Suche im Pulver des Druiden

»Mein Zug wird um 22.22 Uhr in Tübingen ankommen.« Der Mitarbeiter von Professor Schänzer hatte sich vom Stuttgarter Hauptbahnhof aus gemeldet. Er war am frühen Abend in Köln losgefahren, um eine Spur zu finden, die das Unerklärliche erklären sollte. Ich versprach, ihn abzuholen.

Eine Stunde bis zu seiner Ankunft. Meine Gedanken kreisten. Wie ein Orkan wütete dieses Ereignis in meinem Leben, wirbelte alles durcheinander. Ist das die Wirklichkeit? Meine Wirklichkeit? Sie kann es nicht sein. »Sie kann es nicht sein!«, schrie ich voller Zorn. Woher kamen diese Befunde?

Ich stürzte in die Speisekammer, kramte wie wild ein paar Vitamintabletten hervor. Aber zu der fraglichen Zeit hatte ich doch keine genommen. Bei denen, die ich in der Hand hielt, war das Verfallsdatum bereits abgelaufen. Die konnten es nicht sein. Woher kommen dann die positiven Befunde?
Die Frage hämmerte sich in meinen Kopf, bohrte unentwegt feine kleine Löcher in mein Gehirn.
Eine halbe Stunde später wartete ich vor dem Haupteingang des Bahnhofs. Viele Menschen, die gerade mit dem Zug angekommen sein mussten, gingen an mir vorbei. Sie grüßten freundlich. Sie alle wussten nichts von den positiven Proben, nichts von dem Irrsinn der letzten beiden Tage, ahnten nichts von der Bedrohung. Ich versuchte, die Grüße zu erwidern, fühlte mich dabei unwohl, beobachtet. Auf wen wartete ich eigentlich? Ich kannte den Kölner Wissenschaftler nicht. Konnte er mir helfen?
Langsam ging ein kleiner schmächtiger Mann auf mich zu. »Herr Baumann, ich habe Ihre Stimme am Telefon erkannt, mein Name ist Hans Geyer.« Ihm war offenbar nicht einmal mitgeteilt worden, mit wem er es zu tun haben würde. Tübingen und Telefonnummer, mehr hatte er von seinem Chef Schänzer nicht erfahren. Jetzt sagte er nur: »Kommen Sie, wir fahren gleich zu Ihnen.«
Durch ihn erfuhr ich zum ersten Mal, wie undurchsichtig und problematisch die Nandrolonsituation war. »Sie laufen reihenweise in die Falle«, deutete er dunkel an, »wir haben konkrete Verdachtsmomente.« Die Falle, die er meinte und die ich nicht im Entferntesten ahnte, hieß Nahrungsergänzungsmittel. Dieser Markt sei eine »große Schweinerei«, weil winzige Verunreinigungen reichten, um bei Tests positive Ergebnisse zu bringen. Deshalb glaube er auch, dass die meisten der jüngsten Dopingfälle gar keine seien. Ich hatte den Eindruck, dass er bei mir dasselbe dachte, und das »Scheißzeug« nur in meiner Speisekammer finden wollte. Immer noch konnte ich mir keinen Reim

auf diese Theorie machen. Beim Aussteigen aus dem Auto fragte er noch: »Welche Ergänzungsstoffe nehmen Sie?« Ich schüttelte den Kopf – »Keine« – und ließ ihn ins Haus.

Wir standen im Wohnzimmer um den Esstisch, Geyer, Isabelle und ich. Der Biochemiker wollte systematisch vorgehen und bat zunächst um eine Urinprobe von uns beiden. Zur Sicherheit wollte er auch selbst Wasser lassen, später das Ergebnis meiner Urinprobe telefonisch abfragen, die ich am Nachmittag in Darmstadt abgegeben hatte. »Um diese Zeit?«, fragte ich ungläubig. Inzwischen war es Mitternacht. »Nach dem Anruf vom DLV«, klärte er auf, »bat unser Chef eine Kollegin, im Labor zu bleiben. Wir wussten, dass irgendetwas nicht stimmte.«

Von nun an ging es nur noch ums Essen und Trinken. Wir mussten alles rekonstruieren. Frühstück, Mittagessen, Abendessen. Selbst Kleinigkeiten zwischendurch sparte er nicht aus. Er wollte wissen, was wir wo eingekauft hatten. Ich pendelte von der Küche zum Wohnzimmer, wieder zurück zur Küche, an Ruhe war nicht zu denken. Nahrungsergänzungsmittel kamen nicht in Betracht, weil ich keine genommen hatte. Zumindest nicht in der letzten Woche. Also vielleicht die Vitamintabletten, die in der Speisekammer lagen, aber, wie gesagt, unbenutzt. Dennoch packte er sie ein.

»Außer diesem Elektrolytgetränk nehme ich nichts,« sagte ich und zeigte es ihm. Ich wusste, dass es in Tübingen hergestellt wurde, von einem Unternehmer, den ich persönlich kannte. »Der legt großen Wert auf gesunde Ernährung und so«, erzählte ich, was Geyer wenig beeindruckte. Stattdessen kamen seine Fragen und Antworten wie aus der Pistole geschossen: »Was ist das für einer? Bestimmt auch so ein Gesundheitsprediger. Das ganze Zeug bringt doch nichts. Mischt der das selber? Haben Sie noch andere Produkte von ihm?« Ich brachte ihm die paar Energieriegel, Geschmacksrichtung Aprikose auf Molkebasis, die noch in der Speisekammer waren.

Zum zweiten Mal telefonierte er mit Köln. Wie selbstverständlich nahm noch jemand ab. Die Probe von heute war negativ. »Schade, wirklich schade«, sagte er mehr zu sich selbst. Ich verstand nicht, was er damit meinte. Mir war nur klar, dass die anderen Nandrolonfälle nicht so klar waren, wie sie die Verbände darstellten. Offensichtlich konnte dieses Anabolikum fast überall drin sein, ohne dass die Athleten davon wussten.
Es war weit nach Mitternacht, und der unermüdliche Dopinganalytiker forschte immer weiter. In den nächsten Tagen sollten wir ständig Urinproben nach Köln schicken. Auch Isabelle. »Natürlich.« Isabelle zuckte mit den Schultern. Was sollte das für einen Sinn haben? Sie war mit den Nerven am Ende. Die Strapazen, die Anspannung der letzten Tage hatten ihr Furchen ins Gesicht gegraben. Ich selbst war unfähig, sie zu trösten, ihr Mut zuzusprechen. Wir lebten seit drei Tagen im Ausnahmezustand. Isabelle verabschiedete sich von unserem nächtlichen Besucher und versuchte zu schlafen.
Geyer wollte die Quelle finden. Bei anderen Spitzensportlern seien sie einfach zu spät gekommen, erklärte er mir, bei mir seien die Proben noch frisch, das sei nachprüfbar. Im Übrigen seien die Betroffenen viel zu clever, um zu Nandrolon zu greifen. Was sollte ich dazu sagen? Ich hatte keine Ahnung, was die anderen getan hatten, was mit ihnen passiert war, geschweige denn hatte ich eine Vorstellung, was mit mir passierte. Aber ich spürte zum ersten Mal Hoffnung. Dieser Mann wollte mir helfen. Schänzer und sein Labor in Köln wollten mich nicht hängen lassen.
»Sie glauben gar nicht, wo wir dieses Zeug schon überall gefunden haben. Selbst in einem Guarana-Kaugummi.«
»In was?«, fragte ich zurück. Darauf folgte ein Exkurs: »Guarana ist eine Koffeinpflanze. Wir haben in Belgien einen Kaugummi gefunden, der enthält auch Norandrostendion. Wir haben das schon nachgewiesen.« Fassungslos schaute ich ihn an. »Ver-

gessen Sie es, Herr Baumann. Wir finden das Zeug schon. Vielleicht ist es in dem Pulver von dem Tübinger Druiden.«
Der erste Zug in Richtung Köln fuhr um 4.15 Uhr. Es blieben uns noch zwei Stunden. Ich konnte ihn überreden, wenigstens diese zwei Stunden im Gästezimmer zu schlafen. Ich wollte nicht ins Bett, an Schlaf war ohnehin nicht zu denken. Ich döste auf dem Sofa ein. Mein Wecker klingelte.
»Denken Sie bitte in den nächsten Tagen an den Urin? Nehmen Sie die Proben immer zur selben Zeit ab wie die Trainingskontrollen. Am frühen bis späten Nachmittag. Ich schicke Ihnen noch Gefäße. Herr Baumann, machen Sie sich keine Sorgen.«
Und fort war er.
Das Haus war ruhig. Isabelle und die Kinder schliefen. Meine Mutter hatte, während wir gestern bei der Anhörung in Darmstadt waren, auf die beiden aufgepasst. Sie wollte heute wieder nach Hause fahren. Auch sie war wie unter Schock. Ich stellte mir vor, meine Tochter Jackie würde irgendwann in der Zukunft zu Unrecht verdächtigt und ich könnte ihr nicht helfen, müsste tatenlos zusehen. Ein schrecklicher Gedanke. Meine Mutter war den Ereignissen ausgeliefert. Was musste in ihr vorgehen? In meinem Vater? In Isabelle?
Mit großer Anstrengung konnte ich das Leid, die Trauer, die Hilflosigkeit aller erkennen, aber, sosehr ich es gewollt hätte, ich konnte keinem Mut machen. Ich nahm meine Umwelt kaum noch wahr. Ich steckte in einem Nebel, ein trüber Schleier verwehrte mir den Blick. Was konnte ich tun? Nichts. Nichts, nur warten. Auf den DLV warten. Auf Köln warten. Ich konnte nichts tun, nur noch warten.
Wie ging es weiter? Eine einzige Frage lähmte jeden Gedanken. Was kommt dann? Ich fand keine Antwort. Es lag so weit außerhalb meiner Welt. Meine Zukunft mündete in totaler Finsternis.
Auch Prokop wollte zunächst auf die Ergebnisse von Schänzer warten. Warten, warten. Alles drehte sich. Das konnte nicht

wahr sein. Das war ein Trugbild, eine Sinnestäuschung. Mein Verstand verlor seinen Halt. Wo bist du, Präsident? Wo bist du, väterlicher Freund? Komm, Digel, ruf mich an und sage: »Das war ein Test.« Sage: »Es ist ein Irrtum.« Sage: »Es ist versteckte Kamera.« Sage irgendwas. Es kann doch nicht sein.
Langsam wurde es hell.

Wie ging es weiter? Es waren erst drei Tage vergangen, seit mich Jan Kern über die positiven Befunde informiert hatte.
Ich fühlte mich schlecht an diesem Morgen. Sehr schlecht. Aber ich wollte laufen. Wollte mich zwingen, wollte meinem Körper etwas vormachen, als wäre nichts geschehen. Es ging nicht. Ich konnte nicht laufen. Jeder Schritt schmerzte, so als hätte ich mich seit Monaten nicht bewegt. Jeder Schritt löste in meinem Körper Erschütterungen aus. Sie verstärkten das Pochen im Kopf zu einem Hämmern. Ich suchte nach einer Lösung, nach einem Weg, aber ich fand ihn nicht.
Eine einzige Frage verlor sich in meinem Gehirn, um sogleich in noch rascherem Tempo wieder von neuem zu beginnen. Ich fand keinen Ansatz. Wie kamen die positiven Proben zustande?
Es war kein Laufen, war keine Freude. Ich quälte mich durch den Wald. »Was sollen wir jetzt tun, Dieter?« Prokop war wieder am Apparat und stellte die gleiche Frage wie schon bei der Anhörung gestern. Es war absurd. Prokop stellte sie immer und immer wieder. »Was sollen wir jetzt tun?« Ich hatte keine Ahnung, was wir tun sollten. Ich wollte in das Telefon schreien: »Keine Ahnung!« Prokop fuhr fort: »Es wurde alles untersucht. Nirgendwo ist Nandrolon enthalten. Was sollen wir jetzt tun?«
In meinem Gehirn schwang die Frage nach. Wie ein unendliches Echo. Ich wusste es nicht. Ich erinnerte mich an sein Grinsen von gestern. »Dieter, wir werden morgen veröffentlichen. Um zwölf Uhr. Verstehst du? Professor Digel und ich haben uns gerade da-

rüber verständigt. Wir können nicht mehr länger warten. Was sollen wir denn tun?«

Was hieß das: veröffentlichen? Ich war zu müde, um zu reagieren. Ich konnte mich nicht mehr richtig verteidigen, hatte keine Kraft mehr, mich zu wehren. Instinktiv, wie ein wehrloses Tier, versuchte ich mich nochmals aufzubäumen: »Aber es war doch anders vereinbart. Ich sollte doch die Gelegenheit erhalten, an die Öffentlichkeit zu gehen? Wie soll ich das nur machen? Es sind doch nur noch 20 Stunden.« Es war ein kläglicher Versuch.

»Was sollen wir tun, Dieter?« Wieder diese stereotype Frage von Prokop. »Was weiß ich?«, murmelte ich und legte auf.

Alles drehte sich. Der Schmerz kam von innen. Wie ein Überfall aus dem Hinterhalt. Verteidigung war nicht mehr möglich. Er breitete sich in meinem Körper aus, lähmte alles. Ich sah Isabelle, aber ich hörte sie nicht. Sie sprach zu mir, sie schrie mich an, aber ich verstand sie nicht. Es ist vorbei, ich werde wahnsinnig. Ich konnte keinen Gedanken mehr fassen, es war keiner mehr da. Dann wurde es dunkel.

Irgendwann kam ich zu mir. Um mich herum war es still. War es vorüber? Nein, es war dieselbe irreale Situation. Ich lag auf dem Sofa, wie lange schon? Ich wusste es nicht. Ich musste bis morgen etwas tun. Ich musste dem DLV zuvorkommen. Die Menschen sollten es von mir erfahren. Ich hatte nichts genommen, nicht gedopt. Sie sollten von mir erfahren, dass zwei Urinproben positiv sind, ohne dass ich eine Erklärung dafür hätte. Ich wollte es vielen Menschen persönlich sagen, nicht durch die Medien. Aber wann? Es war keine Zeit mehr. Meine Umgebung nahm ich nicht mehr wahr.

Wo waren meine Kinder? Ich wusste es nicht. Im Haus? Wahrscheinlich. Wo war Isabelle? Wie ging es ihr? Ich wusste es nicht. 20 Stunden Zeit. Nicht einmal die hatte ich mehr.

Der Schlag auf den Lebensnerv: Nie mehr laufen

19. November 1999

Baumann gedopt. Welch eine Schlagzeile. Manchmal habe ich den Eindruck, als würde die halbe Welt nur darauf warten. Der populärste deutsche Leichtathlet – ein Betrüger. Ausgerechnet dieser Baumann, der selbst ernannte Saubermann. Den Müsli-Mann markieren und statt Körnern Anabolika einwerfen. Ausgerechnet die Mutter Teresa der Leichtathletik, die die Funktionäre, Trainer, Mediziner immer wieder daran erinnert hat, dass Doping der Tod des Sports ist. Der letzte Mohikaner vom Stamme der sauberen Sportler ist tot.

1995 hatte ich diese Sätze in meinem Buch »Ich laufe keinem hinterher« geschrieben. Sie galten jenen, die immer wieder bezweifelten, dass man ohne Doping so schnell und so lang laufen konnte. Jenen, die meinten, der Baumann könne doch nicht der Einzige sein, der seine Leistung ehrlich erbringt, und nur darauf warteten, mich als Lügner zu überführen. War ich jetzt an diesem Punkt angekommen? Hatte ich mit diesem Szenario, das mir damals so absurd erschien, meine eigene Beerdigung vorweggenommen?

Ich wusste es nicht. Ich wusste nur, dass ich keine Zeit mehr hatte, dass ich raus musste aus der Defensive, mich öffentlich erklären. Ich durfte dem DLV das Feld nicht alleine überlassen. Die Frage, ob ich stabil genug wäre, eine Konferenz mit einem Heer von Journalisten zu überstehen, durfte ich mir nicht stellen. Ich hatte ihnen Rede und Antwort zu stehen, wohl wissend, dass ich ihnen nichts erklären konnte. Aber wenigstens das wollte ich mitteilen.

Zwei Freunde hatte ich nachts noch gebeten, zu mir zu kommen. Ich brauchte jemanden, mit dem ich reden konnte. Alles war bisher so geheim gewesen, so gespenstisch. Isabelle lag schluchzend auf der Couch im Wohnzimmer. Was sollte ich tun? »Morgen um zwölf Uhr wird der DLV veröffentlichen«, sagte ich meinen Besuchern. »Viel Zeit gibt dir dein Freund Digel aber nicht«, kommentierten sie. Wie organisiert man eine Pressekonferenz? Wer gibt mir einen Raum? Vielleicht waren es auch diese ganz praktischen Probleme, an die ich mich heranwagen musste, um wieder ein wenig handlungsfähig zu werden.

Morgens um sechs waren meine Gedanken klar. Noch in der Nacht hatte ich aufgelistet, wen ich anrufen wollte. Partner, Freunde, langjährige Wegbegleiter. Sie sollten es von mir persönlich erfahren. Ich begann zu telefonieren. Auf der anderen Seite war in der Regel Stille. Es gab nicht viel zu sagen, es gab positive Proben und Ratlosigkeit. Was sollten sie mir wünschen außer »viel Glück«.

Im Olympiastützpunkt in Stuttgart bekam ich einen Saal, was keine Selbstverständlichkeit war. Ein des Dopings verdächtigter Baumann war nicht mehr vorzeigbar. Am selben Tag hatte mich der DLV suspendiert.

Mein Vater hatte mich bestärkt, die Pressekonferenz alleine zu bestreiten. Der kräftige Mann hatte seinen leichtgewichtigen Sohn in die Arme genommen und gesagt: »Du hast nichts getan. Du schaffst das, es ist schwer, aber auch das schaffst du.« Er hatte Recht, es war kein Gang zum Schafott. Es war ganz anders – befreiend für mich, trotz der 16 Kameras und Dutzender Journalisten. Die Last des Geheimnisses der letzten drei Tage, der positiven Befunde, die keiner kennen durfte – hier in dem Gymnastiksaal mit den verhängten Spiegeln fiel sie von mir ab. Bedrückende Stille, ungläubiges Staunen. Der Baumann, der doch nicht.

Die meisten der Journalisten waren mir vertraut. Sie hatten mich über viele Jahre begleitet, waren mir im Anti-Doping-Kampf beigestanden, hatten in mir das Symbol des sauberen Sports, das

Vorbild für die Jugend gesehen. Ich war es doch, der ständig schärfere Kontrollen gefordert hatte. War ich jetzt wirklich der »Joker im Dopingsumpf«, der in der »eigenen Falle« saß, wie die FAZ einen Tag später mutmaßte?
Die Hilflosigkeit war mit Händen zu greifen. Wahrscheinlich wussten die Journalisten genauso wenig wie ich, wie sie reagieren sollten. Sie hatten so wenig Fragen wie ich Antworten. Das Einzige, was ich sagen konnte, war: »Ich habe nichts genommen. Aber ich habe eine positive Probe, und ich weiß nicht, warum.«
In den darauf folgenden Tagen sollte nur noch vom »Super-Gau« die Rede sein.

»Wir waren zu radikal, zu schnell in unseren Urteilen.«

23. November 1999

Eine Woche Ausnahmezustand. Eine Woche ohne Schlaf. Nichts anderes im Kopf als die Frage nach dem Wie? Alles, was mir wertvoll erschien, war dahin. Selbst das Laufen. Für immer? Eine Woche ohne Laufen ist unter normalen Umständen überhaupt kein Problem, manchmal für die Form, für die Fitness sogar hilfreich. Aber nicht in dieser Situation. Gelähmt vom Schock. Ohne Antrieb, ohne Motivation, um mich herum nur Chaos, ich war im freien Fall.
Ich wollte laufen, unbedingt, aber ich konnte nicht. Ich wollte es erzwingen. Schon am Samstag, einen Tag nach der Pressekonferenz, hatte ich es probiert. In Reutlingen auf der Finnenbahn. Die gesamte Trainingsgruppe war da. Sie warteten auf mich, bestürzt von der gestrigen Nachricht. Aber sie erwarteten keine Erklärung. Mit dem gemeinsamen Training, in der großen Gruppe, wollten sie mich aufrichten, still und leise. Das allein war ein gut gemeinter Dienst, aber er half mir nicht, nicht an

diesem Tag. Die Lauferei war schrecklich. Ich traf den Schritt nicht. Mein Kopf, meine Gedanken waren schneller, kamen nicht zur Ruhe. Die Beine bewegten sich, als gehörten sie nicht zu mir. Ich stolperte mehr, als dass ich gelaufen wäre.

Nach drei weiteren schlaflosen Nächten ein zweiter Versuch. Langsam trabte ich den Berg hinauf. Die Steigung kam mir so unendlich steil vor. Mit letzter Kraft erreichte ich den Kamm des Spitzbergs, Gedanken spinnend, die stets bei der positiven Probe einsetzten und im Nichts endeten. Ich zwang meinem Körper eine Art Laufbewegung ab. War ich noch laufend unterwegs oder ging ich, stand ich gar? Jedes Gefühl für meinen Sport war weg. Ich konnte nicht mehr laufen. »Nie mehr!«, schrie ich in den langsam dunkel werdenden Wald.

Es hatte geschneit an diesem Tag. Ich rutschte auf dem gefrorenen Boden, stolperte. Ich redete mit mir selbst. »Warum stellt man mich auf eine solche Probe? Wer? Was wollt ihr alle von mir?« Es war dunkel geworden. Ich kümmerte mich nicht darum. Ich bewegte mich weiter, laufend, gehend. Ganz tief in mir spürte ich wieder diesen Schmerz, als wäre ein Organ geplatzt. Ja, ein Lebenstraum war geplatzt. Ein Abgrund tat sich auf, ein glatter tiefer Schacht. Meine Hände suchten nach Halt. Dieser Schmerz. Ich rutschte aus, stolperte, fing mich wieder auf. Nie mehr würde ich so laufen können wie früher, so locker, so unbeschwert. Ich stolperte wieder, diesmal versagte mir die Kraft, meine Beine gaben nach. Geradezu erleichtert war ich, war froh zu fallen. Ich lag im Schnee und es war still. Ich blieb liegen, rührte mich nicht.

In mir tobte ein Sturm, er zerriss alles. »Nie mehr!«, brüllte es in mir. Meine innere Stärke zu laufen, meine Kraft schöpfte ich aus meiner Zufriedenheit, nur das eine zu können, zu wollen. Abgeschottet von äußeren Zwängen und Ängsten. Laufen leben, das war ich, so war es über Jahre. Ich wollte nichts anderes. Laufen war für mich nie nur ein Paar Schuhe anzuziehen und dann los. Es war für mich die Kunst, aus der Ausgeglichenheit heraus die Energie zur rechten Zeit einzusetzen. Ich hatte immer den richtigen Moment der Belastung, aber auch der Erholung getroffen. Einfach perfekt, einfach Lebensfreude. Jetzt lag ich im Schnee wie auf einem weichen Bett. Der Schmerz ließ langsam nach.

In der Stille dieses Augenblicks wurden die Bilder des Laufens wach, die mir früher so selbstverständlich erschienen.

Plötzlich hatte ich das Gefühl, nicht mehr allein zu sein, beobachtet zu werden. Erschrocken rappelte ich mich auf. Jetzt spürte ich den nassen Schnee. Ich fror. Wieder setzte ich mich in Bewegung. Ich wollte beten. Doch die Wurmlinger Kapelle war verschlossen, ich fand keinen Trost, keine Antwort auf meine Fragen: »Warum? Was ist passiert? Wieso ich?« Ich richtete sie an die verschlossene Tür.

»Ich kann nicht mehr laufen.« Diese Erkenntnis war wie ein lähmender Schlag auf meinen Lebensnerv. Sie riss tiefe Wunden. Prokops Satz »Was sollen wir nur tun?« fraß sich durch mein Gehirn. Mit diesen furchtbaren Gedanken lag ich später im Bett. Ich wusste nicht mehr, wie ich dort hinkam. Ich spürte die Unruhe im Haus, oder war es meine eigene? Ich rührte mich nicht. Nur nicht bewegen. Ich wollte, ich konnte mich nicht mehr bewegen.

»Ich habe Digel angerufen, er wird gleich kommen. Ist das in Ordnung? Willst du mit ihm reden?« Ich wusste es nicht. Was sollte ich ihm sagen? Trotzdem nickte ich Isabelle zu.

Ein dumpfes Dröhnen war irgendwo tief in mir. Im Kopf? In der Seele? Ich hörte die Schritte auf der Holztreppe. Ich mag alte knarrende Holztreppen. Sie geben mir ein Gefühl von heimeliger Wärme. »Darf ich hereinkommen?«, fragte Digel vorsichtig und stand schon im Raum. Zuerst erkannte ich ihn nicht. Es war dunkel im Zimmer und er war dunkel gekleidet. Ein Wegbegleiter, ein väterlicher Freund? War er freiwillig gekommen oder auf Drängen von Isabelle?

Ganz in Schwarz. Digel sah tatsächlich aus wie ein Pfarrer. Mir fiel die Letzte Ölung ein. Nimmt er mir die Beichte ab? Im Bett in meiner Dachkammer? Sein Kopf schien an die Decke zu stoßen. Er ist zu groß für diesen Raum, dachte ich.

»Kennen Sie den Knulp von Hermann Hesse?« fragte ich. Er musste mich für verrückt halten. Knulp wohnte auch in einer Dachkammer. Er öffnete die Luke, um nach Wind und Wetter auszuschauen, und entdeckte im Nachbarhaus eine Magd, die auf ihrer grünen Kofferkiste saß und wohl an zu Hause dachte. Gerne hätte der Wandergesell mit ihr geschwatzt, aber er traute sich in dieser Nacht nicht. »Ich weiß nicht mehr, wie die Geschichte ausgegangen ist«, erzählte ich, mehr mir als ihm, »aber die Kammer von Knulp muss genau so ausgesehen haben wie meine.« Digel kannte den Knulp nicht.

Ganz in Schwarz. Langsam wurde ich wieder klarer. Nein, das war nicht mein väterlicher Freund. Er war kein guter Ratgeber, nicht mehr. Komm wieder zu dir! Sei vorsichtig! Ich spürte Unbehagen in diesem Moment. Er kam nicht einfach aus Freundschaft, der Hilfsbereitschaft wegen. Er brachte mir eine Botschaft. Welche, von wem?

»Herr Baumann, es ist alles fürchterlich.« Digel sprach leise. Ich konnte ihn kaum verstehen. Ich musste wacher werden.

»Es ist für uns alle ein großes Rätsel. Es ist für Sie eine fürchterliche Geschichte. Aber wir werden sie nicht lösen können. Ich weiß keinen Ausweg aus dieser Situation. Vielleicht ist es besser zu akzeptieren, wie es ist.«

Akzeptieren? Was verstand dieser Mann darunter? Natürlich musste ich die beiden Urinproben akzeptieren. Sie sind ja da. Aber musste ich hinnehmen, als Sünder und Betrüger abgestempelt zu werden? Nein, niemals. Das konnte er nicht erwarten.

»Verstehen Sie nicht, Herr Baumann? Das System, unsere Regeln geben es nun einmal vor. Vielleicht ist es besser für das System, das alles zu akzeptieren. Sie sind auch ein Teil davon, ein

aktiver Teil sogar. Wir haben uns gemeinsam dafür eingesetzt. Vielleicht ist es besser, wenn gerade Sie dieses Opfer bringen? Für unser System, für unsere gemeinsame Arbeit?«
War das die Botschaft? Wer hatte ihn geschickt? Dieser Mann in Schwarz, war das überhaupt Digel? Hatte er die Front gewechselt oder ich? Plötzlich waren wir nicht mehr auf einer Seite.
»Manchmal denke ich an einen biblischen Vergleich.« An einen biblischen Vergleich? Ich konnte ihm nicht mehr folgen bei seinen Ausführungen über die Geschichte von Jesus Christus. Jesus hatte ein großes Opfer gebracht, für Sünden anderer, und er hatte dieses Opfer auf sich genommen. »Sie sollten auch dieses Opfer auf sich nehmen.«
Welches Opfer? Für wen? Für was? Ich bin nicht Jesus Christus. Was für ein absurder Vergleich. Die letzten acht Tage sagten mir nur eines: Unser System hat Fehler. Große Fehler sogar. Digel verlangte von mir ein Opfer für etwas, was ich nicht getan hatte. Ich sollte mich kreuzigen lassen. Klaglos sollte ich das hinnehmen für den Erhalt eines Systems. Nein, für dieses System wollte ich kein Opfer bringen. Vielleicht hatte ich Fehler gemacht, hatten wir Fehler gemacht in der Beurteilung anderer, vielleicht. Deshalb sollte ich akzeptieren. Um von unseren Fehlern abzulenken, um sie nicht zugeben zu müssen?
»Wir waren zu radikal, zu schnell in unseren Urteilen, Herr Digel. Ich erkenne das heute, und Sie auch. Ein positiver Urin ist nichts, Schall und Rauch. Er kann nicht allein über das Schicksal eines Menschen entscheiden. Oder wollen Sie das wirklich?«
Es war ein Aufbäumen gegen die Macht dieses Mannes, die Macht des Verbandes. In diesem Moment verkörperte er diesen Verband, den DLV. Oder gar den ganzen Sport? War Digel ein Wolf im Schafspelz? Warum war er gekommen?
Schweigend saß er auf einem Stuhl in der Ecke des Raumes. Von unten drangen Stimmen zu uns. Die Not weckte in mir die

letzten Kräfte. Ich konnte sein Gesicht nicht sehen, konnte nicht darin lesen. Es war zu dunkel. Nein, nur kein Licht. Ich wollte kein Licht. Ich fühlte mich nicht gut. Er sollte mich nicht sehen können, auf keinen Fall. Er sollte nicht sehen, wie hilflos ich war.

»Herr Baumann, ich möchte Ihnen eine Frage stellen. Das ist wichtig für mich. Nur für mich persönlich. Ich brauche Sicherheit. Verstehen Sie das?« Digel zögerte. »Ich würde es verstehen, wenn Sie nach vielen Jahren im Leistungssport, wenn Sie am Ende schwach geworden wären, es einmal probieren wollten. Sie kennen die Szene genau und wissen, wie oft Sie betrogen wurden. Ich würde das moralisch verstehen. Zum Schluss wollten Sie es einmal selbst versuchen, den anderen heimzahlen. Ich glaube, die Menschen würden ein solches Bekenntnis verstehen. Sie könnten damit Schaden abwenden und für dieses einmalige Vergehen, für dieses Schwachwerden um Verständnis bitten. War es so? Haben Sie jetzt, am Ende Ihrer Karriere, Ihren Pfad verlassen? Haben Sie gedopt, Herr Baumann?«

Ich konnte seine Worte hören, aber die Botschaft nicht verstehen. Was sollte ich seiner Meinung nach sagen, der Öffentlichkeit? Dass ich zum Schluss meiner Karriere schwach geworden war? Sollte ich lügen, die Unwahrheit sagen? Für das System? Was für ein Ansinnen, was für ein Unsinn! Ich war müde, zu verstört.

Ich müsste diesen Menschen hinauswerfen.

»Das ist doch Quatsch. Schwach geworden.« Ich hatte meinen Sport nie so gesehen, dass ich immer und überall gewinnen musste. Ich war kein Seriensieger, habe eher selten gewonnen. Ich hatte es nicht mehr nötig, irgendjemandem etwas beweisen oder heimzahlen zu müssen. Der Grund, mit 34 Jahren immer noch Leistungssport zu betreiben, war einfach nur die Freude daran. Laufen war mein Leben. Ob ich nun Vierter oder Sechster geworden war.

Jetzt war diese Freude weg, und erst jetzt erkannte ich, was sie mir bedeutet hatte, warum sie mich so stark gemacht hatte. Laufen war für mich nie nur Sport, nie nur Job. Laufen war ich selbst. Wer mir diese Freude raubte, zerstörte zugleich meine Kunst zu laufen. Heute Nachmittag im Wald, als ich im Schnee lag, nach Ruhe suchte, hatte ich es begriffen, warum ich so lange zur Weltspitze gehört hatte. Die Ruhe in mir, die Konzentration auf das Wesentliche, die Belastung treffen, einen Rhythmus finden, das war die Kunst, die ich beherrschte. Wie ein ausgeglichenes Pendel schwang sie in mir, im Takt. Das war vorbei. Im meinem Innern herrscht nur noch Chaos.

»Das Pendel schwingt nicht mehr, verstehen Sie?« Meine Stimme überschlug sich, nicht laut, nicht klagend. Leise.

Digel stand von seinem Stuhl auf. Er zog den Kopf ein und kam ans Bett. Es war mir nie aufgefallen, wie groß dieser Mann war. Ich richtete mich auf. Er setzte sich neben mich. Sein Atem ging so schwer wie vor wenigen Tagen schon. Wir saßen schweigend nebeneinander. Unten hörte ich Stimmen. Es war immer noch kein Licht.

»Wussten Sie, dass ich immer Präsident werden wollte? In unserem Verband? Sie waren mir ein Vorbild. Wir stehen für die gleichen Ideale. Ich glaube, wir tun dies immer noch. Aber jetzt ist dies alles nicht mehr möglich.« Das wollte ich ihm noch mit auf den Weg geben. Er sollte es wissen.

Digel stand auf. Er wirkte resigniert. »Ihr Fall wird immer ein Rätsel bleiben«, sagte er zum Abschied, »ich glaube Ihnen, und dennoch sollten Sie das Opfer bringen.« Er streckte mir die Hand entgegen. »Ich verstehe Sie, aber ich kann nichts tun.«

Ein letzter Händedruck. Die Fronten waren geklärt.

Ich saß allein unter meinem Dach. Für diese Menschen im Verband war ich von nun an ein Gegner. Die Frage von Schuld oder Unschuld stellte sich für sie nicht. Für ihr System musste ein einzelner, unschuldiger Athlet bezahlen. Stand ich für solch ein

System? Ein positiver Befund ohne eigenes Verschulden war für mich immer undenkbar. Ging es anderen Athleten genauso? Ich konnte kein Einzelfall sein, sicher nicht. Wie viele würden noch folgen? Der Verband und seine Verantwortlichen wollten diese Frage auf die einfachste Art beantworten: Beweise uns das Gegenteil oder akzeptiere und halte still, für das System. Die Macht wird sich am Ende durchsetzen. Für einen Unschuldigen war diese Botschaft unannehmbar. An diesem Abend rührte sich Widerstand in mir.

»Herr Baumann, Sie müssen wieder trainieren.«
24. November 1999

Werner Franke beugte seinen massigen Körper über die Glasplatte des Besprechungstisches in Michael Lehners Büro, um meine Trainingsaufzeichnungen anzuschauen. Er hatte seinen langen Mantel noch nicht ausgezogen, die Brille rutschte ihm bei den heftigen Körperbewegungen auf die Nasenspitze. Seine Haare wucherten wie ein Büschel Gras. So hatte ich mir immer einen zerstreuten Professor vorgestellt. Doch das Bild trog. Der Heidelberger Molekularbiologe war nicht nur eine weltweit angesehene Kapazität in seinem Fach, sondern auch der wohl beste Kenner der Dopingszene in Deutschland. Ausgerechnet er schien mir zu glauben.

Es war ein heller Büroraum mit einem großen Erker. Rechts vom Schreibtisch reihte sich Aktenordner an Aktenordner, und ich fragte mich für einen kurzen Augenblick, wer um alles in der Welt das alles lesen sollte. Alles Dokumente aus dem DDR-Sport, dessen flächendeckendes Doping Franke und Lehner in unzähligen Prozessen aufgearbeitet hatten. Innerhalb unserer Anti-Doping-Gruppe war Franke der härteste Kritiker, der keinem Streit aus dem Weg ging. Jetzt war er über Nacht zu unserem wissenschaftlichen Berater geworden, wobei ihm bewusst war, in welches gefährliche Fahrwasser er sich damit begab. Ich hatte bei ihm immer den Eindruck, dass er nach dem Motto »Viel Feind, viel Ehr« handelte. Franke bewegte sich fast wie ein Mitarbeiter im Büro von Lehner, der mit seinem Jackett und der Krawatte bald auch das Formelle abgelegt hatte. Im Hemd wirkte Lehner wie ein Feierabendsportler.

Franke schien überzeugt davon zu sein, dass bei mir eine Eigenproduktion von Nandrolon vorliegen musste, die durch Stress und starke körperliche Belastung erzeugt wird. Ich war skeptisch. Seit zehn Jahren trainierte ich auf gleichbleibend hohem Niveau, also hätte ich schon viel früher mit einem positiven Befund auffallen müssen. Außerdem war ich der mit am häufigsten kontrollierte Athlet.

Doch Franke ließ sich nicht beirren. Immer wieder hielt er beim Studium meiner Aufzeichnungen inne, um sich mein neues Krafttraining erläutern zu lassen. Michael Lehner wirkte im Gegensatz zum engagierten Professor Franke, wie schon am vergangenen Mittwoch, ruhig und gelassen. »Sie laufen ein anderes Tempo als ich«, meinte er anerkennend, als er meine Notizen sah. Vor zwei Jahren hatte er seinen sportlichen Höhepunkt erlebt, als er den Ironman im fränkischen Roth überstanden hatte. Ein Zielbild von einem immer noch frisch wirkenden Läufer zierte die Wand. Erst beim zweiten Hinschauen konnte man den Anwalt darauf erkennen. Wie kurze Hosen doch das Aussehen eines Menschen verändern können.

»Es passt zeitlich immer«, warf Franke nach einer ersten Prüfung der Papiere ein. Bei der positiven Probe im Oktober hatte ich das Krafttraining am Vormittag absolviert, bei jener im November am Tag zuvor. Für mich ergab das immer noch keinen Sinn. Ich hatte im Oktober nicht hart trainiert, keinen Stress gehabt, gerade mal 100 Kilometer in der Woche zum Einstieg

zurückgelegt. Aber ich war auch kein Wissenschaftler. Auch diese Welt war mir bis dahin fremd.
»Was für ein Gefühl hatten Sie nach dem Training?« Franke ließ nicht locker. »Fielen die letzten Rennen schwer? Haben Sie Ihr Wintertraining mit einer zu starken Ermüdung begonnen?« Der Professor trainierte seinen Sohn, kannte die Abläufe und saisonalen Höhepunkte meiner Sportart sehr genau. Ich brauchte immer etwas Zeit beim Einstieg in eine neue Saison. Das war auch in diesem Jahr der Fall. Ich war nicht übermäßig müde, nur das ungewohnte Krafttraining war hart. Insgesamt dauerte die Zirkelbelastung fast eine Stunde. Im Studio, an Geräten. Danach war ich schon müde, sehr müde sogar.
»Trainieren Sie noch?« Ich konnte den Sinn von Frankes Frage nicht verstehen. Konnte er sich nicht vorstellen, in welcher Verfassung ich war? Ich erzählte den beiden von meinem gestrigen Laufversuch, der mich hatte verzweifeln lassen. Wie sollte das alles weitergehen? Lehner versuchte mir Mut zu machen: »Wir kriegen das hin. Es gibt noch so viel Ungeklärtes rund um Nandrolon. Wir werden alle nötigen Informationen sammeln.« Zweifelnd schaute ich ihn an, aber doch dankbar für seinen Optimismus.
»Herr Baumann, Sie müssen unbedingt wieder laufen.« Franke wollte mich aus meiner Lethargie, meinem Schock herausholen, mich zur Eigeninitiative antreiben. »Sie müssen wieder dieses Krafttraining machen.« Aber auch das reichte ihm nicht. Er wollte, dass ich ein noch härteres Programm auflegte als in den Monaten zuvor. Er verlangte ungewöhnliche Übungen von mir, etwas, was ich noch nie gemacht hatte, was mich in eine »absolute Stresssituation« bringen sollte. War diese Horrorwoche nicht belastend genug?
»Verstehen Sie, was ich meine?« Nichts verstand ich. Franke spürte, dass ich immer noch Hilfe von Funktionären erwartete, die längst einen Trennungsstrich gezogen hatten. »Vergessen Sie

Ihre Freunde in den Verbänden. Die haben noch vor kurzem behauptet, es gäbe keine Eigenproduktion von Nandrolon.« Bei Krebskranken sei dieses Phänomen schon längst nachgewiesen. Sollte ich mich jetzt auch noch auf ein Karzinom untersuchen lassen?

Ich behielt die Frage für mich. Stattdessen erzählte ich ihm, dass mich der Dopinganalytiker Schänzer aufgefordert hatte, Hackfleisch einzukaufen und einzufrieren. Er berief sich dabei auf eine belgische Studie, die belegte, dass Nandrolon durch Fleisch, das mit Mastmitteln verunreinigt ist, in den Körper gelangen kann. Franke kannte die Studie, verfolgte aber eine andere Strategie: Schänzer sollte die verschmutzten Nahrungsergänzungsmittel mithilfe der weiteren Urinkontrollen prüfen. »Für die Amerikaner sind diese Vorläufer nicht einmal Medikamente, deshalb sind sie als Nahrungsergänzung deklariert. Es weiß nämlich noch kein Mensch, ob sie tatsächlich wirken.« Lehner und ich schauten ihn fragend an. »Sie müssten schon Unmengen eingenommen haben. So verrückt ist keiner.«

Franke blieb bei seiner Theorie: Eigenproduktion. »Sie müssen unbedingt wieder trainieren. Richtig hart.« Mit der Handfläche schlug er auf die Glasplatte, dass ich augenblicklich zusammenzuckte. »Sobald das Phänomen nochmals auftritt, machen wir einen Labortest.« Ich ließ mich von seinem Eifer mitreißen. Immerhin war es ein Ansatz, eine Chance, eine Aufgabe. Vielleicht konnten wir dadurch auch die anderen mysteriösen Nandrolonfälle aufklären.

Warum machen die beiden das, fragte ich mich auf der Fahrt nach Hause. Sie kannten mich nicht und trotzdem setzten sie sich für mich ein, gaben mir Zuversicht. Glaubten sie mir? Ich sollte wieder trainieren. Wie sollte das funktionieren? Laufen ohne Freude, ohne Perspektive. Eigenproduktion?

Aber ich spürte, dass ich handeln musste. Dieser Professor hatte Recht, ich musste wieder laufen. Es war eine Chance.

Keine zwölf Stunden später stand ich im Kraftstudio. Immer noch war ich leicht müde von der späten Heimfahrt. An den chronischen Schlafmangel schien ich mich allerdings zu gewöhnen. Vierzehn Kilometer Dauerlauf hatte ich schon in den Beinen. Aber es war trostlos. Ich sah keine kenianischen Läufer mehr vor mir, Laufbilder konnten mich nicht mehr motivieren. Wettkämpfe waren nicht mein Ziel. Auf die eigentliche Kunst, meinen Rhythmus zu finden, kam es nicht an. Belastung und Erholung, dieses perfekte Zusammenspiel, das ich in den letzten Jahren so beherscht hatte, spielte keine Rolle mehr. Müde machen, ungewöhnlich belasten, die Lunge sollte ich mir aus dem Leib rennen.
Egal. Ich quälte mich. Vier harte Durchgänge mit je zwölf Minuten an zehn Geräten. Ich war fast der Einzige an diesem Vormittag im Kraftstudio. Meine Beine brannten, meine Knie wurden weich. Völlig erschöpft und den Tränen nahe plagte ich meinen Körper weiter. Der Satz von Franke hallte mir in den Ohren: »Das Training muss eine außergewöhnliche Belastung sein, Sie müssen in eine absolute Stresssituation kommen.« Wo die Grenze lag, sagte er nicht.

»Wir haben die Quelle.«

27. November – 1. Dezember 1999

Täglich sammelten Isabelle und ich Urin. Morgens, nachmittags zwischen 15 und 17 Uhr und abends. Wir schickten sie in Proberöhrchen nach Köln. Hackfleisch, Eigenproduktion, Nahrungsergänzungsmittel. Wo anfangen, wo aufhören? Wir hatten begonnen, Hackfleisch im gesamten Umkreis von Tübingen zu kaufen, jeweils 200 Gramm. Jede Probe froren wir ein. Schänzer wollte sie abholen lassen, wollte selbst Hackfleisch kaufen, und die Chargen vergleichen.

Ich starrte jede Stunde auf das Faxgerät. Seit Tagen wartete ich auf nichts anderes als auf eine Nachricht aus Köln. Eine Meldung, die mich von diesem Irrsinn befreite. Aber nichts. Tagelang nichts, außer seitenlangen wissenschaftlichen Studien über Nandrolon. Außer Informationen über ähnlich gelagerte Fälle von Athleten, die in ihrer Existenz, in ihrer Persönlichkeit zerstört wurden, weil es noch zu viele unbeantwortete Fragen gab.
Dann endlich in der Nacht von Freitag auf Samstag, den 27. November, ein Lebenszeichen aus Köln. »Gute Nachricht. Wahnsinn«, stand auf dem Fax, sonst nichts. Was war eine gute Nachricht? Hatten sie schon ein Ergebnis von den Hackfleischproben? Die Mitarbeiterin des Labors war doch erst heute gegen 15 Uhr hier gewesen. Aber Schänzer war verbissen genug, um am gleichen Abend mit den Messungen zu beginnen.
Es war kurz vor Mitternacht und wieder blieben mir nur Fragen, Ängste und das unerträgliche Warten. »Wahnsinn«, hatte er geschrieben. Den hatte ich schon tagein, tagaus, seit einer Woche. Ich blieb auf dem Sofa sitzen, bis mich ein kurzer, flüchtiger Schlaf übermannte. Vielleicht ein, zwei Stunden. Danach starrte ich wieder auf unsere Wanduhr. Das Pendel schwang hin und her. Warum konnte die Zeit nicht einfach stehen bleiben? Nur so lange, bis ich die Erklärung gefunden hatte. Warum nur musste sich die Welt immer weiterdrehen? So lag ich auf unserem Sofa, halb schlafend, halb wachend, und wartete, auf Köln, auf Schänzer.
Nichts funktionierte mehr. Isabelle schlief bei den Kindern, um ihnen wenigstens in der Nacht, so gut es eben ging, Nähe und Ruhe zu geben. Um 6 Uhr stand sie wieder auf. Auch für sie war es wieder eine kurze Nacht. Sie musste zu den deutschen Crossmeisterschaften. Als Bundestrainerin war sie für die Langstreckenläufer im DLV verantwortlich. Wie lange konnten wir das durchstehen?
Endlich der Anruf aus Köln, am frühen Samstagvormittag. »Herr Baumann«, die vertraute Stimme von Hans Geyer klang

aufgeregt, »es ist der absolute Wahnsinn. Sie sind immer positiv. Jeden Tag.« In meinen Kopf begann es zu wirbeln. Positiv, jeden Tag positiv, ich konnte dieses Wort nicht mehr hören.
»Aber das ist noch nicht alles. Ihre Frau auch. Das ist verrückt. So etwas haben wir noch nicht gesehen.« Der Biochemiker machte eine kurze Pause. »Hören Sie jetzt genau zu: Wir sind uns ganz sicher, die Quelle ist noch in Ihrem Haus. Rühren Sie nichts mehr an. Sie dürfen nichts mehr zu Hause essen. Sammeln Sie weiter Urin. Wir kommen am Montag noch einmal vorbei.«
Jetzt lebte ich also in einem Geisterhaus, in dem gespenstische Dinge passierten. Ich hörte Jackie und Robert oben im Zimmer spielen. Das zumindest war real. Erklären konnte mir der Wissenschaftler nichts, fragte nur nach unseren Aufzeichnungen, was wir in den vergangenen Tag gegessen hatten. Ich merkte, wie Geyer überlegte. Offensichtlich war ihm die Frage unangenehm. »Noch eine Bitte: Könnte Ihre Tochter auch eine Urinprobe abgeben?«
Meine Tochter? Meine vier Jahre alte Jackie? Um Himmels willen. Glauben sie, dass sie auch dieses Zeug zu sich genommen hat? »Ich glaube gar nichts mehr«, sagte er mir.
Wie versteinert schaute ich auf den Notizblock, auf dem ich die Werte aus Köln notiert hatte. Isabelle mit über 80 Nanogramm pro Milliliter im Urin. Der Grenzwert des Verbandes lag bei 2 Nanogramm. Ich schloss die Augen, um gegen den Schwindel anzukämpfen. Positiv, wir waren beide positiv. Was war nur in unserem Haus?
Kurz darauf musste ich im Radio eine zweistündige Livesendung überstehen. Aber was sollte ich sagen? Isabelle und ich jeden Tag positiv, seit zehn Tagen. Meine Tochter sollte nun auch Urinproben abgeben. Sollte ich das sagen? Im Grunde ja, um den Zuhörern zu zeigen, wie absurd alles war. Aber ich konnte es nicht. Es würde keiner glauben. Nach zwei Stunden verließ ich mit Kopfschmerzen das Studio.

Nein, nach Hause wollte ich nicht mehr gehen. Meine Kinder und ich zogen zu Freunden, bei denen sie schon den ganzen Vormittag verbracht hatten. Wie sollte ich Jackie nur überreden, wieder in einen Topf zu pinkeln? Sie war so stolz, endlich ganz normal eine Toilette benutzen zu können. Welcher Rückschritt. Wie erwartet, weigerte sie sich. Erst als ich ihr versichert hatte, dass sie das Probefläschen selbst mit ihrem Namen beschriften durfte, willigte sie ein. Nichts liebte sie mehr, als mit vier Jahren ihren Namen schreiben zu können. Es war zum Heulen.
Ich kaufte an der Tankstelle ein, kein Lebensmittelladen war geöffnet. Es war Samstagnacht. Viel brauchten wir nicht, wir aßen ohnehin kaum mehr etwas. Isabelle war spät vom Wettkampf heimgekommen. Es ging ihr schlecht.
Am Sonntag meldete sich Schänzer. Er kündigte seine Mitarbeiter für den nächsten Tag an. Ihm war keine Aufgeregtheit anzumerken. Seit zehn Tagen hatte er unzählige Urinproben und Lebensmittel geprüft. Isabelle und ich hatten die unterschiedlichsten Werte. Einmal 45 ng/ml, dann wieder null. So verliefen die Diagramme. Tageweise anders und ganz unterschiedlich von uns beiden im Wechsel, dann wieder identisch. Die Wissenschaftler standen offensichtlich vor einem Rätsel. Sie wussten nur, dass eine Eigenproduktion auszuschließen war. Das hatte ein neues Verfahren ergeben, dem ich als weltweit erster Athlet zugestimmt hatte. Nach diesem Isotopentest mussten die Nandrolonmetaboliten von außen zugeführt worden sein.
Am späten Montagnachmittag trafen Schänzers Mitarbeiter ein. Sofort fingen sie an, auf unserem Esstisch eine Vielzahl von Gefäßen zu sortieren. Wieder war der schmächtige Geyer dabei, der schon in der vergangenen Woche voller Energie und Hoffnung gewesen war. Ich konnte sie spüren. Mit seinem alemannischen Dialekt brachte er ein wenig Fröhlichkeit ins Haus. »Die Quelle ist noch in Ihrem Haus«, seinen Satz hatte ich noch im Ohr.

Zwei Tage zuvor hatte er ihn mehrfach am Telefon gesagt. Jetzt glich er einem Jäger, der seine Beute witterte.
»Wir müssen heute sehr systematisch vorgehen«, kündigte er an und hielt unseren Speiseplan in die Höhe, den wir in den vergangenen Tagen notiert hatten. Besorgt schaute er vom Wohnzimmererker auf die gegenüberliegende Straßenseite. »Glauben Sie, dass man Sie beobachtet? Könnten Journalisten im Nachbarhaus das hier sehen?« Er deutete auf das in seinem Rücken liegende Zimmer. Ich wusste zunächst nicht, was er meinte. Was sollte ich beherbergen, was ich nicht zeigen konnte? Warum sollten sich die Nachbarn dafür interessieren? Aber offensichtlich war nicht nur ich durch die letzten zwei Wochen gezeichnet. Wem konnte man noch trauen? Auch gegenüber Schänzer und seinen Leuten hegte ich mittlerweile Misstrauen. Waren sie nicht auch ein Teil des Systems, ein Teil des Verbandes? Die Mitarbeiter von Schänzer waren ähnlich angespannt.
Auch dies war eine unwirkliche Situation. Alles, was sie einpackten, wurde zweifach protokolliert. Einmal von den Kölnern, einmal von einem in letzter Sekunde angeheuerten Tübinger Anwalt, weil jedes Stück ein Beweismittel sein konnte, das mir später hätte fehlen können. »Wir wollen nichts hier lassen. Sie haben hoffentlich seit dem Anruf von Herrn Schänzer nichts mehr angerührt«, betonte Geyer.
Ich hatte mich an ihre Anweisungen gehalten. Im Kühlschrank lagen die Lebensmittelreste der letzten Woche, in einem Extrafach die Einkäufe von der Tankstelle. Dem Wissenschaftler war aufgefallen, dass meine Werte am frühen Morgen sehr hoch waren, am höchsten waren sie direkt nach dem Aufstehen. »Schauen Sie, hier zum Beispiel«, er zeigte auf die Auswertungen unserer Urinproben, »vergangenen Donnerstag hatten Sie in der Frühe 65 ng/ml.« Für mich ein Rätsel. Sollte der Jogurt oder das Frühstücksei mit Anabolika verseucht gewesen sein? Vitamine hatte ich nicht zu mir genommen.

Margarine, Marmelade, Kaffee, Zucker, Haferflocken – alles wurde zunächst von Schänzers Leuten im Computer erfasst, danach von meinem Anwalt mit Herstellungsdatum, Menge und Aufbewahrungsort auf Tonband festgehalten. Fünf Menschen gingen die nächsten Stunden unentwegt zwischen Küche, Kühlschrank, Speisezimmer und Wohnzimmer auf und ab. Der Kühlschrank leerte sich bis auf den kleinen Rest der »frischen« Lebensmittel. Selbst Krümel aus der Brotdose wurden sorgfältig in eine Plastiktüte geschüttelt. Es war schon 1 Uhr nachts, als sie den letzten Container verschlossen.
»Was haben Sie sonst noch verwendet? Wir wollen wirklich nichts hier lassen. Die Quelle ist ganz sicher im Haus, Herr Baumann. Ganz sicher.« Geyer schien nie müde zu werden. Jetzt blieben nur noch die Gegenstände im Bad. Body Lotion, Shampoo, Seife, Zahnpasta. Ganz zum Schluss räumten sie noch die Urinproben von Samstag, Sonntag und Montag ins Gepäck. Um halb zwei in der Nacht war die Aktion beendet.
Am nächsten Morgen um neun war Schänzers Kollege schon wieder da. Diesmal am Telefon. »Es ist irre, Herr Baumann, Sie sind das ganze Wochenende positiv, einschließlich Montag.« Seine Stimme überschlug sich. Ich brauchte eine Weile, bis ich den Zusammenhang kapierte. Die Kölner hatten sofort nach ihrer Rückkehr die Urinproben analysiert und geschlossen, dass die positiven Werte nicht von den mitgenommenen Lebensmitteln herrühren konnten.
Ich begriff überhaupt nichts mehr. Also musste es doch die Eigenproduktion sein. Hatte nicht Franke gesagt, das Kölner Isotopenverfahren sei wissenschaftlich noch nicht abgesichert? Mein Kopf war wie ein Kreisel. »Wir sind ganz nahe dran. Ich bin mir absolut sicher. Sie sind vor allem morgens sehr hoch positiv. Gleich nach dem Aufstehen haben Sie den höchsten Wert. Dann baut sich das wieder ab. Das ist irre. Irgendwo muss dieses Zeug sein.«

Kurz entschlossen besuchte ich Professor Dickhuth in seinem Büro, um ihm von den neuesten Ergebnissen zu berichten. »Eigenproduktion«, er schüttelte den Kopf, »doch nicht bei Ihrer Frau und Ihnen zeitgleich? Es muss eine ganz einfache, eine vernünftige Erklärung geben.«

»Herr Baumann, verzeihen Sie, was machen Sie nachts?« Wieder ein Anruf aus Köln. Es war Abend geworden, in Köln schienen sie rund um die Uhr zu arbeiten. Was mache ich nachts? Vielleicht Mineralwasser trinken, aber das hatten sie mitsamt dem Leergut eingepackt. Ich glaubte nicht mehr an die Kölner Variante. Noch einmal: »Was machen Sie nachts? Es muss irgendwann nachts passieren.« Mehr als bitterer Sarkasmus fiel mir dazu nicht mehr ein. »Normalerweise schlafe ich, aber im Moment stimmt nicht einmal mehr das.« Ich hatte den Eindruck, sie wussten nicht mehr weiter. Meine Nerven waren bis auf das Äußerste gespannt. Alles kreiste. Sie konnten mir auch nicht helfen.

Für mich gab es nur noch eine Möglichkeit: Stress und Übermüdung, also endogene Produktion. Die Werte stimmten auch mit meinem Training überein. Ich musste den Laborversuch organisieren, den mir Franke empfohlen hatte. Ein äußerst hartes Training unter Quarantäne. Unterlagen über geeignete Institute hatte er mir bereits zugeschickt. Wir waren nahe dran, das stimmte. Es gab nur noch eine Möglichkeit: hartes Training.

Mittwochmorgen, die Kölner riefen erneut an. Offenbar waren sie nicht fündig geworden. Aber Geyer blieb hartnäckig. »Was machen Sie nachts, Herr Baumann?« Ich konnte die Frage nicht mehr hören. »Oder am Abend, kurz bevor Sie ins Bett gehen?« Ich versuchte trotzdem nachzudenken. »Ich putze mir die Zähne.« Stille. Ich hörte ihn nur noch leise sprechen, murmelnd wiederholte er meinen Satz. »Sie putzen sich die Zähne.« Wieder Pause. »Kann es sein, dass Sie manchmal morgens nicht die Zähne putzen? Dass Sie es vergessen?« Am liebsten hätte ich ihm gesagt, dass er sich zum Teufel scheren sollte mit seiner Mundhygiene, aber ich beließ es bei der knappen Bemerkung: »Ich bin eher ein abendlicher Zähneputzer.«

Den ganzen Tag verbrachte ich damit, den Laborversuch auf die Beine zu stellen. Ich musste einen Kontrolleur, am besten zwei, dafür gewinnen. German Control, die Firma, die auch die Trainingskontrollen durchführte, hatte das nötige Personal. Alles sollte überwacht werden. Das Training, Essen und Trinken. Würden weiter positive Befunde auftreten, wäre das ein Beweis für die endogene Produktion. Morgen, gleich morgen, spätestens am Freitag, wollte ich anfangen.

Weil Franke gesagt hatte, ich solle mich quälen, ging ich nachmittags auf die Bahn. Vollkommen übermüdet, kaum noch in der Lage, einen klaren Gedanken zu fassen, spulte ich ein hartes Programm im Tübinger Stadion ab. Meine Läuferkollegen waren angetan. »Erstaunlich gut.« Ich erzählte ihnen, dass ich im Moment so laufen müsste, gleichgültig, ob es sportlich sinnvoll sei oder nicht. »Wir sind ganz nahe dran«, begründete ich die Schinderei. »Ganz nahe dran.«

Isabelle wollte gerade zu einem Bücherabend des Kindergartens aufbrechen, als ich nach Hause kam. Sie versuchte mit aller Kraft, unsere Kinder vor diesem Chaos zu schützen. Normalität. Nichts wünschten wir uns mehr als das. Was für ein schöner Abend könnte das werden? Sie stand in der Tür, als mich der Anruf aus Köln erreichte.

»Wir haben die Quelle, Herr Baumann. Wir haben die Quelle.«

Ich gab Isabelle eine Wink. Zögernd kam sie zurück. Geyer schien euphorisch. »Es ist unglaublich, Herr Baumann. Das Zeug ist in der Zahnpasta. Es ist verrückt.«

In der Zahnpasta? Wie versteinert standen wir da. »In der Zahnpasta?«, sagte ich leise in den Hörer. Ein Anschlag also. Erschrocken, ratlos schauten wir uns an. Was ging hier vor? »Danke für die Nachricht«, murmelte ich geistesabwesend und legte auf.

Ein Anschlag. Mit der schlimmsten Nachricht überhaupt machte sich Isabelle auf den Weg zu ihrem Bücherabend.
Ich saß auf dem Sofa. Es war ruhig, die Kinder schliefen. So also hatte es funktioniert. So sind die Befunde zustande gekommen. Der Schleier im August. Jetzt wurde alles klarer. Aber ich konnte die Dimension nicht greifen, es wollte nicht in meinen Kopf. Wer? Wer nur macht so etwas? Das Eisenstangen-Attentat auf die amerikanische Eiskunstläuferin Nancy Kerrigan kam mir in den Sinn.

Die Zahnpasta: Ein teuflischer Plan, der in sich logisch war

1. Dezember 1999

Es war still geworden im Haus. Keine Anrufe mehr aus Köln. Keine Standleitung nach Heidelberg zu Michael Lehner, um die immer neuen Ergebnisse oder auch Fehleinschätzungen auszutauschen. Keine Fragen mehr zum Laborversuch an Professor Franke. Ich wusste nun, was geschehen war. Alles passte zusammen. Der Schleier von unter 2 Nanogramm im August direkt nach dem Trainingslager in St. Moritz, dann die erste positive Probe im Oktober, die nächste im November. Die Zahnpasta.
In dem Moment, in dem sie mir von den Kölnern als Quelle genannt wurde, waren mir die Folgen bewusst. Die Geschichte würde mir keiner glauben. Die Mitarbeiter von Professor Schänzer waren überglücklich und stolz. Ihre Anstrengungen waren erfolgreich gewesen; für mich sollte der Fund verheerend sein.
Die Zahnpasta war die ideale Quelle. Immer im Gebrauch, über einen langen Zeitraum. Bei einem Athleten wie mir, der fast jeden Monat kontrolliert wurde, war es nur eine Frage der Zeit, bis die Bombe platzte. Was für ein Fest musste das für die Täter

gewesen sein? Welche Freude? Aber wer sind sie? Wo sind sie? Wo sind die heimlichen Unterstützer?
Unruhig ging ich in meinem Haus umher. Vor einer Woche hatte ich noch geglaubt, nichts mehr anrühren zu dürfen, selbst dem Leitungswasser wollte ich nicht mehr trauen. Ich kannte jetzt zwar die Quelle, das war gut für den Verstand, aber ich fühlte mich nicht mehr zu Hause in dieser Welt. In dieser Sportwelt konnte ich nicht mehr bleiben. Heute Abend war meine Geschichte im Sport zu Ende. Ich hatte das traurige Gefühl, Abschied nehmen zu müssen von einem Leben, das mich seit meinem 17. Lebensjahr geprägt hatte.
Es war kein langsames Loslassen. Es war ein abrupter, plötzlicher Abschied, den andere für mich eingereicht hatten. Genial, bösartig, kriminell.
Aber warum? Warum macht das einer? Einer? Zwei? Viele? Diese Fragen ließen mir keine Ruhe, brannten sich in mein Gehirn ein. Ich begann, mit mir selbst ein Verhör durchzuspielen, spürte, wie ich wieder in Gefahr war, meine Nerven zu verlieren. Ich versuchte mich zu beruhigen, ging im Wohnzimmer auf und ab, blieb eine Zeit lang im Fenster stehen und blickte in die Nacht. Wie hatte er es angestellt? Von wem kam die Information, dass es möglich sein musste, jemanden über die Zahnpasta zum Dopingfall zu machen? Vielleicht waren es doch mehrere? Am Ende meiner Geschichte hatten mich meine Gegner dort, wo sie mich haben wollten: in der Ecke des Schurken, ein für alle Mal diskreditiert, mundtot gemacht.
Es war ein teuflischer Plan, der in sich logisch war. Ich war es, der ständig das Dopingthema anstieß, auf Mängel und Fehler hinwies, die behoben werden mussten. Vor einem Jahr noch war ich mit Schänzer, Franke und anderen Wissenschaftlern zusammengesessen, um den Nachweis von EPO zu forcieren, dem Produzenten von roten Blutkörperchen, der bis zu 10 Prozent Leistungssteigerung ermöglichte. Es gab weder ein Testverfah-

ren noch genügend Geld für diese Forschung. Sonst schreien doch alle nach einem sauberen Sport, dachte ich damals im Stillen. Aber wenn's ans Bezahlen ging, blieben die Taschen zu. Ich verstand das nicht.

Keiner wird als Anti-Doping-Kämpfer geboren. Auch ich bin eher zufällig in diese Rolle geraten, mehr gedrängt und gestoßen worden. Als junger Athlet macht man dieses Thema nicht zum Mittelpunkt seiner Karriere. Das kommt später, wenn man Augen und Ohren offen hält, wenn einem die eigene Erfahrung lehrt, dass es »ohne« geht, wenn man dieses Rechtfertigungsargument »Macht doch eh jeder« zum Kotzen findet.

Entscheidend war für mich die Zeit der Wende. Man musste beide Augen schließen, um das Übernahmefieber der westdeutschen Funktionäre nicht zu sehen. Es gab kaum einen Trainer aus den neuen Ländern, den man, angesichts seines »überragenden Fachwissens«, zwar nicht sofort, aber zumindest mittelfristig anstellen wollte. »Die DDR-Erfolge sichern«, hieß das Zauberwort, das Ziel des deutschen Sports. Endlich hatten die Westler die Möglichkeit, hinter das große Geheimnis zu gelangen. Das Geheimnis des Erfolgs der Athleten im blauen Trikot mit Hammer und Sichel auf der Brust, neben denen wir immer wie ein Hippiehaufen aussahen. Wusste man es in Funktionärskreisen wirklich nicht?

Im Frühsommer 1991 war es zur ersten Auseinandersetzung mit der DLV-Führung gekommen, und ich damit zu meinem Ruf als unbequemer Athlet, als Querdenker, der von den Medien gefeiert und von den Funktionären als störend empfunden wurde. Fortan galt ich als schwierig. Schwierig war derjenige, der ein Problem ansprach, nicht der, der es verursacht hatte. Im Lauf der Jahre folgten Podiumsdiskussionen, Einladungen zur Politik nach Bonn oder Brüssel. Plötzlich fand ich mich, der gelernte Fotolaborant von der Schwäbischen Alb, neben Richard von Weizsäcker wieder.

Vieles, was ich damals sagte, kam aus dem Bauch heraus. Geraderaus, ungeschminkt, vielleicht auch rücksichtslos. Aber gerade dadurch wurde ich angreifbar, wurde meine Position innerhalb des Sports klar und unverrückbar. Ich stand für einen Sport, den jeder seinen Kindern bedenkenlos empfehlen konnte. Es war eine Position, die ich nie bereut hatte, für die ich noch heute eintrete.

Die Athleten sollten ohne Manipulation laufen, springen und werfen können, sollten nicht zum Betrug gezwungen sein, weil es »eh jeder macht«. Betrüger müssen bestraft werden. Auch im Sport, weil sie Verbotenes tun. Insofern unterscheiden sie sich in nichts von Kriminellen im Alltag. Zu einem Betrug gehört, dass sich die Handelnden im Klaren darüber sind, was sie tun. Sie wissen um das Verbotene, und deshalb suchen sie das Dunkel. Der Betrüger handelt mit Absicht, zielgerichtet, mit dem Wissen um die Konsequenz, die sich daraus ergibt. Es ist eben nicht nur die bessere Leistung, der Sieg, sondern möglicherweise auch die Strafe. Zu den Betrügern im Sport zähle ich nicht nur die Athleten. Wichtiger sind jene, die hinter ihnen stehen: Mediziner, Therapeuten, Trainer. Sie alle sind verantwortlich. In der DDR, und dies wissen inzwischen alle im Sport, war dieses System der »Betreuung« mit »unterstützenden Mitteln« bis ins Detail betrieben worden. Mit all seinen Auswüchsen. Aber auch im Westen, selbst zehn Jahre später, herrscht eine Grauzone, deren dramatisches Ausmaß nur erahnt werden kann.

Auf dem Sofa sitzend, versuchte ich mich an mein erstes Interview zu diesem Thema zu erinnern. Ich ging ins Büro, irgendwo musste ich es noch in einer Akte haben. Nach kurzem Überfliegen des Textes in der »Stuttgarter Zeitung« vom 22. Juni 1991 blieb ich an der entscheidenden Stelle hängen.

Frage: »Sie schätzen Ihre Kollegen aus der ehemaligen DDR offenbar nicht sonderlich?«

Baumann: »Ich habe nichts gegen die Sportler, aber viel gegen ihre Betreuer. Mich stört das arrogante Auftreten der Ost-Trainer, die so tun, als wüssten nur sie Bescheid. Und mich stört auch, dass das DLV-Präsidium dann große Augen macht und große Ohren bekommt. Nachher ist es wieder so, dass sie die Lobeshymnen einheimsen, und wir alle wissen, wie sie das geschafft haben.«

Frage: »Sie trauen den Ost-Trainern nicht über den Weg?«

Baumann: »Keinem Einzigen. Im vergangenen Herbst wurde mir vorgehalten, ich würde diese Leute vorverurteilen. Je mehr Zeit seitdem vergangen ist, desto sicherer bin ich mir, dass ich den Nagel auf den Kopf getroffen habe. Es ist ohnehin untragbar, dass der DLV diese Trainer engagiert hat, von denen man weiß, dass sie zu über 80 Prozent mit Dopingmitteln gearbeitet haben. Und ich bin sicher, dass sie dies in irgendeiner Form wieder aufnehmen werden, weil sie mit sauberen Athleten gar nicht arbeiten können. Der DLV verletzt hier eklatant seine Fürsorgepflicht gegenüber seinen Athleten, weil die Ex-DDR-Trainer doch überhaupt nicht wissen, wie sie mit einem Athleten umgehen sollen, der sich normal ernährt.«

In diesem Interview forderte ich, keinen dieser Trainer zu übernehmen. Es waren Trainer, die, wie sich später in Gerichtsverfahren herausstellte, Minderjährige mit Hormonen auf sportliche Wettkämpfe vorbereitet hatten, ohne dass die Athleten darum wussten – oder gegen ihren Willen. Junge Menschen wurden durch medizinische Experimente für die politischen Ziele eines Staates missbraucht. Und dieselben Trainer, dieselben Mediziner und dieselben Funktionäre wollten jetzt einfach zur Tagesordnung übergehen, reklamierten wie selbstverständlich ein Recht, mit jungen Menschen arbeiten zu dürfen, und gaben sich ganz ungeniert als die Fachleute des methodischen Trainings aus. Als Experten des Erfolgs.

»Keine Übernahme dieser Trainer.« Wie konnte ich nur so unvorsichtig gewesen sein? Damit verbunden gewesen war die scharfe Kritik an den Westfunktionären. Wie konnten sie nur so blauäugig beziehungsweise so skrupellos sein? Über Nacht war ich zum »Ossi-Hasser« geworden. Alexander Osang, »Spiegel«-Reporter und selbst Ostler, sollte Jahre später schreiben: »Niemanden sahen die Leute hier so gern fallen wie ihn, niemanden, der durch einen Anschlag so zu verletzen ist, wie er.«

Die Wiedervereinigung war auch im Sport ein sensibles Thema gewesen, gerade weil der DDR-Sport so überlegen schien, Prädikat erhaltenswert. Von allen Seiten war das schnelle Zusammenwachsen gepredigt worden – wer hätte das besser können sollen als der Sport? Nach diesem Interview im Juni 1991 hatte ich nicht mehr dazugehört. Die Herren Funktionäre hatten ernsthaft überlegt, ob sie mich bei den kommenden Weltmeisterschaften in Tokio starten lassen sollten. Sie hatten mir verbandsschädigendes Verhalten vorgeworfen, einen Ausschluss aber dennoch nicht gewagt. Gerade die Personen, denen meine Kritik gegolten hatte, hätten mich, und da bin ich sicher, liebend gerne abgestraft, wenn sie nicht das öffentliche Echo gefürchtet hätten. Eine freie Meinungsäußerung war ihnen fremd, Athleten, die sich nicht unterwarfen, kannten sie nicht.

Sie mussten eine fast unbändige Freude an meinem Elend haben. Ihre Äußerungen nach dem Bekanntwerden der positiven Befunde, selbstverständlich nur Dritten gegenüber, waren eindeutig. Auf nichts anderes hatten sie offenbar gewartet, meine »Freunde«, die sich innerhalb des Verbandes versammelt hatten. Endlich hatte der Baumann eins auf die große Schnauze gekriegt.

Aber war das schon ein Motiv? Ging es nur darum, sich an meinem Schicksal zu weiden, mich auf dem Schafott der Öffentlichkeit zu sehen, Verteidigung ausgeschlossen? Es musste mehr dahinterstecken.

Wem hätte ich gefährlich werden können? Ich hatte doch keinen wirklichen Einfluss, keine Sanktionsgewalt. Nach der schrecklichen Gewissheit, dass ein Anschlag hinter den positiven Pro-

ben steckte, änderte sich mein Blick. Offensichtlich sah jemand meine Position im Sport anders als ich. Hatte ich Gegner, die vor nichts zurückschreckten?
Den Zeitungsartikel ließ ich neben mir auf den Boden fallen. Meine Gedanken waren an einem Vorfall hängen geblieben, der noch nicht lange zurücklag. Johannesburg, der Weltcup 1998, in vielerlei Hinsicht eine Weggabelung, vielleicht ein Schlüsselereignis.
DLV-Leistungssportdirektor Frank Hensel hatte mich am Ende des Wettkampfes zur Seite genommen. Er hatte von mir wissen wollen, wann ich meine Karriere beenden würde. Ich hatte gerade den Weltcup über 3000 Meter gewonnen und empfand diese Frage geradezu als Beleidigung. Doch Hensel hatte sehr offen gesprochen, und irgendwie hatte es mir geschmeichelt, dass er meine berufliche Zukunft in der DLV-Zentrale gesehen hatte. Konnte noch etwas passieren? Meine Perspektive lag in Darmstadt.
Auch Präsident Digel und Sportwart Rüdiger Nickel hatten mir bereits signalisiert, dass sie mich für die Verbandsarbeit gewinnen wollten. Digel hätte mich schon vor einem Jahr gerne als Athletenmanager verpflichtet, obwohl ihm meine Probleme mit einzelnen Trainern nicht verborgen geblieben waren. Aber es war ruhiger geworden, die Debatten wurden nicht mehr so hitzig geführt, zumindest nicht auf offener Bühne. Man ließ mich in Ruhe, traktierte mich nicht mit Leistungsvorgaben, gab mir bei der Wahl der Trainingslager freie Hand und versuchte erst gar nicht, mich zu zentral verordneten Camps zu zwingen. Mit Isabelle als Bundestrainerin arbeitete ich wie auf einer Insel der Seligen, ohne Zugriff der Zentralisten in Darmstadt, die alles unter Kontrolle haben wollten. Für sie war ich ein unberechenbarer Individualist.
Den Plan von Digel hatten sie als Kampfansage begreifen müssen. Ein leitender Job in der Geschäftsstelle hatte bei denen, die

ich massiv angegriffen hatte, alle roten Lampen aufleuchten lassen müssen. Wären sie dann noch sicher? Würde ich die Trainingspläne, die immer noch auf dem DDR-Sport basierten, unterstützen und an die Athleten weiterleiten? In ihrer Sicht war ich kein guter Mitarbeiter. Für sie war ich einer, der immer alles »anders« machen wollte, der eigene Vorstellungen hatte und sie verwirklichen wollte. Einer, den man nicht im Griff hatte durch gemeinsame Leichen im Keller. Dazu war ich viel zu unabhängig. Kurzum: Für viele Trainer und Funktionäre war ich ein Kotzbrocken.

Hatten sie Furcht vor mir gehabt? Im Rückblick glaube ich, ja. Die meisten Medien waren auf meiner Seite gewesen, ich war sportlich zu erfolgreich, unantastbar. Wer hätte mir widersprechen sollen?

Jetzt war alles anders. Komplett anders. Meine Glaubwürdigkeit war weg und damit auch die Basis für Argumente gegen das Doping. Wie einfach es doch war. Mit einer einzigen positiven Probe.

Hatte ich jemanden persönlich verletzt? Hasste mich jemand derart, dass er nicht einmal vor einer solchen Tat zurückschreckte? Krampfhaft versuchte ich mich an Szenen und Personen zu erinnern. Ich musste nicht weit zurück gehen. Wieder war es Johannesburg. Dort schien sich der Kreis zu schließen. Der Weltcup 1998. Ein ganz problematisches Jahr für uns Läufer. Mein ganzes Engagement für einen schnelleren, deutlichen EPO-Nachweis resultierte aus jenem Sommer. Vorher hatte ich mich auf eine Verbesserung der Trainingskontrollen gestürzt und das Thema in die Schulen getragen. Ich wollte zeigen, dass man auch ohne »unterstützende Mittel«, wie es in der DDR geheißen hatte, Olympiasieger werden konnte.

1998 hatte sich die Lage geändert. Durch das in der Szene grassierende EPO war mein unmittelbares Umfeld, die Langstrecke, betroffen. Vorher hatte ich diese Dopingvariante verdrängt,

nichts davon wissen wollen. Als wäre es gestern gewesen, fielen mir die Gespräche auf dem dunklen Hotelgang wieder ein.
»Kennst du die Geschichte von Budapest?« An einem der ersten Abende war es, als mich ein Mitglied des deutschen Teams abgefangen hatte. Kurz vor dem Weltcup waren in Budapest die Europameisterschaften gewesen. »Sagt dir der Blutplasmaexpander HES etwas?« Mein Kollege hatte geheimnisvoll geflüstert. Er hatte für mich in Rätseln gesprochen. HES? Er hatte keine Antwort mehr abgewartet. »Es soll ein Athlet den Wirkstoff HES bekommen haben.«
Mit großen Augen hatte ich ihn angeschaut. War deshalb die Unruhe unter den Medizinern entstanden, als ich am ersten Tag in Johannesburg bei der Anmeldung zur Massage schier über die vielen Infusionsbehälter und Bestecke gestolpert war? »Sind wir hier auf der Intensivstation oder bei einem Wettkampf?«, hatte ich einen Therapeuten gefragt. Eine Stunde später, bei meinem Massagetermin, war alles weggeräumt gewesen.
Es war immer wieder mal die Rede von Infusionen nach einem Wettkampf, so viel hatte ich gehört. Aber offensichtlich wurde diese »Betreuung« mittlerweile auch vorher praktiziert, und keineswegs heimlich. In Johannesburg hatte ich in der noch herrschenden Unordnung gesehen, welche Ausmaße es angenommen hatte.
Ich hatte Klarheit gebraucht. »Was ist das – HES?« »Das Blut wird damit verdünnt.« Mein Informant hatte sich zu mir gebeugt und noch leiser geflüstert. Noch immer waren wir im langen Korridor gestanden. »Verdünnt?«, hatte ich wiederholt. »Wer? Kennst du den Athleten?« »Ich kann es dir nicht sagen, Dieter.« »Ist er aus unserem Bereich?«, hatte ich wissen wollen. »Ein Sprinter braucht das nicht. Wenn ich Blut verdünnen will, muss es dick geworden sein«, hatte er gemeint. Ich hatte gemerkt, dass er mir Ross und Reiter nicht preisgeben wollte. »Ist es ein Langstreckler, ein Läufer? Kennst du den Namen?«

Wieder hatte ich nachgebohrt, ohne Glück. »Dieter, wirklich, ich kann es dir nicht sagen. Hör dich einfach um.« Damit hatte er mich stehen lassen.
Plötzlich war es da, das Ungeheuer. Wie weit war es vom Blutverdünner HES zu EPO? Viele konnten es in Budapest nicht gewesen sein. Warum hatte er mir das gesagt?
Ich war elektrisiert gewesen, plötzlich hatte das Thema eine ganz persönliche Note bekommen. Aus unserer Disziplin, ein Langstreckler, die unmittelbare Konkurrenz. Ich hatte meine Wut und Empörung nur schwer zügeln können. Ich hatte wissen wollen, was sich dort in Budapest abgespielt hatte.
Die Mannschaftssitzung in Johannesburg fiel mir wieder ein. »Stille Stunde« nennt man das bei den Leichtathleten. Die Funktionäre hatten sich nochmals im Glanz der vergangenen erfolgreichen Tage gesonnt und die Verlierer getadelt. Ich hatte den Augenblick genutzt, ein Zeichen setzen wollen und meine Botschaft in das vertraute Bild des Saisonausklanges, der nachfolgenden Pause und des beginnenden Wintertrainings verpackt: »Was bedeutet eine gute Vorbereitung, ein gutes Training? Training heißt für mich Dauerlauf im Wald, Freude in einer Gruppe. Zusammen im Kraftraum die Form aufbauen. Training heißt nicht: Medikamente, Spritzen und Infusionen. Ich hoffe, dass alle hier im Raum das Gleiche unter einer guten Vorbereitung auf die neue Saison verstehen.«
Schweigen, versteinerte Gesichter. Wieder, wie damals bei dem Interview mit der »Stuttgarter Zeitung«, war ich mir der Tragweite meiner Sätze nicht bewusst gewesen. Wieder war es eine Entscheidung aus dem Bauch heraus gewesen, aber auch die tiefe Überzeugung, wachrütteln zu wollen. Die Spaltung innerhalb der DLV-Truppe war wie mit einem Beil gezogen worden.
Durch den Überraschungseffekt hatte ich für kurze Zeit erkennen können, wer nicht so dachte. War es das, was viele so störte? Dieses forsche Auftreten, dieses Überfallartige in meinem

Handeln? So hatte ich ihre Schockreaktion damals interpretiert. Heute weiß ich, dass sich hinter ihrer Ablehnung mehr verbarg. Offene Feindschaft. Aber auch Zustimmung vom anderen Teil der Mannschaft. Leider waren nur wenige danach gekommen, um mir auch persönlich zuzustimmen. Es war das heißeste Thema, das man hatte aufgreifen können. In diesem Rahmen, auf diese direkte Art war es ein Novum gewesen.
Mein Zeichen zeigte Wirkung. Es war in den folgenden Wochen unruhig in der Mannschaft geblieben. Gerüchte wurden gestreut und im Verlauf waren die Namen der Athleten ans Tageslicht gekommen. Es waren zwei gewesen. Stephane Franke und Damian Kallabis. Beide hatten vor Jahren in unserer Läufergruppe trainiert, ehe sie nach Berlin gezogen waren. Das Verfahren gegen sie wurde innerhalb weniger Wochen eingestellt. HES war noch nicht verboten, war erst zwei Monate später vom internationalen Leichtathletikverband IAAF geächtet worden. Dem DLV war die Situation äußerst unangenehm gewesen, weil es seine Ärzte waren, die diesen Wirkstoff verabreicht hatten. Wäre es ein Dopingverstoß gewesen, hätten die Funktionäre einer Mitschuld nicht ausweichen können.
Für mich war dieses Verhalten nicht hinnehmbar gewesen. Ich hatte auf dem schnellsten Weg eine Nachweismöglichkeit für EPO gefordert. Mit anderen Athleten zusammen hatte ich eine Initiative gegründet, die freiwillige Bluttests verlangte. Das Labor in Köln sollte Daten sammeln und an einem entsprechenden Projekt arbeiten. In dieser Zeit war klar geworden, wer in dem Verband wo stand. Briefe waren mir zugespielt worden, die nur ein Feindbild kannten. Ich war für sie der Nestbeschmutzer.

Keine Kraft, kein Schlaf, keine Hoffnung

2. Dezember 1999

Oberstaatsanwalt Rolf Kindsvater war ein korpulenter, kleiner Mann. Sein Vollbart passte ebenso zu seiner Figur wie seine tiefe Stimme. Freundlich bot er mir in seinem schmalen Dienstzimmer einen Platz an. Es war mehr ein Nottisch, ganz an die Wand gedrückt. Akten türmten sich darauf, die er umständlich in eine andere Ecke des Raumes legte. Es blieb nur wenig Platz, gerade ausreichend, um darauf zu schreiben. Er brachte seinen Stuhl und setzte sich zu mir.

Kindsvater kannte meinen Fall aus der Zeitung. Ausführlich berichtete ich ihm von den Vorgängen der vergangenen Tage, dem Anruf Schänzers gestern Abend, der Zahnpasta und dem vermuteten Anschlag. Aufmerksam hörte er sich die Geschichte an, machte sich Notizen. Nur selten stellte er Fragen. Am Schluss unseres kurzen Treffens stellte er lapidar fest, dass er im Moment nicht viel unternehmen könne. Meine Hoffnung sank augenblicklich. Er spürte offensichtlich meine Enttäuschung. Er werde die Angelegenheit natürlich zunächst im Haus besprechen, versprach er, und mir dann ein Aktenzeichen zukommen lassen. Mit dieser Auskunft entließ mich Kindsvater. Wieder war ich also auf andere angewiesen. Vorher war es das Institut von Professor Schänzer, jetzt die Tübinger Staatsanwaltschaft.

»Warum steht das heute schon in der ›FAZ‹, Herr Baumann?« Der Ton von Kindsvater am nächsten Morgen war ärgerlich und ungehalten.

Es gab in den vergangenen beiden Wochen nicht einen Tag, an dem auch nur irgendetwas als normal zu bezeichnen gewesen wäre. Unmittelbar nach meiner Anzeige und dem Treffen mit Kindsvater, der auf mich eher den Eindruck machte, als käme ich ungelegen, informierte ich Clemens Prokop darüber, dass mich Kindsvater darum bat, keine Informationen rauszugeben, weil die Staatsanwaltschaft ihre Ermittlungen sonst gleich einstellen könne. Prokop sicherte mir das in seinem kameradschaftlichen Tonfall zu.

Schon vor dem Anruf des Staatsanwalts, keine 24 Stunden nach meiner Anzeige, lief die Meldung von der gefundenen Zahnpasta im Radio. Ich hörte sie in den 8-Uhr-Nachrichten zum ersten Mal. Danach riefen im Minutentakt die Journalisten an.

Ich konnte dem aufgebrachten Kindsvater auch keine Antwort geben. Digels Nähe zur »FAZ« war kein Geheimnis, das hatte mir der Präsident selbst bestätigt. Er hatte das Blatt schon über meine positiven Proben informiert, bevor ich angehört wurde. »Unter Tränen« soll er sein Wissen weitergegeben haben. Aber was besagte das schon?

Außer Digel, Prokop, dem Kölner Labor und mir wusste niemand von der präparierten Zahnpasta. Von einer gemeinsamen Bekanntgabe der Schänzer-Ergebnisse wollte der Verband nichts wissen. Mit einem positiv getesteten Athleten veranstalte man keine Pressekonferenz, ließ mich Prokop wissen. Die Öffentlichkeitsarbeit sah in den Augen des DLV wohl anders aus, denn trotz der Zusicherung, zunächst das Vorgehen der Staatsanwaltschaft abzuwarten, war das Zahnpastadesaster heute bundesweit bekannt. Der Schluss lag nahe, dass mich der Verband isolieren wollte.

»So kann man nicht in Ruhe arbeiten.« Kindsvater polterte weiter. Woher sollte er auch die Winkelzüge der Sportpolitik kennen? Ich versuchte ihm zu erklären, dass ich nicht nur einen Journalisten bedient, sondern eine Pressekonferenz einberufen hätte, wenn mir an der Information der Öffentlichkeit gelegen gewesen wäre. Außerdem würde ich mich schon aus eigenem Interesse an das mit ihm vereinbarte Schweigen halten. Ich empfahl ihm, beim DLV nach der undichten Stelle zu fahnden. Aber

ich konnte ihn nicht beruhigen. »Jetzt ist es schon gelaufen, da können wir nichts mehr ändern.« Hörbar sauer legte der Staatsanwalt auf.
Wer versorgte die »FAZ«? Ich wusste, die Funktionäre wollten ihr System schützen, mit aller Härte gegen mich vorgehen. War das die erste harte Maßnahme gegen einen zu Unrecht beschuldigten Athleten? Steckte hinter dieser gezielten Informationspolitik System? War es abgesprochen?
Ich erkannte diese Menschen nicht mehr. Hatte ich mich so getäuscht in ihnen? Nun standen wir uns frontal gegenüber, meine Freunde aus dem Sport und ich. Eines wusste ich: Digel und Prokop schätzten diesen fürchterlichen Fund genauso ein wie ich. Das Schrecklichste, was vorstellbar war, war eingetreten, nicht nur für mich als Person, sondern auch für ihr Anti-Doping-System. Der Angriff auf einen Sportler. Ein Anschlag. Täter unbekannt. Darauf waren wir alle nicht vorbereitet. Das Naheliegende trat ein: die meisten glaubten mir nicht. Zu ihrem Schutz und zum Schutz ihres Systems.
Doch die Frage nach dem Verantwortlichen war nicht mehr wichtig. Nur über einen »Schuldigen« war es ihnen möglich, ihre Bestrafungen, ihre Legitimation des Anti-Doping-Kampfes in der Öffentlichkeit aufrechtzuerhalten und fortzuführen. Um wie viel einfacher war es, mich als Täter vorzuführen, als nach einem Unbekannten zu suchen. Der Ausgang des Verfahrens schien festgeschrieben.

Ein Kronzeuge: Der »Beweis« für 75 000 Mark

Bei großen Teilen der Medien stieß der DLV auf offene Ohren. Der Trommelwirbel war jeden Tag stärker geworden. »IOC überprüft Schänzers Lizenz«, »IOC stellt Kölner Labor in Frage«, »Ist Schänzer zu weit gegangen?« – die Schlagzeilen ließen

ahnen, welche Dimension mein Fall annehmen würde. Das Labor war eine offizielle Einrichtung des Internationalen Olympischen Komitees (IOC). Der Präsident des Deutschen Sportbundes (DSB), Manfred von Richthofen, wollte sich bei der Dienstaufsichtsbehörde von Schänzer erkundigen, »ob man für alles oder jedes der Privatdetektiv sein darf«. Ich wurde in den seltensten Fällen gefragt. Ich hörte auf, Zeitung zu lesen.
Dort war ich nicht nur ein Dopingsünder, viel schlimmer, ich hatte auch noch eine Straftat begangen. Die Tube selbst manipuliert, um abzulenken. Dass sie mit meinem Beruf, meiner Existenz, meiner Familie spielten, schien ihnen gleichgültig zu sein. Warum nur gab es kein Halten für diese Journalisten? Warum spielte es keine Rolle mehr, wenn Wissenschaftler wie Schänzer die Ansicht vertraten, eine Manipulation der Zahnpasta sei nur einem Fachmann möglich? Alles, was mein Leben vorher ausgemacht hatte, spielte in den Köpfen dieser Medienvertreter keine Rolle mehr. Im Gegenteil. Meine Bemühungen um eine verbesserte Dopingbekämpfung waren anscheinend eine einzige Inszenierung gewesen. Der Finsterling Baumann hatte seine Fans mehr als 15 Jahre lang an der Nase herumgeführt.
Um das zu beweisen, wurde mit den merkwürdigsten Mitteln gearbeitet. In einer Titelgeschichte der »Bild am Sonntag« (BamS) wurde der Luxemburger Läufer Jean-Pierre Ernzen mit der Behauptung angeführt, ich arbeitete mit einer Handzentrifuge, mit der ich meine Blutwerte überprüfe. Die Begründung dafür lieferte ein Wissenschaftsjournalist nach: Um nicht als EPO-Doper erwischt zu werden, müsse ich meine Blutwerte unter dem kritischen Hämatokritniveau halten, und dafür bräuchte ich die Zentrifuge. Allein schon das war Unsinn, denn es gab keine Testverfahren für EPO.
Zwei Wochen später begriff ich, wie diese Geschichte entstanden war. Ein Brief an mich enthüllte die Arbeitsweise dieses Journalisten. Er war mit »Insiderinformationen« durch die

Redaktionen gereist. »Der vorläufige Höhepunkt der gemeingefährlichen Medientour«, schrieb mein Informant, »war wohl erreicht, als er mich anrief: Ob ich für 75 000 Mark bereit sei, als Kronzeuge auszupacken? Was es überhaupt nicht gibt, kann auch für Geld nicht verraten werden«, antwortete er dem Journalisten, der damit nicht zufrieden war. »Offensichtlich hat er dann auf seiner Liste mit Ernzen jemand gefunden«, las ich weiter, »den er (gegen Ernzens Willen und Wissen) zum Kronzeugen der Sensationspresse aufbauen konnte.« In der »Bild am Sonntag« war ich so zum EPO-Doper geworden.

Ernzen war einige Male mit uns im Trainingslager gewesen. Irgendwann war er dagestanden und hatte mitfahren wollen, nach St. Moritz, nach Flagstaff. Warum auch nicht? Kein Problem. Er war ein netter Kerl. Völlig verstört meldete er sich einige Tage nach dem Bericht mit einer E-Mail:

»Ich hoffe, dass du mir zuhörst, was ich dir zu sagen habe! Ich habe die bittere Erfahrung gemacht, in etwas hineingerutscht zu sein, ohne Hintergedanken. Ich sagte, dass wir uns seit 1994 nicht mehr getroffen haben, außer einmal noch in Diekirch 1997 beim Cross, dass du mir mehr auf Distanz erschienen bist, und dass die Zentrifuge da war. Mehr habe ich nicht erzählt. Der Journalist schickt ein Fax, BamS hätte zugesagt, ich frage, was BamS bedeutet. Ich soll ruhig bleiben und warten. Jetzt sitze ich hier wie ein Arsch, bin reingelegt worden. Der Abzocker meldet sich, versucht sich rauszureden, ich hätte Anrecht auf Honorar etc. Dieter, das, was angerichtet worden ist, ist irreparabel. Millionen von Schwachköpfen haben den Scheiß gelesen. Ich hoffe trotzdem, dass du mir in deiner schwierigen Situation verzeihen kannst!«

Vielleicht hatte Ernzen vergessen dem Journalisten zu erzählen, dass es sich bei den Untersuchungen um eine Studie der Universität Ulm handelte, in die viele DLV-Athleten einbezogen gewesen waren. Auch Ernzen selbst. Wahrscheinlicher dürfte

freilich sein, dass es den Märchenerzähler gar nicht interessiert hat. Sonst hätte er erwähnen müssen, dass eine Zentrifuge zur Grundausstattung jeder sportmedizinischen Praxis gehört.
Die Wissenschaftler hatten herausfinden wollen, wie lange die Anpassung an die Höhe dauert, wann man die ersten Belastungen durchführen kann, wie stark die muskuläre Ermüdung innerhalb von drei Wochen durch eine hohe Laufbelastung ist. Es gab noch viel Ungeklärtes in diesem Zusammenhang. Selbst die Frage, ob es überhaupt einen Sinn hat, in der Höhe zu trainieren, ist nicht beantwortet.

Die Soko Sonderfälle: Mord, Raub und ich

6. Dezember 1999

Was konnte ich tun? Ich konnte nicht den Staatsanwalt spielen und selbst ermitteln. Aber ich musste alles beweisen. Der Athlet ist verantwortlich für das, was in seinem Körper ist. Wie oft hatte ich diesen Satz in der letzten Zeit gehört. Aber wie sollte ich für etwas Unbekanntes verantwortlich sein? Ich war verzweifelt. Wieder einmal. Es war ein trister Dezembermorgen. Der Blick zum Tübinger Schloss war im Frühjahr schöner, wenn alles grünte. Jetzt war es nass und grau.
Nichts rührte sich. Niemand meldete sich. Kein Staatsanwalt, keine Polizei. Es waren schon vier Tage vergangen. Es war Wochenende, aber für mich gab es kein Wochenende mehr. Ich wollte eine Klärung, ich wollte diesen Menschen haben, den Täter, wollte die Täter. Ich verlor meinen Glauben an einen guten Ausgang. Wollte mir niemand helfen?
Wir waren gerade beim Mittagessen, als das Telefon läutete. »Herr Baumann, wir würden gerne eine Zeugenvernehmung machen. Sie hatten Anzeige erstattet. Haben Sie morgen Zeit?«
Wie sehr hatte ich auf diesen Anruf gewartet.

Die Tübinger Kriminalpolizei wollte uns beide vernehmen, aber Isabelle musste noch heute nach Kenia in ein dreiwöchiges Trainingslager, das sie nicht absagen konnte. Der Beamte versprach, sich sofort wieder zu melden, und legte auf. Meine Hoffnungen schwanden. Zu meiner Überraschung war er fünf Minuten später wieder in der Leitung. »Am besten kommen Sie gleich vorbei, beide.« Eine halbe Stunde später saßen wir in einem unauffälligen Reihenhaus in Tübingen. Keiner würde hier die Polizei vermuten. Wir waren im Dezernat für Sonderfälle.
Wir hatten Jackie und Robert mitgenommen. Es war Isabelles letzter Nachmittag und wir wollten die verbleibende Zeit gemeinsam verbringen. Drei Wochen ohne Mutter sind eine lange Zeit für die Kinder. In meiner Situation eine Ewigkeit.
Schon im Flur wurden wir von zwei Beamten empfangen und sofort getrennt. Robert schlief noch im Kinderwagen. Er blieb bei mir. Jackie wurde mit Isabelle einen Stock höher geführt, ich blieb parterre in einem kleinen Zimmer, vor dem ich Robert schlafen ließ. Es waren ausreichend Polizisten da, die aufpassen und mich informieren konnten, wenn er wach werden sollte. Eine Ewigkeit konnten die Aussagen ja nicht dauern.
Der Beamte schob mir eine Visitenkarte über den Tisch, auf der sein Name, sein Dienstgrad und die »Soko Sonderfälle« notiert waren. Die Sekretärin setzte sich hinter den Computer. Wie im Film, dachte ich mir. Was wohl »Sonderfälle« waren?
»Wir sind für alle schweren Kapitalverbrechen zuständig: Tötungsdelikte, Mord, aber auch schwere Raubüberfälle mit Entführung. Aber auch für Delikte, die durch ungewöhnliche Umstände sehr stark in der Öffentlichkeit stehen. Deshalb hat uns die Staatsanwaltschaft eingeschaltet.« Der Beamte erklärte mir das freundlich, ohne viel Aufhebens davon zu machen. Er hatte vor Jahren an dem Fall Schlecker gearbeitet. Die Kinder des Drogeriekönigs waren damals entführt worden. Die Dienststelle hatte den Fall gelöst. Er wollte sich damit nicht schmücken, es

klang eher selbstverständlich. Er sprach mit großem Selbstvertrauen. Diese Leute schienen zu wissen, was sie taten.
Der Polizist drängte. »Wir haben nicht sehr viel Zeit«, kündigte er an, »wann fliegt Ihre Frau?« Wieso nicht viel Zeit? Isabelle mußte erst um 20 Uhr starten, und jetzt war es 13.30 Uhr. So lange konnte das doch nicht dauern.
Die Vernehmung begann. Ich schilderte die Trainingskontrollen, die Urinabnahmen, wer sie ausführte und in wessen Auftrag. In allen Einzelheiten berichtete ich von den Besuchen der Mitarbeiter von Professor Schänzer, warum sie gekommen waren, wann und womit sie gegangen waren. Ich beschrieb unser Haus, die Zimmeraufteilung, die Personen, die sich mit uns im Haushalt aufhalten. Der Beamte stellte die Fragen zurückhaltend, um meinen Erzählfluss nicht zu stoppen. Ich versuchte meine Schilderungen so präzise wie möglich vorzutragen, und brachte ihm dabei etwas entgegen, was ich schon verloren geglaubt hatte: Vertrauen. Er war neutral, objektiv, und das feierte ich innerlich schon als Erfolg. Mein Eindruck war: Nirgendwo anders konnte man mir helfen, wollte man mir helfen.
Die Zeit verstrich, ohne dass ich es merkte. Robert war wach geworden, wusste nicht, wo er war. Ein Beamter gab mir ein Zeichen. Ich holte den Kleinen, nahm ihn auf den Schoß, wo er sich schnell beruhigte. Er war sehr heiß. Bekam er Fieber? Was machten meine zwei Frauen einen Stock höher?
Der Beamte hatte seinen eigenen Rhythmus. Er ging im Büro auf und ab, schaute ab und zu über die Schulter seiner Sekretärin, setzte sich auf der anderen Seite in eine kleine Ecke auf einen Stuhl. Er beobachtete mich. Die ganze Zeit. Er wollte in mir lesen.
»Wer kauft bei Ihnen ein und wo kaufen Sie bevorzugt ein?« Trotz Robert ging die Vernehmung weiter. Er musste krank sein, er rührte sich kaum, und ich bekam langsam Hunger. Ich erzählte, dass meistens Isabelle oder das Kindermädchen die

Besorgungen machen und dass ich über die Zahnpasta »Elmex sensitive« nichts Genaues sagen könne. Ich erinnerte mich, dass wir uns im Januar 1998 in Kenia mit einem Athleten über diese Creme unterhalten hatten. Er hatte sie uns empfohlen. Isabelle glaubte sich entsinnen zu können, sie möglicherweise schon im Mai 1998 gekauft zu haben. Da wir diese Zahnpasta aber nicht mochten, hatten wir sie nur selten benutzt. Ich erinnerte mich genau daran, dass diese Tube, die grüne »Elmex sensitive«, bei unserem Umzug im Mai 1999 noch vorhanden war.
Der Beamte wollte es genauer wissen: »Benutzen Sie regelmäßig bestimmte Zahnpastamarken?«
»Vorwiegend benutzen wir Zahnpasta der Marke ›Elmex‹ oder ›Aronal‹. Wie ich sagte, hatten wir aus Portugal auch schon einmal eine Tube ›Ultra Weiß‹.«
Noch genauer: »Wie viele Tuben Zahnpasta haben Sie Ihrer Einschätzung nach zurzeit im Hause? Benutzen Sie gleichzeitig mehrere Zahnbürsten?«
Die Vernehmung begann mich anzustrengen. Wie viele Tuben? Oben eine, im Bad noch eine, die Kinderzahnpasta. Sicher auch noch eine in einer meiner Taschen. Ich hatte nicht mit solchen Detailfragen gerechnet, aber gerade dadurch hatte ich das Gefühl, dass zumindest hier, bei der Kriminalpolizei, mein Fall mit großer Ernsthaftigkeit bearbeitet wurde.
Zwischendurch verließ der Beamte das Zimmer. Seine Sekretärin bot mir Kaffee an, wunderte sich, dass Robert immer noch schlief. Erschrocken registrierte ich seine hohe Temperatur. Kaum war der Beamte wieder da, ging die Befragung weiter. Unterbrochen wurde sie durch einen Kollegen, der ihm einen Zettel brachte.
Der Beamte fingerte an dem Zettel herum. Er las die Notiz nochmal. »Herr Baumann, anhand der Chargennummer der sichergestellten Zahnpastatube lässt sich feststellen, dass diese im Februar 1999 produziert wurde.« Für eine Weile konnte ich die

Information nicht einordnen. Ich war mir absolut sicher, dass die beschlagnahmte Tube bei unserem Umzug im Mai nur noch zu einem Drittel gefüllt war. »Ich hatte ja auch schon gesagt, dass weder meiner Frau noch mir diese Zahnpasta schmeckte. Deshalb haben wir diese Marke nicht mehr gekauft.«
Der Verdacht flog durch meinen Kopf: Man hatte unsere alte Tube gegen eine neue getauscht. Natürlich, so musste es gewesen sein. Es war einfacher und schneller für den Täter. Das Präparieren fand an einem anderen Ort statt. Getauscht war in Sekundenschnelle. Wusste Isabelle schon von dieser neuen Nachricht? Ich traute mich nicht, den Beamten zu fragen.
»Sie brauchen die Frage nicht zu beantworten: Haben Sie selbst mit dem Einbringen des Nandrolons in die Zahnpasta etwas zu tun?« Jetzt ermittelte er gegen mich, natürlich.
»Nein. Dies würde ich auch jederzeit beschwören.«
Es war kurz vor sechs und meine Vernehmung zu Ende. Wo war Isabelle? Wir mussten zum Flughafen. Auch sie war erst jetzt fertig geworden. Robert schlief. Mir war klar, dass er Fieber haben musste. Was war mit Jackie? Sie hatte doch eine Einladung zu einem Kindergeburtstag an diesem Nachmittag. Isabelle berichtete mir anschließend, dass ein Kripobeamter meine Tochter dorthin gebracht hatte. Meine Frau hatte die Vernehmung nicht verlassen dürfen. In aller Eile machten wir uns auf den Weg. Auf der kurzen Fahrt zum Stuttgarter Flughafen konnten wir uns kaum austauschen. Unser Gefühl aber war dasselbe. Nur mithilfe der Polizei konnten wir auf eine gute Wendung hoffen.
Ich machte mir die ganze Nacht Sorgen. Wie lange würde ich das alles noch durchstehen? Robert hatte hohes Fieber. Ich musste dringend mit ihm zum Arzt. Wie sollte ich das nur schaffen? Mit den Kindern drei Wochen alleine? Gerade jetzt? Wie konnte ich Jackie und Robert schützen? Heute Abend hatte mich meine Tochter in den Arm genommen und getröstet. »Papa, reg dich

nicht auf, auch wenn Robert manchmal weint. Es wird schon wieder gut.«

Meine Vierjährige sprach mir Mut zu, gab mir Halt. Wie unterschätzen wir doch unsere Kinder. Spätestens da stand mein Entschluss fest. Sobald der kleine Kerl wieder einigermaßen auf den Beinen war, wollte ich zu einem verfrühten Weihnachtsbesuch in Wien zu den Schwiegereltern. Ich musste mit meinen Kindern hier raus, ein paar Tage Luft holen.

Am nächsten Morgen stand die Kripo vor der Tür. Sie wollten sich im Haus umsehen, ein Bild von den Örtlichkeiten machen. Ich verschob meinen Termin beim Kinderarzt. Den ganzen Vormittag befragten sie mich wieder, nahmen diverse Medikamente mit, ließen sich Unterlagen aus unserem Büro aushändigen. Zwei Beamte untersuchten die Türen auf Einbruchsspuren.

An Laufen war nicht mehr zu denken. Seit meinen Tempoläufen vor einer Woche, motiviert durch den Irrglauben einer Eigenproduktion, machte ich keinen Schritt mehr. Jeder Antrieb war weg. Ich war wie gelähmt. Enttäuscht von so vielem und von vielen. Tief deprimiert über die letzten Wochen schien mir die Kraft auszugehen. Der Kinderarzt stellte eine Lungenentzündung bei Robert fest. Es kam alles zusammen.

Im Prater – Laufen, ich musste es schaffen

15.–18. Dezember 1999

In Wien war ich weit weg. Die Menschen bereiteten sich auf Weihnachten vor, wie schon in Tübingen, als ich mit Jackie und Robert beim Weihnachtssingen des Kindergartens in der malerischen Altstadt gewesen war. Auf dem Markt am Wiener Rathaus spielte Walzermusik, Eisläufer drehten ihre Runden, im Prater mit seiner vier Kilometer langen Hauptallee liefen Jogger, die sich ein gutes Gewissen verschaffen wollten, für die kommenden Sünden, die bevorstehenden Völlereien.

Sie liefen, einem Strom von Pilgern gleich, auf der bis spät in die Nacht beleuchteten Kastanienallee hinaus zum ehemaligen Jagdschloss von Kaiser Franz Joseph. Dem Lusthaus. Heute ist es die grüne Oase Wiens und ein Dorado für Läufer. Viele Kilometer habe ich hier zurückgelegt in der Geburtsstadt von Isabelle, die meine zweite Heimat geworden war. Jeden Weg, jeden Stein, jeden Baum glaubte ich hier zu kennen. In den vergangenen Jahren hatten wir viele unbeschwerte Wochen in einem kleinen Gartenhaus inmitten des Praters verbracht, nur einen Steinwurf von der Hauptallee entfernt.

Hier stand ich jetzt und versuchte zu laufen. Mühsam schleppte ich mich zum nahe gelegenen Cricketerplatz und dachte zurück an den schönen Frühlingstag im Mai 1992. Wir waren vom Höhentrainingslager aus Flagstaff zurückgekommen. Eigentlich hatte ich nur ein schlichtes Bahnprogramm absolvieren wollen. Nichts Besonderes. Ich hatte ausgezeichnet trainiert; welches Potenzial in mir steckte, war mir jedoch erst an diesem Mainachmittag hier bewusst geworden.

Ein Schlüsselerlebnis. Vierzehnmal 500 Meter mit 200 Metern Trabpause. Meine Erinnerungen waren noch so frisch, als wäre ich gestern gerannt. Bei diesem Intervallprogramm teile ich mir die 500 Meter immer so ein, dass ich die ersten 200 und die nächsten 300 Meter gedanklich trenne. Das Tempo »treffen« ist für mich wichtig. Erst nach der 200-Meter-Zwischenzeit setze ich mich mit der Gesamtlänge auseinander. Immer nur in kleinen Zielen, in kleinen Schritten denken, dadurch wird das ganze Große leichter.

Die ersten Läufe waren zu schnell gewesen. Sosehr ich mich auch bemüht, sosehr ich mich gebremst hatte, die Zwischenzeit war immer zu schnell gewesen. Würde ich diese Geschwindigkeit, die

77 Sekunden auf 500 Meter, durchhalten? Schaffte ich wirklich 14 Stück?
Aber an diesem Nachmittag war ich nicht zu halten gewesen. Immer war ich um zwei Sekunden schneller. Ich hatte in den Pausen getrabt, als müsste ich einen davonfahrenden Zug erreichen. Nach zehn Läufen hatte ich die letzten Zweifel über Bord geworfen. Das Selbstbewusstsein hatte über die Vernunft gesiegt. Ich hatte das Gefühl der Stärke spüren wollen, die Ausdauer auskosten, die in mir steckte. Ich hatte gespürt, dass das wichtig war für das Olympiajahr 1992. Wir können das, hatten meine Beine signalisieren wollen. Ich schaffe jedes Tempo, hatte mir meine Lunge sagen wollen. Trau dich, lauf.
Isabelle und ich hatten nach dem Training wie verdattert auf der Bahn gestanden. Völlig ungläubig hatten wir die Zeiten verglichen. Jedesmal zwei bis drei Sekunden schneller als in den Jahren davor. Ich hatte niemanden zu fürchten. Barcelona hatte kommen können. Ich wurde Olympiasieger.
Alles Vergangenheit. Die leuchtenden Kerzen an den Bäumen, die Girlanden, der Weihnachtsduft in der Stadt, meine Lauferinnerungen, alles Schöne erreichte mich nicht mehr. Müde und desillusioniert stand ich an der Hauptallee. Der Ostwind pfiff kalt vom Lusthaus her die Straße entlang, Schutz suchend liefen die Jogger ganz nahe an den Kastanienbäumen. Der Boden, sonst ein wunderbarer Teppich aus Sägespänen, war hart gefroren. Kein Mai, keine Frühlingsluft. Meine Kraft war dahin, verpufft innerhalb von Sekunden, wegen eines einzigen Satzes: »Dieter, deine Probe ist positiv.« Ich hörte die Stimme von Jan Kern. Sie hatte sich eingenistet. »Was sollen wir tun, Dieter?« Das Echo von Prokop antwortete und hallte in meinem Kopf.
Wo war die Kraft geblieben? Die Ausdauer? Meine Energie verbrannte, wurde verbraucht in schlaflosen Nächten, in tiefer Angst. Aber ich wollte hier laufen, gerade in Wien, das ich mit schönen Erlebnissen verband. Langsam trabte ich an. Die

Hobbyläufer zogen an mir vorbei. Keuchend und schwitzend, mit dampfenden Körpern, die sich in der kalten Nacht in Nebel aufzulösen schienen. Ich konnte nicht Schritt halten, konnte nicht laufen. Es war schlimmer als vor 14 Tagen unter der Wurmlinger Kapelle. Mein Gespräch mit Digel fiel mir wieder ein. »Manchmal denke ich an einen biblischen Vergleich.« Er hatte mich damals zu einem Opfergang überreden wollen.
Wieder liefen zwei Jogger an mir vorbei. Langsam schoben sie sich nach vorn. Wo war ich? Meine Umgebung nahm ich nur noch schemenhaft wahr. Natürlich die Hauptallee. Meine Beine schlurften über den Weg, meine Arme schwangen, als liefe ich. Es war, als hätte jemand alle Kraft aus meinem Körper gezogen. Wieder spürte ich diesen Schmerz wie in Tübingen im Schnee, nahe der Wurmlinger Kapelle. Gerade noch erreichte ich eine Bank. Ich setzte mich und starrte in die Nacht. Alle halbe Minute tauchte eine laufende, dampfende Gestalt in meinem Blickfeld auf und verschwand wieder in der Dunkelheit.
Wer war hier eigentlich wahnsinnig? Ich? Digel? Prokop? Oder der Täter? Ich wehrte mich gegen diesen Gedanken. Niemand war wahnsinnig und es musste eine Lösung geben, eine Antwort. Die ewigen Fragen lähmten mich. »Laufen, Dieter. So wie es alle tun. Schau sie an, die Hobbyläufer.« Und wieder verschwand ein Schatten in der Nacht. Sie liefen aus unterschiedlichen Gründen, sie brauchten einen Ausgleich, wollten Stress abbauen, zu sich selbst finden. Es war ihnen einfach wichtig.
»Laufen, Dieter, komm, lauf weiter.« Ich begann mit mir selbst zu reden. Ich spürte nicht die Kälte, nicht den schneidenden Wind. »Lauf bis zum Lusthaus. Nur dorthin. Traben, nicht schnell, langsam, einfach traben.« Ich stand auf, hatte wieder ein Ziel, hatte mich kurz von der drückenden Last befreit. Nur ein kleines Aufblitzen war es, aber es reichte aus. Nach zwei Kilometern war ich am Lusthaus. »Jetzt noch ums Mautner Wasser. Nur drei Kilometer, los Mann, mach!« Ich erteilte mir Befehle,

wie einem Anfänger. Nur eine Minute laufen, ein kleines Ziel, aber sie kann lange dauern. Ums Mautner Wasser, ich wollte mir keine andere Möglichkeit lassen. Keine Alternative. Ich musste laufen. Ich spürte es.

Das Laufen war plötzlich existenziell geworden. Ich musste mich zum Laufen zwingen – für meine Psyche. Nicht für meine Fitness oder meine Form. Die Kunst des Laufens, den Rhythmus treffen, das Pendel zwischen Belastung und Erholung richtig schwingen zu lassen, das war völlig unbedeutend geworden. Ich brauchte die Bewegung, um meine Gedanken ordnen zu können, die sich immer schneller im Kreis drehten. Ich musste sie stoppen, um eine Sekunde Ruhe zu bekommen. Laufen war zur Therapie geworden. In diesem Augenblick war mir klar: Ich musste es schaffen, wenigstens eine Stunde am Tag. Nur eine Stunde laufen, nur für mich. Mit letzter Kraft bog ich wieder in die Hauptallee ein, reihte mich in der Masse der anderen Läufer ein, überholte niemanden, keiner überholte mich. Wir liefen wie nächtliche Schatten den gleichen Rhythmus.

Müde kam ich in die Stadt zurück. Ich hatte einen zweiten Entschluss gefasst. Ich wollte Digel anrufen. Waren die Fronten tatsächlich geklärt, war das Band endgültig zerrissen? Ich wählte seine Nummer, um zu erfahren, was er dachte, wie es ihm ging. Es konnte ihm nicht besser gehen als mir. Aber was sollte er mir sagen?

Digel sprach leise. Er hatte seinen bissigen Ton verloren. Er wollte wissen, ob mein Anwalt gut sei, und bot mir an, Kontakt zu dem Tübinger Rechtswissenschaftler Dieter Rössner herzustellen. »Ein guter Mann mit einem differenzierten Bild. Vielleicht kann er Ihnen helfen. Sie werden das brauchen – es wird noch alles fürchterlich werden.« Er klang fast verzweifelt, er saß zwischen allen Stühlen. Manchmal hatte ich den Eindruck, er suchte Trost, suchte Zuspruch. Von mir?

Nach diesem Telefonat wurde ich wieder unruhig. Musste ich

nicht vor Ort sein? In Tübingen? Brauchte die Polizei noch weitere Angaben? Konnte ich Lehner mit Informationen unterstützen? Was untersuchten die Kölner gerade? Ich wusste, ich musste zurück, musste die Kinder bei den Schwiegereltern lassen, um besser handeln, um kämpfen zu können.
Auf der Fahrt nach Hause zeigte sich der Winter zum ersten Mal. In den Salzburger Alpen war die Strecke noch passierbar, aber zwischen München und Ulm setzte ein Schneesturm ein. Auf der Autobahn kam der Verkehr zum Erliegen. Kurz vor Ulm musste ich sie verlassen. Es hatte innerhalb einer Stunde einen halben Meter Schnee gegeben. Nur noch im Schritttempo fuhr ich über die Alb.
Das Schneegestöber ließ nicht nach. Die Flocken tanzten vor meiner Windschutzscheibe, dass ich kaum mehr die immer schlechter werdende Straße erkennen konnte. Kurz vor Tübingen erreichte mich Digel am Telefon. »Herr Rössner weiß, dass Sie kommen. Ich gebe Ihnen die Telefonnummer, alles Weitere können Sie mit ihm direkt besprechen.«
Sein Tonfall hatte etwas Geheimnisvolles. Konnte ich ihm trauen? Warum vermittelte er mir einen Helfer? Er sprach leise, wirkte geknickt, gebeutelt von seinem Interessenskonflikt. Er schien mir echt. Es war nur ein kurzes Gespräch, das letzte für einige Monate. Er hatte mir noch einen Dienst erwiesen. Einem Freund? War ich das? Ich fand keine Antwort.
Unaufhörlich trieb der starke Wind die Schneeflocken quer über das Land. Vielleicht nannte man sie deshalb die raue Alb.

»Sie werden noch Ihr blaues Wunder erleben!«
20. Dezember 1999

Mir war nicht klar, wer mich erwartete, als ich auf den schwarzen Klingelknopf drückte. Ein weißes Keramikschild zeigte mir an, dass ich hier richtig sein musste. Nur kurz hatte ich mein Kommen am Telefon angekündigt; er hatte meinen Anruf erwartet. Zu meiner Überraschung öffnete mir ein etwas älterer, aber sportlich schlanker Mann im Pullover die Tür. Dieter Rössner wirkte austrainiert. Ich schätzte den Professor mit den weißgrauen kurzen Haaren auf Mitte fünfzig. Er begrüßte mich mit einem freundlichen, zurückhaltenden Lächeln, was meiner Gemütslage entgegenkam.

Eigentlich wusste ich überhaupt nicht, was ich hier wollte. Ein Helfer, von Digel empfohlen. Konnte er mich unterstützen? Ich traute inzwischen kaum noch jemandem. Aber auch Michael Lehner hatte mich ermuntert, Rössner aufzusuchen. Schaden könne es nicht, meinte er, einen Versuch sei es zumindest wert. Ich fühlte mich nicht wohl.

Was sollte ich diesem Menschen erzählen, den ich noch nie gesehen hatte? Einem völlig Fremden, der mich allenfalls aus dem Fernsehen kannte?

Rössner brachte Kaffee und selbst gebackenen Kuchen. Damals zu Hause, als ich als Kind am Samstagnachmittag vom Fußballspiel zurückkehrte, roch das ganze Haus nach Kaffee und selbst gebackenem Kuchen. Ich liebte diesen Geruch, er ließ Bilder vom elterlichen Haus wach werden. Nur mein Befinden war ein anderes.

Mein Gastgeber hatte etwas Väterliches, Abwägendes. Ich war hin- und hergerissen. Welchen Hintergrund hatte die Empfehlung Digels? Es konnte doch keine Falle sein. Rössner hatte Digel nur einmal auf einem Kongress getroffen, auf dem sie darüber diskutiert hatten, ob der Sport mit dem Anti-Doping-Kampf nicht überfordert sei. Rössner plädierte wie der Vizepräsident des Internationalen Olympischen Komitees, Thomas Bach, für einen gestaffelten Strafenkatalog. Suspendierung zur Wahrung der Chancengleichheit ja, Bestrafung nur im Falle eines Verschuldens. Auf diese Differenzierung legte er großen Wert. »Bei einer zweijährigen Sperre handelt es sich um eine Strafe im materiellen Sinn. So eine Bestrafung setzt, wie vielfach gefordert, ein Verschulden und dessen Feststellung voraus.« Das war seine Grundhaltung.

Wir saßen auf dem Sofa in seinem Wohnzimmer. Die gesamte Wand bis in die Essecke war ein einziges Bücherregal, unterbrochen nur durch ein Klavier, dessen Deckel aufgeklappt war. Daneben gestapelte Noten, ein Notenständer und ein Hocker, auf dem eine Geige lag. Ich war in eine musikalische Familie geraten. Meine Zurückhaltung legte sich im Verlauf des Vormittags, schlug aber auch nicht sofort in blindes Vertrauen um.

Was dachte er über mich? Glaubte er mir? Für mich wurden diese Fragen immer wichtiger, doch ich wollte mich diesem Menschen, der mein Vater hätte sein können, mitteilen. Wollte ihn von meiner Unschuld überzeugen, mit den Vorkommnissen vertraut machen.

Ich erzählte ihm von seinem Professorenkollegen Franke und der Zahnpasta. Der Molekularbiologe hatte mir in seiner hemdsärmeligen Art gesagt, entweder müsste ich ein Genie sein oder ein hypermodernes Labor im Keller haben. Wie hätte ich die Zahnpasta präparieren sollen? Welche Menge von diesem Zeug hätte ich in die Tube drücken müssen, um die Werte zu erhalten, die in den Urinproben gefunden wurden? Rössner lächelte, als ich ihm Frankes Schlussfolgerung referierte: »Herr Baumann, Sie können vielleicht schnell laufen, aber von den Abbauzeiten, vom biologischen Stoffwechsel, von der Resorption von Norandrostendion über die Mundschleimhaut haben Sie keine Ahnung.«

Bei Rössner fühlte ich mich aufgehoben. Der Strafrechtler beschäftigte sich mit dem Täter-Opfer-Ausgleich und konnte sich in meine Situation einfühlen. Er hatte mein Engagement für einen sauberen Sport aufmerksam verfolgt und die »Positiv-Meldung« mit Entsetzen gehört, wie er sagte. Ich müsste schizophren sein, wenn ich so etwas getan hätte, meinte er, und

versprach zu helfen, so gut er könne. Zum ersten Mal seit langem sah ich wieder Licht.
Mir zu helfen war für ihn allerdings genauso riskant wie für seine Kollegen Franke und Schänzer. Sofort wurde er meinem »Lager« zugerechnet, angegriffen und angefeindet. Dass sich jemand sachlich mit meinem Fall auseinander setzen könnte, schien undenkbar.
Vier Wochen später sollte ich den Beweis in den Unterlagen des Deutschen Bundestages finden. Bei einer Anhörung im Sportausschuss sollte Rössner eine juristische Expertise zum Anti-Doping-Kampf vortragen. Er hatte sein Referat noch nicht begonnen, als ihn der CDU-Abgeordnete und gelernte Polizist Klaus Riegert fragte, ob es zutreffe, dass er für den Rechtsanwalt von Herrn Baumann ein Gutachten erstellt habe?
Dieter Rössners Antwort im Wortlaut: »Ich habe Herrn Baumann bis vor drei Wochen nicht gekannt. Ich habe in seinem Interesse und im Interesse der Verbände unentgeltlich gehandelt, weil ich mich schon lange mit der Frage des Verschuldens auseinander setze. Ich finde es höchst bedauerlich, dass ich in so einer emotionalen Stimmung argumentieren muss. Ich hätte mich lieber in Ruhe geäußert. Klar ist, ich bin nicht der Anwalt von Dieter Baumann. Mir ging es darum, dass abgewogen wird zwischen dem Verbandsinteresse und dem Interesse des Athleten und diese Aspekte mit aufgenommen werden.«
Wahrscheinlich hat es schon ausgereicht, in Tübingen zu wohnen oder hier seinen Wahlkreis zu haben, um der Baumann-Befangenheit verdächtig zu sein. So hatte sich der grüne Abgeordnete Winfried Hermann nach eigener Aussage in der Anhörung »aus persönlichen Gründen zurückgehalten«. Als Berater in seiner Anti-Doping-Politik war ich für ihn als »absolut glaubwürdiger Mensch« von »entscheidender Bedeutung«. Aber damit war der sportpolitische Sprecher der Grünen auch schon verbrannt.

Am Abend machte ich mich wieder auf den Weg zurück nach Wien. Es schneite wieder. Diesmal war in Salzburg kein Weiterkommen. Mit vielen anderen Autofahrern blieb ich auf der Autobahn hängen. Ein Trucker ging mit einer Thermoskanne Kaffee von Auto zu Auto, klopfte an mein Fenster. Ich ließ es herunter. »Auch einen Schluck?«, fragte er und stutzte. »Mensch, sind Sie nicht Herr Baumann?« Im Wagen vor mir war der Fahrer ausgestiegen und stapfte durch den Schnee auf uns zu. Draußen war es kalt, ich fragte beide, ob sie in meinen Van steigen wollten. Wir könnten den Kaffee auf der Rückbank an dem kleinen Tisch trinken. Der neue Gast entpuppte sich als Jurist, der einige Jahre mit dem Deutschen Hockeybund zu tun gehabt hatte und die Gepflogenheiten in den Verbänden kannte. »Es wird ganz schwierig für Sie, Herr Baumann. Die Funktionäre haben ein großes Problem mit Ihnen. Ihre schön ausgedachte Sportjuristerei ist auf so etwas gar nicht vorbereitet.« Er sagte es ganz nüchtern. Im Auto wurde es langsam kühl, ich hatte den Motor abgestellt, aber wir blieben sitzen. »Sie werden noch Ihr blaues Wunder erleben«, fuhr der Anwalt fort, »so wie ich die Lage einschätze, werden sich einige Seilschaften im Sport zusammentun, um das System zu schützen. Beweisen Sie das Gegenteil, werden die aufschreien.« Still tranken wir unseren Kaffee aus. »Sie werden keinerlei Unterstützung erhalten. Ihre Freunde im Sport werden alles versuchen, Sie am Laufen zu hindern. Es wird ein langer Kampf. Trotzdem alles Gute.« Der Jurist stieg aus und verschwand im Schneetreiben.

Am frühen Morgen erreichte ich Wien. Dieses kurze Wochenende in Tübingen hatte mir neben Lehner und Franke einen weiteren Helfer beschert: Dieter Rössner. Nach dem nächtlichen Gespräch auf der Autobahn war ich doppelt froh darüber. Beim Einbiegen in die Hauptallee auf dem Weg zu unserem Gartenhaus entdeckte ich zwischen den Kastanienbäumen dampfende Gestalten. Selbst morgens um 5 Uhr.

Einer gegen alle: Der Kampf gegen das System

4.–15. Januar 2000

Isabelle kam aus Kenia zurück. Es war so unendlich schwer, uns gegenseitig zu helfen, auch nur zu erahnen, was der andere dachte. Ich lebte in meinem Tunnel. Dunkel, ohne Luft, ohne Perspektive. Wo war der Ausgang? Es musste einen geben. Dieser Täter, auch der musste Fehler machen, so perfekt dieser Anschlag auch durchgeführt war. Ich war mir sicher, oder besser: Meine Hoffnung war sich sicher. Aber wie ging es Isabelle? Ich wusste es nicht, weil wir uns unsere Gefühle nicht mitteilen konnten. Auch sie stand schutzlos in der Öffentlichkeit. »Welche Rolle spielte seine Frau?«, fragten die Medien. Mich machte das rasend vor Zorn. Wie sollte ich sie schützen? »Dem netten Dieter glauben wir ja, aber seiner Frau ... Ehrgeizig war sie schon immer. Ihrem alten langsamen Ehemann wollte sie auf die Beine helfen.« Die Stunde der Häscher hatte geschlagen. Auch der Vizepräsident des DLV, Clemens Prokop, ließ sich schon sehr früh zu dieser ungeheuerlichen Aussage hinreißen. Bereits vor sechs Wochen, nach der Anhörung im November, sprach er sehr offen davon. »Das war bestimmt seine Frau«, erklärte er meinem Anwalt auf der Autofahrt zum Flughafen.
Beide suchten wir Schutz auf unsere Art. Isabelle bemühte sich, einen geregelten Tagesablauf aufrechtzuerhalten, diesen Normaler-Tag-Rhythmus. Für unsere Kinder drehte sich die Welt weiter, sie forderten Aufmerksamkeit, Liebe und Spiele. Isabelle war für sie da und nicht nur für unsere Kinder, auch für mich.
Ich lehnte mich an oder zog mich zurück und beobachtete die Welt aus einem neuen Blickwinkel. Jeder auf dieser Welt ging seiner Arbeit nach, vergnügte sich, freute sich auf Weihnachten, hatte Ziele, machte Pläne. Nur ich nicht. Für mich blieb alles

stehen. »Nehmt mich mit«, wollte ich rufen, aber ich blieb am Boden liegend zurück.
Ich versuchte zu laufen, wie ich es mir in Wien vorgenommen hatte. Jeden Tag presste ich mir einen Dauerlauf ab, 30 Minuten in eine Richtung, 30 Minuten in die andere. Keine Abkürzung war erlaubt, keine kleinere Runde. Diese eine Stunde war ein Rettungsseil, überlebensnotwendig für mein inneres Gleichgewicht, das ich verloren hatte. Wo war mein altes Leben? Isabelle ließ sich doch auch nicht unterkriegen. Also musste ich ebenfalls weiter.
Sie wollte, dass ich mit ihr und ihren Läufern ins Trainingslager nach Portugal käme. Allein in Kenia, das war offenbar auch für sie eine zu lange Zeit gewesen. Aber sie klagte nicht. Zum anderen spürte sie instinktiv, dass ich um mein Leben laufen musste. Nie hatte ich sie gefragt, warum sie mich gedrängt hatte weiter zu trainieren. Ohne Herz, ohne Seele. Laufen leben, das musste ich wieder lernen. Ohne ein Wort miteinander zu wechseln erkannte sie, was mich wieder auf die Beine bringen konnte. Ich wünschte mir, ich hätte sie genauso unterstützen können.
Salzige Luft, Duft von frischem Gras. Anfang Januar trafen wir an der Algarve ein. Seit mehr als zehn Jahren fuhren wir jeden Winter hierher. Die ersten Tage waren grauenhaft. Nichts war für mich wie früher, nur meine Umgebung war wie immer. Alle Athleten in der Gruppe waren hoch motiviert, wollten laufen, um im Sommer erfolgreich Wettkämpfe bestreiten zu können. Alle genossen die warmen Sonnenstrahlen, das Licht, die Steilküste mit dem herrlichen Sandstrand, den Tapetenwechsel. Sie waren weg von zu Hause, stillten ihr Fernweh. Es fiel mir schwer, an dieser Stimmung teilzuhaben.
»Es ist ganz normal. Die Jungs wollen in Form kommen. Sie wollen dir helfen, aber keinem ist geholfen, wenn sie mit dir leiden. Im Gegenteil. Jeder muss sich bisweilen abschotten, muss sich konzentrieren, in seiner Spur bleiben. Sie wollen dir helfen,

wissen aber nicht, wie. Also laufen sie mit dir. Sie ziehen dich mit. Sie bringen dich zurück, auf dein Niveau. Nimm es einfach an, dann haben sie viel erreicht.« Isabelle verstand sich aufs Brückenbauen.
Das war mehr, als ich erwarten durfte. Es war für mich das Beste, weil es mich wieder ins Leben zurückführte. Der langsame Trott, der immer gleiche Rhythmus zwang meinen Körper zur Ruhe, pendelte meine Psyche zumindest so weit ein, dass die Balance nicht völlig verloren ging. Ich musste raus aus meinem dunklen Loch.
Aber auch wieder zurück in den Sport? In den DLV, in dem mich die einen für einen Kriminellen hielten, die anderen für einen tragischen Fall? Bei der B-Proben-Öffnung, kurz vor der Abreise nach Portugal, hatte mir Theo Rous, der Vorsitzende der Anti-Doping-Kommission, noch den Arm um die Schulter gelegt und gesagt: »Ich kann mir nicht vorstellen, dass du etwas genommen hast. Aber wer manipuliert eine Zahnpasta?« Mit Tränen in den Augen versicherte er mir: »Lieber Dieter, ich glaube dir, aber was soll ich denn tun? Ich weiß es nicht, Dieter. Ich weiß es nicht.« Was würde er jetzt schreiben in seinem Bericht an das Präsidium, das in wenigen Wochen zu entscheiden hatte, ob es ein Verfahren gäbe oder nicht? Würde Theo Rous »Ich weiß es nicht« schreiben?
Es war einer meiner schönsten Dauerläufe nach langer Zeit. In einer großen Gruppe liefen wir durch die Orangenhaine, vorbei am Jachthafen Villamouras mit den vielen schaukelnden Booten am Steg. Die Wärme ließ ein Laufen in kurzen Hosen zu; zu Hause im tiefen Winter hätte ich mich in drei Schichten einpacken müssen. Am Ende, in der Euphorie, hatte ich sogar eine neue Bestmarke geschafft. Zwei Stunden und zehn Minuten für 30 Kilometer. Vielleicht sollte ich es doch mit dem Marathon versuchen?
Die Truppe befand sich auf wirklich gutem Niveau. Mir fiel auf,

dass es schon lange nicht mehr eine solche Dichte an jungen deutschen Athleten im Langstreckenbereich gegeben hatte. Sie zogen mich mit. Im Verlauf der ersten Tage ließ ich es geschehen. Ich war nicht locker, nicht frei, aber ich fühlte, wie sich etwas in mir regte, wie ich mich anstecken ließ von ihrer Lust. Früher hatte ich sie immer angetrieben, jetzt war es umgekehrt.
Mein kleines Glück fand ein schnelles Ende. Die Meldung aus Deutschland war alarmierend. Professor Schänzer sollte keine Proben der Leichtathleten mehr analysieren dürfen, weil er sich befangen gezeigt habe. Was war geschehen? Ich konnte mir kein klares Bild machen. Schänzer hatte in einem Interview Zweifel daran geäußert, dass ich gedopt gewesen sei. Für den DLV Grund genug, den wichtigsten Zeugen und Sachverständigen in meinem Fall aus dem Verkehr zu ziehen. Ein weiterer Fingerzeig. Der Verband bestrafte Schänzer und sein weltweit angesehenes Institut, weil es weitere Untersuchungen angestellt hatte, die es nun zu stoppen galt. Wer zweifelte schon an einer positiven Urinprobe? Ausgerechnet Schänzer. Das konnte aus der Sicht der Sportfunktionäre nicht sein.
Die Labore sollen Proben analysieren, den Auftraggebern die Resultate mitteilen – »und ansonsten ihren Mund halten«, erklärte Arne Ljungqvist. Der schwedische Multifunktionär ist Vorsitzender der Anti-Doping-Kommission der IAAF und Mitglied des Medizinischen Komitees des IOC, das Schänzers Institut die Lizenz erteilt. Auch Digel hatte bereits Anfang Dezember das Labor scharf angegriffen. Schänzer habe ohne Erlaubnis und auf eigenes Betreiben die Untersuchungen in meinem Haus durchgeführt, behauptete er, was nachweislich nicht stimmte. Selbstverständlich hatten die Kölner die Erlaubnis eingeholt.
Am Anfang durfte Schänzer noch ungehindert forschen. Jetzt, da man über seine Ergebnisse, über seine Zweifel an einem Dopingvergehen nicht mehr glücklich war, musste er sanktioniert, in seiner Glaubwürdigkeit erschüttert werden. Als Gutachter in

meinem Fall sollte er nicht auftreten dürfen, schließlich könne nicht sein, dass ein Wissenschaftler bei mir zu Hause wie ein Privatdetektiv schnüffle, befand DSB-Präsident Manfred von Richthofen. So schloss sich die Front: Der Präsident vorneweg, dahinter der Vorsitzende seiner Anti-Doping-Kommission, Ulrich Haas, und mittendrin dessen Doktorand Prokop, der als Chefankläger in meinem Verfahren fungieren sollte.
Sie wollten Härte demonstrieren, Unbeugsamkeit. Es könnte ja Schule machen, dass noch mehr Experten Bedenken äußerten. Werner Franke und Dieter Rössner waren schon störend genug. Jetzt noch Schänzer. Aber gegen ihn hatten sie wenigstens ein wirksames Druckmittel. Sein Labor war ohne die DLV-Gelder für die Analyse der Urinproben nicht überlebensfähig. Schänzer drohte die Gefährdung seiner beruflichen Existenz; mir drohte das Risiko, dass wichtige Beweise und Indizien nicht mehr ans Tageslicht kamen.
In dieser für mich unüberschaubaren Lage meldete sich die Tübinger Kriminalpolizei. Der Balkon entpuppte sich als bester Empfangsplatz für mein Mobiltelefon. Der kühle Abendwind blies vom Meer her. Mehrmals musste ich nach drinnen, um mir noch eine Schicht Wolle überzuziehen. Wie immer hatte ich zu wenig warme Kleider dabei. Der Beamte wollte mit mir über die 100 000 Mark sprechen, die ich zur Ergreifung des Täters ausgesetzt hatte. Seine Dienststelle wollte eine spezielle Internetseite für den Großraum Berlin einrichten. Dadurch erhoffte sie sich einen Hinweis auf den anonymen Briefschreiber vom Dezember, der von einem ominösen »Schwarzen« im Stasi-Umfeld berichtet hatte. Der Brief hatte folgenden Wortlaut:

Werter Herr Baumann,

es tut mir Leid, dass Sie in solch eine böse Geschichte verwickelt sind. Wegen dem neuen Bericht in der BamS schreibe ich Ihnen

doch noch. Verstehen Sie bitte, dass ich es anonym machen muss. Andererseits hätte ich Angst um die Sicherheit von mir und meiner Familie.
Als ich von der Zahnpasta gelesen habe, musste ich sofort an die Stasi denken. So etwas würde zu ihnen passen und sie haben die Möglichkeiten dazu. Es ist ja bekannt, dass sich die alten Kader nur ruhig verhalten, bis in dem neuen System alles normal läuft.
Ich arbeite leider nicht mehr im Sport. Weil ich keine Arbeit dort bekommen habe, habe ich umgeschult. Ich weiß aber von ehemaligen Kollegen, dass schon länger gesagt wird, dass man endlich einen von den guten Wessis erwischen müsste. Als Ihre Nachricht bekannt wurde, haben viele Ost-Trainer, unter denen auch Verbandstrainer waren, eine Fete gefeiert. Dabei sollen sie gesagt haben: »Endlich hat es geklappt, der Schwarze ist klasse.« Der Schwarze heißt der Verbandscheftrainer Schubert bei uns. Er hat schon im alten System manipuliert und macht es jetzt wieder weiter. Weil er von der Leitung war, sind aber seine Akten als Erste mit im Reißwolf gewesen, sodass er immer fein raus ist, weil keiner was beweisen kann.
Ich hoffe, dass die Polizei Ihre Täter findet und Sie wieder bei Wettkämpfen starten können.

Schöne Weihnachten und gutes neues Jahr…

Leider war auch diese Information schon als Gerücht nach draußen gedrungen, und daraus war eine gefährliche Mischung aus Halbwahrheiten, Vermutungen und Lügen entstanden. Bernd Schubert, der in seiner Eigenschaft als DLV-Cheftrainer im Februar 1998 und im Mai 1999 bei mir zu Hause gewesen war, hatte sich gegen die »ganz gemeine Diffamierung meiner Person« gewehrt und betont, er sei doch »kein Selbstmörder«. Ich glaubte es auch nicht.
Die Arbeit der Polizei wurde durch den anhaltenden Medien-

rummel stark beeinträchtigt. Am Telefon freilich wirkte der Beamte völlig unbeeindruckt. »Hat das Vorgehen des DSB und des DLV gegen das Institut in Köln Auswirkungen auf Sie?«, wollte ich von ihm wissen. Er spürte meine Verunsicherung und versicherte mir, dass das Vorgehen von Sportverbänden für sie bedeutungslos sei. Ihr Mann blieb Schänzer, der im Auftrag der Polizei weiter forschen sollte. Das machte mir Mut, aber ich fürchtete, die emotionale Berg-und-Tal-Fahrt nähme wohl nie ein Ende.

Angesichts der Gerüchte war ich hilflos. Namen von möglichen Tätern waren im Umlauf, haltlose Spekulationen, die, wie konnte es anders sein, auf mich zurückfielen. Weder hatte ich über irgendwelche Briefe in der Öffentlichkeit geredet noch darüber, wann, wo und von wem die Zahnpastatube vertauscht worden sein könnte. Aber dennoch hieß es: »Baumann macht alles, nur um von sich abzulenken.« So einfach war das.

Tatsächlich saß ich in Portugal und machte gar nichts. Während die Polizei weitere Zeugen im Zusammenhang mit der Zahnpasta vernahm, die Staatsanwalt sich Fragen für den Gutachter überlegte, wie, in welcher Dosis und wann die Substanz in meinen Körper gelangt sein konnte, hatte ich längst keinen Einfluss mehr auf den Fortgang der Dinge. So schnell wie Geschichten und Gerüchte vor allem in den Medien entstanden, konnte ich gar nicht denken. Für viele war ich der Regisseur einer Schmierenkomödie.

Meine Läuferkollegen wollten von all dem nichts wissen. Sie trainierten unentwegt weiter, und ich mühte mich mitzuhalten, biss mich in der Gruppe fest, versuchte ihre Dynamik zu nutzen. Alleine wäre ich unter diesen Umständen keinen Meter gelaufen. Aber die Jungs zogen um 10 Uhr und um 17 Uhr unbarmherzig die Laufschuhe an. Ich musste mit. Und tatsächlich fand ich langsam zu mir zurück. Es war, als hätte ein Eingeschlossener eine Kerze für einen Augenblick zum Brennen gebracht.

Vielleicht half mir auch der abendliche Anruf eines Freundes, der mich aufzumuntern versuchte: »Das halten die nicht durch mit Schänzer. Da knicken die Verbände wieder ein, dazu ist der Professor aus Köln viel zu wichtig. Lass dich durch dieses Theater nicht verrückt machen. Mach dir lieber Gedanken über eine Vorbereitung auf Sydney. Trainierst du?« Er deutete mein Zögern richtig und brüllte ins Telefon: »Junge, lauf, volle Kiste, hörst du, volle Kiste. Sydney wartet!«

Eine zweite Tube

20. Januar 2000

Sydney wartet? Kaum aus Portugal zurück, wartete zu Hause zunächst die Polizei. Sie wollte uns wieder einmal vernehmen. Noch am selben Vormittag sollte es sein, was darauf schließen ließ, dass wieder irgendetwas passiert sein musste. Nach den stundenlangen Verhören vom Dezember vergangenen Jahres planten wir gleich mehr Zeit ein und brachten die Kinder außer Haus.

Was erwartete uns diesmal? Hatten die Beamten neue Erkenntnisse? Am Telefon hatten sie nur kurz von ihrer Fahndung im Internet berichtet. Hatte sich jemand gemeldet? Isabelle wurde wieder einen Stock höher geführt, ich fand mich in demselben Zimmer wieder. Auch der Beamte war derselbe.

Es ging wieder einmal um den Kauf der Zahnpasta »Elmex sensitive«, um unsere veränderten Gewohnheiten nach dem Umzug innerhalb der Stadt. Alles schien für ihn interessant zu sein.

»Hat jedes Mitglied Ihrer Familie eine eigene Zahnbürste, und ist es denkbar, dass die Zahnbürste des jeweiligen anderen benutzt wird?« Was hatte das mit dieser Geschichte zu tun?

»Jeder in unserer Familie hat seine eigene Zahnbürste, und ich benutze nur meine. Ob meine Frau ebenfalls so darauf achtet, kann ich jetzt nicht beantworten. Zu meinem Zähneputzen ist zu sagen, dass dies keiner besonderen Regelmäßigkeit unterliegt. Die größte Regelmäßigkeit besteht darin, dass ich abends, bevor ich zu Bett gehe, in der Nasszelle neben dem Schlafzimmer die Zähne putze. Morgens nach dem Aufstehen frühstücke ich zunächst. Wenn dann etwas dazwischenkommt, bespielsweise ein Anruf oder Ähnliches, kann es auch vorkommen, dass ich das Zähneputzen vergesse.« Im Traum hätte ich nicht daran gedacht, dass meine nachlässige Mundhygiene mal ein entscheidendes Thema werden könnte.

Danach musste ich mich wieder an das Jahr 1999 erinnern. Wo ich mich überall aufgehalten hatte, in welchen Hotels ich übernachtet, an welchen Veranstaltungen und Trainingslagern ich teilgenommen hatte und wer dabei gewesen war. Natürlich hatte ich nicht mehr jede Einzelheit präsent; aber dafür gab es den Terminkalender, den die Kripo bei der Durchsuchung unseres Hauses im Dezember eingepackt hatte. Der Beamte musste ihn nur in einem Nebenraum holen. En detail ging ich meine Reisen durch – bis zu dem entscheidenden Satz »meines« Beamten:

»In einer Tube ›Signal-Kariesschutz‹, die in der Sporttasche im Keller Ihres Hauses gefunden wurde, konnte man ebenfalls Norandrostendion in einer vergleichbaren Konzentration wie in der ›Elmex sensitive‹ nachweisen.«

Eine zweite Zahnpastatube? Mit demselben Mittel? Verwirrt nahm ich die Meldung auf. Nahm das denn gar kein Ende?

Im oberen Stockwerk antwortete Isabelle auf die Frage, welche Zahnpasten wir in der Regel benützen: »›Elmex‹ und ›Aronal‹. Wir benützen diese beiden Marken schon seit Jahren.«

Allerdings konnte es sein, dass wir noch weitere Marken in Gebrauch hatten. Je nachdem, wo ich gerade war und wo ich welche brauchte, kaufte ich sie mir in den Hotelshops, aber das blieben Ausnahmen, echte Exoten in unserem Haushalt, wie die »Signal«-Tube.

Isabelle erinnerte sich zum Beispiel noch an eine »Ultra brite«, die ich aus Portugal mitgebracht hatte. Sie war es nicht, auf die der Beamte abhob. »Es wurde Anfang Dezember 1999 eine weitere Zahnpastatube gefunden«, sagte er, »es handelt sich um eine ›Signal‹-Zahnpasta.« Isabelle erklärte, sie kenne dieses Produkt, es werde jedoch in unserem Haushalt nicht verwendet. Das Frage-und-Antwort-Spiel setzte sich fort.

»Haben Sie die Sporttaschen Ihres Mannes einmal in der Hand gehabt und geöffnet?«

»Wir haben sicherlich sechs bis sieben Taschen im Keller. Meist entferne ich die Kleidung und Schuhe aus der Tasche. Der andere Kram bleibt in der Regel dort. Taschentücher, auch Zahnbürsten oder auch Medaillen von Wettkämpfen bleiben in der Tasche zurück.«

»Können Sie sagen, in welcher Tasche sich diese Zahnpasta befunden haben könnte?«

»Nein. Mein Mann hat bestimmte Taschen in Gebrauch, andere Taschen werden überwiegend von mir verwendet. Ich muss sagen, dass mir die Existenz einer ›Signal‹-Zahnpasta in einer Sporttasche aus dem Keller nicht bewusst in Erinnerung ist. Ich kann aber mit Sicherheit ausschließen, dass ich eine solche Zahnpasta gekauft habe.«

»Frau Baumann, ich sage Ihnen nun, weshalb diese Zahnpasta von Bedeutung ist. In ihr wurde ebenfalls Norandrostendion gefunden.«

Vermerk im Protokoll: »Frau Baumann bricht in Tränen aus und äußert: ›Das ist unglaublich.‹«

Einen Stock tiefer versuchte ich mithilfe unseres Terminkalenders das Jahr 1998 zu rekonstruieren. Diese zweite Tube war im Februar 1998 hergestellt worden, demnach müsste ich sie in diesem Zeitraum in einem Hotel oder in einem Trainingslager gekauft haben. Aber es war doch gar nicht meine Marke. Wo hätte sich sie herhaben sollen? Ich erinnerte mich nicht. Und

diese Tasche. Wo und wann hatte ich sie dabeigehabt? Welche war es, aus der ich die Tube herausgekramt und sie der Kripo ausgehändigt hatte, als sie unser Haus inspiziert hatte?
Mittlerweile hatte Isabelle Robert abgeholt, Jackie blieb länger im Kindergarten. Es war schon Nachmittag geworden. Die Beamten hatten die Möglichkeit genutzt und sämtliche Taschen auf die Dienststelle mitgenommen. Vor mir lag jetzt eine blau-silberne Tasche, mit der ich ein paar Erinnerungen verbinden konnte: »Es ist denkbar oder sehr wahrscheinlich, dass ich diese Tasche, die ich 1999 sehr häufig benutzte, auch in St. Moritz dabeihatte. An die ›Signal‹-Zahnpasta erinnere ich mich in diesem Zusammenhang aber nicht.«
»Können Sie einen Ort benennen, wo außerhalb Ihres Hauses die beiden Zahncremes ›Elmex sensitive‹ und ›Signal‹ gemeinsam aufbewahrt wurden?«
Ich zermarterte mir das Hirn. Aber je intensiver ich darüber nachsann, umso undeutlicher wurden meine Erinnerungen. Eine zweite Tube. Sie hatten es demnach schon einmal versucht. Aber mit welcher zuerst? Welcher Zeitraum kam nun in Frage? Die »Signal« war 1998 hergestellt worden. »Endlich hat es geklappt.« Der Satz des anonymen Briefschreibers bekam einen Sinn. Sie hatten schon länger darauf gewartet.

Poschmann will den Schlagabtausch
22. Januar 2000

Frierend stand ich in der Dunkelheit. Der »Glaspalast«, wie die Sindelfinger ihre Sporthalle nennen, war kaum zu sehen. Er war zugestellt von den vielen Übertragungswagen der Fernsehanstalten. Journalisten, Techniker, Kabelträger, Kameraleute wuselten durcheinander, machten ein Durchkommen fast unmöglich. Die Scheinwerfer der Teams warfen mir ihr kal-

tes Licht ins Gesicht, machten mich blind für meine Umgebung.
Eigentlich fand drinnen ein Leichtathletikmeeting wie jedes Jahr statt, aber an diesem Samstag war der Sport nebensächlich. Das DLV-Präsidium hatte am Nachmittag entschieden, meine Suspendierung aufrechtzuerhalten und eine zweijährige Sperre zu beantragen. Mit neun zu eins Stimmen hatte das erlauchte Gremium auf den »dringenden Tatverdacht für einen Dopingverstoß« erkannt. Dazu durfte ich nicht schweigen, ich musste mich stellen, die Chance nutzen, möglichst vielen Menschen meine Lage zu erklären.
Schon auf der Fahrt hatte ich gefroren. Es war nasskalt und ich spürte, wie eine Grippe langsam durch meinen Körper kroch. Ich zog den Reißverschluss meiner Jacke bis zum Kinn. Jeder vernünftige Mensch hätte mir geraten ins Bett zu gehen. Aber ich konnte, ich durfte die einseitige Informationspolitik des DLV nicht unwidersprochen lassen.
Der Kampf, der seit zwei Monaten ausgetragen wurde zwischen einem Verband und einem einzelnen Athleten, war auch zu einem Kampf der Medien geworden. Zu einem »Glaubenskrieg« unter den Journalisten, wie sie das Spektakel zu nennen pflegten. Vor der Präsidiumssitzung hatte der »Spiegel« gemeldet, dass die Polizei mich nicht mehr als Täter betrachtete. Das Hamburger Nachrichtenmagazin berichtete von einem früheren DDR-Trainer als »Drahtzieher der Aktion«, der heute eine hochrangige Position im deutschen Sport einnehme. Darüber hinaus gebe es Informationen über Ärzte, die in der DDR das nötige Knowhow gehabt hätten, Dopingmittel über Zahnpasta zu verabreichen. Es ist kaum zu glauben, aber einer von ihnen soll dieses Wissen nach der Wende in Europa und den USA sogar als Patent angemeldet haben. Den DLV kümmerte das nicht, für ihn stand die Entscheidung fest.
Zweifel am Dopingvergehen? Das durfte nicht sein. »Man muss

sich darüber im Klaren sein, dass es im Zivilrecht um Recht geht, nicht um Gerechtigkeit«, hatte Prokop unmittelbar danach verkündet. Oder andersrum: Der Athlet muss seine Unschuld beweisen. Da dies aber nicht möglich ist, bleibt dem Verband keine andere Wahl als ihn zu sperren. Seine Präsidiumsmitglieder wurden auf diese Linie getrimmt.

»Auch das frühere Engagement gegen Doping stellt kein entscheidendes Kriterium dar, da sich derartige Einstellungen – wie sich in der Haltung des Athleten zur Beweislast bezüglich Verschuldens zeigt – ändern können.« Auch dies O-Ton Prokop.

Die Fragen hagelten im Stakkato auf mich ein. »Früher waren Sie ein Befürworter der Beweislastumkehr. Soll sie in Ihrem Fall nicht mehr gelten?« Ich versuchte zu antworten. Den Fachausdruck Beweislastumkehr hatte ich im Dezember 1999 zum ersten Mal gehört. In meinem Verständnis der Dopingbekämpfung war ich immer davon ausgegangen, dass ein Athlet zu einem verbotenen Mittel greift, um eine Leistungssteigerung zu erzielen. Er war also selbst aktiv, beging eine Tat, ein Dopingvergehen. Was aber hatte ich getan?

Immer weniger begriff ich, was um mich herum geschah. Ich wusste, in dieser Form, in diesem Spießrutenlauf würde ich nicht mehr lange durchhalten. War es nicht leichter aufzugeben, einfach zu sagen: Macht, was ihr wollt, aber ohne mich? War nicht alles sinnlos? Unschuldig zwar, aber chancenlos? Warum wurde nicht einmal mehr der Polizei geglaubt?

Aber ich wurde weitergereicht. Die ARD hatte in ihrem Ü-Wagen eine Live-Schaltung zur Sportschau stehen. Hinein in den kleinen Verschlag. Bilder wirken. Eine alte Weisheit im Fernsehbusiness. Im warmen Studio in Köln saß Herr von Richthofen. Fernsehgerecht geschminkt wird der DSB-Präsident sagen, dass der DLV alles richtig gemacht hat. Seine Entscheidung sei für den gesamten deutschen Sport und die Dopingbekämpfung »von großer Bedeutung«. Auf der anderen Seite hockt der

Sportler, durch die schleichende Grippe, durch die Fragehatz schon etwas angeschlagen. Sehe ich nicht schon aus wie ein Verbrecher? Eingezwängt in meine dicke Jacke, schwitzend und frierend zugleich?
Immerhin, ich konnte meine Argumente vortragen, überzeugt, die besseren zu haben. Ich wusste, dass der Berliner Spitzenfunktionär keine Widerrede mochte, dass er insbesondere mich nicht mochte, seitdem ich ihn öffentlich aufgefordert hatte, mehr für einen sauberen Sport zu tun. War ich nicht immer schon lästig gewesen? Seine tolle Idee, allen DDR-Trainern eine Generalamnestie zuzugestehen, hatte ich schlichtweg falsch gefunden, sehr zu seinem Missvergnügen. Auch an diesem Abend musste ich dem Oberfunktionär widersprechen. Wie konnte aus einem Anfangsverdacht über Nacht ein dringender Tatverdacht werden, ohne dass neue Beweise vorhanden waren?
Wieder hinaus in den eisigen Wind. Grelles Licht empfing mich. Schemenhaft erkannte ich Wolf-Dieter Poschmann, den Leiter des ZDF-Sports. Er bestand auf seinem Interview. Langsam ging ich die Stahltreppe hinunter. Meine Beine schmerzten, morgen würde ich Fieber haben. Es war zu viel gewesen die letzten Tage. Kaum hatte ich meinen Fuß von der Treppe genommen, entstand ein heilloses Durcheinander. Poschmann hatte mich am Arm gepackt und in Richtung Kamera gedreht, um mich den anderen TV-Teams zu entziehen, die lautstark protestierten. War aus meinem Frösteln schon ein Zittern geworden? Ich fingerte an meinem Reißverschluß herum, um ihn wieder hochzuziehen. Aber er war schon zu. Ich fragte mich, ob der Fernsehzuschauer mein Zittern sehen könnte, und wie er es deuten würde?
Poschmann wollte offensichtlich das Interview jetzt und an dieser Stelle und draußen in der kalten Januarnacht. Im gleißenden Licht der Spotlampen, mitten zwischen den Ü-Wagen und einer aufgebrachten Journalistenschar. Ich kam mir vor wie in einer Wagenburg.

Poschmann war kein Funktionär, der ein System verteidigen musste wie Prokop. Kein Funktionär mit verletzter Eitelkeit wie Richthofen. Oder doch? Der ehemalige Mittelstreckler wollte eher den persönlichen Schlagabtausch mit mir, kein Interview. Weg war der Gedanke an die Grippe, an die Zuschauer. Es war etwas Persönliches, ich konnte es spüren. Er und ich. Oh, er verteidigte das System besser als jeder Funktionär. Nur selten ließ er mich einen Satz zu Ende bringen. Er attackierte mich scharf und aggressiv. Seine Stimme war voller Häme, aber ich versuchte dagegenzuhalten, sachlich. Wollte in Ruhe antworten, kam nicht dazu, nicht hier, nicht in dieser Wagenburg, in dieser Stimmung. Ich schoss zurück, wurde selbst aggressiv. Freunde, die zugeschaut hatten, sagten mir anschließend, sie hätten die Sorge gehabt, ich würde ihm »eine donnern«.
Was war der Grund für seine Attacken? Fühlte er sich zurückgesetzt, weil die ARD angeblich näher an mir »dran« war, ich mit den Leuten der Konkurrenz besser »konnte«? War es die Podiumsdiskussion im September 1999 in Tübingen, zu der ich ihn eingeladen hatte? Das Thema, mein Thema: »Wie gehen die Medien mit dem Thema Doping um?« Poschmann war damals unter Druck geraten, weil man dem Aktuellen Sportstudio unter seiner Regie »Unterhaltung um jeden Preis« vorgeworfen hatte. Er, der Sportchef des ZDF, so der Vorhalt, würde das Thema Doping nicht ausreichend und nicht kritisch genug behandeln. Hatte er mir nun etwas heimzuzahlen oder wollte er nur beweisen, wie kritisch er mit diesem Thema umzugehen verstand?
Am Abend erreichte mich ein Fax. Ein Mitglied des DLV-Präsidiums berichtete von der heutigen Sitzung:

Lieber Dieter,

die Präsidiumssitzung war eine Farce und überflüssig wie ein Kropf. Im Prinzip ging es hier nur um eine juristische Rechtferti-

gung der Vorgehensweise und Erläuterung, dass es keine Alternative zu dieser Vorgehensweise gibt. Medizinische Aspekte, Ergebnisse aus der Analytik fanden keinen Einfluss auf die Entscheidung.

Das Präsidium meint so handeln zu müssen, auch wenn vielleicht die meisten an deine Unschuld glauben. Es ist einmal mehr deutlich geworden, dass die Präsentation eines Schuldigen die einzige Möglichkeit ist, die als Beweis akzeptiert worden wäre. Über den Gleichmut einiger Präsidiumsmitglieder bin ich verwundert. Sie verschließen sich Argumenten und verlassen sich auf die Juristen.

Ich kann meine Wut und Enttäuschung über diese Entscheidung nicht verhehlen. Sie macht mich sehr traurig. Ich wünsche dir und euch die Kraft, gegen diese Situation anzukämpfen und nicht aufzugeben. Ich glaube inzwischen auch, dass die Wahrscheinlichkeit, falsche positive Dopingergebnisse zu erhalten, ins nicht mehr zu Rechtfertigende gestiegen ist. Eine Alternative muss aber erst gefunden werden.

Laufen gegen den Lebenslauf

3.–12. März 2000

Wieder weg aus der deutschen Kälte. Ich wollte die Feindseligkeit dieser Menschen nicht mehr fühlen, wollte mich ihrem Klammergriff entziehen, der mir immer heftiger den Hals zuzudrücken schien. Ich brauchte Abstand und Wärme. Vielleicht würde ich beides im toskanischen Tirrenia finden, wo ich schon häufig den Frühling gesucht hatte, wenn in Deutschland noch Winter war. Mit etwas Glück könnte ich dort bei 20 Grad trainieren, in einem schönen, weitläufigen Pinienwald. Mittendrin ein herrlicher Sportkomplex mit großen Rasenflächen. Es war ein idealer Boden für ein Erfolg versprechendes Training. Hier konnte ich in den vergangenen Jahren gar nicht anders als gut laufen. Zusammen mit einer bunt gemischten Multikultitruppe aus Einheimischen, Briten und Kenianern, die immer da war und sich auf hohem Niveau bewegte.
Wieder ging ich kurz entschlossen mit, wie im Januar nach Portugal. Wieder wollte ich mich von der Gruppe mitreißen, mich ablenken lassen. Aber ich musste auch meinen Rhythmus wiederfinden, dieses selbstverständliche Gefühl von Belastung und Entlastung, von Anspannung und Entspannung. »Sydney wartet«, hatte der Freund vor sieben Wochen ins Telefon gebrüllt. Wieder ließ ich mich treiben, immer mit den anderen. Es war schwer, aber nicht hoffnungslos.
Ich erinnerte mich an die erste Sitzung am 14. Februar vor dem Rechtsausschuss des DLV. Sie war wider Erwarten gut gelaufen. Der Vorsitzende Wolfgang Schoeppe, ein Ansbacher Rechtsanwalt, führte unaufgeregt durch die Verhandlung, hörte aufmerksam zu und schien noch keine vorgefasste Meinung zu haben. Bei dem Druck, unter dem er stand, empfand ich das als wohltuend. Irgendwie fasste ich Vertrauen zu diesem bärtigen

Franken. Den Angreifer spielte eher sein Beisitzer Ferdinand Sahner, der immer wieder in den Akten der Staatsanwaltschaft blätterte, um anschließend mit forschen Fragen klar zu machen, wer hier auf der Anklagebank saß. Doch die frostige Stimmung löste sich im Verlauf der vier Stunden. Der DLV konnte keine neuen Argumente nachschieben. Mit dem Gefühl, einen kleinen Punktsieg errungen zu haben, verabschiedeten sich Lehner und ich. Und tatsächlich: Der Zwischenentscheid von Schoeppe war eine kleine Sensation. Er stellte den Rechtsgrundsatz – keine Strafe ohne Schuld – in den Mittelpunkt seiner Ausführungen. Aber auch er wollte auf die Staatsanwaltschaft und deren weitere Ergebnisse warten. Und die Staatsanwaltschaft wartete auf Schänzer. Und ich? Ich erinnerte mich an den blöden Spruch: Irgendeiner wartet immer.

Was war mit den Gutachten los? Warum brauchte Schänzer so lange? Ich rechnete jeden Tag mit den Ergebnissen, aber immer wieder wurde ich von Staatsanwalt Kindsvater auf einen späteren Zeitpunkt vertröstet. Er gab mir zu verstehen, dass er die Expertisen erst veröffentlichen werde, wenn sie allesamt auf seinem Schreibtisch lägen. Auch die von Professor Fritz Sörgel.

Wer war Sörgel? Der Leiter des Nürnberger Instituts für biomedizinische und pharmazeutische Forschung war mit einem Paukenschlag in die endlose Debatte eingestiegen. Bei ihm war ein Sat.1-Reporter von der Krawallsendung »Akte 2000« erschienen und hatte einen Selbstversuch mit einer manipulierten Zahnpasta machen wollen. Er hatte beweisen oder widerlegen wollen, dass das Norandrostendion über die Mundschleimhaut transportiert werden kann. Sörgels Ansatz schien so simpel wie genial: Wird der Dopingstoff über den Mund, also über die Zahnpasta aufgenommen, kann er ihn direkt im Urin oder im Blut nachweisen. Geht er über den Magen und damit über die Leber, kann er nur noch die Abbauprodukte feststellen. Im Umkehrschluss hieß das: Findet er Norandrostendion in den

Urinproben, erfolgte die Aufnahme über die Mundschleimhäute, entdeckt er nichts, habe ich eine Tablette geschluckt.

Aus Italien meldete ich mich bei Kindsvater in der Hoffnung, Informationen über Sörgel und seine Methode zu erhalten. Irritiert hatte mich, dass er seine Neuigkeit vor laufender Kamera bei Sat.1 verkündet hatte, mittels eines Zahnputzversuches mit 100 Milligramm Norandrostendion. Das war fast das Hundertfache dessen, was in 0,5 Gramm meiner kontaminierten Zahnpasta vorgefunden worden war. Doch, doch, versicherte Kindsvater wie schon im Februar, als sich Sörgel selbst der Staatsanwaltschaft aufgedrängt hatte. Der Pharmakologe könne mit seinem Verfahren exakt zwischen einer Aufnahme über Mundschleimhäute und Magen unterscheiden. Kindsvater hielt sich bei dem Gespräch auffällig zurück, und ich wurde das Gefühl nicht los, dass er die Resultate bereits kannte. »Keine abgesicherten«, sagte er zu mir.

Die Sörgel'sche Überlegung schien mir interessant. Aber Zweifel blieben. Ein völlig neuer Ansatz. Niemand sonst hatte sich bisher mit einer solchen Frage beschäftigt. Warum waren die Kölner nicht auf diese Idee gekommen? Sie forschten seit 30 Jahren auf diesem Gebiet. War Sörgel ein ernst zu nehmender Wissenschaftler oder ein Scharlatan? Was würde sein, wenn seine Methode nicht funktionierte? Die kommenden Tage sollten meine Zweifel bestätigen.

Die Nachrichten aus Nürnberg, die mir vertraute Journalisten nach Tirrenia übermittelten, wurden immer verwirrender. Der eine wollte erfahren haben, dass mich Sörgel entlaste, der andere, dass die Zahnpastatheorie ausscheide, der Dritte mutmaßte, jetzt kollabiere das ganze Dopingkontrollsystem. Und wieder hatte ich dieses Scheißgefühl, ausgeliefert zu sein. Ich war eine Marionette für die Strippenzieher, deren Spiel ich nicht durchschaute. Ich aber sollte nicht nur trainieren, sondern mich auch auf den DLV-Rechtsausschuss vorbereiten, der über meine Zu-

kunft richten sollte. Nein, ich wollte nicht in Paranoia verfallen, oder hatte doch jemand Interesse daran, mich an einer vernünftigen Vorbereitung zu hindern?
Noch einmal: Wer war dieser Sörgel? Durfte ein von der Staatsanwaltschaft beauftragter Gutachter Journalisten mit seinen Ergebnissen versorgen, bevor die Polizei sie hatte? Die Tübinger Ermittler waren auch schon nervös geworden. Dieses mediale Trommelfeuer war für sie neu. Sie behalfen sich mit der resignierenden Feststellung: »Wissen Sie, die Medien schreiben sowieso, was sie wollen. Darüber sollten wir uns nicht den Kopf zerbrechen.«
Aber er drohte zu zerbrechen. Ich taumelte wieder durch die Nächte. Immer wieder fuhr ich aus dem Schlaf. Gedanken, Ideen, Gesichter und Namen tauchten auf. Wie unabhängig war dieser Rechtsausschuss, dieser Schoeppe? Warum verfolgten mich Prokop und Digel? Wann war Schänzer fertig? Die zweite Zahnpastatube? Täter? Wo war ich 1999 überall gewesen? Wen getroffen? Wann getauscht? Wo gekauft? Es war zu viel, einfach zu viel. All das durchzustehen, gleichzeitig zu trainieren und, vielleicht, Sydney?
»Haben Sie schon eine Entscheidung von Schoeppe erhalten?« Ich ließ Michael Lehner auch von Tirrenia aus keine Zeit zum Atemholen. Wir hatten mit einem erneuten Antrag an den Rechtsausschuss klar gemacht, dass im Hinblick auf die Olympischen Spiele Eile geboten sei. Die Verbindung war nicht besonders gut. Ich ging eine kleine Nebenstraße entlang. Die Häuser wirkten verlassen. Der Badeort Tirrenia platzt erst im Sommer aus allen Nähten. Der Empfang wurde besser. »Nein, aber der Zwischenbescheid ist gut für uns.« Lehner klang fast euphorisch.
»Wie kann er denn keine Eile erkennen, der spinnt doch?« Ich war außer mir. Wir hatten Anfang März, in wenigen Monaten waren die Olympischen Spiele, und Schoeppe sah keine Eile.

»War der überhaupt einmal Athlet? Sicher nicht!« Unter normalen Umständen hätte ich mich für diesen Ausbruch entschuldigt. Sehr qualifiziert war er gewiss nicht. Aber ich litt, und Lehner wusste das, er beruhigte mich. »Das spielt im Moment keine Rolle. Sobald die Ergebnisse von der Staatsanwaltschaft vorliegen, sieht das anders aus. Wenn Sie zurück sind, liegen die Gutachten auf dem Tisch. Kindsvater rechnet in der nächsten Woche damit.«

Das mochte alles stimmen, aber ich wollte laufen, wollte Gewissheit. Ich brauchte mehr Hilfe, ich brauchte meinen Rechtsprofessor. Gott sei Dank ging Rössner ans Telefon. Seine Besonnenheit war wie Balsam auf meine Wunden. Für ihn war der Schoeppe-Bescheid ein hoffnungsvolles Zeichen. »Keine Strafe ohne Schuld, Herr Baumann. Das ist genau unsere Argumentation.« Ich konnte seine Freude spüren. Meine Sorgen zerstreuten sie nicht. »Glauben Sie an die Unabhängigkeit des Rechtsausschusses?« Mein Vertrauen in diesen Verband, dem dieses Gremium angegliedert war, war am Nullpunkt angelangt. Immer wieder sorgte jemand für die Veröffentlichung von Interna. Ständig hörte ich von Besprechungen zwischen den DLV-Fürsten und Schoeppe, was in einem solchen Verfahren normal war, wie mir Rössner erklärte. Aber was war für mich schon normal in der damaligen Zeit? Mein väterlicher Freund, der Rechtsprofessor, den ich erst seit wenigen Wochen kannte, hatte den besten Rat parat, den er mir nach Italien schicken konnte: »Trainieren Sie weiter, Herr Baumann. Laufen Sie. Es wird gut ausgehen.«

Trainieren wollte ich in der Tat. Aber wofür? Vor allen Dingen: wie? Meine jungen Kollegen hatten ihre Ziele im Kopf. Unermüdlich und entschlossen gingen sie das Trainingsprogramm an. Und ich? Ohne Schlaf, ohne Ruhe. Konnte Training für mich überhaupt gut sein? Aber ich hatte doch Sydney im Kopf, seit der Anhörung bei Schoeppe. Zumindest lenkt es ab, dachte

ich. Nur für eine kurze Zeit. Nur für wenige Minuten. Nur eine halbe Stunde die Gedanken verlangsamen, stoppen. Irgendwann musste ich doch müde werden. Vom Training so platt, dass ich schlafen konnte. Nichts schien mir wertvoller in diesen Wochen. Ich sehnte mich nach Schlaf, einem ruhigen, tiefen Schlaf.
Für uns Läufer ist die zwei Kilometer lange Waldrunde die Attraktion in Tirrenia. Sie ist vermeintlich einfach zu bewältigen, sie ist flach, hat einen weichen Boden und ist schnell, vorausgesetzt, es ist trocken. Aber im Detail, mit seinen vielen Kurven und Ecken, mit der Länge der Strecke, wird dieser Parcours zum echten Cross. Man verliert dabei leicht seinen Rhythmus. Auf dem Programm standen lange Läufe, die im Grunde mein Metier sind. Aber jetzt? Ich war hin- und hergerissen. Für solche Programme braucht man Konzentration, und genau die hatte ich nicht. Trotzdem, laufe mit, lass dich treiben, schwimme mit, deshalb bist du mit nach Italien gekommen.
Diesmal übernahm ich keine Führungsarbeit, überließ das Feld dem Nachwuchs. »Lass die ersten Kilometer ruhig angehen, Dieter«, gab mir Isabelle noch mit auf den Weg. Was ich brauchte, war ein vernünftiger Trainingsrhythmus, waren Kilometer. Nur das war wichtig, ganz nach der Devise: Versuche dich am Laufen zu halten. Über die Form kannst du dir später Gedanken machen. Mein Vorsatz, den ich im Dezember gefasst hatte, mindestens eine Stunde zu joggen, war längst erfüllt. Langsam fühlte es sich wie Laufen an. Ich konnte es noch. Verdammt, ich konnte es noch.
Am trainingsfreien Nachmittag zog die ganze Gruppe ins Dorfzentrum, um im alten Bahnhof, der heute die beste Bar war, Cappuccino zu trinken. Es war ein herrlicher Tag. Auch die Italiener trauten sich aus ihren Häusern, die Jackenkragen zwar immer noch hochgeschlagen, aber sie waren guten Mutes, dass ihnen die Sonne die Influenza vom Leib halten würde. Nur ich konnte das Dolce Vita nicht richtig genießen.

Ein Journalist, der in Sachen Sörgel recherchierte, rief an. »Wissen Sie, mit wem ich mich getroffen habe?«, fragte er. »Sörgel«, vermutete ich. »Nein, mit Ihrem Präsidenten.« Ich entfernte mich von der Gruppe und ging in Richtung Strand. Mein Gesprächspartner erzählte mir, Digel sei sehr verunsichert gewesen, weil Schoeppe in seinem Zwischenentscheid weiter ging, als das Präsidium erwartet hatte. Um selbst keine Wertung abgeben zu müssen, rief Digel Prokop an und ließ den Journalisten per Lautsprecher zuhören. Beiden war die Lage offenkundig nicht geheuer, der Dickkopf Schoeppe schien ihnen unberechenbar. Was, wenn der Rechtsausschuss ihrem Antrag auf eine zweijährige Sperre nicht stattgeben würde? Dann bliebe ihnen als letzte Sportinstanz nur noch das DSB-Schiedsgericht, und darüber redeten sie bereits. »Vielleicht glauben die nicht mehr an eine Verurteilung«, warf ich ein und schöpfte mal wieder Hoffnung.
Langsam bog ich nach rechts auf den Sandstrand ein. An einem windgeschützten Vorbau eines Strandbades blieb ich stehen. Es sah noch unaufgeräumt aus, aber das würde sich in den nächsten Wochen ändern. Die Badesaison stand kurz bevor. Ein kühler Wind war aufgekommen, doch hinter den Holzkabinen war es immer noch warm. Die Herren sprechen sich also ab, sagte ich mir, und wieder wurde ich unruhig.
Mir spukte dieser Sörgel durch den Kopf. Er hatte sich selbst ins Gespräch gebracht, heizte die Spekulationen an. Er war mir nicht geheuer. Ich erinnerte mich an den letzten Satz des Journalisten. »Ob Sörgel wirklich helfen kann, ist sehr fraglich.« Der Wissenschaftler habe ihm tausend Geschichten erzählt, bis hin zum O.-J.-Simpson-Prozess in den USA, und Ergebnisse rücke er offenbar nur heraus, wenn er einschätzen könne, auf welcher Seite er zu stehen habe. Andererseits berichtete mir der Journalist von Kollegen, die behaupteten Vorergebnisse zu kennen, und die sprächen für mich. Am Ende hatte er noch ein tröstliches Schlusswort für mich: »Herr Baumann, machen Sie sich nicht

verrückt. Sie sollten weniger telefonieren. Sie wissen, wie es wirklich war, seien Sie deshalb beruhigt.« Ich machte mich auf den Heimweg. Der Wind war kalt geworden und ich hatte keine Jacke dabei.

Der Mann hatte gut reden. Beruhigt sein. Ich fühlte mich total abhängig. Ich stand nachdenklich vor unserem Hotel. Egal, mit wem ich gesprochen hatte, jeder hatte einen anderen Eindruck von der Arbeit Sörgels. Nur in einem waren sich alle einig: Sörgel war ein Wichtigtuer, ein auf Publicity fixierter Wissenschaftler. Sollte ich Rössner noch mal anrufen? Oder Lehner? Nein, lieber nicht. Ich gönnte den beiden einmal einen Baumann-freien Tag.

Es war eine schreckliche Nacht. Die Informationen prasselten auf mich herab wie ein schwerer Gewitterregen, weichten mich auf, schwemmten Kraft und Geist fort. Noch vor zwei Wochen, nach der ersten Sitzung beim Rechtsausschuss, hatte ich Hoffnung gefasst. Aber wie dachte dieser Schoeppe? Nur mit viel Mühe konnte mich Isabelle zum Laufen überreden. Meine Zuversicht war nicht mehr da, aber die Bewegung lenkte zumindest ab.

Am nächsten Tag war die Schonzeit für Professor Rössner vorbei. Ich musste einfach mit jemandem reden, das Chaos in meinem Kopf ordnen. Der Tübinger Jurist war für mich inzwischen auch zum Psychologen geworden. Er konnte sich in mein Seelenleben, in meine Angst hineinfühlen. Rössner meinte, ich solle die Gutachten, wie immer sie ausfielen, nicht überbewerten. Sörgel wolle nur sein Institut in den Vordergrund schieben, um Mittel einzutreiben. Die Untersuchungen in meinem Fall kosteten allein 100 000 Mark, das sei nicht zu unterschätzen. Man müsse diese Entwicklung abwarten, manches löse sich auf ganz banale Weise.

Was sagte Rössner zu den endlosen Spekulationen in den Medien, auf die die Staatsanwaltschaft nicht reagierte? Da musste doch mal ein Knopf dran gemacht werden. Mein Rechtsprofessor verkörperte wieder mal das Realitätsprinzip: »Der Kindsvater will wahrscheinlich nicht den halben Tag mit Journalisten am Telefon verbringen«, sagte er, »er macht schon weiter, seien Sie unbesorgt.« Und Schänzer, warum kommt von ihm nichts? Rössner spürte meine Ungeduld, die jede Faser meines Körpers erfasst hatte. Ich wollte endlich Klarheit, endlich wieder laufen können, ohne auf den Hammer des nächsten Tages warten zu müssen. »Die Kölner machen einen sehr kompetenten Eindruck auf mich. Schänzer spielt sich nicht auf. Keine Bange, Herr Baumann, die Ergebnisse werden Sie stützen.« Wenn ich es nur glauben könnte. Und der Rechtsausschuss? »Er kann Sie nicht sperren. Nicht bei ihrem eigenen Rechtsspruch: ›Keine Strafe ohne Schuld.‹ Konzentrieren Sie sich auf Ihr Training. Lassen Sie die Dinge sich entwickeln. Wir sehen uns in Tübingen.«

Er hatte Recht. Dieter Rössner hatte einfach Recht. Es nützte gar nichts, in Panik zu verfallen. Ich konnte nichts weiter tun als zu laufen. An diesem Abend war ich zu spät dran, die anderen waren schon unterwegs. Langsam machte ich mich allein auf die Strecke. Es dämmerte schon im Wald. Auf den kleinen Wegen musste ich auf jede Unebenheit achten. Ich lief langsam, sehr langsam. Meine Gedanken sammelten sich und ich verspürte nach diesem Telefonat erstmals eine gewisse Ruhe. Nach einer halben Stunde kam ich aus dem Wald und musste ein großes freies Feld überqueren. Ich wählte den längeren Weg, um unter freiem Himmel bleiben zu können und dadurch eine bessere Sicht zu haben. Hier draußen bot sich mir eine traumhafte Kulisse. Der dunkelgrüne Pinienwald vor dem roten Himmel, am Horizont die Berge des Apennins im Sonnenuntergang. Ich fühlte mich gut. Immer noch langsam laufend horchte ich in mich hinein. Schaffst du das? Bist du fit?

Ich wollte nur noch ans Laufen denken. So wie früher, wie vor drei Jahren mit Richard Nerurkar, dem Briten. Oder mit Francesco Panneta, dem italienischen Heros der Hindernisse. Hier,

genau an dieser Stelle, auf dem weiten Feld, waren wir losgestürmt. Nach fast einer Stunde noch einmal 40 Minuten Druck. Richard war unglaublich stark. Er lief einige Wochen später den Marathon in 2:08 Stunden.
Richard hatte ich Kenia zu verdanken. Mit seinem Coach Bruce Tahloo brachte er mich nach Naro Moro, nach Eldoret, nach Nyahururu. Du musst wieder lernen, dich zu konzentrieren. Es kam mir so unendlich weit weg vor, und dennoch waren es erst vier Monate. Konnte ich das? So unbeschwert? Es war unmöglich. Die Dunkelheit umgab mich. Mein Tempo war nicht hoch. Locker, leicht atmend. Ich konnte denken. Das Tempo war gerade recht zum Denken. Du musst trainieren. Du musst dich zwingen abzuschalten. Ich erreichte die beleuchtete Straße. Es waren nur noch wenige Minuten bis zum Hotel. Morgen wollte ich die Jungs mit kurzen Tempoläufen schocken, morgen wollte ich sie aus den Schuhen laufen. Ganz sicher. Ich fühlte mich gut. Ich wusste nicht, warum, aber es war fast wie früher.
So viel stand für mich fest: Wenn Isabelle mit ihren Jungs nach Flagstaff, in den Wilden Westen, ins nächste Trainingslager zog, wäre ich dabei. Komme, was da wolle. Die Gruppe war stark in diesem Jahr, und allmählich war ich wieder ein ernst zu nehmender Partner. Auch sie könnten davon profitieren.

Kaum in Tübingen zurück, war dieses Gefühl verloren. Es war Mitte März und die Gutachten fehlten noch immer. Wir wurden Woche um Woche vertröstet. Vor April könne man nicht mehr damit rechnen, sagte Kindsvater, er könne das auch nicht ändern. Jeder verstecke sich hinter dem anderen, froh darüber, die Verantwortung für einen kleinen Augenblick weggeschoben zu haben. Ich hatte das Gefühl, hier werde auf Zeit gespielt. Erst einmal sollte gar nichts geschehen. Damit war auch keine Regung von Seiten des Rechtsausschusses zu erwarten. April, vielleicht sogar Mai. Vorher wollte auch Schoeppe nicht entscheiden. Anfang Mai?

Das würde bedeuten, dass es vor Ende Mai zu keiner Entscheidung kommen würde, und damit auch kein Rennen möglich war. War das die Taktik? Wollte der DLV nur Zeit gewinnen und auf kaltem Weg erreichen, was er wollte: die Sperre? Eine Olympiaqualifikation war dann nicht mehr möglich.
Wo war das Gutachten von Sörgel? Kurz nach der Rückkehr aus Italien hatte ich Informationen, dass Schänzer weitere entlastende Beweise hätte, seine Resultate spätestens im April vorlägen. War das Gutachten schon fertig und wurde es zurückgehalten? Laut Schänzer deutete alles darauf hin, dass ich das Mittel über die Mundschleimhaut aufgenommen hatte, berichtete mir ein Journalist. Diese Meldung war für mich eine Sensation. Wie elektrisiert wollte ich wissen, woher er seine Weisheit hatte. »Das spielt keine Rolle«, wehrte er ab. »Wenn sich das bestätigt ...«, dachte ich laut nach, und der Anrufer komplettierte: »... dann ist das ein sehr starkes Indiz oder sogar der entscheidende Beweis. Über die juristische Konsequenz können Sie doch inzwischen besser Auskunft geben als über Zwischenzeiten und Ihre Form.« Selten so gelacht.
»Noch bevor Sie nach Flagstaff fliegen, machen Sie diesen Polygraphentest.« Werner Franke war wieder einmal in seinem Element in Lehners Büro. Er, dem offensichtlich nie die Ideen ausgingen und dem kein noch so entlegener Fall fremd war, erinnerte an die US-Schwimmerin Jessica Foschi, die 1995 des Dopings mit Mesterolon beschuldigt wurde. Ihre gesamte Familie samt Freund und Trainer hatten sich an den Lügendetektor anschließen lassen, und sie hatten den Test bestanden, worauf der amerikanische Schwimmverband die Sperre wieder aufgehoben hatte. Lehner gab zu bedenken, dass dieses Testverfahren bei uns nicht zugelassen sei. »Nur im Strafverfahren, Herr Anwalt, nur im Strafverfahren.« Franke leitete die Abteilung Attacke. »Es ist alles zu ruhig, das Verfahren schläft ein«, warnte er, »dem DLV kann nichts Besseres passieren.«

Franke kannte einen Spezialisten in Köln. Wen kannte der eigentlich nicht? »Würden Sie einen solchen Test machen?« Lehner wandte sich an mich. »Ihre Frau müsste mitmachen.« Franke verschärfte das Tempo weiter. Für ihn war die Frage Lehners ohnehin nur rhetorischer Natur. Natürlich würde ich einwilligen, aber wozu, wenn dieser Test als Beweismittel gar nicht zugelassen war? Ich war skeptisch. Alles, was wir taten, würde vom Verband diskreditiert werden. »Ob dies verwertbar ist in einem Prozess oder nicht, können wir immer noch entscheiden. Sie sollten den Test auf alle Fälle machen, bevor Sie in die USA fliegen.« Lehner brachte die Diskussion pragmatisch zu Ende. Franke war begeistert, und ich wunderte mich wieder einmal. Da legten sich Menschen für mich ins Zeug, taten es aus freien Stücken, waren einfach überzeugt, dass ich nichts verbrochen hatte. Vor wenigen Monaten hatte ich sie noch nicht gekannt, und sie mich nur aus den Medien. Diejenigen aber, die mich jahrelang vor ihren Karren gespannt hatten, wenn es darum ging, ihre hehren Gedanken zu verbreiten, in Bonn, Berlin oder Brüssel, die wollten mir nun Berufsverbot erteilen.

Lügendetektor – ein letztes Aufbäumen
25. März 2000

Berufsverbot. Fixiert auf meine persönliche Tragik war meine Toleranz gegenüber meinen Kindern geschwunden, sodass mich selbst Kleinigkeiten fast zum Explodieren brachten. Doch ich wurde mir meiner Schwäche bewusst. Was konnten die Kinder, was konnte Isabelle dafür? Jedes kleine Unglück, jedes Jammern und Weinen von Jackie und Robert führte ich auf mich persönlich zurück, auf meine Starre, auf meine Handlungsunfähigkeit. Eigentlich war ich gar nicht da, allenfalls noch körperlich. Sosehr ich mich auch anstrengte, sosehr ich gefordert war, wenn

Isabelle wieder einmal mit Athleten bei Wettkämpfen war – den Spieltrieb meiner Kinder, ihre Wünsche, das Suchen und Geben von Liebe und Geborgenheit nahm ich nicht mehr wahr, nicht einmal mehr ihr Heranwachsen.
Isabelle und ich konnten uns unsere Sorgen kaum mitteilen. Jeder kämpfte allein mit seinen Gefühlen, jeder bemühte sich, Mechanismen zu finden, um irgendwie mit dieser wahnsinnigen Situation zurechtzukommen. Das ewige Warten hatte unser Familienleben zum Zerreißen angespannt, Parallelwelten waren entstanden. Natürlich war Jackie jähzornig, wie jedes fünfjährige Mädchen, und natürlich war Robert, noch nicht einmal zwei Jahre alt, auf seine Mutter fixiert. Er verlangte eben, dass er ausschließlich von Isabelle in den Schlaf gewiegt wurde. Allein mein Schatten im Türrahmen genügte und schon protestierte er lautstark. Mir war klar, dass es anderen Vätern, anderen Eltern nicht anders ging; ihre Kinder loteten eben ihre Grenzen aus, versuchten, ihren Platz zu behaupten. Normalerweise stecken darin genug Konflikte für eine junge Familie.
In Tirrenia vor zwei Wochen war Jackie morgens um sechs aus dem Bett gekrabbelt, als ich vor dem Computer gesessen hatte. Sie hatte unbedingt mit mir ihr neues Spiel ausprobieren wollen: Siebenstein. So waren wir in Italien fast jeden Morgen vor dem Bildschirm gesessen, ganz früh, noch vor dem Frühstück, um gemeinsam die Abenteuer von Siebenstein zu bestehen. Das war eine Bindung gewesen, die ich fast schon vergessen hatte. Warum war es nicht wie früher? Stundenlang hatte ich mit ihr unter einer Bettdecke sitzen und Mutter und Kind spielen können. Ich hatte ihre Kuscheltiere verpflegt oder auch mal das Maskottchen von Atlanta »What is it« im englischen Orginalton auftreten lassen. Ich war ein perfekter Koch im Sandkasten gewesen, wenn es gegolten hatte, aus Gras, Blättern, Eicheln und Erde eine schmackhafte Suppe zu kochen. Oder der Garten. Meine Tochter ist eine besessene Gärtnerin. Beete anlegen, Blu-

men pflanzen, beobachten und riechen. Erde umgraben, Rasen mähen, Bäume schneiden und natürlich: vor allem auf Bäume klettern. Seit November hatte ich keinen Antrieb, keine Kraft. Ich war wie gelähmt. Mit meinen Kindern war ich das ganze Frühjahr über nicht im Garten gewesen. Das ganze Frühjahr.

Siebenstein. Dieser kleine Rabe Rudi mit seinem Freund Koffer, die mit dem Unterseeboot auf Reisen gingen, um einem Goldfisch zu helfen. Siebenstein. Dieses Bindeglied, dieser schöne Augenblick. Mit dem Laptop auf dem Bett des Hotelzimmers, neben mir meine Tochter. Dieses aus der gemeinsamen Angewohnheit des frühen Aufstehens geschaffene Bindeglied.

Unmittelbar nach Tirrenia war dieses zarte Stück wieder weg. Von der täglichen Flut der Ereignisse wurde der liebevolle Versuch einer Annäherung einfach weggespült. Jackie muss meine Depression gespürt haben, meinen aussichtslos scheinenden Kampf gegen Mächte, die sie nicht kannte. Einmal hat sie mich gefragt: »Papa, werden wir jetzt arm?« Ich war ihr keine Hilfe, weil ich genauso wenig begriff. Was hätte ich ihr antworten sollen?

Die schönste Zeit im Heranwachsen meines Sohnes schien ich zu verpassen. Ich konnte nicht an ihr teilhaben, sie nicht erfühlen. Ich hatte seine ersten Gehversuche nicht gelobt, seine ausgetüftelten Sandburgen mit Kanalsystem in Portugal nicht und auch nicht seine gekonnte Schlittenfahrt auf der Schwäbischen Alb. Immer wieder hatten meine großen Ängste das Lebensglück dieses kleinen Menschen überlagert. Diese Spirale drohte mich unweigerlich weiter nach unten zu ziehen, ohne Haltepunkte, an denen ich mich hätte festklammern können. Ich musste raus aus diesem Sumpf, zurück zu meinen Kindern und meiner Frau. Wir mussten weg.

Das Trainingslager in Flagstaff musste helfen. Dort mussten wir Abstand gewinnen von der Katastrophe zu Hause und Nähe zueinander. Nur wir vier. Nur laufen. Einmal tief durchatmen.

Wir sollten an diesem letzten Samstag im März Ruhe und Zeit mitbringen. Nur so würde der Polygraph, den der Volksmund Lügendetektor nennt, zuverlässig arbeiten. Das war zunächst alles, was wir von dem Kölner Professor Udo Undeutsch, einem Spezialisten auf diesem Gebiet, erfuhren. Ruhe und Zeit? Beides hatten wir nicht. Die letzten Tage vor dem Abflug nach Flagstaff waren sehr hektisch, wie schon die letzten Monate.
Der Test mit dem Lügendetektor sollte ein letztes Aufbäumen in der alten Welt sein. Wir waren früh in Köln angekommen und hatten noch Zeit, in einem Café zu frühstücken. Es war seit langem die erste gemeinsame und ungestörte Stunde nur mit Isabelle. Kein Telefon, kein Büro mit Fax, das unaufhörlich unheimliche Nachrichten ausspuckte. Wir ließen uns Zeit.
Was würde über uns hereinbrechen? War nicht schon genug geschehen? Die positiven Proben. Die Untersuchungen von Schänzer, verbunden mit täglichen Urinkontrollen. Die Kampagne in den Medien, die sich nicht um Fakten scherte. Die Anfeindungen, die Entdeckung falscher Freunde, die persönlichen Enttäuschungen. Viele und lange polizeiliche Vernehmungen. Die Anhörungstermine. Was also noch?

Das Psychologische Institut der Universität Köln war verschlossen. Auf unser Klingeln öffnete ein älterer Herr. Er musste Professor Undeutsch sein, weil uns gesagt worden war, es würde uns ein emeritierter Ordinarius erwarten. Er nannte seinen Namen nicht. Nachdem wir eingetreten waren, schloss er hinter uns die Tür und bat uns zu warten. Wortlos verschwand er wieder. Im ganzen Haus war es still, die Flure waren menschenleer, der normale Unibetrieb ruhte. Nach einiger Zeit kam Undeutsch mit einer jungen Frau zurück, die er als seine Assistentin vorstellte. Sofort wies er uns in das Testverfahren ein. Er erklärte uns, dass Isabelle und ich den Test getrennt und gleichzeitig durchführen müssten, und, wie gesagt, in aller Ruhe. Der Psychologe hatte den Termin auf Samstag gelegt, um sicher zu sein, dass keine Studenten mehr anwesend waren. Er wolle nicht am nächsten Tag von unserem Aufenthalt in der Zeitung lesen, sagte er, und führte uns zum Vorgespräch in ein schmales Zimmer, in dem ein kleiner Tisch mit einem handtuchgroßen Metallkasten stand. Kaum hatten wir uns gesetzt, schaltete Undeutsch ein Tonband an, das lange vor der Zeit der Tapedecks und CD-Spieler gebaut worden sein musste. Es erinnerte mich an das alte Tonbandgerät meines Onkels. Immer wenn ich ihn besuchte, spielte es das Lied »Popcorn«.

Er wolle auch das Vorgespräch aufzeichnen, sagte Undeutsch, das sei für den nachfolgenden Polygraphentest unerlässlich. Die großen Spulen begannen sich zu drehen.

Zunächst erläuterte er uns, dass wir gemeinsam tatbezogene und persönliche Vergleichsfragen erarbeiten würden. Sie würden sich abwechseln. Er würde sie so stellen, dass wir sie mit einem wahrheitsgemäßen Nein beantworten mussten. Drei Einleitungsfragen, die wir, im Gegensatz dazu, mit Ja zu beantworten hätten. Danach wurden Isabelle und ich getrennt.

Undeutsch führte mich an den Tisch mit den verschiedenen Messgeräten, die mir eher unbedeutend erschienen. Er bat mich, aufrecht sitzen zu bleiben, allerdings möglichst bequem, und meinen Blick geradeaus zu richten. Während des Tests sollte ich ihn nicht beachten, auch nicht auf ihn schauen. Seine Stimmlage werde immer gleich sein, ich solle nicht hektisch antworten, aber auch keine Pausen machen. Es werde lange dauern. Sowohl die tatbezogenen Fragen als auch die Vergleichsfragen waren fertig. Er nannte noch die Einleitungsfragen, die ich mit Ja beantworten musste. »Sie kennen sowohl die Fragen als auch die Antworten.« Es erschien mir merkwürdig. Ich wusste sogar durch die abgesprochene Redewendung »Vor 1996 …«, dass darauf keine tatbezogene Frage folgen würde.

Undeutsch schob mir eine Manschette über den Oberarm, die

den Blutdruck messen sollte. Elektroden an Ring- und Zeigefinger registrierten Schweißabsonderungen, eine Fingerklemme zeichnete die Hautdurchblutung auf. Die Atemfrequenz wurde gemessen. Kaum war ich verkabelt, kritzelte das Gerät neben mir mit feinen Nadeln unterschiedliche Kurven auf ein Papier. Undeutsch verließ das Zimmer, die Spulen des Tonbandgeräts drehten sich weiter und ich fühlte mich beobachtet. Nur wenige Minuten später, mir kam es wie eine Ewigkeit vor, kehrte der Professor ins Zimmer zurück.

»Bevor wir anfangen, möchte ich noch einen Testdurchlauf machen. Schreiben Sie bitte eine Zahl zwischen eins und sieben auf ein Blatt Papier.« Er reichte mir ein einzelnes Blatt und einen Bleistift. »Legen Sie es so hin, dass ich es nicht sehen kann. Sie werden nun bei allen Fragen nach der aufgeschriebenen Zahl mit Nein antworten. Ich werde Sie in zwei verschiedenen Durchgängen befragen. Im dritten bitte ich Sie immer wahrheitsgemäß zu antworten. Haben Sie das verstanden?« Ich nickte. Wie wollte er herausbekommen, welche Zahl ich notiert hatte? Wie im Zirkus, ein Zaubertrick, dachte ich.

»Haben Sie die Zahl eins notiert?« Er sprach sehr langsam, ohne Betonung.

»Nein.«

»Haben Sie die Zahl zwei notiert?« Es würde ewig dauern, wenn er dieses Tempo beibehalten würde.

»Nein.«

Er fragte mich in zwei Durchgängen nach allen Ziffern. Ich hatte immer verneint. Jetzt sollte ich wahrheitsgemäß antworten. Undeutsch begann, ohne zu zögern, so als würde er die Zahl bereits kennen, sofort mit der Ziffer, die ich notiert hatte.

»Haben Sie die Zahl drei notiert?«

»Ja.«

Daraufhin brach der Wissenschaftler die Befragung ab. Ich war überrascht. Woher wusste er das?

»Sie sehen, Herr Baumann. Der Test hat funktioniert.« Er zeigte mir die ausgedruckten Kurven. Bei der vorsätzlichen Lüge gingen sie steil nach oben und berührten fast den Rand des Papiers. »Herr Baumann, es sitzen hier auf diesem Stuhl«, er deutete mit einer kurzen Handbewegung auf mich, »unterschiedliche Menschen mit unterschiedlichen Schicksalen und Fragestellungen. Sie kommen alle freiwillig.« Er machte ein Pause, um seine Worte wirken zu lassen. »Zum Teil glauben diese Menschen, geschickt lügen zu können und hoffen, dass ich ihnen dabei helfe. Sie müssen mir nicht die Wahrheit sagen, vielleicht können Sie mich auch täuschen. Aber um mich geht es nicht. Mir ist das egal. Ich kenne Sie nicht. Dieses Gerät können Sie nicht täuschen.« Später sollte ich erfahren, dass Undeutsch ein gefragter Experte in Prozessen war, in denen es um sexuellen Missbrauch von Kindern ging. Er galt als der Gutachter mit der höchsten Verurteilungsquote.
Er hielt kurz inne. An diesem Punkt des Verfahrens, fuhr er fort, gebe er allen die Möglichkeit abzubrechen. Es hätte keine Konsequenz, es gebe keinen Bericht und niemand würde davon erfahren. »Möchten Sie weitermachen?« Nun entstand eine lange Pause. Es war still im Raum. Mir war, als könnte ich die beiden Spulen des Tonbandgeräts sich drehen hören. Ohne Hast dokumentierten sie jedes Wort, ja selbst die Stille. Undeutsch sprach ohne Emotionen, aus seiner Frage war nichts herauszuhören.
Weitermachen oder nicht? Ich war mir nicht sicher. Ich hatte mein Vertrauen in so vieles verloren. Sollte ich jetzt dieser Technik glauben, diesem Apparat? Was würde er messen? Ich war mir nicht sicher, ob das hier funktionieren würde, und verwünschte in diesem Moment Professor Franke mit seinen Ideen. Offensichtlich reagierte das Gerät auf Nervosität. Schon mein Misstrauen gegenüber dieser Technik machte mich nervös. Sollte dadurch auch der Polygraph ausschlagen, unabhängig vom Wahrheitsgehalt meiner Antworten?

»Können Sie meine Bedenken verstehen?« Undeutsch erinnerte mich an die Zahl drei, bei der ich nicht die Wahrheit gesagt und es eindeutige Signale gegeben hatte, und folgerte daraus, dass das Verfahren auch bei mir einwandfrei funktioniere. Er klang gleichgültig, wollte mich nicht überreden. »Ich bin mir sicher, alle Fragen wahrheitsgemäß zu beantworten.« Ich war einverstanden.

Monoton begann er die Fragen an mich zu richten. »Heißen Sie mit Nachnamen Baumann?«

»Ja.«

»Haben Sie in dem angegebenen Zeitraum sich jemals wissentlich auf irgendeine Weise ein anaboles Steroid zugeführt?« Die Stimme war nicht drohend oder fordernd.

»Nein.«

Es waren nur zehn Fragen, aber es schien nicht enden zu wollen. Für mein Empfinden dauerte es zu lange. Ich hatte kein Zeitgefühl mehr. Wie lange war ich schon hier? Immer nur diese Fragen, diese gleichmäßige, fast einschläfernde Stimme.

»Wir werden noch mindestens zwei oder drei Durchgänge machen, Herr Baumann. Ich werde die Fragen in unterschiedlicher Reihenfolge an Sie richten.« Undeutsch überprüfte das Papier am Gerät neben mir. Ich spürte meinen Finger nicht mehr. Durch den Klipp des Messinstruments musste er eingeschlafen sein.

»Sie sind sich sicher, alle Fragen wahrheitsgemäß beantwortet zu haben? Die tatbezogenen Fragen?« Was meinte er mit den tatbezogenen? Natürlich hatte ich keine anabolen Steroide eingenommen. Gab es einen Ausschlag auf dem Papier? Nein, er hatte es gar nicht richtig angeschaut. Er wollte nur sichergehen, dass es zu keinem Papierstau käme. Mit einem solch flüchtigen Blick konnte er doch nichts erkennen.

»Sie müssen sich ganz sicher sein, auch wirklich wahrheitsgemäß zu antworten.« Er machte eine Pause. Ich hatte das

Gefühl, ununterbrochen beobachtet zu werden. Was wollte dieser Kerl? Der nächste Durchgang begann.
»Glauben Sie mir, dass ich Ihnen nur die Fragen stellen werde, die wir besprochen haben?«
Ich war mir plötzlich nicht mehr sicher. Vielleicht ist das der Trick? Er wird mich überraschen wollen. Stellt plötzlich ganz andere Fragen. »Ja.« Ich versuchte mich noch stärker zu konzentrieren.
»Vor 1996 – haben Sie jemals darüber nachgedacht, wie Sie sich einen unrechtmäßigen Vorteil verschaffen können?«
Hatte ich einmal darüber nachgedacht, mir einen Vorteil zu verschaffen? Ich wiederholte die Frage gedanklich. »Nein.«
»Sind Sie in dem angegebenen Zeitraum jemals wissentlich mit einem anabolen Steroid in körperliche Berührung gekommen?«
Ich musste nicht überlegen. »Nein.«
Der Professor behielt sein Schneckentempo bei. Bequem sitzen, wie er mir eingangs empfohlen hatte, konnte ich schon lange nicht mehr. Ich versuchte aufrecht sitzend zu entspannen, erstarrte in dieser Haltung aber eher. Mein Finger war taub und der Blutdruckmesser schien mir meinen Arm abzuschnüren.
Wir hatten jetzt zwei Durchgänge hinter uns. Undeutsch ermahnte mich, auch in der dritten Runde auf jede Frage wahrheitsgemäß zu antworten. »Auf jede Frage«, bedeutungsvolle Pause, »wahrheitsgemäß.«
»Haben Sie die Absicht, alle Fragen danach, ob Sie sich in dem Zeitraum vom 1. Januar bis 30. November 1999 anabole Steroide zugeführt haben, wahrheitsgemäß zu beantworten?«
Wahrheitsgemäß? Sonst wäre ich doch gar nicht gekommen. »Ja.«
»Vor 1996 – haben Sie jemals eine Unredlichkeit begangen, für die Sie sich eigentlich schämen müssten?«
Mir war diese Frage nie so bewusst geworden wie jetzt. Musste ich mich für etwas schämen? Vor 1996? Das gab es bestimmt.

Was weiß ich? Aber ich musste doch mit Nein antworten. Das war so abgesprochen. Ich war unsicher. »Nein.«
»Haben Sie in dem angegebenen Zeitraum jemals eigenverantwortlich etwas getan, was gegen die Anti-Doping-Richtlinien des DLV oder der IAAF verstößt?«
Gedanklich hing ich immer noch der Vorfrage nach. »Nein.«
»Vor 1996 – können Sie sich erinnern, außer im privaten Bereich, jemals gelogen zu haben, um sich Unannehmlichkeiten vom Hals zu halten?«
Schämen müssen? Unannehmlichkeiten vom Hals halten? Mein Gehirn trug eine Masse von Bildern zusammen, die ich zu überprüfen hatte. Aber ich hatte keine Zeit. Meine Antwort hatten wir festgelegt. Ich wurde noch unsicherer, durfte aber nicht zögern. »Nein.«
Der Fragedurchgang war zu Ende. »Möchten Sie die Fragen mit mir nochmals durchgehen, Herr Baumann? Können Sie alle Fragen wahrheitsgemäß mit dem vereinbarten Nein beantworten?« Der alte Herr spürte meine Verunsicherung. »Ist Ihr Nein korrekt, wenn ich Sie frage, ob Sie in dem angegebenen Zeitraum sich jemals wissentlich auf irgendeine Weise ein anaboles Steriod zugeführt haben?«
»Ja, diese Antwort ist absolut korrekt.«
»... und vor 1996 gab es nichts, wofür Sie sich schämen müssten?« Sollte ich einen lauernden Unterton aus seiner Frage herausgehört haben?
»Was verstehen Sie unter sich schämen? Ab wann muss man sich schämen, Herr Professor?«
»Es ist Ihr Maßstab, den Sie anlegen sollen, den Sie anlegen müssen. Bei jedem ist diese Grenze unterschiedlich. Gibt es etwas aus Ihrer Sicht, wofür Sie sich heute noch schämen müssten?« Er erwartete keine Antwort, sondern fuhr ungerührt fort. »Anders ausgedrückt: Können Sie auf die Frage mit einem wahrheitsgemäßen Nein antworten?« Er schaute mich nicht an.

»Das können nur Sie entscheiden. Ich kann nur die Fragestellung ändern, damit Sie bei einem Nein die Wahrheit sagen.«
Wofür müsste ich mich schämen? Hatte ich schon einmal daran gedacht, mir einen unrechtmäßigen Vorteil zu verschaffen? Es gab doch tausend solche Anlässe. Natürlich hatte ich mal daran gedacht, ein Startgeld, das ich irgendwo auf den Fidschiinseln verdient hatte, nicht dem Finanzamt zu melden. Wer erfährt das schon? Ist es das, was dieser Mann damit meint? Wir sprachen lange darüber, wie ich immer noch ein wahrheitsgemäßes Nein auf seine Fragen geben konnte. Nochmals gingen wir alle zehn Fragen durch, formulierten sie teilweise um. Und erneut wollte er von mir wissen, ob ich auch wirklich, jetzt, mit den Umänderungen, alle Fragen wahrheitsgemäß beantworten könnte? Ich fühlte mich sicherer, war bereit. Wir starteten den nächsten Durchgang.
»Vor 1996 – haben Sie, außer in der einen Sache, die Sie mir berichtet haben, jemals darüber nachgedacht, wie Sie sich einen unrechtmäßigen Vorteil verschaffen könnten?«
Außer in der einen Sache, über die wir lange gesprochen hatten, hatte ich nie über einen unrechtmäßigen Vorteil nachgedacht. Ich fühlte mich sicher. »Nein.«
Dieser Durchgang war nach meinem Gefühl in nur wenigen Minuten vorbei. Er war der ruhigste. Ich musste nicht denken, keine Bilder der Vergangenheit drängten sich auf. Ich hatte sie abgelegt und konnte nach der Aussprache wahrheitsgemäß antworten. »Wir brauchen keinen weiteren Durchgang mehr.« Undeutsch befreite mich von den Kabeln und ich fühlte mich auf einen Schlag sehr müde, erschöpft, wie erschlagen.
»Wenn Sie noch ein wenig Geduld haben, kann ich Ihnen das Ergebnis gleich mitteilen. Es wird vielleicht eine halbe Stunde dauern.«
»Schon heute?« Ich war überrascht.
»Sie können draußen Platz nehmen.« Er öffnete mir die Tür des

kleinen Zimmers und entließ mich in den langen Flur des Universitätsgebäudes.
Mit schweren Beinen ging ich an den vielen Zimmern entlang und erreichte das weitläufige offene Treppenhaus. Auf einer Bank saß Isabelle. Sie sah sehr müde aus. Die große Uhr zeigte 13.30 Uhr. Wir waren seit dreieinhalb Stunden hier.
»Junge, Junge, das war hart.« Ich ließ mich neben sie plumpsen.
»Wenn die noch einen Durchgang gemacht hätte, wäre ich der Frau Diplompsychologin ins Gesicht gesprungen«, meinte Isabelle. Die Assistentin hatte sie derselben Prozedur unterzogen. »Sind Sie sich sicher, dass Sie Fragen wahrheitsgemäß beantworten könnnen?« Isabelle spielte das Mahlen der tibetanischen Gebetsmühle noch einmal durch. Offensichtlich war auch ihr dieser immer gleiche Tonfall auf die Nerven gegangen.
Auch sie war gerade erst fertig geworden, und wir hatten beide ein Loch im Bauch. Vor Hunger. Nebeneinander sitzend warteten wir auf das Ergebnis und schwiegen. Jeder hing seinen eigenen Gedanken nach. Das Gebäude war immer noch menschenleer, nichts rührte sich. Nach ein paar Minuten unterbrach ich die Stille und fragte, ob ich etwas zu essen holen sollte? Ich wartete keine Antwort ab und machte mich auf den Weg in das kleine Café, in dem wir gefrühstückt hatten.
Isabelle hatte sich nicht von der Stelle gerührt. Die Ergebnisse waren immer noch nicht da, obwohl die halbe Stunde längst vorüber war. Wir mussten bald aufbrechen. Für den Abend hatte Isabelle keine Kinderbetreuung organisiert. Ich solle doch mal fragen, wie lange es noch dauerte, schlug sie vor, ansonsten könnten sie die Ergebnisse an unseren Anwalt Lehner schicken. Davon war ich nicht begeistert. Ich wollte es jetzt wissen und bat sie, noch etwas zu warten. Ich wollte nicht in dieser Ungewissheit heute noch nach Flagstaff fliegen.
»Was hattest du für ein Gefühl?« Isabelle schaute von ihrem

Kaffee auf. »Der Wahnsinn war doch die Geschichte mit der Zahl. Hat sie diesen Test bei dir auch gemacht?« Isabelle nickte. »Es wurde mit der Zeit immer anstrengender. Vor allem dieses bewusste Verunsichern«, erzählte ich weiter. »Vielleicht war es gar nicht bewusst«, unterbrach mich Isabelle, »eher eine normale menschliche Reaktion.« Sie gestand, dass sie am Schluss ziemlich aggressiv gewesen war. »Hoffentlich nimmt die Frau mir das nicht übel.« Sie schaute besorgt auf die Uhr. »Wir müssen wirklich los.« Ich stand auf und ging in Richtung Büro. »Auf alle Fälle geht die ewige Fragerei an die Nieren, an die Substanz«, murmelte ich noch vor mich hin.

Isabelles Testresultate lagen vor, meine sollten in den nächsten Minuten fertig sein. Die Wissenschaftler wollten sie endlich mit uns besprechen. Die Psychologin hielt uns die Tür ihres Zimmers weit auf. »Frau Baumann, Sie haben wahrheitsgemäß in Abrede gestellt, in dem Zeitraum 1. Januar bis 30. November 1999 Ihrem Ehemann auf irgendeine Weise ein Präparat zugeführt zu haben, das gemäß den DLV- oder IAAF-Anti-Doping-Richtlinien verboten ist.« Sie sprach leise, offensichtlich eine Voraussetzung in diesem Beruf. Wir hatten uns kaum gesetzt, als Undeutsch mit meinem Ergebnis hereinkam. Es war in der Aussage identisch. Beide hatten wir die Wahrheit gesagt.

Und wieder ein hektischer Aufbruch. Es blieb keine Zeit für lange Erläuterungen darüber, warum und wie dieses Verfahren im Einzelnen funktioniert. Undeutsch versprach uns, das schriftliche Gutachten in wenigen Tagen an Lehner und Rössner zu schicken. Trotz der Zeitnot überredete ich Isabelle, auf der Fahrt zum Frankfurter Flughafen eine kurze Rast einzulegen. Wir mussten etwas essen, außerdem wollte ich sie vor meinem Abflug nach Flagstaff noch einmal bei mir haben. Ganz allein, ohne von tausend Leuten beharkt zu werden. Ein letzter Kaffee, bis sie in zehn Tagen von ihrer Wettkampfreise aus Spanien bei mir in Arizona eintreffen sollte. Wir wechselten kein Wort, genossen

es, nichts gefragt zu werden. Das Bombardement von heute Morgen hatte gereicht.
In Frankfurt sprang ich aus dem Auto. Kurz drückte ich sie. Ich wusste, dass ich sie schon in einer halben Stunde vermissen würde. »Es war kein schöner Tag«, stellte ich unbeholfen fest. »Es gibt ohnehin nichts Schönes im Moment«, sagte sie und schaute mich aus müden Augen an. »Später, Dieter, können wir noch oft genug feiern.« Ich wünschte mir nichts sehnlicher, als dass wir gemeinsam nur ein wenig zur Ruhe kommen, ein wenig Familie sein konnten. Es war ihr Geburtstag gewesen.

Flagstaff: Das Gefühl für meine Kinder ist wieder da

26. März – 27. April 2000

Die kleine verschlafene Stadt, mitten im Wilden Westen der USA, hatte ich von der ersten Minute an in mein Herz geschlossen. Allein die dreistündige Autofahrt, vom Flughafen Phoenix hoch in die Blockhütten unseres Trainingscamps, ist berauschend schön. Der Weg in die Berge führt zunächst durch die Wüste Arizonas, vorbei an den Red Rocks von Sedona, die die Steinformationen dieser Landschaft von der Ferne nur andeuten, aber dadurch an Faszination zu gewinnen scheinen. Danach passiert man ein Tal, in dem das Städtchen Fort Verde liegt. Die Vegetation ändert sich durch den plötzlichen Höhenunterschied. Anstelle der vereinzelten Buschgruppen, die sich aus den Steinen und dem Geröll herausgewagt haben, kann man für wenige Minuten grüne Laubbäume und saftiges Gras bewundern, auf dem Pferde grasen. Steil führt die von Nadelwäldern gesäumte Straße auf ein 2300 Meter hoch gelegenes Plateau. Wo bei uns kein Baum mehr wächst, stehen sie hier dicht an dicht. Bis Flagstaff, noch 40 Kilometer weiter, wird sich dieser Anblick nicht

mehr ändern. Der Wald in den Ausläufern der Rocky Mountains scheint grenzenlos.
Das war auch ein Grund, warum ich mich hier so wohl fühlte. Der Wald war schon immer meine Heimat. Das Rauschen, wenn ein Windstoß durch die Bäume weht, zusammen mit dem Rauschen des Gegenwinds an meinem Ohr beim Laufen mit voller Geschwindigkeit. Von einem gewissen Tempo an scheint sich meine Atmung diesem Rhythmus anzugleichen, sodass ich am Ende nicht mehr weiß, woher dieses regelmäßige »Sch-sch-sch« kommt. Von diesem Moment an kann ich in mich fallen, mich ganz auf das Laufen einlassen. Und wenn sich dann die Wipfel über mir schließen, bewege ich mich in einem natürlichen Tunnel, in dem mir keiner mehr etwas anhaben kann. Dann fühle ich mich geborgen.
Unberechenbar sind hier oben nur die Schneestürme. Dee Brown erzählt davon in einem Buch, das ich vor Jahren verschlungen hatte, »Begrabt mein Herz an der Biegung des Flusses«. Hier, nur etwa drei Autostunden entfernt, ist der Canyon de Chelly, in dem Hunderte von Navajo-Indianern von der Kavallerie des Generals Kit Carson niedergemetzelt worden waren. Die Überlebenden hatte er zu einem 500 Kilometer langen Marsch in ein elendes Reservat gezwungen. Halb nackt und halb verhungert haben sie die schweren Schneestürme ausgehalten. Von meinem ersten Aufenthalt an besuchte ich auch immer wieder das Reservat. Zuletzt hatte ich eine Läufergruppe von jungen Indianern an der High School von Chinle getroffen und ihnen von Europa, der Leichtathletik und meinem Leben erzählt. Sie haben kein Wort gesagt, mich nur angeschaut, mit ihren ernsten, entschlossenen Gesichtern. Gerade hier merkte ich wieder, wie sehr ich ein Läufer durch Geschichte und Geschichten bin.
Mit knapper Not entkam ich am Freitag, ich war gerade fünf Tage hier, einem Schneesturm. Im April ist es keine Seltenheit,

dass sich der Winter hier oben noch einmal mit aller Stärke zeigte. In den USA ist eben alles größer. Auch die Unwetter.
Schon während meines Nachmittagtrainings war der Schnee zu riechen. Während der letzten zehn Minuten begann es leicht zu schneien, und ich war froh, rechtzeitig heimgekommen zu sein. Ein Schneesturm in dieser Wildnis ist sehr ungemütlich, davon wollte ich nicht überrascht werden. Nun stand ich am Fenster und beobachtete fasziniert das Naturschauspiel mit einer Tasse warmem Tee in der Hand. Innerhalb von einer Stunde lagen 40 Zentimeter Schnee, am Tag zuvor waren die Temperaturen noch frühlingshaft gewesen. Der Wind pfiff über die Kämme, die Flocken fegten waagrecht über die Baumwipfel hinweg.
Nach einer Woche in Flagstaff kam ich nun langsam zur Ruhe. In der Weite der Landschaft verlor sich meine Anspannung ganz allmählich, mein Panzer, der mich einschnürte, lockerte sich. Ich spürte vor allem beim Laufen, wie anstrengend die letzten Monate gewesen waren. Für die Anpassung an die Höhe brauchte ich ungewöhnlich lange, immer noch fand ich keinen richtigen Schlafrhythmus. Die Zeitumstellung trieb mich in aller Frühe aus dem Bett.
Bei diesem Wetter war an ein ernsthaftes Training nicht zu denken. Schade, weil ich mich, trotz aller Widerhaken in meinem Kopf, wieder bewegen wollte. Aber um wirklich schnell laufen zu können, mussten die Wege schneefrei sein. Die Woody Mountain Road, meine Lieblingsstrecke, war das nach diesem Schneesturm nicht. Schade.
Vor genau elf Jahren, im Frühjahr 1991 hatte ich hier oben Yobes Ondieki, den Weltklassemann aus Kenia, getroffen. Flagstaff war damals bei den Läufern weitgehend unbekannt gewesen. Alle hatte es nach Boulder, Colorado, gezogen, und Isabelle und ich hatten uns als Pioniere gewähnt. Umso erstaunter waren wir gewesen, als Ondieki unseren Weg gekreuzt hatte, auf dieser Woody Mountain Road, die mir bis heute der Inbegriff eines

harten Dauerlaufs ist. 16 Kilometer. Sie waren Ondiekis Spezialität. Direkt an einer Abzweigung der Route 66, mitten in den Wald führend, hatte die Startlinie gelegen. »You run five miles out in the forest, and then five miles back. It is very easy,« hatte mir der Champion erklärt und dabei gegrinst. Leicht war gar nichts gewesen, wenn ich mit ihm unterwegs war. Ich hatte um sein Tempo gewusst. Seine Bestzeit über 5000 Meter von 13:00 Minuten im Verlauf der Saison hatte alles gesagt. Er dagegen hatte meine Spurtstärke auf den letzten 200 Metern gefürchtet. Beide hatten wir die Konkurrenz gespürt, uns bis zur Leistungsgrenze getrieben. Ein Jahr später, bei den Olympischen Spielen in Barcelona, sollte es zum Showdown kommen. Ich hatte Ondieki geschlagen. Aber was machte es schon? Bereits zwei Jahre später trafen wir uns wieder auf der Woody Mountain Road.

Morgen musste eben die Straße genügen. Immer noch stand ich am Fenster, meine Tasse war längst leer. Eine große Gruppe von deutschen Läufern war schon da, im Lauf der nächsten Woche sollte die junge Garde dazustoßen. Mit Isabelle und den Kindern. Endlich. Flagstaff war ein wichtiger Test. Wo stand ich? Hatte es überhaupt Sinn? Sportlich? Aber was spielte das für eine Rolle? Wollte der DLV überhaupt noch rechtzeitig entscheiden? Immer wieder verwies Schoeppe auf die noch fehlenden Gutachten, er räumte Prokop einen Monat Zeit ein, um auf einen Antrag von uns zu antworten. Sie wollten einfach nicht entscheiden. Meine Gedanken wanderten durch die letzten vier Monate. Mir fielen die Worte von Rössner ein: »Der Rechtsausschuss kann Sie nicht sperren. Mit diesen Ergebnissen von Schänzer kann er nie und nimmer einen Dopingverstoß begründen.« Rössner hatte sich dabei auf eine Blutprobe vom September 1999 bezogen, die mir das Kölner Institut direkt nach einem Wettkampf abgenommen hatte. Auch sie sei positiv, hieß es.

Diese Probe sollte beweisen, dass ich das Dopingmittel über die

Mundschleimhäute aufgenommen hatte. So jedenfalls berichtete mir ein Informant aus Köln, der richtig begeistert war. »Aber noch viel besser«, erzählte er triumphierend, »es war weniger als ein Milligramm. Schänzer ist sich ganz sicher. Weniger als ein Milligramm. Stellen Sie sich das vor.« »Wie in der Zahnpasta«, sagte ich leise, wie zu mir selbst. »Ja, genau«, der Mann aus Köln nahm den Faden wieder auf. »In der Menge, mit der Sie sich die Zähne putzen, hat Schänzer 0,8 Milligramm gemessen. Er hat alle Ergebnisse abgesichert. Die Untersuchungen sind alle sehr eindeutig.«

Draußen hatte sich der Wind ein wenig gelegt, dafür schneite es nun umso heftiger. Das schnellere Training sollte verschoben werden, auf morgen Nachmittag. Die Jungs waren frustriert, sie waren heiß aufs Laufen. »Morgen scheint die Sonne, das ist hier immer so.« Ich versuchte mich in der alten Rolle des Gutwetteronkels, mit der ich den Nachwuchs früher motivierte hatte. Sehr überzeugend war ich wahrscheinlich nicht, aber immerhin konnte ich eine lange Erfahrung aufweisen. »Okay, am Vormittag aber auf der Straße.« Es war wie auf dem Basar, um jede Änderung des Programms musste gefeilscht werden. Die jungen Wilden hofften, während ich wieder zu grübeln anfing. Mit diesem Ergebnis konnte mich Schoeppe nicht sperren. Hatte Rössner Recht?

Es sollte ein fantastischer Tag werden. Die Sonne war warm, keine Wolke am Himmel. Nur der aufgetürmte Schnee zeugte noch vom gestrigen Sturm. Wie mit den Jungs abgesprochen hatten wir am Vormittag ein hartes Programm absolviert. Müde saß ich bei »Macy's«, dem besten Coffee Shop in Flagstaff. Hier schmeckte der Kaffee fast wie zu Hause. Ich wusste allerdings nicht, was mich seit Jahren eher hierher lockte, der wunderbare Kaffee oder die ungewöhnlichen Gäste. Für meine amerikanischen Freunde aus Phoenix sind das hier oben die Freaks, wahrscheinlich die zweite oder dritte Generation. Die Enkel der

Hippies. Ende der Sechziger waren sie auf der Route 66 in Richtung Westen gezogen und sind dann wohl bei »Macy's Coffee Shop« hängen geblieben. Sie sehen immer noch so aus wie ihre Großväter. Lange Haare, Blumen im Haar, gefärbte Hosen und T-Shirts. Die Stimmung einfach immer easy. Alles lächelt, alles locker, keiner verbreitet unangenehme Hektik. Es wird Backgammon und Schach gespielt, gelesen oder auch nur, auf sehr unbequemen grünen Holzbänken, in der Sonne gesessen. Einmal in der Stunde kommt auf der in unmittelbarer Nähe verlaufenden Bahnlinie der Santa-Fe-Express vorbei. Sein Horn kündigt ihn schon meilenweit im Voraus an und leicht kann man sich das Spektakel vorstellen, das es vor 80 Jahren hier gegeben haben musste. Ein kleiner wilder Westernort. Ein Gebäude der Eisenbahngesellschaft, ein Sheriff mit Gefängnis, Viehhändler und Goldgräber, ein Saloon. Und natürlich Indianer. Das war Flagstaff für mich.
Ich genoss die warmen Sonnenstrahlen und das Gefühl der Müdigkeit nach einem guten Training. Eine Tasse Cappuccino in der einen und einen Morning-Glory-Kuchen in der anderen Hand freute ich mich aber viel mehr auf den nächsten Tag. Die Zeit schien nicht vorübergehen zu wollen. Morgen endlich kamen Isabelle und die Kinder. Ich konnte es kaum erwarten. Langsam kehrte die Energie zurück. Der Atlantische Ozean hatte Distanz geschaffen zwischen mir und meinem inneren Chaos, und die Nachrichten aus dem Labor machten mir Hoffnung. Ich wollte wieder ein normales Leben führen, wollte meine Ruhe haben. Wie hier, in Flagstaff, bei »Macy's«. Ich wollte laufen, wie heute Morgen mit den Jungs. Wollte in Form kommen für Wettkämpfe. Aber vor allem wollte ich im Moment meine Familie haben. Meine Vorfreude war riesig.
Es war herrlich, wieder dieses Leben zu spüren. Unsere Kinder nahmen in nur wenigen Minuten die Behausung in Besitz. Möbel wurden verrückt, Höhlen gebaut, und die Schlafplätze fanden

sich an Stellen wieder, die von den Architekten gewiss nicht dafür vorgesehen waren. Meine Tochter war in solchen Dingen sehr kreativ. Im Nu waren Sofas aneinander gereiht, schon wurde ein Bett daraus. Auch die besten Argumente nutzen nichts, um sie davon zu überzeugen, dies auch tatsächlich nur als Spiel zu betrachten. Die »So-tun-als-ob-Phase« war bei ihr schon vorüber.

Aufgeregt erzählte sie vom Kindergarten, von der langen Reise, wie sie auf ihren kleinen Bruder aufgepasst hatte und dass sie »so gut wie nicht« im Flugzeug geschlafen hätte. Sie zählte auf, wem sie alles eine Karte schreiben musste, berichtete von ihrem Beschluss, hier endlich Rollerblades zu kaufen. Es wäre bald Frühling zu Hause, sagte sie wichtig, und da, sie machte in solchen Momenten gerne eine theatralische Pause, wäre es einfach notwendig, Rollerblades zu haben. »Oder, Papa?« Ich wusste, dass das nur noch eine rhetorische Frage war. Jackie ging bei diesem angehängtem »Oder, Papa?« immer schon von einer Tatsache aus. Es kam mir wie eine Ewigkeit vor, dass ich sie so erlebt hatte. Und dabei hatte ich sie »nur« zehn Tage nicht gesehen. Oder hatte ich meine Tochter die ganzen letzten Monate nicht wahrgenommen?

An Robert merkte ich es noch mehr. Wie hatte er sich entwickelt. Ich hatte ihn noch als halbes Baby in Erinnerung, wie er sehr wackelig die ersten Schritte probierte. Damals im November. Er wirkte fast wie ein fremdes Kind auf mich. Nun hatte er Buntstifte, Farben und Papier für sich entdeckt. Der kleine Sofatisch war sofort von einer Unzahl von Blättern übersät, die alle mit rasender Geschwindigkeit und wildem Gekritzel bemalt sein mussten. Es war ein wunderbares Durcheinander, in dem ich zu leben begann. Es schien mir, als wäre erwacht, was ich seit Monaten verbunkert hatte. Das Gefühl für meine Kinder. Dies festzustellen tat mir in der Seele weh. Bis spät in die Nacht kostete ich die kindliche Zuneigung, die ehrliche Freude aus.

Beide schliefen schließlich erschöpft ein. Jackie natürlich in ihrem umgebauten Bett, Robert natürlich in den Armen von Isabelle. Es war mein schönster Abend seit November.

Die Woody Mountain Road wurde doch noch zu einem Ereignis. Auch wegen Sebastian Hallmann, mit dem mich eine unausgesprochene Sympathie verband. Schon in Portugal hatte sich der Münchner Langstreckler als der Leistungsstärkste in der DLV-Trainingsgruppe entpuppt. Fast in jedem Training zeigte er mir im Januar noch meine Grenzen auf, was in früheren Zeiten undenkbar gewesen wäre. Auf nationaler Ebene konnte mir keiner das Wasser reichen. Sebastian war zum ersten Mal in Flagstaff und freute sich auf diesen fast schon legendären Härtetest. Es war eine wirklich schwierige Strecke, sehr hügelig, außer im mittleren Teil gab es keine Möglichkeit zu rollen. So gesehen war sie eher für ihn geschaffen, weil er auch im Cross großes Talent besaß. Die Länge wiederum sprach eher für mich, da ich in den vergangenen Jahren die Distanzen stetig gesteigert hatte. Ich war in besserer körperlicher Verfassung als noch im Januar, konzentrierter.

»If you run the ten miles on this road under 50 minutes, you can run world record.« Die Worte von Yobes Ondieki hatte ich nicht vergessen, aber wir waren realistisch, diese Zeit hatten wir nicht drauf. Motivierend wirkte die 50-Minuten-Grenze freilich schon. »Nur nicht zu schnell anlaufen«, warnte ich meinen jungen Kollegen, »die Berge zwischendurch machen die Sache hart genug. Lieber geben wir hintenraus noch einmal Gas.« Sebastian nickte. Die ersten acht Kilometer legte ich noch Zurückhaltung an den Tag. Es war schwierig für mich, meine Form einzuschätzen, ohne sie in Wettkämpfen überprüft zu haben. Sebastian, der im Training schon immer aggressiver eingestellt war, machte Tempo. Er war in Form und hatte Sydney vor Augen. Ich allerdings auch.

Heute, am Ende des Trainingslagers, sollte es ein Abschluss zu

Ondiekis Ehren werden. Wir kamen zur Wendemarke. Hier müsste meine Zeit langsam kommen, die Streckenlänge würde mir den Vorteil zuspielen. Aber Sebastians Beine wurden nicht langsamer, im Gegenteil. »Hintenraus mehr Druck.« Das schien er sehr wörtlich zu nehmen. Meine Zurückhaltung vergessend, schob ich mich ganz nah an ihn heran. Schulter an Schulter ließen wir uns keine Möglichkeit mehr, das Tempo individuell zu bestimmen. Ließ Sebastian nach, versuchte ich sofort, Kapital aus der Schwäche zu schlagen. Hatte ich einen kleinen Hänger, war der junge Münchner, kaum, dass ich mich versah, einen halben Schritt voraus. Es war ein toller Lauf. Natürlich gab es auf dem letzten Kilometer einen stillen Nichtangriffspakt. Er war schnell, sehr schnell, einen Trainingssieger gab es nicht. 52:42 Minuten.

Bei meiner Ankunft in Flagstaff hatten mich meine amerikanischen Freunde noch nach dem Lügendetektor gefragt, der in den USA eine wichtige Rolle in Gerichtsverfahren spielt. Für sie war der Polygraphentest so überzeugend, wie das Vorgehen meines Verbandes für sie unbegreiflich gewesen war. Aber am letzten Abend blieb dieses unsägliche Kapitel geschlossen, weil ich wieder einen Weg gefunden hatte. Zurück zu meiner Familie. Ich hatte den Eindruck, einen Trampelpfad entdeckt zu haben, auf dem zwar noch Steine lagen, aber keine Felsen mehr. Isabelle wirkte zuversichtlicher, Jackie und Robert waren zufrieden und ausgeglichen. Hätte ich meine Kinder gefragt, ob sie noch eine fünfte Woche bleiben wollten, hätten sie mit Sicherheit Hurra geschrien. Wenn jetzt noch Dieter Rössners Satz »Der Rechtsausschuss kann Sie nicht sperren« wahr werden würde, wäre ich der glücklichste Mensch auf Erden.

Auf und Ab: Die einzige Konstante

20. Mai – 13. Juni 2000

Mit großer Überraschung hörte ich die Nachricht des Anrufers. »Ich soll Ihnen schöne Grüße von Professor Sörgel ausrichten.« Diese Stimme war mir nicht unbekannt, aber ich konnte sie nicht zuordnen. Grüße von Sörgel? Das konnte nicht sein. Der Gesprächspartner klärte mich auf. »Ich bin der Mann, mit dem der Professor diesen Versuch im Januar gemacht hat.« Jetzt fiel bei mir der Groschen. Es war der Mann von der »Akte 2000«, der in der Sendung mit der Zahnpasta hantiert hatte. Ich fragte ihn, ob er sich in seiner Eigenschaft als Journalist oder Versuchskaninchen melde. »In beiden«, lachte er. Er war einer dieser Immer-gute-Laune-Typen.

Er hatte die Idee, es einmal zu probieren, »ob das auch funktioniert, mit der Zahnpasta und so«. Den Coup fand er offensichtlich heute noch prima, gemessen an seiner eigenen Begeisterung. »Der Professor ist im Moment in Spanien und hat mich heute Morgen ganz entsetzt angerufen. Er hat irgendwo gelesen, dass Sie aufgeben wollen.« Er klang jetzt richtig aufgeregt, um nicht zu sagen empört. »Wo hat er das gelesen?«, wollte ich wissen. »Keine Ahnung. Er ist auf alle Fälle ganz entsetzt, da doch seine Ergebnisse für Sie sprechen.« Einen Augenblick war ich perplex, konnte es nicht glauben. Über Monate hatte dieser Sörgel Gerüchte in Umlauf gesetzt, wie ein Waschweib mit Gott und der Welt über angebliche schlechte Befunde und über das miserable Kontrollsystem getratscht, keine Falschmeldung dementiert, die auf seinen Informationen basierte, und nun nach Monaten ließ er mir Grüße bestellen. Verstehe einer die Welt.

»Die Ergebnisse sprechen für mich? Hat er das so zu Ihnen gesagt?« Ich war misstrauisch geworden. »Kennen Sie die Ergebnisse auch schon? Haben Sie sie gesehen?« Kurze Stille. Der rasende Reporter brauchte offensichtlich ein paar Sekunden zum Nachdenken. »Nein, nicht direkt.« Ich hakte nach: »Was heißt nicht direkt? Vielleicht indirekt?« So könne man das nicht sagen, relativierte der Sat.1-Journalist, aber er habe oft mit Sörgel über meinen Fall gesprochen. Ein neuer Anlauf. »Also noch mal: Sörgel hat Sie beauftragt, mich anzurufen und mir zu sagen, ich solle nicht aufgeben. Seine Ergebnisse sprächen für mich?« Wieder wich der Nebelwerfer aus. »Ja, so ähnlich. Sie glauben mir nicht?«

Ich glaubte ihm tatsächlich nicht, worauf der Reporter etwas von seiner Euphorie verlor. Noch bevor er etwas erwidern konnte, forschte ich weiter. »Welche Vereinbarung haben Sie mit Herrn Sörgel getroffen?« Er verstand nicht. »Welche Vereinbarung? Wie meinen Sie das?« Ich kannte die Brüder inzwischen und wollte wissen, wie nahe er an der Geschichte dran war, ob er Exklusivrechte an meinem Fall hatte. »Exklusivrechte kann man dazu nicht sagen.« Ich hörte sein Unbehagen aus der Antwort heraus. Er suchte nach der richtigen Formulierung. »Nach dem Versuch hat der Professor Kontakt mit der Staatsanwaltschaft aufgenommen. Er sicherte mir zu, mich ständig auf dem Laufenden zu halten.« Die Exklusivität beziehe sich höchstens auf den Fernsehmarkt.

Sörgel klimperte auf dem Medienklavier. Das war mir klar. Aber mit wem genau? Das wollte ich aus dem Sat.1-Vertreter herauslocken. »Hat sich der Professor auch mit anderen Journalisten getroffen?« Der Reporter meinte, das wisse er nicht, er sitze schließlich nicht jeden Tag auf dem Schoß von Sörgel. Kleine Pause, mein Gesprächspartner überlegte. Der Pharmakologe habe wohl öfter mit einem Mann von der »Frankfurter Allgemeinen Zeitung« gesprochen, vermutete er. Auf jeden Fall habe Sörgel ihm gesagt, jetzt arbeite er mit der FAZ zusammen. Das wollte ich nun genau haben. »Hat er das so gesagt, er arbeitet

zusammen?« Und wieder wich er aus. »Keine Ahnung, so ähnlich auf jeden Fall«, antwortete er.
Jetzt wurde mir einiges klar. Bei dem FAZ-Mann konnte es sich nur um Hans Joachim Waldbröl handeln, der, wie er bei einem DLV-Sponsorentreffen betont hatte, mich einer gerechten Strafe zuführen wollte. Wie weiland Digel verlangte auch er von mir, dass ich mich für den Erhalt des Systems opferte, wogegen ich mich genauso verwahrte. Fortan bekämpfte er mich. Diesmal also mit den Erkenntnissen von Sörgel, die so haarsträubend beliebig waren, dass aus ihnen alles herauszulesen war. Ich konnte mir vorstellen, wie sie sich gegenübersaßen, der Frankfurter Jounalist und der Nürnberger Wissenschaftler. Wenn die These mit dem morgendlichen Zähneputzen nicht stimmte, konnten die Proben aber auch kurzerhand auf die abendliche Mundhygiene zurückgeführt werden. Mal war die Zahnpasta die Quelle, mal nicht. Mal eine hohe Dosierung, dann wieder Eigenproduktion. Bei Sörgel war alles möglich.
Und Waldbröl spielte Staatsanwalt und Richter zugleich. Jedes Rechtsargument hatte er schon durchdacht und mit großem Getöse ins Blatt gehoben. Zu lasch ging der Rechtsausschuss, der für ihn ein Hort der Inkompetenz, ein Klub von »Laienrichtern« war, seiner Meinung nach mit mir um. Wollte er mit diesem Gutachten von Sörgel erneut nachlegen, nachdem die Bemühungen letztlich fehlgeschlagen waren, Professor Schänzer im Januar für befangen zu erklären? Was Waldbröl zu seiner Kampagne getrieben hat, hat sich mir nie erschlossen, und ihm schlussendlich wohl auch nicht. Dem »Spiegel« gegenüber sagte er später im September 2000, er habe sich vielleicht »zu sehr engagiert«, nur noch biochemische und juristische Artikel gelesen. Und vielleicht sei es das »nicht wert gewesen«. Er wisse es nicht.
Genauso wenig verstand ich diesen Sörgel. Warum ließ er mich grüßen? Hatte er einfach ein schlechtes Gewissen? An diesen Gedanken erinnerte ich mich Monate später, als ich las, dass

derselbe Sörgel im Oktober 2000 Kokainspuren im Reichstag entdeckt hatte. Wieder waren es die fitten Jungs von »Akte 2000«, die in 22 von 28 Toiletten Koks gefunden haben wollten, und zwar in solchen Mengen, dass laut Sörgel ein »Drogenhund hätte anschlagen müssen«. Was machte es da schon, dass andere Wissenschaftler erklärten, diese Dosen könnten auch auf Geldscheinen analysiert werden, weil die Substanz eben sehr leicht fliege. Ein Münchner Toxikologe befand sogar, wer immer wolle, könne Kokain auch in ägyptischen Mumien nachweisen. Hauptsache, die Schlagzeile stimmte.
Wie auch immer, ich dankte dem Journalisten für die Nachricht und bat ihn, den Gruß an Sörgel zu retournieren. Er versprach es artig und forderte mich noch einmal auf nicht aufzugeben. »Warum sollte ich das?«, fragte ich zurück und versuchte, einen überzeugten Ton zu treffen, »es fängt doch erst richtig an, die Saison meine ich.« Mein Immer-gute-Laune-Typ hatte wieder zu sich gefunden und lachte. »Ja, das stimmt«, sagte er, »ich wünsche Ihnen viel Glück.«
Nachdenklich blieb ich im Büro zurück und schaute aus dem Fenster. Die noch jungen Blätter der Bäume weckten in mir neue Bilder. Wie eine Festung erhob sich das Schloss über dem bewaldeten Hang. Manchmal fühlte ich mich in diesen Tagen einem Feldherrn gleich, der von feindlichen Truppen belagert wurde. Aber noch hielt das Bollwerk und das nährte die Hoffnung, dass sie meine Trutzburg nicht stürmen könnten. Irgendwann musste ihnen doch die Kraft ausgehen. Das einzige Argument, die positiven Befunde, wurde doch nicht dadurch stichhaltiger, dass es meine Gegner ständig wiederholten.
Noch erstaunter war ich über einen anderen Anruf. Helmut Digel war am Telefon. Er hatte sich seit Dezember, seitdem er mir Rössner empfohlen hatte, nicht mehr gemeldet, war mir gegenüber auf Tauchstation gegangen. Ich hatte nur gehört, dass es mit seiner Freundschaft zu Baumann nicht mehr so weit her sei.

Distanz schien ihm angebracht, das Amt des Präsidenten schien ihm eine Unabhängigkeit abzuverlangen, die er schon lange verloren hatte. Umso erstaunter war ich über sein jetziges Ansinnen: »Sie brauchen unbedingt ein juristisches Gutachten. Rössner ist nur ein Strafrechtler, ein guter Mann, aber Sie müssen unbedingt einen Zivilrechtler beauftragen, der nachweist, dass ein positiver Befund höchstens als Anscheinsbeweis zu bewerten ist. Das ist in Ihrem Fall von entscheidender Bedeutung. Rössner kann sicherlich zu einem anerkannten Juristen Kontakt aufnehmen. Nur dann kann Schoeppe für Sie entscheiden.«

Was war jetzt wieder passiert? Seine DLV-Truppe machte doch seit Monaten nichts anderes, als die Beweislastumkehr zum ehernen Gesetz zu erklären. Prokop und sein Doktorvater Ulrich Haas, der die DSB-Anti-Doping-Kommission leitete, ließen keine Gelegenheit aus, dies bis in den Sportausschuss des Bundestags hinein zu predigen. Auch Schoeppe begann plötzlich so zu argumentieren, nachdem der öffentliche Druck immer stärker wurde. Sogar ein Karlsruher Verfassungsrichter betrat die Bühne, um die Beweislastumkehr mit der Autorität des höchsten Gerichts zu untermauern. Sonst wäre der Kampf gegen Doping verloren, das System am Ende. Was blieb mir unter diesen Umständen noch anderes übrig, als vor Gericht zu ziehen? Ich wollte doch nur laufen.

Was aber war mit Digel los? Stand er nicht mehr hinter seinem Vizepräsidenten Prokop? Hatte er erkannt, dass es seinen Funktionären nur noch um meine Verurteilung ging, nicht mehr um eine sachgemäße Beurteilung der gesamten Situation, dass für sie nur die positiven Befunde und sonst nichts zählten? Wozu dann das Verfahren über Monate, die Verhandlungen im Dezember bei der Anti-Doping-Kommission, die Beweisaufnahme im Februar beim Rechtsausschuss und nun vielleicht eine erneute Verhandlung? Sollte am Ende eine Anhörung nur dazu dienen der Öffentlichkeit vorzuspiegeln, alles habe seine rechtsstaatliche

Ordnung? Bedeutete die Anhörung aber tatsächlich nichts anderes, als dass ein Athlet seine Unschuld beteuern, Einwände und andere Tatsachen vorbringen konnte, um dann am Schluss aufgrund der A- und B-Probe doch verurteilt zu werden? War diese Ignoranz der Verbandsjuristen gegenüber einem Menschen nicht schlimmer als das Vergehen, das man ihm vorwarf? Mag sein, dass alle diese Überlegungen, die sich wie eine Mühle in mir drehten, auch Digel umgetrieben hatten.
Er war in Aufruhr. So gut kannte ich ihn. »Hören Sie, Herr Baumann«, wiederholte er, »Sie brauchen unbedingt ein Gutachten für den Rechtsausschuss.« Er klang so beschwörend, als hinge sein eigenes Wohl davon ab. »Nur dann ist ein Start wieder möglich.« Warum dieser Eifer? Er war doch schon im Januar hart angegriffen worden, weil innerhalb des Verbandes das Gerücht gestreut worden war, er hätte mir den Kontakt zu Professor Rössner vermittelt. Die Herren Prokop und Haas hatten mächtig Respekt vor »unserem« Professor, es war für sie ein Kampf auf einer anderen Ebene geworden. Dabei ging es den beiden nicht um die Frage von Schuld oder Unschuld. Sie verteidigten ihr System. Aber was wollte Digel? Helfen? Ich war in den letzten Monaten zutiefst misstrauisch geworden. Wir bestellten keinen neuen Gutachter. Wir wollten den Freispruch mit den Kräften erkämpfen, die wir hatten.
Die Aufregung hing auch mit dem Spruch des Frankfurter Oberlandesgerichts zusammen, das wenige Tage zuvor zwar meine Suspendierung bestätigt, aber zugleich festgestellt hatte, dass der Sport »keine rechtsfreien Räume« für sich beanspruchen könne. Im Klartext: Die Beweislastumkehr war rechtswidrig. Sie war seit dem 18. Mai vom Tisch. Der Katzenjammer bei Prokop und Haas musste groß gewesen sein.
Was aber tat die Staatsanwaltschaft? Bei unserem letzten Gespräch hatte auch Rolf Kindsvater den Eindruck erweckt, als wollte er um Verständnis werben. Zum Beispiel für die Ewigkeit,

die es nun schon dauerte, bis die Gutachten auf dem Tisch lagen. Er musste doch wenigstens etwas zu der Blutprobe sagen, die ich im August 1999 nach einem Wettkampf in Leverkusen freiwillig abgegeben hatte und die seit Anfang April 2000 analysiert war. Die ergeben hatte, dass der Stoff direkt über die Mundschleimhaut aufgenommen wurde und dass die Menge geringer war als 1 Milligramm. Es war dieselbe Dosis, die in den beiden Zahnpastatuben gefunden worden war. Alles passte zusammen. Warum hatte er dieses Ergebnis nicht gleich an den Rechtsausschuss von Schoeppe weitergeleitet? Ich fragte ihn nicht. Mein Kampf mit den »Freunden« aus dem Sport war schon anstrengend genug. Im Grunde war ich dankbar, wenigstens eine kleine Unterstützung über lange Zeit von dieser Seite erhalten zu haben.
Die Zeit zerrann mir zwischen den Fingern. Ich hatte noch zehn Wochen, um mich für die Olympischen Spiele zu qualifizieren, und der Rechtsausschuss hatte sich nicht bewegt. Ohne Ergebnisse der Staatsanwaltschaft keine Verhandlung, lautete die Devise, ohne Verhandlung keinen Start. »Keine Strafe ohne Schuld«, seine eigene Aussage vom Februar, hatte Schoeppe offenbar vergessen, auch billigend in Kauf genommen, dass ich mich nicht verteidigen konnte. Die Suspendierung wurde einfach aufrechterhalten. Mit jeder Woche, die verging, schwand die Chance auf eine Qualifikation, und damit wäre die Saison passé gewesen. Von meinen Träumen ganz zu schweigen. War das ihre Taktik?
Aber ich durfte nicht wie das Kaninchen auf die Schlange starren. Isabelle wusste das am besten. Kaum waren wir aus Flagstaff zurück, hatte sie bereits Testrennen organisiert. Vielleicht waren ja die Deutschen Meisterschaften Ende Juli die letzte Möglichkeit zur Qualifikation. Dafür sollte ich gerüstet sein.
Testrennen. Noch nie hatte ich welche bestritten. Wozu ein Test im Training? Lieber gleich einen Wettkampf. Selbst harte Tempoläufe habe ich gehasst. Ich liebte das spielerische, leichte und

lockere Laufen, nicht das knochenharte Arbeiten auf der Bahn, diesen steten Kampf gegen die Müdigkeit, der die Beine schwer werden ließ. Für einen Wettkampf dagegen war ich immer zu haben. Dort zählte es, dort wollte ich mich beweisen, das war meine Stärke. Ich war immer froh, dass es so war. Testrennen. Eine grauenhafte Vorstellung, kein Flair, keine positive Anspannung, keine wirklichen Gegner, kein Publikum.

Lange hatten wir darüber debattiert, mit welcher Distanz ich einsteigen sollte. Wie schon in den Vorjahren bevorzugte Isabelle einen Beginn auf der Spezialstrecke, den 5000 Metern. Meine Nackenhaare sträubten sich schon bei dem Gedanken, mutterseelenallein diese Strecke in Angriff zu nehmen. Dann lieber die 1500 Meter. Aber ich hatte keine Wahl. Im besten Fall würde ich das Nürnberger Meeting erreichen, für das mir noch fünf Wochen blieben. »Denken wir optimistisch«, spornte mich Isabelle an, »die lassen dich in Nürnberg laufen. Dann kannst du mit den 5000 Metern nicht mehr warten. Lass sie uns für Anfang Juni planen. Kurz vor Nürnberg läufst du die 1500 Meter, als Tempospritze.« Ich war noch immer nicht begeistert, musste ihr aber zustimmen. Weil sie wusste, wie schwer ich mich damit tat, schlug sie noch einen »Dreier« zum Einrollen vor. Mit diesem Kompromiss konnte ich leben. Zuerst 3000 Meter, meine Lieblingsstrecke.

Darauf konzentrieren konnte ich mich kaum. Ich wartete auf die Staatsanwaltschaft und einen weiteren Verhandlungstermin beim Rechtsausschuss. Warum nur wurde alles so verschleppt? Inzwischen saß ich zum vierten Mal in demselben Büro auf demselben Stuhl in diesem unscheinbaren Reihenhaus des Sonderdezernats der Kriminalpolizei, in dem ich schon im Dezember und Januar ausgesagt hatte. Und der Beamte wanderte während der Vernehmung wieder auf und ab. Vom Schreibtisch zum Tisch seiner Sekretärin und wieder zurück, als führe er auf Schienen. Mit einem kaum wahrzunehmenden Blick auf den Monitor

des Computers spulte er den Faden wieder ab, der für mich längst aufgerollt schien. Diese Runde hatte einen anderen Charakter als die ersten im Dezember und Januar. Sie firmierte unter der Überschrift »Beschuldigtenvernehmung«. Der Beamte klärte auf. »Wie Sie wissen, sind zwei Anzeigen eingegangen, die Sie beschuldigen, die Zahnpasta selbst manipuliert zu haben, um eine Straftat vorzutäuschen.«
Ich wusste es, aber wahrscheinlich hatte ich es verdrängt, nachdem mir die Polizei noch im Februar versichert hatte, sie würde mich nicht mehr als Täter betrachten. Aber worauf sollte ich mich schon verlassen? Es war mir nicht verborgen geblieben, dass die Tübinger Staatsanwaltschaft meinen Fall loshaben, während die Kripo von meiner Unschuld überzeugt war und weiter ermitteln wollte. Wie sagte doch einer der zuständigen Beamten: »Die Vernehmungen haben sich von Dezember bis Mai erstreckt. Da kann man eine erdachte Geschichte nicht so durchziehen. Für uns ist das glaubwürdig.« Aber ich wurde einfach das Gefühl nicht los, dass Kindsvater alles offen lassen wollte. Was sollte ich von seiner Einschätzung halten, dass Sörgels Labor ein »Topinstitut« sei, während Schänzers Einrichtung eher mit einem Chemiesaal einer Schule zu vergleichen sei? Gegenüber saß die Sekretärin und tippte in den Computer: »Beschuldigtenvernehmung.« Hatte sie dabei den Kopf geschüttelt? Wieder dieselben Fragen:
»Können Sie sich noch daran erinnern, ob Sie an den Vormittagen des 19.10. und des 12.11.1999 Ihre Zähne putzten?«
»Um welche Uhrzeit putzen Sie sich abends die Zähne beziehungsweise wann gehen Sie üblicherweise zu Bett?«
»Sie sagten, dass Sie gewohnheitsmäßig relativ wenig Zahncreme verwenden. Können Sie die jeweilige Menge für einen Zahnputzvorgang quantifizieren?«
Warum nur musste ich immer wieder dieselben Fragen beantworten? Ich hatte ihnen doch alles gesagt. In der Behörde und

bei mir zu Hause, wo sie nach der Herkunft der zweiten Zahnpasta geforscht hatten. Was sollte mir noch Neues einfallen? Ich wollte eigentlich nur laufen, nicht ermitteln.
Wenige Tage später, am 30. Mai, präsentierte die Staatsanwaltschaft ihre Ermittlungsergebnisse bei einer Pressekonferenz. Überrascht haben sie mich nicht. Das Verfahren wurde eingestellt, weil sich weder der Verdacht gegen einen Fremdtäter noch gegen mich, wegen Vortäuschens einer Straftat, erhärten ließen. Gutachter Schänzer sah die Ursache der positiven Dopingprobe in der Zahnpasta. Sörgel mochte sich nicht festlegen. Meine Werte, so gutachtete er, könnten durch sehr frühes oder nächtliches Zähneputzen zustande gekommen sein, er hielt aber auch die Aufnahme einer hohen Menge des Wirkstoffes durch Tabletten für möglich und schloss zuletzt selbst eine körpereigene Produktion des Dopingstoffes nicht aus. Was für eine präzise Naturwissenschaft. »Ich soll Ihnen schöne Grüße von Professor Sörgel ausrichten. Die Ergebnisse sprechen doch für Sie.« Die immer lustige Biergartenstimme des Sat.1-Reporters fiel mir wieder ein.
Hatte mir Kindsvater nicht noch vor zwei Wochen ein anderes Bild gezeichnet? Hatte ich ihn falsch verstanden? »Es geht nicht darum, was ich glaube, Herr Baumann«, hatte er zu mir gesagt. Nun, mir war das schon wichtig, weil ich mir meine Glaubwürdigkeit nicht nehmen lassen wollte. Sie war und ist mein höchstes Gut, und das sollte plötzlich belanglos sein? Aber hatte nicht schon Prokop seinem Präsidium eingebläut: »Das Abstellen auf Glauben und Sympathie würde zu einem willkürlichen Beurteilungsmaßstab führen.« Meine Aussagen bei den insgesamt zehnstündigen Vernehmungen, die Ergebnisse des Kölner Labors spielten offensichtlich keine Rolle. In meinem Kopfkino zogen sich alle zurück.
Alles ausblendend, meine Gedanken auf das Laufen fokussierend, trabte ich am ersten Samstag im Juni, morgens früh um

6 Uhr, den steilen Spitzberg hinauf. Die Luft war frisch und unverbraucht. Die gerade erst aufgegangene Sonne konnte ihre Kraft noch nicht entfalten, aber zauberte mit ihrem Licht schöne Bilder in den Wald. Vereinzelte Nebelschwaden stiegen langsam vom Boden auf, um sogleich von den Sonnenstrahlen aufgesogen zu werden. Ich fühlte mich gut, meine Schritte waren kraftvoll. Dieselben Beine, die mir noch im Dezember den Dienst versagten, trugen mich langsam bergauf. Ich wollte keinen unnötigen Druck machen, nicht schnell laufen. Ich wollte mich nur in Stimmung bringen, für heute, um 11 Uhr, für den 3000er. Ich hatte keine Ahnung, wo ich sportlich stand, konnte mir keinen Wettkampf vorstellen. Wie sollte das Experiment funktionieren? Immer wieder rutschten meine Gedanken weg, und Gesichter tauchten auf. Kindsvater, Sörgel, Schoeppe. Vier dickleibige Aktenordner warteten zu Hause darauf, noch heute kopiert und zu Lehner nach Heidelberg gebracht zu werden. Mit aller Macht stemmte ich mich gegen diese Bilder der Bedrohung. Ich verlangte nach schöneren, vertrauteren, nach Szenen von Rennen, nach Gesichtern von sportlichen Gegnern. Bis zu diesem verhängnisvollen November waren sie jederzeit abrufbar, jetzt lagen sie verschüttet im Chaos. Nur meine Beine waren völlig unbeeindruckt. Sie fühlten sich gut an, zu meiner großen Überraschung, sehr gut. Fast wie am Morgen vor einem Wettkampf.
Die kenianische Läufergruppe, die sich seit zwei Jahren in Tübingen auf die Wettkämpfe vorbereitete, hatte spontan ihre Hilfe angeboten und war schon im Stadion versammelt. Isabelle hatte mit dem Manager der Afrikaner, James Tempelton, ein richtiges Rennen abgesprochen. Bis ins Detail versuchten wir den Fahrplan abzustimmen. Kipkuriu Missoi, ein Hindernisspezialist, wollte sich über 2000 Meter testen, Nick und Malte, das Kernstück unserer Tübinger Gruppe, die Pace vorneweg machen. Bernhard Lagat, ein 1500-Meter-Läufer aus Kenia, wollte sich immer mal wieder für 600 Meter vor das Feld

spannen. Und an der Bahn standen Freunde, die mit viel Geschrei helfen sollten.

Die Bedingungen konnten kaum besser sein. Die Sonne entfaltete langsam ihre Wärme, nicht ein Windhauch war zu spüren. James schickte uns ins Rennen, ich reihte mich an meiner Wunschposition an vierter Stelle ein. An der Spitze Malte und Nick, dicht dahinter Missoi und unmittelbar danach, gerade so viel Platz lassend wie nötig, versuchte ich meinen Rhythmus zu finden. Wie immer heftete ich meinen Blick an den schlanken Nacken meines Vordermannes. »Zweiundsechzig!« Ich hörte den Zwischenruf von Isabelle. Nur ihre Stimme nahm ich wahr, um danach wieder einzutauchen in ein Vakuum, in ein gedankliches Nichts. Unruhe im Feld. Bernhard stieg in das Rennen ein, Nick und Malte pausierten. »Zweiundsechzig.« Wieder Isabelle. »Too slow, too slow!« James warnte uns, die 62 Sekunden pro Runde waren zu langsam.

Für einen kurzen Moment erkannte ich, dass es eben doch kein Wettkampf war. Alles war viel zu unruhig. Ich schob ein anderes Bild darüber, erinnerte mich an Kenia, wo ich mit Moses Kiptanui in den Wäldern rund um Nyhahururu gelaufen war. Die beiden Kenianer, die vor mir liefen, mit ihren nassen Nacken, die in der Sonne glänzten, gaben mir den nötigen Zug. Den süßlichen Geruch ihres Schweißes konnte ich riechen. Genau dieser Geruch war mir auch schon in Kenia in die Nase gestiegen. Dieses Bild der fast vierzigköpfigen Truppe hatte sich eingebrannt. Es war, als hörte ich das Getrampel der Beine, wie eine Herde Wildpferde, ich konnte die Vibrationen der Erde fühlen. Der Geruch rief ein Bild hervor, endlich tauchte dieses Laufbild auf, das mich nach Kenia versetzte. »Einundsechzig, perfekte Pace.« Wieder Isabelle. 61 Sekunden, diese Zahl verhallte schnell, aber sie gab mir Sicherheit.

Meine Reflexe hatten das Kommando übernommen. Ich spürte die Tempoverschärfung, eine kleine Lücke hatte sich zwischen

Bernhard und Missoi aufgetan. Noch ehe ich reagieren konnte, war sie von Missoi geschlossen. Meine Position hatte ich nicht geändert. Ganz dicht hinter dem afrikanischen Läufer versuchte ich den Rhythmus des hohen Tempos zu halten. Bilder flogen mir zu, von Yobes Ondieki. In Köln, vor vielen Jahren, hatte er versucht wegzulaufen, hatte das Tempo verschärft, Runde für Runde. Ich war am Limit gelaufen, mit einem Auge verfolgend, dass daraus ein neuer Deutscher Rekord werden könnte. Bernhard war draußen, Missoi alleine vor mir. Er hatte angezogen. »Sixty, not faster.« Mahnende Zurufe. Hatte ich deshalb Ondieki vor Augen? War es zu schnell für mich?
Ich fühlte mich gut. Vor mir lief der großgewachsene Missoi und hielt einen Laufrhythmus, den ich so schätzte an meinen afrikanischen Kollegen. Unnachahmlich trafen sie ihren Schritt, wie eine Feder. Er führte mich bis 2000 Meter. »Fünf-Null-Acht.« Isabelles Zahl streifte mich nur kurz, als ich in der Kurve, alleine laufend, meinen Blick neu ausrichtete. Wie damals in Köln, es war 1991 gewesen. Der frisch gekürte Weltmeister Yobes Ondieki war langsamer geworden, hatte taktieren wollen. Meine neue Bestzeit war in Gefahr gewesen, ich durfte mich nicht bremsen lassen. Wie von fremden Mächten gesteuert hatte ich ihn überholt, den Weltmeister. Nur schwach war die Begeisterung des Kölner Publikums an mein Ohr gedrungen. Eher als ein leises Raunen. Konnte ich mich lösen? Ondieki war hinter mir, ich spürte seine Probleme. Meine ganze Kraft hatte ich in meinen Schritt gelegt, er hatte meinem Tempo nicht folgen können.
Wieder war Bernhard eingestiegen. »Sechzig.« Das Bild von damals beflügelte mich. Noch 500 Meter, die Zuschauer flogen an mir vorbei. Auf Bahn zwei bildeten sie ein Spalier. Wortfetzen drangen an mein Ohr. Unter 7:40, war das möglich? Eine neue persönliche Bestzeit unter diesen Umständen? Doch mit der Uhr im Kopf verlor ich meine Lockerheit. Noch 200 Meter.

Bernhard schaute sich um, wechselte auf Bahn zwei, um mir den Weg freizumachen, er wollte mir etwas Gutes tun. Sofort war der Wettkampf weg, und ich wusste, es war nur ein Test. Meine Beine wurden schwer, ich kämpfte, brach die letzten Reserven aus meinem Körper. 7 Minuten und 40 Sekunden. Bernhard klopfte mir auf die Schulter. »World best time this year. It is unbelievable.«

Was für eine Form. Erst beim lockeren Austraben wurde mir bewusst, was noch möglich war, was noch in mir steckte, trotz des Irrsinns der letzten Monate. Sportlich gesehen hatte ich eine komfortable Ausgangsposition. Aber warum nur konnte Schoeppe nicht entscheiden? Sollte ich ihm persönlich die Akten der Staatsanwaltschaft bringen, damit er endlich eine Verhandlung anberaumen konnte?

Endlich. Schoeppe gab den Termin bekannt. 14. Juni 2000. Laufen war das eine, mein Recht bekommen das andere. Also wieder einmal nach Heidelberg in die Anwaltskanzlei, wo Lehner und Franke schon auf mich warteten. Wir setzten uns an den gläsernen Besprechungstisch, jeder hatte einen Berg Akten und Papiere vor sich liegen. Franke blätterte in den Gutachten von Sörgel und schüttelte heftig den Kopf. Seine Brille war ihm auf die Nasenspitze gerutscht. Der Nürnberger Pharmakologe hatte in seine Expertise die Rubrik »Hypothesen und Spekulationen« aufgenommen. Franke wollte es nicht glauben. In einem wissenschaftlichen Gutachten! Aber Sörgel hatte es offenbar verstanden, den Staatsanwalt mit seinem Eifer zu beeindrucken. Franke las aus einem Brief Sörgels an Kindsvater vor: »Es ist nun Sonntag, 21 Uhr, wir gehen nach Hause.« Dass ihm bei diesem Stress einiges durcheinander geraten war, deckte ebenfalls Franke auf. Fast schon triumphierend hob er diverse Papiere in die Luft, auf denen Diagramme gezeichnet waren. Sörgel hatte sie einem Buch des Straßburger Gerichtsmediziners Pascal Kintz entnommen, in dem die Abbildungen verwechselt worden waren. Auch das wirkte sich wieder zu meinen Ungunsten aus. Dass die richtigen Diagramme die Ergebnisse Schänzers stützten, was spielte das für eine Rolle? Bei Schänzer war, laut Franke, dagegen »alles klar«. Vor allem der Aussagewert der Blutprobe. »Über diese Hürde kommt Schoeppe nicht hinweg«, meinte er, »da will ich den Prokop einmal sehen. Die Proben stammen eindeutig von der Zahnpasta mit 0,8 Milligramm Wirkstoff. Wir schaffen das, Herr Baumann.« Und mir blieb wieder mal nichts anderes übrig, als ihm zu glauben. Ich war weder Chemiker oder Pharmakologe noch Jurist.

Nur noch eine Woche bis zum Rechtsausschuss. Noch zwei Wochen bis zum Meeting in Nürnberg. Es könnte reichen. Der 3000-Meter-Test war wunderbar gelaufen. Jetzt, fünf Tage später, wollte ich noch die 5000 Meter in Angriff nehmen. Es war nicht nur eine andere Streckenlänge und damit für mich viel schwieriger zu bewältigen, auch die Ausgangslage war eine andere. Tag und Nacht saß ich über mehr als tausend Seiten Akten gebeugt, um mich auf die Verhandlung vorzubereiten. Jedes Fundstück, jedes Indiz, jeder Hinweis aus den polizeilichen Vernehmungen konnte helfen. Ich durfte nichts übersehen. Die zweite Tube beispielsweise. Die »Signal« mit den roten Streifen, die durch einen simplen Trick entstehen: Durch ein 50 Millimeter langes Plastikrohr steigt die weiße Paste zur Tubenöffnung, die rote Masse ist nur in diesem oberen Teil und wird durch den Druck durch kleine, im Steigrohr befindliche Schlitze auf die weiße Paste gedrückt. Es war also nicht möglich, von außen an die rote Masse heranzukommen. Unglaublicherweise hatte die Kriminalpolizei das Dopingmittel aber nur in diesem roten Teil der Paste gefunden, homogen vermischt. Der oder die Täter hatten also die »Signal«-Tube von hinten mit einem scharfen, feinen Messer geöffnet, dann zuerst die weiße Paste entfernt. Die rote hatten sie mit dem Wirkstoff versetzt. Dann hatten sie die weiße Creme wieder eingefüllt und die Tube neu verklebt. Die

Kripo hatte die beiden manipulierten Tuben verglichen. Die »Elmex« wie die »Signal«, so hatte sie herausgefunden, »dürften mit derselben Maschine geschlossen worden sein«. Was für ein Aufwand, dachte ich, perfekt gemacht.

An eine sportliche Vorbereitung war nicht zu denken. Das Training lief nebenher und doch sollte es eine Art Rennen werden, wenn irgend möglich auf hohem Niveau. Ich fragte mich nur, wie?

Diesmal legten wir das Rennen auf den Abend. Die Kenianer waren nicht mehr da. Ihre Wettkampfserie hatte begonnen und sie tingelten quer durch Europa. Nick und Malte sowie zwei weitere Local Heroes wollten zum Gelingen beitragen. Es waren weit mehr Zuschauer gekommen als noch beim ersten Versuch. In der Laufszene hatte sich herumgesprochen, dass der Baumann noch einmal angreifen wollte. Vielleicht sein letzter Lauf?

Das Tempo würde heute unruhiger werden. Alle 800 bis 1000 Meter sollte in der Führungsarbeit abgewechselt werden. Nur beim vierten Kilometer hatte ich keine Hilfe und musste laut Plan alleine laufen. Malte avancierte zum Spezialisten der ersten 400 Meter. Wie eine Uhr durchlief er das Stadionrund. »Vierundsechzig.« Allein die Erfahrung vom letzten Samstag sagte mir, dass ich hier, auf der Bahn des Sportinstituts am Fuße des Osterbergs, einen Wettkampf simulieren konnte. Filmon Ghirmai, der hoffnungsvolle Nachwuchsathlet, wuchs über sich hinaus. Dreimal schaffte er die 1000 Meter in 2:40 Minuten. Malte und Nick unterstützten ihn, so weit ihre Füsse trugen, der Vierte im Bunde hielt mir den Wind in den ersten drei Runden vom Leib. Alles lief nach Plan. Die Uhr, mein einziger Gegner an diesem Abend, blieb bei 13:18 Minuten stehen. Einen besseren Einstieg in die Saison hatte ich auch in den vergangenen Jahren selten gehabt. Wenn ich jetzt ein wenig Ruhe, ein wenig Schlaf finden würde. Eine weit bessere Zeit wäre möglich. Ich war mir sicher.

»Dann hat er eben eine Lutschtablette genommen«

14. Juni 2000

Mein Leben war längst zur Achterbahn geworden. Eine Konstante hatte es seit November vergangenen Jahres nicht mehr gegeben, es sei denn, man hielte das ständige Auf und Ab für eine. Einem Hoffnungsschimmer folgte unweigerlich ein Tiefschlag. Ein halbes Jahr war jetzt vergangen, seitdem mein Leben aus den Fugen geraten war, aber immerhin: Es gab mich noch. Und ich konnte laufen, was ich selbst kaum glauben konnte.

Ein halbes Jahr war es auch her, dass ich hier beim DLV in Darmstadt vorgeladen worden war, den Herren Prokop, Rous, Wollschläger und Kern Rede und Antwort gestanden hatte für eine Tat, die ich nicht begangen hatte. Damals hatte ich noch an das Gute geglaubt, an eine rasche Aufklärung eines grandiosen Irrtums. Damals hatte ich in meiner Naivität noch auf die Hilfe meiner Freunde im Verband gehofft und wurde bitter enttäuscht. Der Mann im Schneesturm bei meiner Fahrt nach Wien hatte Recht gehabt. Sie hatten mich über Bord geschmissen, schnell fallen gelassen. Der Unterschied zu heute konnte deutlicher nicht ausfallen: Ich war zum Realisten geworden und meine wichtigsten Helfer waren Freunde, die mit diesem Verband nichts zu tun hatten. Menschen, die ich erst seit November kannte. Und wir waren bestens präpariert.

Michael Lehner war der eine, Werner Franke der andere. Kurz entschlossen war der Heidelberger Zellbiologe mitgefahren. »Wir wollen nichts dem Zufall überlassen«, hatte er betont, und schon saß er mit im Auto. Es sei zwar ein gutes Zeichen, dass Wolfgang Schoeppe, der Vorsitzende des Rechtsausschusses, einen neutralen Gutachter hinzugezogen habe, meinte Franke, »aber wenn Sie mit seinen wissenschaftlichen Ausführungen Probleme haben oder Gegenargumente brauchen, bin ich zur

Stelle.« Manchmal machte er mir mit solchen Angeboten ein richtig schlechtes Gewissen, weil ich wusste, dass er an seinem Krebsforschungsinstitut mindestens genauso gebraucht wurde, und weil er für seine Hilfe keinen Pfennig bekam. »Alles vorbereitet«, lächelte Franke. Auf dem Rücksitz des Autos hatte er eine Unzahl Akten neben sich gestapelt. »Ich habe mir die Arbeit mitgenommen.« Und wieder lachte der Bär dieses dröhnende Lachen, das viel vom Ernst der Lage nahm.

»Alle bereit?«, fragte Lehner schon fast belustigt, als er wieder, wie bei allen unseren Auftritten, die große Medienschar vor der Tür der DLV-Geschäftsstelle entdeckte. »Gleich geht es los. Herr Baumann, gehen Sie voran, Sie machen das am professionellsten.« Selbstverständlich durfte ich nicht grinsen.

Es folgte das immer gleiche unsinnige Ritual. Kameras wurden mir auf die Nase gedrückt, von dem Moment des Aussteigens bis zum Erreichen der Tür. Die Kameramänner stolperten, wie immer, beim Blick durch ihre Linse und dem gleichzeitigen Rückwärtsgehen. Ihre Kollegen drängelten sich dazwischen, hielten ohne Rücksicht ein Mikrofon in mein Gesicht und schienen ihr rüpelhaftes Benehmen nicht zu bemerken.

Ich hatte mir inzwischen angewöhnt, stehen zu bleiben. »Hat jeder sein Bild?«, lautete meine Standardfrage, um zumindest den ersten Ansturm ohne blaue Flecken zu überstehen, um in »aller Ruhe« weitergehen zu können. Ich wusste, dass ich damit dem gewünschten Klischee des »gehetzten Angeklagten« nicht entsprach, gleichzeitig ließ es mir wenigstens Luft, um die geistreichen Fragen ohne Atemnot beantworten zu können. »Mit welchem Gefühl gehen Sie in die Verhandlung? Mit welchem Ergebnis rechnen Sie?«

Auch dies ein bekanntes Ritual. Die Fragenden wissen, dass sie keine Antwort bekommen werden. Früher hatte ich diese Bilder nur aus dem Fernsehen gekannt, wenn Politiker zu ihrem Auftritt eilten. Jetzt war ich das Objekt der peinigenden Begierde.

Man lernt schnell. Um auch im Fragesturm den Fels zu mimen, blieb ich nochmals stehen, die Kameramänner und Fotografen postierten sich im Halbkreis um mich herum, Franke und Lehner nahmen mich in die Mitte, und ich sagte im Brustton der Überzeugung: »Sie werden verstehen, dass ich im Vorfeld keine Prognosen abgeben kann. Bitte haben Sie dafür Verständnis.« Ein unsinniges Theater.

Der Rechtsausschuss war schon im großen Besprechungsraum versammelt. Offensichtlich verzögerte sich der Beginn der Sitzung. Schoeppe ließ uns in einem kleineren Raum direkt daneben warten. »Hier kann ich in Ruhe arbeiten.« Franke war zufrieden und verteilte seine mitgebrachten Ordner auf dem Tisch. »Wenn es brennt, rufen Sie mich, ich bin bereit.« Unser Wissenschaftler fühlte sich als Feuerwehrmann und schickte uns mit seinem »Segen« in die »Schlacht«. Schoeppe gab das Zeichen, dass wir nun beginnen konnten.

Es war der gleiche Raum wie im November, aber er erschien mir kleiner und heller. Gut, es war Juni, aber daran lag es nicht nur. Meine Stimmung war eindeutig besser. Die Fronten waren klar, die letzten Monate hatten die Lager getrennt. Ich machte mir nichts vor. DLV-Vizepräsident Clemens Prokop und sein Geschäftsführer Jan Kern waren wieder da, auf ihren Gesichtern fehlte diesmal das notorische Lächeln. Zu meiner Überraschung war der dritte Mann des Gremiums nicht da. Blieben noch Schoeppe und Ferdinand Sahner sowie der neutrale Gutachter Harald Zilg aus Marburg, der früher ein Speziallabor für Pharmakokinetik und Metabolismen geleitet hatte.

Michael Lehner hatte unsere Position dem Rechtsausschuss bereits schriftlich dargelegt. Schoeppe war also informiert, und wir waren gespannt, wie er die Sitzung eröffnen würde. Mussten wir uns auf ein Duell gegen Prokop einstellen?

»Der Rechtsausschuss erwägt, nach der schriftlichen Stellungnahme und der Durchsicht der Akten der Staatsanwaltschaft,

ernsthaft die Suspendierung heute noch aufzuheben.« Schoeppe sagte diesen Satz, in aller fränkischen Ruhe, als würde er anschließend zum gemütlichen Teil ins Wirtshaus einladen wollen. Lehner schlug mir, wie zu besten Schulzeiten, unter dem Tisch mit seiner Faust gegen den Oberschenkel. Wir waren, obwohl wir nichts anderes erreichen wollten, obwohl wir mit nichts anderem gerechnet hatten, doch überrascht, dass Schoeppe so klar und so früh seine Linie erkennen ließ.
»Wir sind der Auffassung, dass durch unsachgemäße Lagerung in den ersten Tagen, noch bevor die Kontrollen in den Labors eingetroffen sind, ein späterer Gegenbeweis vereitelt wurde.« Das war Schoeppes zweiter Hammer.
Er traf Prokop offensichtlich unvorbereitet. Seit November hatte ich ihn nicht mehr gesehen, und dennoch war er mir stets präsent, durch seinen Satz: »Was sollen wir nur tun, Dieter?« Prokop wollte nicht begreifen. Woraus sich denn dieser Sachverhalt ergeben würde, fragte er. Falsche Lagerung. Er könne keinen Zusammenhang zwischen einer angeblichen falschen Lagerung und den zweifelsfreien positiven Urinproben erkennen. Schoeppe fasste für ihn nochmals zusammen und erläuterte Prokop dessen eigene Auffassung, inklusive der Beweislastumkehr, die der DLV-Jurist so vehement verfochten hatte.
»Nach dem Zivilrecht muss eine Partei alle ihre Sphäre betreffenden Vorgänge beweisen, wenn sie diese Sphäre ausschließlich beherrscht. Dies haben Sie selbst in Ihrer Antragsschrift so formuliert, Herr Prokop.«
Schoeppe schaute den Vizepräsidenten an und dozierte weiter: »Demnach ist der Verband dafür verantwortlich, wie die Urinprobe behandelt wird und in welchem Zustand sie im Labor eintrifft. Es obliegt der Gegenpartei, diese positive Probe, diesen Anscheinsbeweis zu erschüttern.« Es war still im Raum. Aufmerksam hörten wir den Ausführungen zu.
Ungerührt fuhr Schoeppe fort: »Nach Aussage von Professor

Sörgel waren die Proben im Februar durch unsachgemäße Lagerung in den ersten fünf oder sechs Tagen zum Teil unbrauchbar geworden. Damit war Herrn Baumann die Möglichkeit verwehrt, einen Gegenbeweis zu führen, wie der Wirkstoff in seinen Körper gelangt ist. Eine zentrale Frage in diesem Verfahren.« Wieder wartete er die Reaktion von Prokop ab, doch der schüttelte nur den Kopf. »Der Rechtsausschuss sieht darin eine Beweisvereitelung von Seiten des Verbandes.« Und jetzt kam der entscheidende Satz: »Demnach müssen wir uns heute ernsthaft mit der Aufhebung der Suspendierung befassen.« Die Verhandlung war eröffnet.

Erst jetzt setzte sich Prokop zur Wehr, erklärte die Sphärentheorie in diesem Fall für ungültig, da nicht der DLV die Kontrollen durchführe, sondern eine externes Unternehmen. Dessen Kontrolleur hatte meine Proben im Küchenschrank und nicht wie erforderlich im Kühlschrank gelagert. Außerdem sollten Professor Schänzer oder Professor Klaus Müller vom IOC-Labor in Kreischa nochmals dazu befragt werden, in welchem Zustand die Proben im Labor eingetroffen seien. Für Prokop waren sie zum Zeitpunkt der A- und B-Analyse »zweifelsfrei in Ordnung«, der positive Befund demnach Fakt. Danach müsse eine Urinprobe nicht mehr aufbewahrt werden. So schnell wollte sich der Vizepräsident, der meinen Fall zu seinem eigenen gemacht hatte, nicht geschlagen geben.

Jetzt war Lehner an der Reihe, sich Prokop vorzuknöpfen. »Wie soll ein Athlet sich entlasten, wenn Sie ihm das einzige Beweismittel, die Urinkontrolle, entziehen oder unverwertbar machen? Wie soll ihm eine Erschütterung gelingen, wenn Sie ihm keine Möglichkeit geben, sich zu entlasten?« Mein Anwalt redete sich langsam in Fahrt. »Nur auf eine Anhörung verweisen, bei der er seine Unschuld beteuern kann, reicht nicht. In diesem Fall wurde eine manipulierte Zahnpasta gefunden, nicht von ihm, sondern von einem IOC-Labor. Sie behaupten aber: ›Manipulation, das sagen sie alle.‹ Wir können nichts tun, demzufolge verurteilen wir.« Prokop schüttelte wieder den Kopf, der sich leicht zu röten begann, und Lehner verschärfte die Tonlage. »Dieser Fall ist anders, Herr Prokop. Laut Professor Schänzer liegt eine Aufnahme über die Mundschleimhaut durch die kontaminierte Zahnpasta vor. Durch die falsche Lagerung haben Sie meinem Mandanten die Möglichkeit eines Vollbeweises für diesen Ablauf genommen. Auch das ist genauso eine Tatsache wie die zwei positiven Befunde.«

Richter Sahner griff in die emotional werdende Debatte ein: »Wir sind noch nicht in der Schlussverhandlung.« Was sollte das bedeuten? Wollten sie heute doch noch nicht entscheiden? Schoeppe unterbrach die Verhandlung.

»Wie sieht es aus?« Franke war draußen aufgesprungen, ungeduldig wie immer. »Was sagt dieser Zilg, kommen Sie klar mit ihm?«

»Wir hätten Sie doch sofort gerufen, wenn es gebrannt hätte«, entgegnete Lehner lachend. Man konnte ihren vertrauten Umgang spüren. Die Pause war zu kurz, um Franke alle Details mitzuteilen. Aber auch er schien zufrieden mit dem bisherigen Verlauf. Mir ging alles zu langsam. Zwei Stunden hatten sie sich nur an der Lagerung der Proben aufgehalten, ich wollte endlich zum Gutachten von Schänzer und der Blutprobe kommen. Ich wollte noch heute eine Entscheidung. »Wir müssen angreifen«, sagte ich zu Lehner.

Wieder zurück in den Saal, wo Schoeppe erneut mit einer unangenehmen Nachricht für Prokop aufwartete. Er wollte dem DLV nur 24 Stunden Zeit geben, »zur Gegendarstellung des schon ermittelten Tatsachenvortrags«. Prokop war empört. »Das reicht nicht«, blaffte er zurück, er brauche eine Woche.

Das durfte nicht wahr sein. Brav hatte ich bis dahin auf meinem Stuhl gesessen und tapfer geschwiegen. Jetzt war mein Geduldsfaden gerissen. »Was glauben Sie, um was es hier geht?«,

herrschte ich ihn an. »Ich möchte mich qualifizieren können wie jeder andere Athlet auch. Wenn ich in Nürnberg nicht laufen kann, ist eine Teilnahme in Sydney für mich fast nicht mehr möglich. Warum hat es denn so lange gebraucht, bis die Akten dort gelandet sind, wo sie hingehören?« Prokop schaute an die Decke. »Schon die ganze Zeit spielen Sie auf Zeit, Herr Prokop. Wieso behaupten Sie in einer Präsidiumssitzung, dass mein Anwalt an der langen Verfahrensdauer schuld sei, weil er Beweisanträge gestellt habe? Wir haben keinen einzigen gestellt, Herr Prokop. Der Einzige, der immer mehr Zeit will, der sich immer mehr Zeit nimmt, sind Sie.«
Dieser Kerl ging mir einfach auf die Nerven mit seinem ständigen Gefasel über unsere angeblichen Beweisanträge und die Beweislastumkehr. »Herr Baumann, nochmals, wir sind nicht in der Abschlussverhandlung.« Sofort fuhr Sahner dazwischen. »Ich weiß nicht, von welcher Präsidiumssitzung er spricht.« Prokop starrte weiterhin an die Decke, als wäre dort die Antwort aufgemalt. Offensichtlich hatte er Erinnerungslücken. »Sie werden es nicht glauben, aber noch immer telefoniert man mit mir«, setzte ich nach, bis Lehner mich zum Cool down mahnte. Er wollte diese Konfrontation nicht eskalieren lassen. Was war Prokop nur für ein Typ? Plötzlich konnte er sich nicht mehr erinnern.
Schoeppe war um Sachlichkeit bemüht und brachte nun Zilg ins Spiel. »Beide Gutachter, Sörgel und Schänzer, kommen anhand der Blutprobe und deren Ergebnisse zu dem Schluss, dass die Aufnahme nur über die Mundschleimhaut möglich war. Würden Sie den Schlussfolgerungen von Professor Schänzer genauso folgen, Herr Doktor Zilg?« Der Sachverständige hatte sich bis dahin zurückgehalten und lediglich seine Bedenken hinsichtlich der Lagerung der Proben vorgetragen. Er bestätigte die Aussagen von Sörgel, der vermutete, dass sich durch das Deponieren im Küchenschrank Bakterien bilden konnten, die unter Um-

ständen sogar den Wirkstoff selbst oder die Abbauprodukte produzieren könnten. Dadurch seien die Proben für weitere Untersuchungen wertlos geworden. Zilg folgte auch der wissenschaftlichen Analyse der Blutprobe: »Bei Nachweis von diesem Direktstoff im Blut kann es kaum einen Zweifel geben. Gerade die analysierte Menge spricht deutlich für eine Aufnahme durch die Zahnpasta.« Wieder ein Punkt für mich, wieder suchte Prokop Zuflucht an der Decke.
Danach behandelte Zilg die weiteren Aussagen der beiden Gutachten. Warum hätte ich mich mit diesem Wirkstoff dopen sollen? Der Gutachter erläuterte, dass es sich bei der von mir aufgenommenen Substanz nicht um Nandrolon, sondern sehr wahrscheinlich um Norandrostendion, einen Vorläufer, handeln musste. Es gebe jedoch keine wissenschaftlichen Erkenntnisse darüber, dass diese Vorläufer in so geringen Mengen wie jene 0,8 Milligramm in meiner Blutprobe, leistungssteigernde Wirkung hätten. Dies sei erst bei Mengen ab 300 Milligramm am Tag der Fall. Ihm bleibe deshalb rätselhaft, warum ich mich mit 1 Milligramm hätte dopen sollen.
Ich war wie von den Socken. Das war genau unsere Argumentation. Besser hätte ich es auch nicht sagen können. Welche Bedenken hatten wir gegen diesen Mann gehabt. Ein Gutachter, der die Gutachter begutachtet – das war zum Runninggag in unseren Besprechungen geworden. Bei der Aktenwühlerei half manchmal nur Sarkasmus weiter.
Die Stimmung war gekippt. Nur die von Prokop nicht. Die Blutprobe habe keine Bedeutung für das Verfahren, hier gehe es ausschließlich um die Trainingskontrollen von Oktober und November, wandte er ein und lief damit in einen Konter Lehners: »Wenn die Aufnahme über die Mundschleimhäute bei dieser Probe bewiesen ist und sich dies bei den Urinproben mit hoher Wahrscheinlichkeit bestätigt, kann es keine Zweifel mehr geben, dass die Quelle die Zahnpasta ist.«

»Dann hat er eben eine Lutschtablette genommen, das ist doch absolut in«, schoss der Experte Prokop zurück.
»Eine Lutschtablette?« Ich wollte diese Unverschämtheit nicht glauben. Sie haben doch einen Knall, wollte ich dazwischenrufen. Aber Lehner hielt mich zurück und erläuterte dem DLV-Chefankläger die Absurdität seines Vorhalts: »Eine Lutschtablette mit einem Milligramm gibt es nicht, Herr Prokop. Hat Dieter Baumann vielleicht eine Tablette in Stücke gehackt, um sie dann in weniger als 1-Milligramm-Portionen im Mund zergehen zu lassen? Haben Sie sich einmal die Frage gestellt, warum ein Langstreckenläufer sich ausgerechnet mit wirkungslosen Krümeln einer Lutschtablette bei einem unbedeutenden Wettkampf mit einer zu erwartenden Dopingkontrolle positiv machen will, ohne einen Vorteil davon haben, wenn es auf der anderen Seite ein viel einfacheres Mittel gibt, das man nicht nachweisen kann?«
Prokops Blick hing wieder an der Decke, und Lehner setzte ungerührt nach: »Haben Sie sich einmal die Frage gestellt, warum ein Langstreckenläufer im Oktober, in der ersten Trainingswoche, einen Wirkstoff nehmen soll, der ihm außer einer positiven Probe rein gar nichts bringen kann?«
Für mich hatte er den Nagel auf den Kopf getroffen. Der Sachverständige Zilg nickte, Schoeppe blieb regungslos, Sahner saß weit zurückgelehnt auf seinem Stuhl und musterte Prokop. Dieser mit hochrotem Gesicht dasitzende Verbandsjurist hatte im Dezember noch unverblümt meine Frau verdächtigt. Jetzt blieb ihm noch die Lutschtablette als letzter Rettungsanker. Es war schon so, wie mir jenes Mitglied des DLV-Präsidiums im Januar geschrieben hatte: Prokop brauchte einen Schuldigen zum Beweis und dieser Schuldige war eben ich.
Und nun brauchte er Aufschub. »Wie lange habe ich Zeit für meine Entgegnung?«, fragte er. Schoeppe drehte den Kopf zu Sahner, der mit einem kaum wahrnehmbaren Achselzucken

Ratlosigkeit andeutete. Schoeppes Blick wanderte im Kreis und blieb für eine Sekunde an mir hängen. »Junge, ich will laufen«, hätte ich ihm am liebsten zugerufen. »Morgen um 16 Uhr. Die Sitzung ist geschlossen.«

»Was passiert dann? Können wir morgen mit einer Entscheidung rechnen?« Lehner wollte es jetzt genau wissen. »Ich werde alle Unterlagen morgen haben«, versicherte Prokop. »Sie schicken mir das umgehend zu«, fasste Lehner nach. Prokop warnte Schoeppe noch beim Hinausgehen vor dem Internationalen Leichtathletikverband: »Der IAAF wird das nicht gefallen, Herr Vorsitzender, ich hoffe, Sie wissen das.« Es klang wie eine Drohung.

»Maus, am Sonntag laufe ich wieder.«

15. Juni 2000

24 Stunden. Schoeppes Frist war längst vorbei. Unruhig drehte ich in unserem Haus meine Runden. Ein Tiger hinter Gittern. Ich musste hier raus und suchte wieder einmal Zuflucht im Wald, um die Zeit durch einen Dauerlauf zu überbrücken. Aber die Zweifel liefen mit mir mit. Der Vorsitzende des Rechtsausschusses war schon einmal nahe dran gewesen, die Suspendierung aufzuheben. Es war im Mai, noch bevor wir das Frankfurter Oberlandesgericht angerufen hatten. Prokop hatte Schoeppe, wie in der gestrigen Verhandlung, unverblümt mit dem Eingreifen der IAAF gedroht, falls er mich laufen lassen würde. Damals war Schoeppe noch eingeknickt.

Stand er jetzt auf meiner Seite? Die Zeit verrann. Erneut stellte ich die wildesten Vermutungen an, wer mit wem wieder hinter den Kulissen kungelte. Schoeppe, Digel, Prokop – irgendetwas würden diese drei ausbaldowern. In meinen Worst-Case-Szenarien standen sie alle auf einer Seite. Oder durfte ich nach der gestrigen Sitzung Beistand erwarten? Gestern hätte Schoeppe für mich entschieden. Galt das heute noch? Hatte Prokop etwa wieder genügend Druck aufgebaut, das Gespenst des einstürzenden Anti-Doping-Gebäudes eindringlich genug beschworen, die Gefahr, nie mehr einen Dopingverstoß ahnden zu können, nachdrücklich genug beschrieben? Dann bliebe nur die Freigabe aller Stoffe. Sollte das Totschlagargument auch diesmal seine Wirkung erzielen? Der DLV-Chefankläger zeichnete die Welt mit Absicht schwarz und weiß. Aber in einem solchen Verfahren musste es auch Zwischentöne geben. »Los Mann, Schoeppe, lass mich laufen«, mehr wollte ich doch gar nicht.

»Er hat sich bei mir nicht gemeldet.« Lehner klang genauso

verzweifelt. Auch er wartete auf einen Anruf, hatte schon fünfmal in Schoeppes Amtsstube anläuten lassen, aber immer nur die Auskunft bekommen, dass der Herr Vorsitzende nicht im Büro sei. Mir war schlecht vor Enttäuschung. In zehn Tagen sollte das Rennen in Nürnberg sein, und irgendwie wollte ich mich auch gedanklich darauf vorbereiten können. Schoeppe konnte mir doch nicht einen Tag vorher mitteilen, dass ich laufen dürfe, und erwarten, dass das reichen würde. Oder glaubte der Jurist, ich würde alles aus dem Ärmel schütteln?

Lehner versprach mir, an jedem Ort und zu jedem Zeitpunkt für eine Nachricht erreichbar zu sein. Wieder einmal brachte er es fertig, mich zu beruhigen. »Schoeppe wird für uns entscheiden«, sagte er mir immer wieder, »ich bin mir sicher, dass wir nach Nürnberg fahren. Sie nehmen mich doch mit?« Außerdem möge ich in meiner Ungeduld berücksichtigen, dass Schoeppe in einem Feuer stehe, das von vielen Seiten geschürt werde. »Ich möchte nicht in seiner Haut stecken«, sagte Lehner.

Ich durfte gar nicht darüber nachdenken, wie schwer es für Lehner war, erreichbar zu sein. Der sogenannte Ewald-Prozess ging in die entscheidende Phase. Lehner vertrat 19 Dopingopfer vor dem Berliner Landgericht, wo sich der DDR-Sportbundpräsident Manfred Ewald und sein leitender Sportmediziner Manfred Höppner für das staatlich geplante Doping verantworten mussten. Dessen Folgen waren Fehlgeburten, behinderte Kinder und Leberschäden bei den systematisch gedopten Sportlerinnen. Und Lehner und Franke bezogen dafür Prügel, dass sie die Prozessdauer mit Beweisanträgen vermeintlich in die Länge ziehen würden. Sollten sie lieber Ruhe geben, damit man den historischen Mantel über diese Vergangenheit ausbreiten konnte?

Mir hätte doch schon genügt, wenn Schoeppe ein Signal gegeben, wenn er gesagt hätte, wir entscheiden noch nicht oder erst in ein paar Tagen. So hockte ich in Tübingen und wartete in meiner ganzen Hilflosigkeit darauf, bis aus Darmstadt der weiße Rauch aufstieg. Lehner tat zwar, was er konnte, meldete sich während der Verhandlungspausen aus Berlin, aber Ermutigendes hatte er nicht mitzuteilen. Immer nur Ruhe bewahren.

Freitag, fast 48 Stunden vorbei und immer noch kein Lebenszeichen von Schoeppe. Dabei hatte er am Mittwoch die Sitzung mit dem Satz eröffnet: »Der Rechtsausschuss erwägt ernsthaft die Suspendierung heute aufzuheben.« Hatten diese Leute eigentlich einmal einen Gedanken daran verschwendet, wie es dem Betroffenen damit ging? Was es für einen Menschen bedeutet, ständig durch Wechselbäder gezogen zu werden? Ich ging laufen.

Endlich meldete sich Lehner mit einer neuen Nachricht. »Herr Baumann, gerade hatte ich Schoeppe in der Leitung.« Er war aufgeregt. »Sie sollen nach Straßburg zu einer Haaranalyse.« Was sollte ich? Eine Haaranalyse? In Straßburg? Wann denn, warum nur? Ich war sprachlos. Schoeppe hatte einen Termin bei einem Doktor Kintz bereits für den Nachmittag reservieren lassen. Er hatte wohl keinen Zweifel, dass ich mich sofort hinters Lenkrad klemmen würde. »Doktor Kintz? Unserem Kintz mit den vertauschten Diagrammen? Mit denen Sörgel zu seinen kuriosen Ergebnissen kam?«, fragte ich ungläubig. »Ja, unserem Kintz«, sagte Lehner. Warum auch nicht noch diesen Versuch? Mit mir, dem gläsernen Athleten, der endlose Messorgien hinter sich gebracht hatte, war natürlich auch dieser Test zu veranstalten.

Lehner versuchte mich von der Notwendigkeit der Blitzaktion zu überzeugen. »Schoeppe meinte, wenn die Version stimmt, dass Sie immer nur ein Milligramm aufgenommen haben, kann Kintz in den Haaren nichts finden. Haben Sie aber gedopt mit Mengen über 200 Milligramm, entdeckt er Spuren von diesem Wirkstoff. Er will wissen, ob Sie fahren.«

Natürlich wusste ich, dass ich gar keine andere Wahl hatte.

Würde ich mich weigern, würde er mich sperren. So einfach war das. Lehner war der gleichen Meinung. »Ja, Herr Baumann, da haben Sie Recht. Ist aber die Analyse negativ, wovon ich unbedingt ausgehe, dann muss er Sie laufen lassen. Das ist nicht nur meine Meinung, warten Sie einen Moment«, und schon hatte ich Franke an der Strippe, der mit ihm in einem Berliner Straßencafé saß. »Unsere Schlacht ist schon geschlagen«, erzählte er, allzeit fröhlich. Immerhin war ich noch so geistesgegenwärtig ihn zu fragen, wie es bei der heutigen Verhandlung gelaufen war. »Och, wir waren wieder einmal die Bösen, aber wir kämpfen weiter.« Dieser Franke, dieser unermüdliche Antreiber, war einfach nicht totzukriegen. »Der Kintz findet nichts, Herr Baumann, fahren Sie hin und nächste Woche können Sie laufen, fertig.« Seinen ungebrochenen Optmismus wünschte ich mir manchmal. »Ja, ja, das mach ich schon. Sagen Sie Lehner, er soll Schoeppe anrufen und mich in Straßburg ankündigen, ich habe sowieso nichts anderes zu tun.« Ich hatte meine Restbestände an Humor aktiviert, und Franke lachte. Keine 20 Minuten später saß ich im Auto.

Diese Untersuchung noch, Schoeppe, nur noch diese, dann musst du aber entscheiden. Es entstand eine ganz persönliche, eine ganz irreale Bindung zu diesem Menschen. Mein ganzes Schicksal, mein Wohl oder Wehe schien mir einzig und allein vom Vorsitzenden des Rechtsausschusses abzuhängen.

Der Straßburger Gerichtsmediziner Kintz meinte gleich zu Beginn, mir seine Bedeutung vor Augen halten zu müssen. »Herr Baumann, ich habe schon in vielen Dopingfällen eine Haaranalyse durchgeführt«, dozierte er, »die Sportler haben alle gesagt, ich habe das oder das nicht genommen. Aber ich habe alles gefunden. Verstehen Sie, Herr Baumann?« Der Toxikologe war nicht älter als 45 Jahre, sprach Deutsch mit französischem Akzent und sah ein wenig überarbeitet aus. Von draußen glichen seine Laborräume in der Universität Straßburg einer

Baustelle, sein Büro machte aber einen etwas aufgeräumteren Eindruck.

»Ich bin nicht jeder Athlet, Herr Dr. Kintz«, wagte ich einzuwerfen und erläuterte ihm, dass ich irgendetwas aufgenommen haben müsse, nur nicht wissentlich. Ich fragte ihn, ob er meinen Fall kenne? »Herr Schoeppe, der Mann vom DLV ...«, er suchte die richtige Bezeichnung, »... vom Rechtsausschuss«, versuchte ich zu helfen. »Ja, vom Rechtsausschuss, er hat mir die Problematik erklärt.« Ich klärte ihn darüber auf, dass wir davon ausgingen, dass ich nicht mehr als 1 oder 2 Milligramm am Tag aufgenommen hätte.« Kintz stutzte. »Wenn das stimmt«, er machte eine kunstvolle Pause, »dann finde ich nichts. Aber wir werden sehen.«

Danach eröffnete er mir, dass er in den nächsten Tagen leider nicht im Labor sei und die Analyse erst Ende der Woche durchführen könne. »Das ist zu spät.« Ich war wie vor den Kopf geschlagen. Was dachten sich diese Leute bloß? Jeder führte seine Verpflichtungen ins Feld, nur ich hatte keine. »Am Sonntag in einer Woche ist ein Wettkampf, bei dem ich mich qualifizieren muss.« Er musste die Dringlichkeit doch verstehen. Kintz musterte mich, aber ich konnte nicht erkennen, was er dachte. »Ich werde erst wieder am Mittwoch zurück sein. Dann kommt der Feiertag, ich werde schauen.« Auch ihm schienen meine Nöte egal zu sein, er ließ alles offen.

»Können Sie mir die Ergebnisse, sobald Sie sie haben, sofort zuleiten?« Kintz war sich für einen kurzen Moment unsicher und versprach, sie Schoeppe zu schicken. Was sollte ich sagen? Konnte ich sie einfordern? Auf der Rückfahrt bedauerte ich, es nicht wenigstens versucht zu haben.

Am frühen Abend war ich wieder zurück in Tübingen. Der junge Kollege Filmon Ghirmai wolle noch mit mir laufen, kündigte Isabelle an, er komme, wann immer mir es recht sei. Sie organisierte dieses Tempoprogramm für uns. Sie wusste, dass dieses

Festhalten am Training mir einen festen Tagesrhythmus vorgab, wichtig war für meine Form und für meine Psyche. Woher nahm sie nur diese Zähigkeit, die Geduld mit mir? Sechs Wochen nach der Rückkehr von Flagstaff fühlte ich mich schon wieder leer, ausgezehrt von den juristischen Winkelzügen des DLV, der Warterei auf den Rechtsausschuss und dem medialen Dauerbeschuss. Das Training und die Testläufe gingen durch diese zusätzliche Belastung langsam an die Substanz, meine Kinder rückten wieder in den Hintergrund. Es war so unendlich schwer, die schmale Brücke, die wir mühevoll in Flagstaff aufgebaut hatten, offen zu halten.

Am heutigen Tag, an dem ich in aller Eile nach Straßburg aufgebrochen war, hatte Jackie ihr Fest im Kindergarten, das jährliche Highlight. Und der Vater war nicht dabei, weil er wieder irgendwohin musste, für sie eine Reise ohne Sinn und Zweck. Hätte ich ihr erklären können, warum ich mir im Elsass die Schamhaare abschneiden lassen musste? Natürlich war die Enttäuschung meiner Tochter groß. Zum Glück hatte sie sich am Abend beruhigt, nachdem wir alle gemeinsam auf die Bahn gegangen waren. Nach acht Stunden im Auto spulte ich ein beachtliches Programm ab. Sportlich war ich bereit. Erst danach wollte Isabelle wissen, wann Kintz das Ergebnis haben würde. »Er wollte sich nicht festlegen, vielleicht nächste Woche.« Resignierend hob ich die Schultern. Für Isabelle blieb nur noch die Frage, ob die Leute eigentlich noch wissen, »was sie einem antun«.

Der DLV hatte damit keine Probleme. Welche Rolle spielte es schon, dass es der Staatsanwaltschaft nicht gelungen war, auch nur einen Anhaltspunkt für die Behauptung zu finden, ich selbst hätte die Zahnpastatube manipuliert? Aber Schoeppe musste mich doch laufen lassen. Wir schrieben Freitag, den 16. Juni. Es war noch knapp eine Woche Zeit.

Die Haaranalyse ist negativ
19.–22. Juni 2000

Ein Wettkampf besteht nicht einfach darin, schnell zu laufen. Die Bilder im Kopf müssen da sein, die Fähigkeit und Bereitschaft, sich ausschließlich auf dieses Ereignis zu konzentrieren. Ich muss den Lauf wie einen Film vor meinem geistigen Auge abspulen können, muss die Taktik der Gegner antizipieren, meinen eigenen Auftritt so weit abgespeichert haben, dass ich meine Reaktionsmuster nach Bedarf abrufen kann. Aber jetzt war es unmöglich, an einen Wettkampf nur zu denken. Schoeppe, Prokop und Kintz hatten alles besetzt, und in mir wuchs die Angst, es nicht zu schaffen. Ich wartete auf ein Ergebnis aus Straßburg, auf eine Entscheidung von Schoeppe. Ich war doch keine Maschine, die sich per Knopfdruck starten ließ, und dennoch wusste ich, dass ich keine andere Wahl hatte, als auf Zuruf zu starten.

»Gehen wir jetzt einfach davon aus, dass du in sechs Tagen in Nürnberg läufst«, sagte Isabelle, die genauso wie ich kaum noch an eine sinnvolle Vorbereitung denken konnte. Unser Plan war in diesen Katastrophentagen kaum noch zu realisieren. Dennoch wollte ich an ihm festhalten. »Dann solltest du auf alle Fälle noch ein schnelles Programm machen, irgendetwas für deine Spritzigkeit tun.« Wir entschieden uns doch für einen 1500-Meter-Test, obwohl fast alle meine Helfer ausgeflogen waren. Die Kenianer waren, bis auf einen jungen Athleten, in alle Winde zerstreut, verdienten ihre Dollars irgendwo auf dem Globus. Malte und Nick waren da, sie sollten zum Schluss einsteigen.

Alles hing nur noch von meinem Kopf ab, die körperliche Kraft hatte ich. Es musste mir gelingen mich zu konzentrieren. Schoeppe lässt dich laufen, und dann? Darauf musste ich die Antwort finden, ich musste mir Nürnberg ins Gehirn hämmern, was immer dort geschehen würde.

Einen kleinen Vorgeschmack boten mir die 1500 Meter. Wieder als Rennen gedacht. Die erste Runde lief mein Tempomacher, der einzig verbliebene junge Kenianer, zu schnell. Viel zu schnell. Ich kannte dieses Warnsignal aus den Rennen der vergangenen Jahre, in denen der Algerier Nourredine Morcelli das Feld schon im ersten Durchgang auseinander riss. Dabei ging mir immer der eigene Rhythmus verloren, und jedes Mal landete ich auf den hinteren Rängen. 55 Sekunden über die ersten 400 Meter. Kopfschüttelnd blieb ich meinem Pacemaker auf den Fersen, wie von einer unsichtbaren Schnur gehalten. Der Test war schon an dieser Stelle gescheitert.
Heillos übersäuert kam ich bei 1000 Metern an. Nicht nur die Beine wurden schwer, das war ich mitunter gewöhnt, die Arme hingen jetzt wie Blei an mir herunter. Nick versuchte mich zu ziehen, aber es war fürchterlich. 3 Minuten und 40 Sekunden. Isabelle versuchte mich aufzumuntern. »Du bist früher schon langsamer gelaufen. Überleg bitte einmal, was in den letzten Tagen alles los war.« Sie ahnte, was in mir vorging. »In Nürnberg wird das anders sein, Dieter. Leg dich ins Bett, wie in den letzten Jahren auch. Ruh dich aus, Dieter. Das ist deine einzige Möglichkeit, etwas Gutes aus dieser Situation zu machen. Ein gutes Rennen in Nürnberg, das ist alles.«
So einfach also, ein gutes Rennen in Nürnberg. Doch dafür musste nicht nur Schoeppe positiv entscheiden. Im Hintergrund zeichnete sich eine neue Front ab. Möglicherweise hatte es im Vorfeld Gespräche zwischen Prokop und dem Nürnberger Veranstalter Ludwig Franz gegeben. Jedenfalls erklärte Franz, er müsse sich »doppelt absichern«, zum einen bei Schoeppe und zum andern bei der IAAF, weil es sich bei seinem Meeting um eine von dem Weltverband genehmigte Veranstaltung handle. Ich hörte die Nachtigall schon wieder trapsen: Was wäre, wenn die IAAF ihre Genehmigung zurückzöge? Wieder ein Stein auf dem Weg nach Sydney.

Heute war Fronleichnam, Jackie und Robert mussten nicht in den Kindergarten. Sie hatten sich im Wohnzimmer in ein Spiel vertieft. Es war nun nicht mehr so, dass der Kleine für die Große keinen Anreiz bot. Geschickt integrierte sie ihn, allerdings nur in ihr Spiel. Seine Ideen wurden von der Schwester im Keim erstickt. Aber es schien ihn nicht zu stören. Er war glücklich und zufrieden.

Ich hatte mir angewöhnt, mit einem halben Ohr auf das Faxgerät zu lauschen. Wie ein pawlowscher Hund reagierte ich inzwischen auf das surrende Papier und das metallische Klicken, wenn eines ausgeworfen wurde. Gerade hatte es wieder geklickt. Ich rannte ins Büro, registrierte nur den Briefkopf von Pascal Kintz und begann zu lesen:

»Haaranalyse von Dieter Baumann auf drei Ausgangsstoffe, Nandrolon, Norandrostendion und Norandrostendiol negativ.«

Tief durchatmen und nochmals ganz langsam. N-e-g-a-t-i-v. Es stimmte, schwarz auf weiß stand es auf dem Fax. Obwohl ich wusste, dass es kein anderes Ergebnis geben konnte, war ich wie gelähmt. Mir war der Glaube an die Gerechtigkeit zu oft genommen worden. Erst allmählich wagte ich, der guten Botschaft zu trauen. Ich musste Lehner anrufen.

Er war aus dem Häuschen. »Super, klasse«, jubelte er ins Telefon, »jetzt kann Schoeppe nicht mehr zurück, jetzt nicht mehr. Ich werde ihn sofort anrufen.« Lehner fieberte mit. »Schicken Sie mir das Papier nach Hause, nicht ins Büro. Ich will es sehen, Herr Baumann.« Mit dem Glauben tat er sich offenbar auch schwer, er wollte das Resultat in der Hand haben, und danach Eintrittskarten für Nürnberg. »Das Spektakel will ich mir nicht entgehen lassen.« Ich versprach ihm Karten zu besorgen, »sofern mir der Veranstalter welche gibt. Ansonsten kaufe ich Ihnen einen Stehplatz.« Wir lachten beide.

Komm, Schoeppe, gib dir einen Ruck, dachte ich, als ich wieder auf dem Weg ins Esszimmer war. »Lehner wird es gleich bei

Schoeppe versuchen. Jetzt kommt er nicht mehr raus. Isabelle, was will er denn noch?« Irgendwo wollte ich mir eine Bestätigung holen. Wollte ein Ja hören. Aber Isabelle teilte meine Euphorie nicht. »Glaubt das doch nicht. Das geht doch jetzt schon seit Wochen so. Immer sagt ihr, jetzt muss er aber.« Sie wollte nicht schon wieder auf eine falsche Hoffnung bauen, um dann wieder enttäuscht zu werden. Sie hatte genug von dem Himmelhoch-jauchzend-und-zu-Tode-betrübt, sie dachte nur noch in den Kategorien des schlimmsten Falles. So schützte sie sich vor weiteren Wunden, nachdem die alten noch nicht vernarbt waren.

»Jetzt muss er aber – wie im März, wie im Mai. Nichts hat er getan. Es ist alles abgesprochen. Du siehst doch, was Prokop alles veranstaltet. Die wollen dich nicht laufen lassen, Dieter.« Sie wollte nicht schon wieder in diese Achterbahn geschoben werden. Wahrscheinlich hatte sie Recht, aber ich wollte mich damit nicht abfinden. Auch Lehner hatte ein anderes Gefühl, dieses »Jetzt muss er aber«. Ich konnte es hören, es spüren. Er hatte am Telefon einen anderen Ton, Jagdfieber könnte man ihn nennen. »Isabelle, es klappt, heute wird es klappen.«

»Er wird morgen aufheben.« Lehner klang so feierlich, als würde er den päpstlichen Segen urbi et orbi verkündigen. »Wir haben ihn, Herr Baumann. Schoeppe wird morgen aufheben.« Was für ein banaler Satz, mit welcher Konsequenz. Schoeppe wird morgen die Suspendierung aufheben. »Wahnsinn, sind Sie sicher?« Ich schwankte zwischen Ungläubigkeit und grenzenloser Erleichterung. »Er hat es mir zugesichert, das macht er jetzt auch. Ganz sicher. Für ihn ist damit die Unschuld erwiesen.« Lehner war felsenfest überzeugt, und ich konnte es nicht oft genug hören. »Das hat er gesagt? Meine Unschuld erwiesen? Das hat Schoeppe wirklich gesagt?«

Doch Lehner war schon einen Schritt weiter. Jetzt brauchte er Karten für sich und Rössner. Mein Rechtsprofessor sollte an dem Triumph teilhaben. Ich versprach ihm, sie heute noch zu bestellen.

Langsam ging ich zur Küche. Isabelle kam mir auf dem Gang entgegen. Ich nickte ihr zu und sagte ihr ganz leise, nur für sie bestimmt: »Er wird aufheben, morgen.« Wir hielten uns in den Armen, ich spürte den Druck ihres Körpers, ihre Arme, die sich fest um meinen Nacken schlangen. Was für eine Entscheidung, welchen Kampf hatten wir gewonnen! Aber gleichzeitig spürten wir beide, dass es noch nicht reichen würde. Ich musste am Sonntag laufen, in zwei Tagen. Sehr gut laufen, die Qualifikation für Sydney. Ich hatte nur eine Chance, am Sonntag in Nürnberg.

»Warum weint ihr denn?« Jackie war wie immer sehr aufmerksam. Die letzten Monate mehr als sonst, sie fühlte die angespannte Situation, wollte helfen, stützen. »Weinen wir?« Ich schaute meine Tochter überrascht an. Tatsächlich, Isabelle und ich standen uns weinend gegenüber. Ich wischte mir eine Träne von der Backe. »Maus, am Sonntag laufe ich wieder einen Wettkampf. Herr Lehner hat gerade angerufen, sie lassen mich wieder laufen.«

Langsam trabte ich den Neckar entlang. Nach 15 Minuten steil den Spitzberg hinauf. Ich hatte weiche Knie und fühlte mich nicht gut, aber ich war glücklich. Am Sonntag, 5000 Meter. Die Wurmlinger Kapelle würde gleich in mein Blickfeld kommen.

Qualifikation in Nürnberg

25. Juni 2000

Schon am Abend war die Zuversicht verflogen. Ich hatte noch nichts in der Hand. Schoeppe hatte es Lehner am Telefon mitgeteilt, versprochen. Was hieß das schon, versprochen? Meine Erfahrungen der letzten Monate sagten mir, dass ich mich auf nichts verlassen konnte. Diesmal hatte jemand aus meinem

Umfeld mit Journalisten geplaudert. »Baumann-Anwalt spricht von einer Vorentscheidung«, meldete noch am selben Nachmittag der Rundfunk, und am nächsten Morgen konnte Lehner in der Zeitung lesen, dass dies nicht mit allen Mitgliedern des Rechtausschusses abgesprochen gewesen sei. Wieder wurde der Druck auf Schoeppe erhöht. Hatte er sich nicht richtig verhalten? Durfte er gar nicht alleine entscheiden? Es sollte offensichtlich ein Keil in dieses Gremium getrieben werden. Ließ sich Schoeppe dadurch beeindrucken? Entschied er durch unsere verfrühte Euphorie doch nicht? Völlig verunsichert wartete ich auf eine Bestätigung.

Ein Fax beseitigte diese Zweifel: Aufhebung der Suspendierung, nüchtern in wenigen Zeilen verfasst. Ein Urteil würde in den nächsten Tagen gesprochen. Damit war der Weg frei nach Nürnberg.

Ganz bewusst, um mich ausschließlich auf den Wettkampf konzentrieren zu können, quartierte ich mich nicht im offiziellen Athletenhotel ein. Der Veranstalter wählte mir eine Unterkunft aus, in der ich schon als Jugendlicher bei DLV-Lehrgängen gewohnt hatte. Sie lag mitten im Wald. Noch immer erinnerte ich mich an jeden Weg, dort wollte ich mich in Ruhe auf das Rennen einstimmen, ohne die übliche Aufgeregtheit eines Meetinghotels mit Medien, Managern und Athleten um mich herum.

Aber ich hielt die Einsamkeit nicht lange aus, ich wollte, musste ins Athletenhotel. Über viele Jahre gehörte es einfach dazu, sich vor dem Wettkampf mit den Kollegen zu treffen, mit ihnen zu fachsimpeln oder auch nur neuen Tratsch und Klatsch zu hören. Diesmal kam ein weiterer Aspekt hinzu: Ich musste mich zeigen. Das war jetzt besonders wichtig, weil nicht nur die Konkurrenz sehen sollte, dass mit mir noch zu rechnen war. Ich wollte mir dadurch auch die Ungewissheit nehmen, die ich im morgigen Rennen nicht brauchen konnte. Ich wollte wissen, wie mich die Kollegen empfangen würden, aber vor allem jenen, die mich still

unterstützt hatten, das Zeichen geben: Schaut her, dieser Kampf hat sich gelohnt.
Haile Gebrselassie, der Weltbeste über 5000 und 10 000 Meter, war einer der Ersten, die ich im Hotel traf. Wir warteten gemeinsam auf den Fahrstuhl, um zum Restaurant zu gelangen. Er begrüßte mich mit dem schönsten Satz, den man in so einem Augenblick sagen kann: »Es ist gut, Dieter, dass du wieder da bist.« Mit einem Lächeln fügte er noch hinzu: »Die Qualifikation ist für dich kein Problem.«
Die Reaktionen der deutschen Sportler waren, wie nicht anders zu erwarten, gemischt. Jene, die mich schon früher nicht leiden konnten, demonstrierten ihre Ablehnung jetzt noch deutlicher, wobei das keineswegs nur Kollegen aus dem Osten waren. Im Gegenteil. Viele Freundschaften hatten sich in den letzten Jahren gerade mit Läufern aus den neuen Bundesländern entwickelt, Freundschaften, die auch in dieser schwierigen Situation hielten, die mir jetzt und in den vergangenen Monaten Sicherheit gaben.
Die Kluft zum gegnerischen Teil der Mannschaft, die schon vor zwei Jahren in Johannesburg unübersehbar wurde, war allerdings noch größer geworden. Dieses Lager, Athleten und Trainer, beäugte mich mit Argusaugen, verfolgte jeden meiner Schritte, ohne mir ins Gesicht zu sehen. Mir war klar geworden: Je mehr ich in der Vergangenheit meine Unabhängigkeit und Unbeugsamkeit demonstriert hatte, umso mehr hatten sie auf mein Ende gewartet. Sie hatten es verfolgen können, das langsame Sterben, das verzweifelte Kämpfen. Keiner von ihnen wollte wahrhaben, dass ich hier in Nürnberg wieder laufen würde, es war aus ihrer Sicht einfach nicht möglich. Viele von ihnen hatten mein Karriereende herbeigesehnt, wobei ich ihnen nicht unterstelle, dass sie es auf diese Weise erhofften. Ich war ihnen einfach mit meiner ständigen Dopingkritik lästig und zog auch noch einen großen Teil der Aufmerksamkeit von ihnen ab, wenn ich

am Start war. Ich konnte verstehen, dass das schmerzte. Auch sie hatten, jeder auf seine Art, hart für ihre Auftritte gearbeitet.
In Nürnberg war gerade dieses Problem der Fokussierung auf mich wie unter einer Lupe zu beobachten. Alle Objektive waren wieder auf mich gerichtet. Alle wussten, dass es primär nicht um meine sportliche Leistung ging, sondern um meine schiere Präsenz. Wie würde er sich präsentieren? Wie würde das Publikum reagieren? Pfiffe oder Applaus? Ob mir das passte oder nicht – der Medienrummel galt mir. Und dies störte meine Kritiker noch viel mehr. Meine Trainingskollegen vom Winter und Frühjahr, die mich an ihrem Tisch empfingen, als wäre ich nie weg gewesen, wussten um meine Belastung und empfanden alles andere als Neid. Meine Gegner wollten sich nicht damit abfinden. Eisiges Ignorieren war noch die harmlosere Reaktion.
Die meisten Teilnehmer des 5000-Meter-Laufes mussten, wie ich, die geforderte Qualifikationszeit für die Olympischen Spiele erfüllen. Nicht nur die deutschen Athleten haben diese Hürde zu meistern, auch in den anderen europäischen Ländern gibt es diese unsinnige Regelung. Warum nehmen die Verbände nicht einfach die drei Besten einer Disziplin? Wozu diese künstliche Begrenzung, diese meist zu hoch gelegte Messlatte, die viele Athleten, sehr zu ihrem Leidwesen, nicht überspringen können? Aber man will ja keine »Vorlauffüller« dabeihaben, weil sie schlecht sind für die Erfolgsstatistik. An die Erfahrungen, die junge Athleten bei großen Wettbewerben sammeln können, seien es sportliche, persönliche oder kulturelle, denkt in diesem Sportsystem niemand. Und dabei sind Olympische Spiele eine bleibende und prägende Erinnerung, von der man ein Leben lang zehrt.
Das 5000-Meter-Rennen: Die meisten Läufer orientierten sich an der Zeit von 13:20 Minuten. Das Feld, das wurde mir schnell deutlich, würde zweigeteilt sein. Die Afrikaner mit Haile Gebrselassie an der Spitze strebten eine Zeit um 13:00 Minuten

an, die Europäer wollten lieber auf Nummer sicher gehen. »Bleib in dieser zweiten Gruppe«, empfahl mir Isabelle. Sie erkannte die Gefahr, gleich im ersten Rennen alles riskieren zu wollen. Lieber die Qualifikation sicher schaffen, als um einen Platz vorne im Feld zu ringen, seine Position Runde für Runde neu erkämpfen und dann womöglich unterzugehen.

Hallmann, Schütz, Fitschen, Arndt, di Napoli, Schüttgen – sie alle reihten sich ein. Die ersten 1000 Meter durchliefen wir in 2:37 Minuten. Zu schnell. Der Italiener Gennario di Napoli war dafür verantwortlich, er wollte mir helfen. Bald hatten sich die afrikanischen Läufer von unserer Gruppe gelöst. Sollte ich meinen italienischen Freund ablösen? In jedem anderen Rennen hätte ich es getan, aber heute fühlte ich mich unsicher, ohne Rennerfahrung, und das Ballyhoo um mich herum belastete mich. Wenn ich die Norm nicht schaffte … Ich musste kein Prophet sein, um mir die Schlagzeilen am nächsten Tag vorzustellen. Nur kein Risiko, 13:20, das reicht. »Die Leute wollen dich nur laufen sehen. Du wirst es erleben, wenn du im Stadion bist. Bleib immer hinter mir.« Gennario meinte es gut mit mir, wir waren uns über viele gemeinsame Trainingslager in Tirrenia und seit fast einem Jahrzehnt auf Wettkämpfen nahe gekommen. Nun war er vorne, aber keiner löste ihn ab. Wir wurden langsamer. Die zweiten 1000 Meter: 2:43 Minuten. Dieter, bleib in der Reihe, es ist zu früh. Bei dieser Rennkonstellation löst dich keiner ab. Wenn ich nach vorn ginge, müsste ich die restlichen 3000 Meter alleine laufen. Zu lang. Di Napoli schaute sich fragend um. Warum wagte sich keiner an die Spitze unserer Gruppe?

Schütz, endlich. Carsten Schütz, der Wattenscheider, wollte seine Chance nutzen, wollte im Fahrplan bleiben. Es gelang nicht. Nach nur 400 Metern machte er innen auf und di Napoli löste ihn abermals ab. Der Italiener wirkte nervös. Die geplante Zeit 13:20 war in Gefahr, er wusste es. 3000 Meter, wieder

2:44 Minuten. Zu langsam, viel zu langsam, schoss es mir durch den Kopf. Das Rennen zweigeteilt. Rund 60, 70 Meter vor uns laufend, sechs afrikanische Läufer. Was hatten sie für eine Durchgangszeit? Es war nicht wichtig für mich. Instinktiv ergriff ich die Initiative. Nur nicht mehr langsamer werden. Mühelos schob ich mich an die Spitze, versuchte den Rhythmus zu ändern, zu erhöhen, um auf Kurs zu bleiben. Das Feld zog sich sofort in die Länge. Sie hatten Mühe, mir zu folgen. Gut oder schlecht? Es kümmerte mich nicht mehr. Fünf Runden, es waren nur noch fünf Runden. Nach nur einer Runde, an der Spitze des Verfolgerfeldes laufend, war ich allein. Im Niemandsland eines Rennens. Die Afrikaner waren weg, hinten hielten sie mein Tempo nicht mehr mit. Weiter nach vorn orientieren. Zwei der Afrikaner waren aus der vorderen Gruppe rausgefallen, hatten selbst Mühe, das hohe Tempo von Gebrselassies »Hasen« mitzugehen. Würde ich die Lücke schließen können? 4000 Meter, eine Tausenderzeit von 2:38 Minuten. Das reicht, ich wusste es, es gibt 13:20, das reicht. Näher, immer näher schob ich mich an die beiden Läufer vor mir. Nur noch 40 Meter bis zu ihnen. Dennoch zögerte ich. Kein Risiko, kein langer Spurt, bei dem ich alles verlieren könnte. Lauf einfach durch, 13:20 Minuten genügen.

Ich hörte nur von fern das Publikum. Verhalten hatte es mich begrüßt, nicht so begeistert wie im Jahr zuvor, aber auch nicht so ablehnend, wie es sich vielleicht manche gewünscht hätten. Doch jetzt war die Zurückhaltung dem Respekt gewichen. Die Menschen feuerten mich an, ohne dass ich es bewusst registriert hätte, dazu war ich zu konzentriert auf das Rennen, auf mich selbst »in meinem Tunnel«. »Hallmann, Hallmann.« Diffus drang die Durchsage des Stadionsprechers an mein Ohr. Sebastian Hallmann, mein Wegbegleiter in Portugal und Flagstaff, hatte er sich von den anderen gelöst? Könnte es für ihn auch reichen, die Norm zu unterbieten? Ich wusste, er hatte die Form dazu. Die letzte Runde. Die Afrikaner hatten sich wieder gefangen, ich konnte sie nicht erreichen. Hinter mir schien ein Kampf der jungen Athleten entbrannt zu sein. Nicht näher kommen lassen. Noch 200 Meter, auch ich zog das Tempo an. Im Ziel blieben die Uhren bei 13:18 Minuten stehen. Auf die Sekunde dieselbe Zeit wie bei meinem Test in Tübingen. Es ging doch. Ja, es ging.

Jetzt erst nahm ich die Stimmung im Stadion wirklich wahr. Es war mir fast die ganze Zeit gelungen, mich von den äußeren Einwirkungen zu schützen. Nur kurz vor dem Start hatte ich die zwiespältige Stimmung registriert. Aber sie störte mich nicht. Zu sehr war ich gedanklich schon bei den zwölfeinhalb Runden. Wie ein Schutzwall hatte sich diese Konzentration um meinen Kopf gelegt, die ich brauchte, um alle Energie und Ruhe für die gleichförmige Laufbewegung zu finden.

Unmittelbar nach der Zielüberquerung ist dieser Schutzwall weg. Es ist wie ein Erwachen aus einem tiefen Schlaf, bei dem man sich im ersten Moment fragt: Wo bin ich? Was ist hier eigentlich los?, will ich nach einem Wettkampf immer fragen. Ich hätte mich täuschen können, mich täuschen müssen, aber jetzt, hier in Nürnberg, konnte ich keine gespaltene Stimmung mehr erkennen. Hatte diese diffuse Geräuschkulisse, das leise Raunen, das ich aus weiter Ferne hörte, mir gegolten, als ich zwischen den Gruppen gelaufen war und versucht hatte, auf Qualifikationskurs zu bleiben? Hatte der Applaus auf der letzten Runde mir gegolten, als auch den Zuschauern klar wurde, dass ich es schaffe, allen Widrigkeiten zum Trotz schaffe? Meine Freunde sagten mir später: Ja.

Viele meiner Kollegen schüttelten mir später auf dem Auslaufplatz still die Hand, andere nahmen mich in den Arm, ohne große Worte. Diese Geste genügte mir, weil sie herzlicher und ehrlicher war als vieles andere. Die anderen hatten nicht die Größe, mich anzusprechen. Sie agierten lieber im Verborgenen.

Auch deshalb war es wichtig, hier zu laufen. Die Norm zu schaffen. So leicht sollten sie mich nicht loswerden.
Auch die Täter nicht, vor allem die Täter nicht, die meine Karriere vernichten wollten, zusammen mit denen, die ihr System erhalten und deshalb meinen Start um jeden Preis und zu ihrem Vorteil verhindern wollten. Es war ihnen nicht geglückt.
»Sehen Sie aufgrund Ihres Freispruchs das Anti-Doping-System in Gefahr? Kann man überhaupt noch einen Athleten verurteilen?« Solche Fragen mussten bei der anschließenden Pressekonferenz kommen. Seit Monaten hatte Prokop dieses Szenario an die Wand gemalt. Der Veranstalter hatte vor der Haupttribüne des Stadions ein Podium aufgebaut, auf dem ich nach oben zu den Presseplätzen schauen musste. Es war also eine quasi öffentliche Befragung, die per Lautsprecher an die Besucher weitergetragen wurde. Es gebe nicht viele, die in einem Stadion zu ihren Gläubigen sprechen könnten, belustigte sich am nächsten Tag die »Süddeutsche Zeitung«. Der Papst. Und seit Sonntag Dieter Baumann.
Mein Platz war allerdings ungünstiger als bei den sonst üblichen Pressekonferenzen irgendwo in den Katakomben des Stadions. Ich konnte den Fragesteller nicht erkennen, nicht fixieren, weil er zu weit entfernt saß. In den vorderen Reihen der Haupttribüne entdeckte ich Rössner und Lehner. Ihre bloße Anwesenheit machte mich sicherer und ich begann zu antworten. »Der Rechtsauschuss hat zunächst die Suspendierung aufgehoben. Ein Urteil wird erst in den nächsten Tagen fallen.« Ich hielt inne, um zu überlegen, immer im Bewusstsein, dass jedes meiner Worte auf die Goldwaage gelegt werden würde. »Wenn ein Dopingverfahren nur auf Schuldsprüche hinauslaufen würde, wenn am Ende eines jeden Verfahrens mit Sicherheit eine Verurteilung stehen würde, dann stellt sich für mich die Frage, warum überhaupt ein Verfahren stattfinden muss? Wenn das Abstellen auf eine A- und eine B-Probe genügt, dann stelle ich die

Frage, warum wir seit sieben Monaten dieses Verfahren haben? Ein Freispruch, sollte er kommen, ist auch eine Möglichkeit eines Ausgangs.«

Wieder unterbrach ich meine Antwort, suchte nach einem neuen Argument, nach einem Vergleich. »Es war in der Vergangenheit schon fast als Drohung aufzufassen, wie die Verbandsjuristen das Ende des Kontrollsystems herbeiredeten, sollte es zu einem Freispruch kommen. Wenn dieses System nur darauf aufbaut, Schuldsprüche zu fällen, gehört es ohnehin reformiert. Das ist nicht allein meine Meinung. Auch in unserem Rechtssystem gibt es Freisprüche, ohne dass sie unseren Staat gefährdeten. Selbst bei einem Fehlurteil wäre das nicht so, es sei denn, es ist ein schlechtes System.«

Das Mikrofon wurde an den nächsten Journalisten weitergereicht. Unten im Innenraum hatten sich eine Traube von Zuschauern versammelt, in der ich plötzlich meinen Vater entdeckte. Wann immer er die Zeit gefunden hatte, war er schon in der Vergangenheit zu meinen Wettkämpfen gereist. Aber gerade diesmal war es mehr als eine schöne Geste. Er hatte sicherlich alles stehen und liegen gelassen, um dabei zu sein. Zu sehr hatte er mitgelitten, hatte helfen wollen und war nie zufrieden gewesen damit, wie wenig er und wie wenig meine Familie wirklich hatten tun können. Richtig war: Ohne sie, ohne unsere Eltern, die sich rührend um unsere Kinder kümmerten, hätte ich diese Zeit nicht überstanden. Noch nie war er als Großvater für seine Enkel so wichtig, und ich hoffte, er würde es später als Gewinn für sich verbuchen.

Der nächste Fragesteller riss mich aus den Gedanken. »Waren Sie nicht einer der Athleten, die sich vehement für eine harte Bestrafung von Dopingsündern ausgesprochen haben? Warum beanspruchen Sie für sich eine Sonderbehandlung?« Auch diese Frage war vorhersehbar gewesen. Gab es tatsächlich eine Sonderbehandlung durch den DLV? Ich konnte keine entdecken.

Aber ganz ruhig bleiben und möglichst emotionslos antworten. »Meine Haltung hat sich im Vergleich zu meinen früheren Aussagen nicht geändert. Wir haben keine Alternative zu einem sauberen Sport. Wenn sich ein Athlet gedopt hat, muss er bestraft werden. Dafür haben wir die Sportgerichtsbarkeit und ein funktionierendes Kontrollsystem, das durch die Dichte der Kontrollen kaum Möglichkeiten lässt zu manipulieren. Ein positiver Befund kann jedoch nicht automatisch eine zweijährige Sperre nach sich ziehen. Es wurde in den letzten Monaten immer so getan, als hätte ich das Anti-Doping-System erfunden, mit all seinen juristischen Feinheiten. Ich bin nicht der Vater dieses Systems, aber ich will, dass es einem betroffenen Athleten eine faire Chance gibt, sich zu verteidigen. In anderen Fällen hat der Verband dies hoffentlich auch getan. Darüber habe ich nach den Erfahrungen der letzten Monate tatsächlich nachgedacht.«
Vielleicht konnte es ja gelingen, die Journalisten davon zu überzeugen, dass es ein Unterschied ist, ob man ein vernichtende Strafe nur aufgrund eines Verdachts verhängt, sich aber nie die Frage stellt, was bei diesem angeblichem Vergehen tatsächlich passiert ist. Vielleicht konnte ich ihnen auch nahe bringen, dass es ein Unterschied ist, ob ein Schuldiger bestraft wird oder ein Unschuldiger, der alle Kraft in seine Rehabilitierung setzt, und dabei nur Knüppel zwischen die Beine geworfen bekommt. Darf man in dieser Zeit nicht neue Erkenntnisse gewinnen, nicht zu der Auffassung gelangen, dass dieses System reformiert gehört? Und was die Sonderbehandlung betrifft, so konnte ich den Verband selbst zitieren, der erklärt hatte, dass »entgegen der Darstellungen in der Öffentlichkeit« auch in meinem Fall »nach den üblichen Regeln ordnungsgemäß« verfahren worden sei.
Auch die Journalisten mussten doch begreifen können, in welche ausweglos erscheinende Lagen Menschen geraten können. Und eigentlich müssten sie auch begreifen, dass es darunter einige gibt, die für diese Ausweglosigkeit nicht verantwortlich sind und

sich dagegen aufbäumen, sich nicht unterwerfen wollen. Von vielen Seiten habe ich Zuspruch in diesem Sinne erfahren. Viele haben mir Mut und Trost zugesprochen, von ihrem Leid erzählt, von ihren Lichtblicken, die sie aus den Abgründen der Depression zurückgeholt haben.

Nur ein Beispiel, geschrieben im Dezember 1999: »Auch ich hatte in meinem Leben das Gefühl, dass mir der Boden unter den Füßen weggerissen wurde. Innerhalb von vier Jahren verlor ich Sohn und Mann. Alles war nur noch dunkel um mich, bis ich eines Tages dem Sonnenblümle hoch oben auf dem uralten Scheuerngiebel begegnete. Was für Sie Laufen ist, ist für mich Fotografieren. Ich holte meine Kamera und hielt es fest. Das Blümle wurde für mich zum Symbol fürs Weitermachen. In der Folge fand ich in der Natur immer wieder solche genügsamen Pflanzen, die an den unmöglichsten Stellen wachsen und gedeihen und blühen. Ich nenne diese Fotos meine ›Dennoch‹-Bilder.«

Heute hatte ich einen Weg aus meinem Tunnel gefunden: die Qualifikation für Sydney. Isabelle war direkt nach dem Rennen nach Hause gefahren. Dieter Rössner und Michael Lehner hatten bis zum Schluss auf mich gewartet, den Tag auskostend, der auch ihr Tag war. Ohne diese beiden, nicht zu vergessen Werner Franke, hätte ich hier nicht am Start gestanden. Wenn ich darüber nachdachte, konnte ich, bei aller Freude, nur staunen über den grotesken Lauf der Dinge. Vor acht Monaten hätte ich noch jeden für verrückt erklärt, der mir erklärt hätte, ich würde eines Tages mit einem Betreuerstab, der von der Trainerin über einen Anwalt bis zu einem Rechtsprofessor reichte, zu einem Wettkampf anreisen.

Meine beiden Juristen waren überglücklich, auch stolz auf »ihren« Sieg. Helmut Digel saß keine zwei Reihen vor ihnen. »Hat er mit Ihnen gesprochen?«, wollte ich von Rössner auf der gemeinsamen Heimfahrt wissen. »Zwangsweise, sonst wäre er über uns gefallen«, lachte der Juraprofessor, »nur Prokop hat kein Wort mit uns gewechselt.« Ich vermutete, dass er die juristische Niederlage nicht verwinden konnte, und wurde darin von Rössner bestätigt.

In dieser gelösten Stimmung bot mir der Ordinarius das Du an. Bei ihm war es eine natürliche Form der Annäherung, bald sehr vertraut, weil ich bei ihm Vertrauen in die Menschen zurückgewonnen hatte. Es war eben nicht das von Anfang auferlegte Du unter Sportkameraden. Aus dem fachlichen Berater wurde ein Freund und Nothelfer, mit dem ich die härtesten Stunden durchlebt hatte. In seinem Büro hatte ich die Entscheidung des Landgerichts Darmstadt erfahren, das meinen Antrag auf eine einstweilige Verfügung für die deutsche 10 000-Meter-Meisterschaft abgelehnt hatte. Michael Lehner hatte diese schlechte Botschaft damals am Telefon überbringen müssen. Nur zwei Stunden, nachdem wir unseren Antrag eingereicht hatten, war schon die Antwort des Richters gekommen. Damals, Anfang Mai, war ich am Boden zerstört. Rössner hatte mich aufgerichtet, mir Trost gegeben, sein Rechtssystem verteidigt, das ich nicht mehr verstanden hatte. Ich nahm seine Duzfreundschaft gerne an.

Der Freispruch
13. Juli 2000

»Das Verfahren ist noch nicht zu Ende.« Mit dieser Aussage ließ Prokop keinen Zweifel daran, dass er seine Anklage gegen mich noch nicht verloren gab. Offenbar interpretierte er meinen Freispruch als seine persönliche Niederlage. Psychologen würden wohl von einer narzisstischen Kränkung sprechen, ich konnte in seinem Verhalten lediglich die Weigerung eines Betonkopfs erkennen, meine Unschuld auch nur ansatzweise ins Kalkül zu ziehen. So hätte es mich nicht gewundert, wenn er meinen

Fall an die letzte Instanz im Sport, an das Schiedsgericht des Deutschen Sportbundes, weitergetragen hätte. Diese Möglichkeit hatte auch Digel schon vor Monaten angedeutet, aber mittlerweile verworfen. Doch Prokop führte etwas anderes im Schilde. Wie sagte er doch in Nürnberg? Eine Lösungsmöglichkeit sei, dass die IAAF »die Fälle von international startenden Athleten an sich zieht«. Wir waren gewarnt.

Im Gegensatz zu seinem Vizepräsidenten erklärte Digel, dass der DLV das Urteil des Rechtsausschusses akzeptieren werde. Damit trat der Bruch zwischen den beiden Spitzenfunktionären offen zutage, was mir Digel auch nicht verheimlichte. Keine zwei Tage nach dem Wettkampf in Nürnberg drängte er auf ein Treffen am frühen Morgen. Sofort danach wollte ich nach St. Moritz reisen, um wenigstens die nächsten Tage in Ruhe trainieren zu können. Bei diesem morgendlichen Gespräch berichtete er mir von seiner Sorge, dass sich mein Fall »verselbstständigt« habe und sich inzwischen in der Hand von Prokop befinde. Im Präsidium sei er inzwischen isoliert. Man habe ihm Befangenheit unterstellt und ihn aufgefordert, keine Entscheidungen mehr in dieser Sache zu fällen beziehungsweise sich bei Abstimmungen zu enthalten.

Und wieder war ich hin- und hergerissen. Wie sehr hatte sich mein ehemaliges Vorbild doch von mir entfernt! Meine positive Probe hatte er noch mit Tränen in den Augen bekannt gegeben. Damals war ich noch der Dieter für ihn, wenig später Herr Baumann und schließlich raunzte er einen Reporter, der ihn nach seinem Freund Baumann fragte, an: »Wie kommen Sie darauf, dass Herr Baumann mein Freund ist?« Ich wurde aus diesem zerrissenen Menschen einfach nicht schlau. Und jetzt saß er mir wieder gegenüber und klagte darüber, dass er der Leidtragende dieser Geschichte sei. Oft nahm er an diesem Morgen das Wort Verständnis in den Mund, Verständnis sollte ich für ihn aufbringen.

Klar war nur, dass Digel den Kampf um Macht und Einfluss im

DLV verloren hatte und Prokop der Gewinner war. Er war es auch deshalb, weil ihm ein Großteil der Medien in seiner harten Position folgte, Stichwort Erhalt des Systems. Prokop hatte, wie es mein Anwalt Lehner formulierte, eine »skandalöse Pressekampagne initiiert«, die alles diskreditierte, was meinen Fall in seiner ganzen Komplexität zu begreifen versuchte. Er wollte dadurch den Rechtsausschuss unter Druck setzen.

In den Schweizer Bergen wurde ich wieder unruhig. Kein Lebenszeichen von Schoeppe. Als Zwischenbescheid meldete Lehner nach St. Moritz, der Ansbacher Verbandsrichter mache seine Arbeit »sehr gewissenhaft«. Es sehe gut aus. Schoeppe werde eine gut begründete Entscheidung verkünden.

Auch Digel läutete wieder an und versicherte, alle Juristen meinten, »das Ding sei durch«, es gebe keine andere Möglichkeit als den Freispruch. Allerdings waren schon zwei Wochen vergangen, und ich hatte immer noch kein endgültiges Urteil. Ich begann, mich wieder zu sorgen.

Mit aller Kraft stürzte ich mich in mein Training. Immer wieder verscheuchte ich den finsteren Gedanken, Schoeppe könnte noch mal einen Rückzieher machen. Kilometer um Kilometer, Dauerlauf um Dauerlauf. Wie in den Vorjahren gingen Isabelle und ich die Planung auf dem letzten Wegstück zu einem Saisonhöhepunkt durch. Das Ziel hieß Sydney. Ich tastete mich an meine alte Form heran. So schlecht war die Ausgangssituation nicht. Es war noch Zeit.

Nach einem langen Dauerlauf über 22 Kilometer fand ich die sehnlichst erwartete Entscheidung in meinem Faxgerät. Ich musste warten, bis sich mein Körper erholt hatte. Dann begann ich zu lesen. Große Erleichterung.

Schoeppe handelte freilich nicht im luftleeren Raum. Bestimmte Kreise im Sport waren außer sich vor Entrüstung. Es war nicht nur Prokop, der ihn drangsalierte. Schoeppe hatte auch noch andere wichtige Figuren des Sports im Kreuz. Der Präsident des Deutschen Sportbundes, Manfred von Richthofen, hatte die Entscheidung mit »Zähneknirschen« aufgenommen, einen »unangenehmen Beigeschmack« entdeckt und wollte nun »mit Interesse die Entscheidung auf internationaler Ebene verfolgen«. Seine Vizepräsident Ulrich Feldhoff fragte sich, wie es mit dem deutschen Sport weitergehen solle, »wenn nicht mehr die positive Probe als Kriterium für die Schuld oder Unschuld eines Athleten gelten soll«. Der famose Gutachter Fritz Sörgel fabulierte, die Aufhebung der Suspendierung sei »an den Schamhaaren herbeigezogen«. Klaus Müller, der Leiter des Anti-Doping-Labors in Kreischa und einer der Gutachter in meinem Fall, konnte sich den Schoeppe-Spruch nur durch »maximale Inkompetenz« erklären und hoffte, dass der internationale Verband ihn revidieren werde. Und Istvan Gyulai, der Generalsekretär der IAAF, deutete dunkel an, dies könne »noch nicht das Ende der Geschichte sein«.

Für sie alle waren die polizeilichen Vernehmungen völlig unbedeutend. Völlig belanglos war offenbar, was die stundenlangen Verhöre bei der Tübinger Kripo erbracht haben. In einem Interview mit der »Süddeutschen Zeitung« hatte dazu der zuständige Erste Kriminalhauptkommissar Karl Josef Milles, der auch meine Frau vernommen hatte, eindeutig Stellung bezogen:

Frage: Herr Milles, wie groß ist Ihre Erfahrung mit Schlitzohren und Verbrechern?

Milles: In den letzten 25 Jahren war ich bei 50 bis 60 Sonderkommissionen dabei und hatte mit ebenso vielen Mördern, Totschlägern, Entführern, Geiselnehmern zu tun.

Frage: Bei Baumann geht es nicht um Mord.

Milles: Als Anhängsel gehören zu unserem Aufgabenbereich auch Straftaten, die besonders die Öffentlichkeit beschäftigen. So kam der Fall Baumann zu uns.

Frage: Wie wurde er bearbeitet?

Milles: Von einer vierköpfigen Gruppe. Sachbearbeiter war Kri-

minalhauptkommissar (...), ein sehr erfahrener Vernehmungsbeamter. Ich hatte die Leitung. Wir trugen wie in jedem anderen Fall Fakten zusammen, die wir einer möglichst objektiven Wertung unterzogen. Aufgrund dieser Fakten bildeten wir eine Arbeitshypothese; letztlich kamen wir zu dem Ergebnis, dass die Wahrscheinlichkeit, dass Baumann mit der Sache etwas zu tun hat, verschwindend gering ist gegenüber der Wahrscheinlichkeit, dass er Opfer eines Anschlags wurde. Es ergaben sich bei seinen Vernehmungen auch nie Anhaltspunkte dafür, dass wir von ihm belogen worden sind.
Frage: Aber die Öffentlichkeit glaubt ihm nicht – und ausgerechnet die professionellen Fahnder von der Kripo sind von seiner Unschuld überzeugt? Was macht ihn aus Expertensicht so glaubwürdig?
Milles: Es gehört zu unserem Metier, bei Vernehmungen gewisse Dinge zu klären und so die Glaubwürdigkeit abzuchecken. Es hat sich nirgendwo ein Verdacht der fehlenden Glaubwürdigkeit ergeben, obwohl für Baumann und seine Frau die Gelegenheit gegeben gewesen wäre, Fehler zu machen – gerade bezüglich der Möglichkeiten, eine Fremdeinwirkung darzustellen. Es war auch nie so, dass im Rahmen der Vernehmungen Korrekturbedarf notwendig gewesen wäre.
Frage: Sind Sie bei all dem kein bisschen verunsichert, angesichts der Empörung in der Sportwelt über Baumanns Freispruch?
Milles: Nein. Aufgrund dessen, was uns bekannt ist, gehen wir davon aus, dass Baumann Opfer eines außerordentlich raffinierten Anschlags ist. Die andere Möglichkeit, die wir auch sehen, ist für uns als äußerst gering einzuschätzen. Wir stecken natürlich nicht drin, aber wenn es sich anders als von uns gedacht herausstellt, wäre es für mich persönlich ein eklatanter Fall von Fehleinschätzung.
Frage: Die größte in 25 Jahren bei der Kripo?

Milles: Ja, das kann man sagen. Ich persönlich hätte dann schon Probleme.
Frage: Sieht das die ganze Kommission so?
Milles: Ja, wir haben in unserer Gruppe den Sachverhalt sehr kritisch abgewogen und sind der Überzeugung, dass Herr Baumann absolut glaubwürdig ist.
Frage: Dann bliebe ja nur ein Fremdtäter. Halten Sie diesen Gedanken nicht für so abwegig, wie es bisher die Sportwelt tut?
Milles: Nein, ganz im Gegenteil. Ich als Kriminalist halte dies für einen geradezu genialen Weg, mit minimalem Einsatz und der geringsten Gefahr, entdeckt zu werden, jemanden zu sabotieren, ohne ihn gesundheitlich zu gefährden oder eine bemerkbare, dann auffällige Leistungssteigerung zu bewirken. Auch der Fund der zweiten Zahnpasta passt in unsere Arbeitstheorie von einem Anschlag. Sie ist die ältere, älter als die Elmex, aber Baumann hat sie wohl nur selten benutzt und dann in der Sporttasche vergessen. Das hat dazu geführt, dass der oder die Täter sich fragten: Warum wird keine positive Kontrolle bekannt? Die Präparierung der zweiten Zahnpasta erfolgte dann mit ganz anderer Qualität. Deshalb musste sie auch ausgetauscht werden.
Frage: Die Skepsis ist trotzdem bis heute gewaltig.
Milles: Selbstverständlich hatten wir die Möglichkeit im Auge, dass eine Straftat vorgetäuscht sein kann. Wenn wir aber nach Überprüfung aller Fakten zur Überzeugung kommen, dass der Anzeigeerstatter tatsächlich Opfer ist, konzentrieren wir uns auf die Ermittlung des Täters. Ich drehe dann den Spieß nicht um und sage, nur weil ich keinen Täter finde, ist das Opfer eben Täter. Das ist das, was ich jetzt in bestimmten Bereichen des Sports und Teilen der öffentlichen Meinung nicht ganz nachvollziehen kann.
Frage: Gibt es einen Verdacht, haben Sie konkret jemanden im Auge als Täter?
Milles: Es gibt den begründeten Verdacht, dass Baumann Opfer

eines Anschlags geworden ist. Zu diesem Ergebnis kam auch der Rechtsausschuss des DLV. Die Suche nach einem Motiv könnte den Schlüssel zur Klärung beinhalten. Private Motive können fast ausgeschlossen werden, es wurden keine Anhaltspunkte gefunden. Möglicherweise liegt es im weitesten Sinne im sportlichen oder sportpolitischen Bereich; durch die herausragende Stellung Dieter Baumanns, der ja nie ein Blatt vor den Mund genommen hat.

Aber für die Herren Prokop, Richthofen und so weiter konnte eben nicht sein, was nicht sein durfte. Ich würde sie nicht ändern können. Ich musste meine Energie auf etwas anderes lenken. Ich war nicht mehr bereit, mich vom ewigen Trommeln meiner Gegner einschüchtern zu lassen, und beschränkte mich auf das, was ich wirklich tun konnte, besser gesagt tun musste: Ich konzentrierte mich aufs Laufen.
Die Qualifikationszeit war geschafft. Nach dem endgültigen Urteil von Schoeppe stand den nächsten Wettkämpfen nichts mehr im Wege. Cuxhaven: 3000 Meter, danach die Deutschen Meisterschaften über 5000 Meter und am 11. August das Meeting in Zürich. Die Abfolge kam mir so bekannt, so vertraut vor. Ich begann mich wohler zu fühlen. Wir hatten ein großes Ziel erreicht.

Aus den Bergen nach Sydney

13. August – 10. September 2000

Und wieder ging es in die Berge. Unmittelbar nach dem Rennen im Züricher Letzigrund, mit einer neuen Saisonbestmarke von 13:13 Minuten im Gepäck, fuhren wir nach St. Moritz. Seit 13 Jahren kamen wir immer wieder hierher. Es war nicht nur die dünne Luft, die mich seit Jahren in jedem Sommer anlockte, es gab auch einen zweiten, ganz praktischen Grund: die Hitze. Wenn die Luft im August heiß und stickig ist, so dick, dass man sie mit einem Messer schneiden könnte, die Schwüle jede Bewegung verlangsamt, bleibt es hier oben auf 1800 Meter Höhe immer angenehm kühl. Allein das ist für uns Läufer und unser Training eine Wohltat.

Der dritte Grund, und der ist gewiss der angenehmste, ist die Landschaft. Die Bergwelt im Engadin wirkt an manchen Tagen wie eine Theaterkulisse. Schön, bezaubernd, wie gemalt. Unterwegs in den Wäldern auf unterschiedlichsten Höhenwegen bewege ich mich wie in einer anderen Welt. Die Ruhe und Gelassenheit, die von dieser Bergkulisse ausgeht, war für mich und mein Seelenleben immer wichtig gewesen. Gerade als Kontrast zu der hektischen Sportwelt, in der ein Event den anderen jagt, in der man sich Woche für Woche aufs Neue beweisen muss. Altes, vor wenigen Tagen Erreichtes war sofort verflogen.

St. Moritz, mein Gegenprogramm. Raus aus dem Bienenstock des Züricher Hotels, in dem die Leichtathletikwelt versammelt ist. Raus aus dem Tollhaus des Stadions Letzigrund, aufgewühlt von der Stimmung der Zuschauer und hinein in die ruhige Oase der Berge, mit Hoffnungen und Plänen für die kommenden Wochen im Kopf. Der Feinschliff hatte begonnen.

Über meine sportliche Verfassung war ich selbst überrascht. Es lief einfach gut und ich ließ meinen Beinen diese Freiheit zu laufen. Sebastian Hallmann war zu unserer kleinen Trainingsgruppe gestoßen. Er hatte die Olympiaqualifikation knapp verpasst, wollte aber noch für einige Wettkämpfe im Herbst in Form bleiben. Lange Tempoläufe: ein schwieriges Unterfangen in der Höhe. 3000 Meter. Das Tempo, noch immer den Rhythmus des Rennens von Zürich in den Beinen, war zu schnell. Nach einer Runde machte ich die Bahn eins auf. Wie von einer Schnur gezogen, schob sich der Münchner innen an mir vorbei. Mit einem winzigen Schritt nach links tauchte ich in seinen Windschatten. Runde für Runde wiederholte sich dieses Ritual. 3000 Meter in 8 Minuten und 15 Sekunden. Nach kurzer Pause 2000 Meter. Wieder Pause, dann 1000 Meter. Was für ein Programm, unglaubliche Zeiten, wie 1997, 1998, in meinen besten Jahren.

»Wenn ich das auf die Bahn bekommen könnte in Sydney ...«, sagte ich mir, und ließ den Satz bewusst offen. Ich wollte nicht weiterdenken, keine Prognose wagen. Wir wussten, ein Rädchen musste ins andere greifen. Jetzt bloß keine Erkältung, viel Schlaf, Regeneration. So viele Male hatte ich das hier schon durchexerziert, aber diesmal versagte mir das Ritual die Ruhe.

Eine offizielle Stellungnahme war von der IAAF nie zu erhalten. Es gab keinen direkten Kontakt, auch keine verlässliche Information darüber, was nun geschehen sollte. Nur die Signale, die ihre Seilschaften aussandten, ließen erkennen, in welche Richtung der Weltverband marschieren wollte. Der Vorsitzende ihres »Arbitration Panels«, ihres obersten Schiedsgerichts, Professor Christoph Vedder aus Augsburg, äußerte offen seine Unzufriedenheit über den Ausgang des Verfahrens vor dem Rechtsausschuss. Die IAAF-Anti-Doping-Kommission war sichtlich bemüht, es aus den Angeln zu heben und für nichtig zu erklären, und dafür hatte sie einen tüchtigen Mitstreiter: Clemens Prokop, der Chefankläger des DLV, war auch praktischerweise Mitglied dieser Kommission.

»Das Verfahren ist noch nicht zu Ende.« Seinen Satz konnte er nun in die Tat umsetzen lassen. Er selbst enthielt sich in diesem Gremium der Stimme mit der Begründung, er sei in meinem Fall Vertreter des DLV gewesen und habe eine zweijährige Sperre gefordert. Aber es waren ja noch Gleichgesinnte da: Der Schwede Arne Ljungqvist zum Beispiel, der schon vor Monaten von Prokop zum Gutachter gegen mich bestellt wurde. Er war sich sicher, dass bei mir ein »klarer Fall von Nandrolon-Doping« vorliege. Ein anderes Mitglied der IAAF-Anti-Doping-Kommission beklagte sich nur darüber, dass man keine Untersuchungen vorgenommen hätte, mit der Zahnpasta ...

Diese gewiss höchst objektiven Herren hatten das Verfahren in großer Eilfertigkeit aufgenommen und an ihr Council weitergeleitet, das oberste Gremium der IAAF. Dort wurde es, ohne dass seinen Mitgliedern vor Beginn der Sitzung auch nur eine Seite des Urteils zur Einsicht vorgelegen hatte, an das »Arbitration Panel« weitergeleitet, das jetzt händeringend einen Sitzungstermin noch vor den Olympischen Spielen suchte. Die Gedanken daran konnte ich nicht verdrängen, auch nicht in der Engadiner Bergwelt.

Pünktlich fuhr die Seilbahn in Silvaplana auf den Corvatsch. Wie immer nahmen wir die letzte Gondel um 16.40 Uhr. Das Personal hatte sich längst an unser Kommen gewöhnt, wusste, dass wir zunächst die Mittelstation ansteuerten, um von dort aus die Gipfelstation auf 3300 Meter zu erreichen. Seit dem vergangenen Jahr übernachtete ich in dieser luftigen Höhe. Wir hatten das von den Hochlandbewohnern Afrikas gelernt, die die Weltklasse auf den langen Strecken beherrschten. Durch den Aufenthalt und das Training in der Höhe erhoffte man sich einen besseren Sauerstofftransport in den Wochen danach, was auch von der Sportwissenschaft mit der Theorie »sleep high, train low« gestützt wurde. Nicht das Training dort oben, das ohnehin kaum möglich war, sollte entscheidend sein, sondern der bloße

Aufenthalt. Dieser Theorie wollte ich auf den Grund gehen. Vielleicht lag ein Geheimnis der Afrikaner eben in den Bergen ihrer Heimat.
Vom theoretischen Nutzen der dünnen Luft einmal abgesehen, war der Besuch auf dem Dach der Alpen jedes Mal ein atemberaubendes Erlebnis. Der Sonnenuntergang hoch über dem Engadin, der Bernina-Gletscher, dessen Eis das Licht in den unterschiedlichsten Farben widerspiegelt, das blieben unvergessliche Bilder, in die ich eintauchen und die Welt unten vergessen konnte. Jede zweite oder dritte Nacht versuchte ich mir dieses Erlebnis zu holen. Ich war dabei nie allein. Sebastian Hallmann war mit in der Gondel, um Erfahrungen in der dünnen Luft zu sammeln. Seit unseren gemeinsamen Trainingslagern in Portugal und Flagstaff harmonierten wir im Training immer besser. Malte und Nick, meine Partner aus Tübingen und Tempomacher der Testwettkämpfe im Mai, bereiteten im Engadin ihren Herbstmarathon in Berlin vor. Daraus entstand eine Gruppe, in der ich mich sehr wohl fühlte.
Alle waren wir leidenschaftliche Spieler. Wenn sich die letzten Gäste ins Tal verabschiedet hatten und völlige Ruhe eingekehrt war hier oben, packten wir das Brettspiel »Siedler« auf den Tisch. Der große runde Raum des Panoramarestaurants gehörte nun uns allein.
Ich war schon froh, wenn ich in dieser freundschaftlichen Atmosphäre, weit weg von meiner persönlichen Achterbahn, von dem ewigen Hin und Her, im Mittelpunkt zwar stehend, aber doch nie dabei, nie befragt oder nur gefragt, wenigstens für wenige Augenblicke abgelenkt war. Doch das Getöse im Hintergrund, das Gezerre zwischen dem DLV und der IAAF, das mir auch hier nicht verborgen blieb, trieb mich um.
Meine Informationen hatte ich, wie seit Monaten gewohnt, übers Telefon erhalten. Alle wiesen darauf hin, dass es jetzt, unabhängig davon, ob die IAAF durfte oder nicht, in die nächste

Runde gehen würde. Wobei die entscheidende Frage war, ob es diesen Leuten noch gelingen würde, einen Termin vor Sydney zu finden. Denn wenn sie ihre eigenen Regeln anwendeten, würde es nicht mehr reichen, ihre selbst gesetzten Fristen ließen in dieser Zeit kein ordnungsgemäßes Verfahren mehr zu. Aber ich ahnte, dass diese Herren ihre Statuten nach Bedarf auslegen würden.

Wieder gewann das Gefühl des Ausgeliefertseins die Oberhand. In einem ersten Anflug von Verzweiflung rief ich Dieter Rössner an. »Es kann doch nicht sein, dass wir überhaupt keine Information erhalten. Ich muss doch erfahren, ob und wann ein Verfahren stattfindet?« Es war wie immer, die Funktionäre wollten hinter den Kulissen ihr eigenes Spiel spielen. Athleten fanden darin nicht statt, es sei denn als Verfügungsmasse.

Ich hatte mich in eine windgeschützte Ecke der Aussichtsplattform am Corvatsch gedrückt und hörte die beruhigende Stimme von Dieter Rössner. »Das Verfahren ist nicht gegen dich gerichtet. Es geht gegen den DLV. Offensichtlich will die IAAF dich und Michael Lehner nicht dabeihaben.« Rössner und Lehner vertraten dieselben juristischen Ansätze, die eigentlich selbstverständlich sein sollten. Zumindest sollte ich mich, als Freigesprochener, aber nun erneut in gleicher Sache Beklagter, verteidigen können.

»Unser« Juraprofessor hatte die Beratung Digels übernommen, der ihn jetzt mehrmals täglich anläutete. Wir hatten den Eindruck, dass er sich endgültig von seinem Vizepräsidenten Prokop abgesetzt hatte. Digel wollte offensichtlich seinen Rechtsausschuss verteidigen, der nach Ansicht der IAAF ein »fehlerhaftes« Urteil gefällt hatte. Im DLV war der Machtkampf voll entbrannt, es ging um Positionen und Ämter. Das war genauso offenkundig wie die Weigerung des Weltverbandes, irgendwelche Gutachten zur Kenntnis zu nehmen, mich anzuhören oder Eingaben meinerseits zu beantworten. Der IAAF passte schlicht und ergreifend der Freispruch nicht, ihn konnte es seiner Ansicht nach nicht geben.

»Digel will unbedingt, dass du bei der Verhandlung dabei bist. Sie soll am 15. September stattfinden. Du solltest das mit Michael besprechen.« War meine Lage nicht schon irrwitzig genug? Ich stand hier oben auf 3300 Metern, telefonierte mit Tübingen und Heidelberg, fror im kalten Wind wie ein Schneider, versuchte mich in diesem Wirrwarr auf ein olympisches Finale vorzubereiten, und sollte am 15. September erfahren, ob ich überhaupt in Sydney laufen konnte oder nicht. Einen Tag vor der Eröffnung! »Aber das ist doch Wahnsinn«, stammelte ich ins Telefon, »am Tag vor der Eröffnungsfeier.«

»Ja, Digel ist auch empört. Aber er kann nichts machen. Es sind nur noch zwei Wochen, die halten sich nicht einmal an ihre eigenen Fristen.« Inzwischen kam auch der erfahrene Rechtsprofessor Rössner aus dem Staunen nicht mehr heraus. »Und Prokop wird mein Verteidiger?« So absurd diese Vorstellung für mich war, so realistisch stand sie im Raum. Angeklagt war der DLV wegen seiner angeblich fehlerhaften Entscheidung, und der Anwalt des Verbands war Prokop. Der Vizepräsident Recht, der meinen Freispruch mit allen Mitteln bekämpft hatte, der das Verfahren auf die IAAF-Schiene gehoben hatte, sollte nun die Verteidigung übernehmen. Eine grandiose Vorstellung. »Es wird wohl darauf hinauslaufen«, vermutete Rössner, Digel denke allerdings noch an einen zusätzlichen Anwalt. Ich sagte nur noch: »Einen Tag vor den Spielen, die müssen verrückt sein.« Das fantastische Farbenspiel in der Abendsonne auf dem gegenüberliegenden Gletscher verschwamm vor meinen Augen.

Drinnen, in dem kleinen Bergrestaurant, hatten die Jungs schon wieder das Spiel aufgebaut. Es wurde langsam dunkel, sie wollten wieder die Welt erobern, und ich dachte darüber nach, ob ich einen Flug für Lehner nach Sydney buchen sollte. Ich entschied mich dafür. Aus dem Spiel heute Abend wurde nichts.

In unseren Telefonkonferenzen entwarfen wir verschiedene Szenarien. War ich Beteiligter an dem Verfahren, standen mir alle Rechte zur Verteidigung zu, einschließlich der zu beachtenden Fristen, die wichtig waren, um die ausschlaggebenden Schriftstücke ins Englische übersetzen zu können. War ich nicht Beteiligter, musste ich meinen Fall von Prokop vertreten lassen. Würde ich Digels Vorschlag vom 1. September folgen und dabei sein, wäre mein Status völlig ungeklärt, und ich würde dadurch dem Argument Vorschub leisten, doch präsent gewesen zu sein. Rechtlos zwar, aber Hauptsache »der Baumann« war da. So sah man in der Sportwelt rechtliches Gehör. Das konnte man dann bequem vorzeigen, »wir haben ihn doch angehört«. Diese Taktik kannte ich.

Nur entscheiden konnten wir nichts, weil wir von der IAAF nichts in der Hand hatten, außer der inakzeptablen Aussicht, Prokop als Verteidiger zu haben. Und das schloss ich für mich aus. Dann brauchte ich nicht nach Sydney zu fliegen. Als letzte Option für einen Start über 5000 Meter in Sydney blieb noch das Ad-hoc-Schiedsgericht CAS des Internationalen Olympischen Komitees, das für Streitfälle ausschließlich während der Spiele zuständig ist.

Ich hoffte auf irgendeinen Silberstreifen am Horizont. Nick wollte mich doch noch zum Einsteigen ins »Siedler«-Spiel bewegen, weil er merkte, dass ich wieder in diesem Sumpf zu versinken drohte. Aber so schön es war, so nett es gemeint war, ich konnte nicht mehr spielen. Ich spürte, es braute sich erneut ein Taifun zusammen, der mich wieder durchschütteln würde. Schlafen, ich solle versuchen zu schlafen, hatte mir Isabelle noch mit auf den Weg nach oben gegeben. Aber wie hätte ich bei diesen Nachrichten schlafen sollen?

Natürlich musste es jetzt passieren. Auch wenige Tage vor den Spielen gönnte man mir keine Ruhe. Gerade jetzt, als es im Training endlich wieder normal lief und ich einen guten Rhythmus gefunden hatte. Die Zeiten waren hervorragend, meine körperliche Verfassung war sehr gut. Warum mussten sie mich wieder zum Spielball machen? Ich hatte nichts gegen eine Verhandlung, aber dann wollte ich doch wenigstens selbst eingeladen sein, mit allen Rechten, die ein Beklagter hat. Dann wollte ich die Möglichkeit haben, alles vorzubringen, was in meinem Fall wichtig war. Stattdessen sollte ich mich auf Prokop verlassen. Und das noch einen Tag vor den Spielen. Wie sollte ich mich unter diesen Umständen darauf vorbereiten? Sowohl auf die Spiele selbst als auch auf diese Verhandlung?

Es war meine letzte Nacht in der Höhe. Die IAAF hatte erst eine Woche vor der Verhandlung reagiert. Sie bekundete plötzlich Interesse an meiner Präsenz, natürlich könne ich Beweisanträge und Zeugen benennen. »Wie generös, vielleicht erwartet die IAAF, dass wir alle nach Sydney einfliegen lassen.« Michael Lehner flüchtete sich in Sarkasmus. Auch er wunderte sich inzwischen über nichts mehr, auch nicht über die Idee des Weltverbands, die Zeugen von Sydney aus telefonisch zu befragen. Ohne Dolmetscher womöglich. »Von Sydney aus.« Lehner hätte am liebsten laut gelacht, wenn es nicht so ernst gewesen wäre. Sein Vertrauen in die Seriosität des Verfahrens war ebenfalls auf null. Wir konnten uns nur noch auf unsere Ankläger verlassen. Auf den der IAAF und den früheren des DLV. Dementsprechend fühlten wir uns.

Je länger die Bergnächte dauerten, desto mehr vermisste ich meine Familie. Isabelle war in der Woche zuvor nach Tübingen gefahren und hatte für die letzten beiden Tage ihr Kommen angekündigt. Die Bergeinsamkeit, die Nächte, die immer kälter wurden, trieben mich in der letzten Woche nach unten. Das ständige Auf-und-Ab-Fahren, das mir früher wie eine Expedition in eine andere Welt erschienen war, wurde nun zur Last. Am Ende zählte ich die Nächte, die ich noch hinter mich zu bringen hatte.

Die letzte Nacht in der dünnen Luft auf dem Corvatsch war schlimm. Geplagt von Fragen und Strategien, auf die es für mich keine Antwort gab. Was sollte ich tun? Verhandeln einen Tag vor den Olympischen Spielen? Kurz vor meinem Ziel, auf das jeder Athlet hinarbeitet? Nicht wie ich in Gerichtssälen, nicht in Kripo-Büros und an Lügendetektorkabeln. An Schlaf, den ich dringend gebraucht hätte, war nicht mehr zu denken.
Ausgelaugt schaukelte ich am 9. September mit der ersten Gondel wieder ins Tal. Tempoläufe standen auf dem Programm. Wir wollten nichts unversucht lassen, wollten zumindest sportlich vorbereitet sein. Schon einige hundert Meter vor der Talstation sah ich den blonden Wuschelkopf meiner Tochter von der Gondel aus. Sie und Robert rannten den Berghang hinunter, mit meiner Seilbahn um die Wette. Die Haare flogen im Wind. »Sie wollten unbedingt noch einmal mit.« Isabelle zuckte mit den Schultern. Beide waren quietschvergnügt, sie liebten die Berge und hatten darüber die lange Anfahrt am frühen Morgen schnell vergessen. »Hat es euch zu Hause nicht gefallen?« Das Nein von Jackie und Robert und das Strahlen in ihren Augen half mir über meine Müdigkeit hinweg.
»Fühlst du dich überhaupt nach Tempoläufen?« Isabelle war besorgt. Wahrscheinlich war ich noch blasser als sonst. In früheren Jahren wäre eine solche Frage, keine drei Wochen vor dem entscheidenden Wettkampf, überflüssig gewesen. Aber angesichts der andauernden psychischen Belastung, laufen nein, laufen ja, laufen nein, kannte ich meine Grenzen selbst nicht mehr. »Klar, ich probier es zumindest.«
Immer noch hatte ich Sebastian Hallmann als Helfer. Wir einigten uns auf eine klare Rollenverteilung. Die 1000-Meter-Läufe sollten schnell werden. Er spannte sich die ersten 600 Meter vor mich, gab mir die Möglichkeit zu rollen, entspannt zu laufen. Auf die Durchgangszeiten achtete ich kaum. Ich war nur

darauf fixiert, die letzten 400 Meter zu bestehen. Darauf kam es schließlich an. Auch in Sydney.

»Endlich sitzt du mal auf der anderen Seite.«
11. September 2000

Isabelle und ich wussten, dass die Reise zu diesen Olympischen Spielen eine Fahrt ins Ungewisse werden würde. So ganz anders als die letzten drei Male, als ich mich auf die Wettkämpfe gefreut hatte, auf das Flair im Olympischen Dorf, die Stadt, auf diese irrsinnige Party. Diesmal stand alles unter einem anderen Stern. Ich wollte mit Isabelle zur Wurmlinger Kapelle laufen. Noch heute, am frühen Nachmittag, musste ich nach Frankfurt, um am Abend weiter nach Australien zu fliegen. Wir wollten das bisschen Zeit, das uns blieb, zu einem letzten gemeinsamen Lauf nutzen. Ungestört sein.

Isabelle durfte nicht mit nach Sydney. Der DLV hatte sie nicht als Bundestrainerin nominiert, ihr aber großzügigerweise die Freiheit gelassen, Flüge und Aufenthalt selbst zu bezahlen, wenn sie mich begleiten wollte. Auch Eintrittskarten für das Stadion gab es nur an der Kasse, was zur Folge gehabt hätte, dass sie mich zwar im Trainingslager, das eine Flugstunde von Sydney entfernt war, hätte betreuen können, nicht aber bei den Wettkämpfen. Das wollte weder sie noch ich, weil sie im entscheidenden Moment gefehlt hätte. Der DLV benannte an ihrer Stelle Stephane Franke, der im Mai noch Athlet gewesen und nun in Windeseile zum Trainer mutiert war.

Nein, auch unter diesen Vorzeichen konnte sie nicht mitfahren. Sie wusste, dass es für mich schwer genug werden würde, mich auf die Rennen zu konzentrieren. Die unausweichlichen Grabenkämpfe innerhalb des Teams hätten dabei zusätzlich gestört. Dass sie von dieser Entscheidung bitter enttäuscht war, kümmerte den Verband nicht. Selbstverständlich habe die Absage nichts mit ihrem Mann zu tun, beeilte sich der DLV zu melden. Er wollte sich nicht dem Vorwurf aussetzen, sie in Sippenhaft zu nehmen. Aber genau so war es.

Wir liefen der Wurmlinger Kapelle entgegen, den gewundenen Weg hinauf. Es war sehr warm. Der terrassierte Berghang hatte die Sonnenstrahlen gespeichert. Im November, nicht einmal ein Jahr war es her, hatte ich mich hier noch auf Sydney gefreut. Meine vierten Spiele hatten ein schöner Abschluss werden sollen. Danach vielleicht noch ein Jahr auf der Straße, Marathon wollte ich unbedingt noch probieren. Die Gedanken kamen mir vor, als lägen sie eine Ewigkeit zurück. Zu gegenwärtig, zu stark war das frisch Erlebte, das öffentliche Richten, die Schadenfreude, die Last der menschlichen Enttäuschungen.

Auf der anderen Seite hatten uns wildfremde Menschen zu verstehen gegeben, dass sie uns glaubten, uns Mut gemacht und gesagt, wir würden aus dieser Lebenskrise gestärkt hervorgehen. Ich hatte viel gelernt in dieser Extremsituation, über Menschen, die mir halfen, nicht mehr dem Olympiasieger, sondern dem angeblichen Dopingsünder, der ich über Nacht geworden war. Ich hatte alte Freunde neu entdeckt, die ich während meiner rastlosen Zeit als »weißer Kenianer« vernachlässigt hatte. Sie hatten es klaglos hingenommen. Sie waren jetzt da, als wären sie nie weggewesen. Die Nachbarschaft mühte sich um unsere Kinder, versuchte uns zu entlasten – wahrscheinlich hätten wir diese Erfahrung nie gemacht ohne diese für uns schwerste Zeit. Obwohl ich noch nicht einmal zwei Jahre in ihrer Straße wohnte, fühlte ich mich in diesem Mikrokosmos aufgehoben.

»Lass uns noch einmal hochlaufen zur Kapelle.« Ohne eine Antwort abzuwarten, verließ ich die normale Route, um den steilen Aufstieg zu dem kleinen Gotteshaus in Angriff zu nehmen. Ich wusste, gerade im Sommer war dort oben ein wunderschöner Platz, von dem man über das gesamte Neckartal von Rottenburg bis Tübingen blicken konnte und auf der anderen Seite über das Ammertal hinüber zum Schönbuch.

»Hier habe ich im November eine Antwort gesucht.« Isabelle schaute mich fragend an. »Hier im Wald, im November, als ich nicht mehr konnte. Völlig erschöpft und hilflos lag ich damals im Schnee. Ohne eine Antwort zu finden auf das Warum, Wieso, Weshalb. Alles ist gottgewollt, würden vielleicht die Theologen sagen.« Der Weg war sehr steil, ich musste eine Pause einlegen, um weitersprechen zu können. Oben angekommen drückte ich gegen die Tür. »Hier habe ich eine Antwort gesucht«, sagte ich zu Isabelle, »an diese Tür habe ich sie gestellt, diese sinnlose Frage: Warum?« Das Kirchlein war wieder verschlossen, aber heute war es kein Problem. Es war warm, und wir setzten uns auf eine Bank, die seitlich an der Kapellenwand zum Verweilen einlud. »Vielleicht kannst du mich nicht verstehen.« Ich nahm einen neuen Anlauf.

»Doch, ich verstehe dich sehr gut.« Mehr sagte Isabelle zunächst nicht. Wir mussten uns nicht ständig fragen, wie es dem anderen ging, was er dachte. Ein Blick genügte, um zu erkennen, dass es dem anderen schlecht ging. Vielleicht war es auch eine Art Chaosstrategie, mit der jeder seinen Weg gefunden hatte, auf dem er mit dieser Belastung fertig wurde, sich nicht zermürben ließ, immer unsere Rehabilitierung im Sinn.

»Du hättest nie in diesem Sport bleiben können«, sagte Isabelle, »dazu hatten wir zu viele Neider. Dein Erfolg, deine Beliebtheit bei den Leuten, bei den Medien. Einige hatten schon genug, wenn sie dich nur gesehen haben. Andere Athleten wurden Weltmeister, aber du mit einem fünften Platz warst der Mittelpunkt. Vielleicht hat alles so kommen müssen. Gottgewollt? Ich weiß es nicht, aber in den letzten Jahren lief es darauf hinaus.«

Eine schicksalhafte Fügung? Nein, daran glaubte Isabelle nicht. Für sie war es eine konsequente Entwicklung, die im System des Leistungssports und in meiner besonderen Stellung angelegt

war. Es war nicht nur so, dass ich der bestbezahlte Leichtathlet in Deutschland war, obwohl ich selten gewonnen hatte. Ich wusste, schon das kotzte viele an.
»Aber nicht nur das. Immer das Thema Doping, Dieter. Du glaubst gar nicht, wie manchen, vor allem den Trainern, das gestunken hat. Warum konntest du nicht endlich Ruhe geben? Das wollten sie mir bei fast jeder Sitzung vermitteln.« Jetzt erst wurde mir bewusst, was Isabelle hatte aushalten müssen in den vergangenen Jahren. Wie viel Prügel sie hatte einstecken müssen, die eigentlich für mich gedacht waren, aber auf die scheinbar Schwächere niedergingen. Vor mir hatten sie Angst, an ihr ließen sie ihren Zorn aus. Isabelle hatte mir davon nie erzählt, wollte mich in meinem Kampf nicht bremsen, weil es auch ihre Überzeugung war, nur in einem sauberen Sport arbeiten zu können. Wie oft fühlten wir uns betrogen, wenn wir als Speerspitze für die Anti-Doping-Politik ausgenutzt und hinter vorgehaltener Hand als Naivlinge diffamiert worden waren. »Sauberer Sport, pah.«
»Hat dir nie jemand gesagt, ich soll die Klappe halten?« In mir regten sich Schuldgefühle ihr gegenüber. In ihrer typischen Hinterhältigkeit hatten meine »Sportskameraden« Isabelle in diese Stellvertreterrolle gedrängt, die sie klaglos übernommen hatte. Sie war der Sack, auf den eingedroschen wurde. Gemeint war ich, der Esel. »Du weißt selbst, dass das nie jemand offen gesagt hätte.« Ja, das wusste ich. »Und jetzt sind sie alle glücklich?« Die Antwort auf meine Frage konnte mich nicht mehr wirklich überraschen. »Das kannst du dir vorstellen. Es ist unglaublich, mit welcher Schadenfreude mir manche meiner Kollegen begegnen. Es macht keinen Spaß mehr.«
Wir schwiegen eine Zeit lang. »Nein, es macht wirklich keinen Spaß mehr. Komm, wir laufen zurück.« Kurz drückte ich sie an mich. Wir hielten uns fest, so wie früher, wie immer, wenn ich das Gefühl hatte, ich könnte meine Kraft auf sie übertragen, ihr

meine Gedanken durch den körperlichen Kontakt vermitteln. Und immer hatte ich danach das Gefühl, etwas zurückbekommen zu haben, eine Erwiderung, ein Geschenk von ihr. Es machte mich glücklich. Dieses Gefühl war auch heute wieder da. Ich spürte es. Lieber Gott, lass es gut ausgehen, einfach gut ausgehen, nur für uns.
Auf dem Rückweg sprachen wir wenig. Jeder hing seinen Gedanken nach, Vertrauen brauchte manchmal keine Worte. Ich wusste nicht, was in den kommenden Tagen passieren würde, aber ich wollte diese Frau, die schweigend neben mir im Wald lief, wieder glücklich sehen. Ich wollte das Glück mit ihr und unseren Kindern nicht zerstören lassen. Nein, dieses gerade erlebte Vertrauen konnte uns keiner nehmen.

»Hast du auch diesen Brief bekommen?« Michael Lehner schob mir auf dem Frankfurter Flughafen ein Blatt Papier über den Tisch. Wir saßen in einer kleinen Cappuccino-Bar. Seine Maschine nach Sydney startete erst zwei Stunden später. In der Hektik waren wir schon froh, überhaupt noch ein Ticket für ihn erhalten zu haben. Natürlich wäre es besser gewesen, wenn wir auf dem ewiglangen Flug zusammengesessen und damit die Chance gehabt hätten, uns gemeinsam vorzubereiten. Auch Dieter Rössner war da, um uns zu verabschieden. Ich überflog die Zeilen. Ein Editorial aus dem Berliner Laufmagazin »Laufzeit«.
»Und wer da frei ist von Schuld, werfe den ersten Stein ...«
Mit diesem Satz begann der Text und handelte dann, für mich etwas verwirrend, von dem schon vor zwei Jahren aufgetauchten »Fall Pippig«. Die Marathonläuferin war für zwei Jahre gesperrt worden, obwohl sie stets bestritten hatte, mit Anabolika gedopt zu haben. Danach wandte sich der Autor, der Chefredakteur des Blatts, der Manipulation im Hobby- und Breitensport zu, um dann mit der überaus witzigen Pointe zu enden:

»…oder muss man sich angesichts seiner morgendlichen Hochform eines Tages fragen, ist meine Zahnpasta noch sauber?«
»Sehr orginell, oder?« Ich konnte nichts Interessantes an dem Artikel finden. Der Witz mit der Zahnpasta war nun wirklich schon bis in die Harald-Schmidt-Show vorgedrungen. »Das Datum, Dieter«, forderte mich Lehner auf, »schau auf das Datum.« Mit dem Finger tippte er auf die rechte untere Ecke der Seite. Wieder nahm ich das Blatt in die Hand. »November 98«, las ich laut. »Das gibt es doch nicht«, staunte Rössner. Er war wie elektrisiert. Ich reichte ihm das Blatt. »Unglaublich, das ist ja eine Vorwegnahme des Anschlags. Woher hast du das?«, fragte er Lehner. Der Heidelberger Jurist berichtete kurz von einem Schreiben eines Journalisten, der den Text in seinem Archiv gefunden hatte. »Er ist im November 1998 geschrieben worden.« Auch ich war fassungslos. Ein Jahr bevor meine Trainingskontrollen positiv getestet worden waren, wenige Monate bevor die erste Tube im März 1999 in Umlauf kam. Kopfschüttelnd sahen wir uns an. »Irgendwann wird das ans Licht kommen. Ich bin fest davon überzeugt, Dieter.« Rössner gab seinen Glauben daran nicht auf. Ich war mir nicht mehr so sicher, hoffte aber auf Fehler der Täter. Dies könnte einer sein, aber die Polizei durfte nicht mehr ermitteln. Die Staatsanwaltschaft hatte das Verfahren eingestellt.
Rössner wünschte uns noch viel Glück und versprach jederzeit erreichbar zu sein. Wegen der Zeitverschiebung sollten wir uns keine Gedanken machen. »Wenn ihr etwas braucht, schicke ich es euch.« Er wollte zu Hause die Stellung halten und uns zuarbeiten, was wichtig war, weil wir kaum Dokumente im Gepäck hatten. Der DLV bestand auf seiner eigenen Verteidigung. Eine letzte Umarmung, ein »Wir sehen uns gleich in Sydney« von Michael, ein Schuss Zweckoptimismus von Dieter (»Du hast ja gut trainiert«) und ich machte mich auf den Weg.
Langsam schlenderte ich ans Gate. Es war ein Flug des Nationa-

len Olympischen Komitees (NOK), der Mitgliedern der Mannschaft und deren Betreuern vorbehalten war. Ein Großteil der Truppe war im Begriff, in das Flugzeug einzusteigen, als sich ein Trainer aus einer Gruppe löste, die ein wenig abseits stand. Ganz dicht blieb er vor mir stehen und senkte seine Stimme zu einem kaum noch verständlichem Flüstern: »Endlich sitzt du einmal auf der anderen Seite.« Ich schaute ihm entgeistert nach, als er wieder im Kreis seiner Kollegen verschwand. Unter ihnen erkannte ich jenen Trainer, der ein Gerichtsverfahren verloren hatte, nachdem ein Zeuge ausgesagt hatte, er habe anstelle seines Athleten Urin bei einer Kontrolle abgegeben. Vertauscht. Was hätte ich auch von solchen Menschen anderes erwarten sollen? Ein netter Willkommensgruß. Endlich auf der anderen Seite? Hatten sie darauf gewartet? Wieder fiel mir der Artikel vom November 98 ein. »Oder muss man sich angesichts seiner morgendlichen Hochform fragen, ist meine Zahnpasta noch sauber?« Wer wusste davon? Diese Frage ging mir während des Fluges nicht mehr aus dem Kopf.

Ein zerstörter Traum: Die Olympischen Spiele

13. September 2000

Einmal um die halbe Welt. Australien. So weit hatte ich es also geschafft. Wir waren nicht in Sydney gelandet, sondern in Brisbane, und von dort per Bus und Wassertaxi auf die Insel South Stradbroke an der Gold Coast geschaukelt. Der DLV wollte den Athleten die Unruhe ersparen, die in einem Olympischen Dorf immer herrscht, vielleicht auch verhindern, dass sie auf dumme Gedanken kämen. Man wollte sie im Griff haben. Vielstarter bei Meetings wurden ebenso gerüffelt wie die Individualisten, die ihren Aufenthalt lieber selbst organisiert hätten. Wie immer waren die Athleten geteilter Meinung über den gewählten Platz. Die einen vermissten das olympische Flair auf diesem Eiland, das zwar mit einem Tropenwald, hübschen Bungalows, netten Bars am Jachthafen und einem gepflegten weißen Sandstrand glänzte, aber eher ein Urlauberparadies war. Die anderen, besonders die Schwergewichte der Kugelstoßer und Hammerwerfer, waren begeistert von den Elektrowägelchen, mit denen sie kräfteschonend über die schmalen Sandwege fahren konnten. Beides war für mich nicht wichtig.
Kaum war ich von der Fähre geklettert, empfing mich ein geschäftiger Leistungssportdirektor. »Wir haben eine neue Taktik im Verfahren gegen die IAAF«, bedeutete mir Frank Hensel, während sich die anderen in aller Ruhe auf die Suche nach ihrem zugeteilten Bungalow begaben. Er berichtete mir von einem Flug, den der DLV für mich nach Sydney reserviert hätte, um dann aber mit der ersten Überraschung aufzuwarten. »Digel meint, es wäre das Beste, wenn du hier bleibst, wenn du erst gar nicht am Verfahren teilnimmst. Den Flug können wir auch stornieren.« Es war fast wie ein Überfall. Warum jetzt auf ein-

mal die Kehrtwende? Warum sollte ich morgen nicht bei der Verhandlung sein? Hensel zuckte nur mit den Achseln.
Ich wollte mit Digel sprechen, unbedingt fliegen und bat Hensel, einen Termin mit dem Präsidenten zu vereinbaren. Die nächste Maschine würde in drei Stunden abheben. Bis dahin musste ich noch meine Unterkunft suchen. Ich fand mein Zimmer in einem Wohnhaus, das direkt an den angelegten Tropenwald grenzte. Kleine, über Holzstege verbundene Wege führten in das dichte Gebüsch unter den hohen Bäumen, was mich ein wenig an einen Abenteuerspielplatz auf der Schwäbischen Alb erinnerte. Als Kind hatte ich dort oft gespielt. Ein kleines Waldstück war zu einem Fort umgebaut, in dem wir als Winnetou und Old Shatterhand herumtobten.
Hensel hatte Digel noch nicht erreicht. Nach dem langen Flug und der Zeitverschiebung fühlte ich mich schlapp. Ich musste etwas tun, um meinen Kreislauf in Schwung zu bringen. Laufen. Aber wo nur auf dieser Insel? Ganz langsam ging ich auf Entdeckungsreise. Die Sandwege, die einzigen Verkehrsverbindungen auf der Insel ohne Autos, waren ganz brauchbar, für einen Langstreckler allerdings viel zu kurz. Nach nur zehn Minuten stand ich jedes Mal am Meer und damit vor der Erkenntnis, dass diese Insel eher fürs Faulenzen geplant war. Ich erinnerte mich an die Weltmeisterschaften vor etlichen Jahren in Tokio. Weit und breit gab es keine Möglichkeit zu laufen, außer auf den Hauptverkehrsstraßen der Millionenstadt. Was wir vorfanden, war ein kleiner japanischer Ziergarten im Innenhof des Hotels, in dem wir maximal 50 Meter im Kreis zurücklegen konnten. Eine ganze Woche lang liefen wir 30, 40 Minuten auf einer 50-Meter-Runde, jeden Tag. Wahrscheinlich hatte der Hotelgärtner anschließend seinen Job gekündigt. Bei hundert Athleten war von seinem gepflegten Zierrasen nicht mehr viel übrig geblieben. Ich musste lachen. Dagegen waren das hier paradiesische Bedingungen.

Digel hatte eingewilligt und für das Treffen ein Hotel vorgeschlagen. Ich also wieder rein ins Wassertaxi und in den Flieger nach Sydney, wo ich hundemüde landete. Der DLV-Chef schien bestens präpariert, umtriebig wie immer und keine Widerrede duldend. Er hatte einen australischen Anwalt engagiert, einen »erstklassigen Mann«, von dem er sich »sehr gut vertreten« sah. Deshalb habe man sich entschlossen, ohne mich zu verhandeln. »Es ist auf jeden Fall besser, wenn Sie am Verfahren nicht teilnehmen. Die IAAF kann Sie dann unmöglich sperren.« Digel hatte sich offensichtlich alles zurechtgelegt, nachdem er in fast täglichen Gesprächen zuvor Rössner in Deutschland mit immer neuen Verfahrensvarianten verrückt gemacht hatte. Danach zeigte er auf Michael Lehner, demgegenüber er seine Abneigung nie verhehlte. »Es ist auch besser, wenn Ihr Anwalt ebenfalls nicht am Verfahren teilnimmt. Das ist das Beste für Sie, Herr Baumann.« Für Digel war der erfahrene Sportjurist, der einen Freispruch erkämpft hatte, ein Provinzanwalt. Was für ein sonderbares Spiel: Noch per Brief vom 1. September 2000 hatte Digel erklärt, es sei »im Interesse des DLV«, wenn ich »bei der Verhandlung anwesend« sei, und »selbstverständlich« könne ich auch, auf eigene Kosten, meinen Rechtsbeistand dazu einladen. Jetzt sollten wir uns wohl in Luft auflösen. Wir vereinbarten, uns am nächsten Morgen mit dem australischen Anwalt zu treffen.
Es war Nacht geworden, aber immerhin hatte mir der DLV-Chef ein Zimmer im Olympischen Dorf reservieren und mich von seinem Fahrer dorthin bringen lassen. So viel Service sollte noch sein. Was für eine andere Welt. Wie in einem Ameisenhaufen wuselten die Sportler noch zur späten Stunde über die Boulevards, ihre Freude, ihr Stolz waren unübersehbar. Glücklich und ausgelassen. In zwei Tagen würde es losgehen. Zum ersten Mal war ich den olympischen Dienstleistern dankbar, dass ihre Küchen rund um die Uhr offen standen. Ich war schon seit mehr

als 30 Stunden auf den Beinen und wusste, dass ich jetzt eine vernünftige Mahlzeit brauchte, um nicht umzufallen. Allerdings musste ich mich zum Essen zwingen. Ich hatte keinen Appetit. Jeden anderen Athleten hätte ich für verrückt erklärt, wenn er sich so auf den Höhepunkt seiner Karriere vorbereitet hätte. Nach einem solchen Flug sollte man schlafen und sonst nichts.

14. September 2000

Ich war früh auf den Beinen, wollte mit Lehner frühstücken, unsere Strategie festlegen, soweit wir überhaupt noch Handlungsspielraum hatten. Ich hatte noch kaum die Kaffeetasse in der Hand, da erschien Clemens Prokop. »Du glaubst gar nicht, wie ich in den letzten Wochen gearbeitet habe, um auf dieses Verfahren vorbereitet zu sein.« Seine scheinheilige Miene passte zum Ton. »Ich kann es mir vorstellen«, gab ich knapp zurück. Diesen Menschen hielt ich einfach nicht mehr aus, er musste es gespürt haben. »Ich muss das wirklich einmal klarstellen«, hob er zu einer Rechtfertigungsrede an, »nichts wäre schöner, als dich hier laufen zu sehen. Ich bin mir sicher, dass die IAAF keine Sperre aussprechen wird. Die Rechtsargumente sind klar. Wirklich, wir haben uns sehr Mühe gegeben.« Und wieder warf er mir diesen treuherzigen, um Frieden bemühten Blick zu, der an Heuchelei nicht zu überbieten war. Mir war schon am Morgen schlecht.
Bis vor wenigen Wochen war dieser Prokop noch Chefankläger gegen mich und erbitterter Widersacher von Michael Lehner, und jetzt war er mein Verteidiger. Eine fast unglaubliche Metamorphose. Theaterreif. Um 8 Uhr brachen wir zu Brett Walker auf, dem australischen Staranwalt des DLV. Die Verhandlung sollte zwei Stunden später beginnen. Walker war vielleicht Ende vierzig, schlank, jugendliches Aussehen, rhetorisch gewandt.

Auf ihm lagen die Hoffnungen Digels, der in Walkers Büro bereits in voller Fahrt war. Wahrscheinlich war der notorische Frühaufsteher bereits seit 5 Uhr im Einsatz. Der Präsident führte das Wort: »Dies ist ein Verfahren der IAAF gegen den DLV. Als Vorsitzender dieses Verbandes trage ich die Verantwortung dafür, welche Taktik wir in dieser Verhandlung verfolgen. Unser gemeinsames Ziel ist es, dass Sie hier in Sydney starten können.« Zähneknirschend akzeptierte Digel noch meine Forderung, wenigstens Lehner auftreten und meine Parteirechte sichern zu lassen. Immerhin hatte dies die IAAF noch vor einer Woche schriftlich angeboten. Danach stand ich alleine in Walkers Büro. Die anderen waren abgezogen und ich wartete wieder einmal darauf, dass Dritte über mein Schicksal entschieden.

Lustlos und ernüchtert zog ich durch die Straßen der Innenstadt. Das Logo der Olympic Family prangte auf den Scheiben der Busse, Einkaufstaschen gab es offenbar nicht mehr ohne diesen Schmuck. Alles war perfekt. Ich wollte an den Hafen, den Schiffen nachschauen. Aber ich merkte sehr schnell, dass mir dazu die Muße fehlte, die Lockerheit, die Gedanken wandern zu lassen. Nach eineinhalb Stunden war ich wieder im Hotel, legte mich dann im gegenüberliegenden Park ins Gras und wartete auf einen Anruf von Lehner. Immer mal wieder wählte ich seine Nummer und stieß doch nur auf seine Mailbox. Was machten die nur? Kaum hatte ich mich hingestreckt, schreckte ich schon wieder hoch, drehte wieder zwei Runden um den Häuserblock. Mir schien alles so aussichtslos.

Endlich klingelte das Telefon. »Hallo Dieter«, Michael versuchte unbeschwert zu klingen, »die Verhandlung ist schon zu Ende. Sie haben sie auf morgen verschoben. Ich bin in zwei Minuten am Hotel, warte dort auf mich.« Draußen im Park berichtete er mir von den drei Mitgliedern des »Arbitration Panel«, die sich von seinem Auftreten wenig beeindruckt gezeigt hatten. Sie verwiesen schlicht auf ihre Regeln, die mir angeblich

keine Rechte als Partei einräumten. Keine Erwiderung auf die Anklageschrift, keine Beweisanträge. Und damit war der Job für meinen Anwalt auch schon erledigt.
Für mich sollte der juristische Marathon erst beginnen. Wieder mit einem aufgeregten Digel, der mir mitteilte, die IAAF lasse mich im Olympischen Dorf suchen. Wollten sie mich doch noch anhören? Digel wollte das auf keinen Fall. »Sie kommen morgen nicht zur Verhandlung, Herr Baumann. Sie fliegen am besten wieder zurück nach Brisbane und versuchen sich auf das Sportliche zu konzentrieren. Die IAAF hat ein Problem, wenn Sie nicht dabei sind.« Dem Präsidenten schien mein Fernbleiben ganz wichtig zu sein. Warum das so war und warum der Weltverband damit ein Problem haben sollte, blieb mir ein Rätsel. Würde ich nicht teilnehmen, würden sie mich doch sowieso sperren. Aber was sollte ich tun? Das Gesetz des Handelns besaßen andere. Ich sagte Digel, ich würde noch am Abend nach Brisbane zurückfliegen, dort könne er mich jederzeit erreichen, und wenn ich gebraucht würde, könnte ich sofort nach Sydney kommen. Er war erleichtert, es lief nach seinem Plan, er wähnte sich als Herr des Verfahrens.
Aber was tat Prokop? Warum war er eigentlich hier, wenn Digel alles steuerte? Er war doch der Scharfmacher in der Vergangenheit, und gab nun vor, für mich zu kämpfen. Seine Rolle hier in Sydney war nicht zu durchschauen. War es am Ende nur ein netter kostenloser Ausflug für ihn?
Mit dem letzten Boot setzte ich auf unsere kleine Insel über. Es war spät am Abend. Langsam stolperte ich über den Sandweg zu meinem Holzhaus. Ich war zu müde, um noch etwas essen zu können. Ich legte mich ins Bett und schlief augenblicklich vor Erschöpfung ein.

15. September 2000

Inmitten des Tropenwalds neben meiner Hütte hatte ich bei meinem kurzen Dauerlauf am Vormittag ein Baumhaus entdeckt. Steil führte eine kleine Leiter über verschiedene Plattformen bis unter die Kronen der Mammutbäume. Hier oben, 20 Meter über dem Boden, war man vom Blätterdach verschluckt, der Weg unten kaum mehr zu sehen. Es war eine heimelige Zufluchtsstätte, in der man nur das Zwitschern und Pfeifen der bunten Vögel hören konnte. Eine Oase der Ruhe. Hier oben war Frieden, drunten, so schien mir, eine Art Krieg, der mir, je länger er dauerte, immer unheimlicher wurde. Ich konnte mich ihm nicht entziehen. Das Handy läutete. »Die werden Sie verurteilen.« Digels Adrenalinpegel war wieder am Anschlag. Meiner auch. »Die lassen Sie nie und nimmer hier laufen. Es ist ungeheuerlich.« Seine Stimme drohte sich zu überschlagen. Er war außer sich. »Sie müssen sofort kommen, Herr Baumann. Das ist unsere einzige Chance. Kein einziges Argument haben sie akzeptiert. Die kennen ihre eigenen Regeln nicht.«
Jetzt also sofort nach Sydney kommen. Was war geschehen? Wie eine Keule schlugen die Worte »Die lassen Sie nie und nimmer laufen« auf meinen Schädel. Hatte nicht Prokop auf seine geniale Ausarbeitung verwiesen? Makulatur offensichtlich. Der amtierende Vorsitzende des »Arbitration Panel«, Lin Kok Loh aus Singapur, der den Deutschen Christoph Vedder aus »Objektivitätsgründen« vertrat, hatte Prokop ungerührt abgebürstet. Hatte der vom Chefankläger zum Verteidiger Mutierte nicht noch vor dem Abflug getönt, solche Verfahren würden in der Kaffeepause entschieden? Womöglich, aber offensichtlich nicht zu meinen Gunsten.

Die IAAF hatte das Verfahren erneut vertagt. Nach zwei Stunden. Die Funktionäre wollten rechtzeitig zur Eröffnungsfeier ins

Stadion und erst am nächsten Tag wieder verhandeln. Sie hatten alle Zeit der Welt, ich hatte nur noch zwölf Tage bis zum ersten Vorlauf. »Das ist das schlimmste Verfahren, das ich je erlebt habe«, tobte Digel, »ich sehe keine andere Möglichkeit mehr, als dass Sie morgen für den DLV aussagen.« Wir vereinbarten einen frühen Termin bei Anwalt Walker. Ich hetzte von meinem Baumhaus herunter, im Laufschritt zurück zu meinem Zimmer. Die entspannten Momente unterm Blätterdach waren wie weggeblasen. Seit meiner Ankunft hatte ich gerade einmal trainiert, wenn man das überhaupt Training nennen konnte.
Wieder ins Wassertaxi nach Brisbane. Wieder zum Airport. Noch einen Platz in der letzten Maschine nach Sydney ergattern. Vor den Countern im Flughafengebäude flimmerte bereits die Eröffnungsfeier über den Bildschirm. Passagiere und Personal standen davor und beobachteten sie fasziniert, ich hatte noch etwas Zeit und stellte mich mit einer Tasse Kaffee dazu. Kein olympischer Funke wollte zu mir überspringen, dieses Ereignis war mir fremd. Das Flair, das mich dreimal in seinen Bann gezogen, das mich begeistert und auf der Bahn beflügelt hatte, es war weg.
Ich nahm einen Schluck und erstarrte. Gleich in der ersten Reihe, unmittelbar vor dem Bildschirm, entdeckte ich Bernd Schubert, den Cheftrainer des DLV. War er zeitgleich zum Flughafen gefahren? Warum hatte mir das Team im Büro nicht Bescheid gesagt? Die Verantwortlichen ließen mich mit den organisatorischen Fragen allein, ich gehörte nicht mehr zu ihnen, die Sportskameraden hatten mich ausgemustert. Bernd Schubert – »der Schwarze«. Ich erinnerte mich an den anonymen Brief vom Dezember. *»Als Ihre Nachricht bekannt wurde, haben viele Ost-Trainer, unter denen auch Verbandstrainer waren, eine Fete gefeiert. Dabei sollen sie gesagt haben: ›Endlich hat es geklappt, der Schwarze ist klasse.‹ Der Schwarze heißt der Verbandscheftrainer Schubert bei uns. Er hat schon im alten System manipuliert und macht es jetzt wieder weiter.«*

Ich konnte es mir nicht vorstellen und hatte auch keine Anhaltspunkte dafür, dass Schubert etwas mit der Manipulation der Zahnpasta zu tun hatte. »Endlich sitzt du einmal auf der anderen Seite.« Dieser gezischte Satz, als drohender Willkommensgruß in Frankfurt, blendete sich ein. Wo waren die Verantwortlichen, die sich diebisch freuen mussten über meine jetzige Lage? Ohne Risiko hatten sie mich aus dem »Verkehr« gezogen, unschädlich gemacht im Sport, meine Zukunft zerstört. Ich musste gehen. Diese Abschiedsstimmung verspürte ich schon im Dezember. Im Sport konnte ich nicht bleiben, nicht mit diesen Menschen. Wie ein Erdrutsch war diese Erkenntnis damals über mich hereingebrochen. Der Anblick von Schubert, die Übertragung der Eröffnungsfeier – beides zusammen war nicht auszuhalten.
In meiner Not rief ich Rössner an, ohne Rücksicht auf die Zeitverschiebung. Nach nur einem Klingelton nahm er den Hörer ab. Ich hatte keine Ahnung, wie spät es bei ihm war. »Es ist klar, wie alles gekommen ist.« Wieder einmal versuchte er mir die Situation sachlich zu erklären. »Bis jetzt hat der DLV nur rechtliche Argumente vorgetragen. Die haben mit deiner Sache nichts zu tun.« Es tat gut, mit ihm zu sprechen. Wenigstens eine vertraute Stimme in meiner Isolation. Gerne hätte ich jemand bei mir gehabt. »Hattest du mit Michael oder Digel Kontakt?« Meine Sätze schienen eine Ewigkeit unterwegs zu sein, bis sie beim Gegenüber ankamen, aber Hauptsache sie kamen an. Ja, Rössner hatte regelmäßig mit Digel telefoniert, sich von ihm den Verlauf schildern lassen und dabei die Ruhe bewahrt. »Es ist noch alles offen, Dieter«, versicherte er mir, »sei ganz beruhigt.«
Alleine nahm ich im Warteraum Platz. Wieder spürte ich gedanklich dem Täter nach. Die Frage nach dem »Warum« stellte ich mir schon seit Monaten nicht mehr. Nur noch: Wer war es? Diese Frage hatte sich in mein Hirn gebrannt. Der Gedanke, ihm vielleicht hier in Sydney gegenüberzustehen, brachte

mich schier um. »Und wer da frei ist von Schuld ...«, so fing der Artikel doch an. Steckte da nicht das »Macht-doch-eh-jeder-Argument« dahinter? Angewidert schüttelte ich den Kopf. Es war für manche Menschen offenbar unerträglich zu akzeptieren, dass es Athleten gab, die ihre Leistung ohne Doping bringen und auch bringen wollen. Mit ihnen war ihre Legitimation weg, es tun zu müssen.

Es war weit nach Mitternacht, als ich im Hotel von Michael Lehner ankam. Es gab kein Zimmer mehr, und im Olympischen Dorf ohne Voranmeldung keinen Einlass. Ich legte mich neben Michaels Bett auf den Boden. An Schlaf war ohnehin nicht zu denken.

16. September 2000

Völlig übermüdet saß ich einem Präsidenten gegenüber, der von Tag zu Tag nervöser wurde. »Wir werden an diesem Verfahren nicht mehr teilnehmen«, dröhnte Digel in Walkers Büro. Er hatte sich mit dem australischen Anwalt verständigt, der hinter seinem Schreibtisch thronte und die versammelte Runde musterte. Sein Blick verriet nichts. Klar war nur, dass Digel ihn für den einzigen fähigen Juristen in der Gruppe hielt. Auch Prokop schien in seinen Überlegungen keine Rolle mehr zu spielen.

Digel polterte weiter. »Die IAAF behandelt uns in einer Art und Weise, die keinem rechtsstaatlichen Verfahren standhält. Wir sollten nicht mehr zu diesem dritten Verhandlungstag gehen.« Pause und eine kleine Drehung zum Hausjuristen. »Was glauben Sie, Herr Prokop, können wir einen solchen Schritt machen?« Der Angesprochene rutschte unruhig auf seinem Stuhl herum und sandte seine Blicke zur Decke. Ein vertrautes Bild aus früheren Unterredungen. Er tat so, als dächte er angestrengt nach. Digel wartete die Antwort gar nicht ab und fuhr fort: »Die Konsequenz wird sein, dass die IAAF dem DLV die gesamten Kosten des Verfahrens aufbürden wird. Dazu kenne ich die Brüder zu gut.« Ich konnte das nicht beurteilen, aber er hatte wohl Recht. Prokop wollte keine Stellung beziehen, er schob mir die Verantwortung zu. »Dann wird das ›Arbitration Panel‹ dich auf alle Fälle sperren, Dieter.« Hatte ich eine Wahl, in einer Situation wie dieser? Prokop machte mir Angst. Er sollte deutlicher werden. »Es ist auch schwierig, über die Frage der Kosten hier zu entscheiden«, sagte Prokop, »wir müssten einen Präsidiumsbeschluss dazu haben.« Ich wäre beinahe vom Stuhl gefallen. In wenigen Stunden sollte die dritte Verhandlung beginnen, von der meine sportliche Existenz abhing, und Prokop redete von einem Präsidiumsbeschluss. Jetzt war die Katze aus dem Sack. Es ging ihm nur noch um die Kosten. Seine Rechnung war ganz einfach: Würde der DLV an der Verhandlung teilnehmen, egal wie sie enden würde, trüge die IAAF die Kosten. Würde der DLV aussteigen und damit signalisieren, dass es kein faires Verfahren war, müsste er bezahlen. Wie einfach die Dinge für Prokop doch waren. Bestraft würde ohnehin nur ich. Dann lieber im Verfahren bleiben, ohne Konsequenzen für den Verband. Wozu das unnötige Risiko der Kosten? Wieder hatten wir die alte Schlachtordnung: Digel gegen Prokop.

Aber siehe da, der Vizepräsident hatte eine Hintertür erspäht. »Ich glaube, wir sollten zunächst Dieter fragen, was er vorhat, wie er sich entschieden hat«, warf Prokop ein. Er hatte wieder diese leicht rötliche Farbe im Gesicht. »Willst du heute als Zeuge aussagen oder immer noch nicht teilnehmen?« War ich hier eigentlich im Klub der Roulettspieler gelandet? Heute Rot, morgen Schwarz. Jetzt lag plötzlich die ganze Verantwortung bei mir. Die gesamten letzten Tage konnten wir nicht ein einziges Mal wirklich am Verfahren teilnehmen. Digel hatte alles an sich gerissen, unmissverständlich klar gemacht, dass dies ein Verfahren gegen den DLV sei, und nun sollte ich entscheiden.

Plötzlich, über Nacht, war es zu meinem Verfahren geworden. Jetzt sollte ich den Karren aus dem Dreck ziehen.
Alle schwiegen. Walker mit seiner großartigen Rhetorik hatte Prügel bezogen und mit ihm Digel. Beide leckten ihre Wunden. Prokop guckte an die Decke, als gehöre er hier nicht her, froh den schwarzen Peter weitergeschoben zu haben. Darin war er ein Meister. »Welche Chancen habe ich?« Ich wandte mich an Brett Walker, von dem ich mir noch die objektivste Antwort erwartete. »Ich bin mir sehr sicher, dass diese drei Schiedsrichter der IAAF Sie sperren wollen.« Seine Aussage war von bemerkenswerter Klarheit, ohne Zwischentöne. »Ich bin weiter davon überzeugt, dass die Richter nur Sie sehen wollen. Nur darin sehe ich den Grund der Vertagungen.« Also nochmals: »Wie hoch ist die Chance zu gewinnen?« Antwort Walker: »Fünf Prozent.« Langes, quälendes Schweigen. Walker sah sich genötigt nachzulegen: »Vielleicht auch zehn.«
Alle warteten auf meinen Entscheidung. In knapp zehn Tagen war mein Vorlauf, seit meiner Ankunft hatte ich einmal trainiert, auf den Sandwegen meiner Miniinsel. Aber ich wollte unbedingt laufen, wollte in Sydney am Start sein. Dafür hatte ich gekämpft, hart trainiert. Würde ich die Schiedsrichter heute überzeugen können, als Zeuge? Was wussten die drei vom »Arbitration Panel« von meinem Fall?
Ich erinnerte mich an ein Gespräch mit Yobes Ondieki in seinem Sommerhaus außerhalb Eldorets in Kenia. »Irgendwann habe ich beschlossen«, erzählte er mir, »jedes Rennen von vorne zu laufen, selbst dann, wenn ich es durch diese Taktik nie gewinnen könnte oder nur eine einprozentige Chance hätte, es zu gewinnen.« Ondieki sagte diesen Satz vor Jahren, als wir über unsere unterschiedlichen Mentalitäten und psychologischen Einstellungen bei Rennen philosophierten, auch bei jenen, die wir gegeneinander gelaufen waren. Ein Prozent Chance. Sollte ich wie Yobes von vorne laufen? Angreifen? Auch auf die Gefahr hin zu verlieren?

Aber das hier war kein Rennen, kein sportlicher Wettstreit. Hier sollte die Frage von Schuld und Unschuld geklärt werden, doch in Wahrheit ging es nur noch um Verfahrenstricks und darum, dass sich die Funktionäre mit heiler Haut davonstehlen konnten. Der DLV wollte am Ende sagen können: Wir haben alles richtig gemacht, alles versucht.
Digel fasste nach. »Herr Baumann, sollen wir weiter im Verfahren bleiben?«
»Laß mich doch einfach in Ruhe«, hätte ich ihm am liebsten ins Gesicht geschrien. Noch vor zwei Tagen hatte er mich weggeschickt, nun sollte ich über das Bleiben entscheiden, ganz allein. Was sind das für Menschen, Taschenspielern und Gauklern ähnlich, die mit mir nach Belieben umspringen?
»Als Zeuge, Sie werden mich als Zeugen benennen.« Ich sprach nur Walker an, das Spiel der anderen widerte mich an. »Aber Ihr Anwalt wird nicht mitkommen.« Wieder holzte Digel los. Ich wollte etwas entgegnen, aber Lehner zog mich zu einer kurzen Beratung aus dem Büro. Walker nickte mir zu, so als hätte er mit dieser Entscheidung gerechnet. »Wir müssen in zehn Minuten los.« Er gab seinen Assistenten die letzten Anweisungen, welche Unterlagen sie einpacken sollten. Michael und ich einigten uns darauf, dass wir jetzt keine Konfrontation mit Digel suchen wollten. Mein Anwalt war einverstanden, in einem anderen Raum zu warten.
Wir bekamen ein kleines Konferenzzimmer zugewiesen. Die DLV-Abordnung ließ Lehner und mich zurück, um in den dritten Sitzungstag zu ziehen. »Sobald wir Sie als Zeuge brauchen, lassen wir Sie holen«, rief mir Digel noch zu. Er wirkte sehr nervös. Erneut ging ich meinen vierseitigen Text durch, den ich vor dem Abflug nach Sydney ins Englische hatte übersetzen lassen. Vier Seiten. Allein die Aktenordner der Staatsanwaltschaft umfassten 1200. Wenigstens die wichtigsten Punkte wollte ich in aller Korrektheit und Klarheit vortragen können.

Auf Deutsch waren die Aussagen der Gutachten schon schwer genug zu erklären. Nun in Kurzform in Englisch.
Anwalt Walker ließ mich als Zeuge aufrufen. Ich verlas meinen Text, der die Ereignisse der vergangenen zehn Monate zusammenfasste. Den Vorsitzenden des Schiedsgerichts, Lin Kok Loh aus Singapur, empfand ich dabei als nicht so arrogant, wie ihn mir Digel geschildert hatte. Ich wunderte mich eher über seine Schläfrigkeit. Dennoch verlas ich meinen Text, um den Richtern wenigstens die Möglichkeit zu eröffnen, etwas über meinen Fall zu erfahren: »Ich gehe davon aus, dass ab Mai oder Juni diese Zahnpasta manipuliert war. Spätestens im Juli. Der erste Schleier war am 5. August aufgetaucht.« »Was, eine Probe war schon im Mai positiv?« Wie von der Tarantel gestochen schoss der Herr aus Singapur aus dem Halbschlaf hoch. Er hatte die kontaminierte Zahncreme mit einer positiven Probe verwechselt. Das konnte bei seiner offenbar begrenzten Wahrnehmungsfähigkeit passieren. Er hatte mich missverstanden. Nur mühsam konnte ich ihn beruhigen und darlegen, um welchen Sachverhalt es sich dabei handelte. Mit einem Satz streifte ich die Gutachten, vor allem die geringen Mengen, die ich aufgenommen hatte. Ob er mir noch zuhörte? Ich fürchtete, nein, zumindest schreckte er nicht mehr fragend hoch.
Walker forderte die IAAF zum Kreuzverhör auf. Ihr Anwalt verzichtete. Mein Part war beendet. Jetzt schlug die Stunde des Clemens Prokop, den Walker wortmächtig als führenden Juristen in deutschen Dopingverfahren mit einer entsprechend ausgezeichneten Doktorarbeit pries. Der Hochgelobte sollte erklären, warum in Deutschland der Anscheinsbeweis für einen Freispruch genügt, und nicht mehr das eherne Gesetz der Beweislastumkehr. Für Prokop eigentlich eine heikle Aufgabe, weil er nun etwas rechtfertigen sollte, was er über Monate bekämpft hatte. Aber letztlich war es auch belanglos, was er in mäßigem Schulenglisch referierte. Die IAAF-Funktionäre mach-

ten nicht den Eindruck, auch nur ein Wort verstanden zu haben. Ich durfte wieder gehen.

»Und, wie war es?« Lehner empfing mich schon in der Tür. »Ich weiß es nicht. Wenn sie kapiert haben, was ich gesagt habe, war es vielleicht gut. Aber was ist schon gut?« Mehr konnte ich nicht tun, mehr ließen sie nicht zu. Wir hörten, wie sie Professor Hemmersbach als Zeuge aufriefen. Er war Leiter des IOC-Labors in Oslo und sollte als Gutachter zu den Aussagen von Schänzer Auskunft geben. Leises Gemurmel drang durch die Verbindungstür zu uns. Wir konnten nicht verstehen, was geredet wurde.

Plötzlich Unruhe im Sitzungssaal, der Herr aus Singapur hatte eine Pause angeordnet. Die DLV-Truppe zeigte sich erstaunlich zuversichtlich. »Wir sind auf einem guten Weg, ich glaube es sieht sehr gut aus«, meinte Walker, »ganz im Gegensatz zu den beiden ersten Tagen.« Auf meine Frage, ob das Schiedsgericht überhaupt begriffen hat, worum es mir ging, zog er nur die Augenbrauen hoch. Sein Blick verriet alles. Auch Digels Laune schien im Aufwärtstrend. Er glaubte, einen weniger frustrierenden Tag erlebt zu haben, selbst der Vorsitzende aus Singapur sei besserer Stimmung, nachdem er mich gesehen habe. Ob ich diese Bemerkung als Kompliment oder ironische Spitze werten sollte, blieb in diesem Moment offen, wie so vieles zuvor. Jeder klaubte eben das für sich Positive aus der unübersichtlichen Gemengelage. »Wie lange wird es noch dauern?« Im Hineingehen beantwortete mir Walker noch meine Frage. »Vielleicht eine Stunde.« Er war im Geiste schon bei seinem Schlussplädoyer.

Auch Prokop war happy, klopfte mir sogar auf die Schulter. »Ich habe gerade mit einem Vertreter der IAAF gesprochen«, erzählte er strahlend nach der Verhandlung, »er geht davon aus, dass das Ding durch ist. Dieter, die lassen dich auf jeden Fall laufen.« Die Stimmung war mit einem Mal gelöst. Digel lachte und zerquetschte seinem australischen Anwalt fast die Hand vor

Freude. Walker sah zufrieden aus, und seine Assistentin versicherte mir, dass alles gut werde. Am nächsten Tag sollte die Entscheidung bekannt gegeben werden.
Ja, sie fühlten sich als Sieger. Im Überschwang der Gefühle wurde ein Treffen auf dem Kreuzfahrtschiff MS Deutschland verabredet, wo sich die olympische Familie, bestehend aus Funktionären, Sponsoren, Medienmenschen und Politikern, verwöhnen ließ. Selbst meinem Anwalt Lehner bot Digel eine Eintrittskarte an, allerdings mit dem Befehl: »Keine Aussagen gegenüber den Medien.« Nur mich wollte er nicht dabeihaben. »Sie kommen nicht mit heute Abend, das kann ich Ihnen wirklich nicht empfehlen.« Es klang fast wie ein väterlicher Rat. Er hätte es mir nicht eigens sagen müssen. Nichts lag mir in diesem Augenblick ferner, als mit dieser Festgesellschaft an einem Tisch sitzen zu müssen.
Draußen auf dem Gang begegnete ich noch den Anwälten der IAAF. Einer nahm mich kurz zur Seite und schüttelte mir die Hand: »Viel Glück für Ihre Vorläufe.« Verblüfft schaute ich ihm nach. War wirklich alles so klar? Ich wollte es glauben, fühlte mich von Zentnerlasten befreit. Ich spürte die Erleichterung in jeder Faser meines Körpers. Langsam schlenderte ich mit Michael Lehner durch die belebten Straßen der Innenstadt. Zum ersten Mal registrierte ich das bunte Treiben, die ausgelassene Stimmung, die Freude der Sydneysider an ihren Spielen. In den ersten Tage wirkte alles so bedrückend auf mich, ich musste blind gewesen sein. Am Abend flog ich zurück nach Brisbane.
Ein junger Droschkenfahrer, der sich als Schweizer Student entpuppte, chauffierte mich die 40 Kilometer bis zur Anlegestelle des Wassertaxis. Eigentlich hatte er nur ein Semester lang hier studieren wollen, war aber hängen geblieben, nachdem er den Kontinent zwei Monate lang durchquert hatte. »Danach konnte ich nicht mehr zurück«, schwärmte er, »wenn Sie das einmal

erlebt haben. Einfach irre.« Der Junge war nicht mehr zu bremsen und erzählte von den Nächten auf dem Autodach in der Wüste, von den Sternen, der Stille und der Natur. »Da wollen Sie nie mehr weg.« Jetzt erst hatte ich Augen für die Lichterkette an der Küste, wo sich Restaurants, Bars und Diskotheken wie an einer Schnur aufgereiht hatten. »Sie kommen zum ersten Mal hier entlang, nicht wahr?« Der Taxifahrer hatte offenbar mein Staunen registriert. Ich konnte ihm schlecht erklären, dass ich seit fünf Tagen diese Strecke fast täglich absolvierte. Sydney–Brisbane, Insel und zurück. Nett wie er war, empfahl er mir noch die »tollen Partys« an der Gold Coast.

In letzter Sekunde, kurz vor dem Ablegen, erwischte ich die Fähre, auf der sich auch eine Gruppe von Athleten eingefunden hatte, die auf die Insel übersetzen wollte. Unter ihnen war ein ehemaliger Weltklasseläufer, der wenige Monate vor meinen positiven Befunden auch mit Nandrolon »erwischt« wurde, wie die Presse schrieb. Ich war überzeugt, dass diese Befunde genauso wenig auf Doping im eigentlichen Sinne der Leistungssteigerung zurückzuführen waren. Sein Verband hatte ihn, wie mich der Rechtsausschuss, freigesprochen. Die IAAF hatte ihn im Sommer gesperrt, von seinem Verband war er aber als Offizieller mit nach Sydney genommen worden.

»Hey, Baumann, ich muss mit dir reden.« Der Kollege löste sich aus der Gruppe und kam langsam auf mich zu. Kaum hatte ich den ersten Satz über meine Verhandlung in Sydney begonnen, unterbrach er mich brutal: »Die werden dich sperren, Mann. Warum bist du überhaupt hergekommen?« Aus ihm sprach die pure Überzeugung, die mich sofort wieder verunsicherte. Er hatte das Prozedere schon hinter sich, wusste, wie die IAAF dachte und handelte. Und dennoch, warum ließ er keinen Widerspruch zu? »Das ist doch klar. Hier in Sydney können die nicht anders. Das ist nur ein Schauprozess. Sie wollen der Weltöffentlichkeit zeigen, wie hart sie gegen Doping vorgehen. Aber

mit Doping hat das alles nichts mehr zu tun.« Mein Gesprächspartner schien sich seiner Argumente absolut sicher.
Warum war Marc Richardson, der britische 400-Meter-Läufer, nicht angereist? Auch er, ebenfalls ein »Nandrolon-Fall«, sollte hier sein Verfahren haben, hatte aber im letzten Moment abgesagt. Er war wie der frühere Weltklassemann und ich von seinem nationalen Sportgericht freigesprochen worden. Er sagte, er kenne den Grund nicht, aber wie auch immer sei es klüger gewesen, zu Hause zu bleiben. »Sie werden dich genauso verurteilen wie mich. Es zählt kein einziges Argument bei der IAAF.« So verbittert hatte ich ihn noch nie erlebt. Die Fähre hatte längst abgelegt, wir hatten uns auf eine Bank im hintersten Winkel des Decks zurückgezogen. Der Junge machte mir Angst, der weitere Dialog auch.
»Warst du bei deinem Verfahren dabei?«, fragte ich ihn.
»In Monte Carlo, nein.«
Ich war überrascht. Prokop und Digel sagten doch immer, dass die LAAF es nicht wagen würde, mich zu verurteilen, wenn ich nicht dabei sei. Das war doch ihr starkes Argument, mich in den ersten Tagen vom Verfahren fern zu halten.
»Du warst nicht dabei?« Ich musterte ihn lange, um in der Dunkelheit eine Regung in seinem Gesicht zu erkennen. Er schüttelte den Kopf und schwieg.
»Warum bist du nie dagegen vorgegangen? Wieso bist du nicht vor Gericht?«
»Ich bin zu müde, Baumann.« Seine Stimme klang unendlich traurig. »Es hat mich einfach müde gemacht. Die Medien, das Geschrei überall. Keiner hörte mich richtig an. Ich habe aufgegeben.« Er machte eine lange bedrückende Pause, und wie aus einem Reflex heraus sagte er nochmals: »Ich habe einfach aufgegeben.« Die restliche Fahrt saßen wir stumm nebeneinander.
So unterschiedlich wir waren, so groß mein Argwohn damals

war, als die Nachricht von seinem positiven Befund an die Öffentlichkeit kam, so sehr ich es begrüßte, die Kontrollen weiter auszudehnen – in dieser Nacht war ich mir sicher, dass er nicht gedopt war.

»... wer Opfer eines Anschlags wird, dies aber nicht belegen kann, muss gesperrt werden. Zugunsten der Chancengleichheit kann es deshalb zu ungerechten Entscheidungen kommen.« Ja, lieber Herr Prokop, das waren Ihre Worte in meinem Fall, dachte ich. Sie hinterlassen zerstörte Biografien. Wo bleibt die Moral, das Fairplay? Hatte er in den letzten Tagen wirklich alles getan, um eine Verurteilung zu verhindern?

»Ich sage dir, sie werden dich sperren.« Mein Gegenüber sprach leise, ohne Mitgefühl. Die Fähre hatte angelegt. Mit einem kurzen Nicken verabschiedeten wir uns.

Langsam wanderte ich durch die Nacht zu meiner Behausung. Mach dich nicht verrückt, sagte ich mir, es wird gut ausgehen. Ein Teil des Tropenwalds war noch wach, krächzende Laute und Schreie drangen an mein Ohr, die ich aus Kenia kannte. Die Angst nahm ab. Wie ein Schlafwandler folgte ich dem Holzsteg in Richtung Baumhaus. Ich wollte noch nicht schlafen, nicht in mein Zimmer gehen, wo ich mich eingesperrt fühlte. Unter der Krone des Waldes wurde ich wieder ruhiger, die Erleichterung kehrte zurück, die ich heute nach der Verhandlung noch verspürt hatte. Jetzt tauchten die Vorläufe, die Stimmung im Stadion vor meinem Auge wieder auf. Ich würde in Sydney laufen, das Finale war möglich, ich wusste es. Die Müdigkeit überfiel mich wie ein Räuber, der lange auf seine Beute gewartet hatte. Plötzlich verließ mich die Energie, die mich durch die letzten Tage getragen hatte. Ich musste schlafen, um Kräfte zu sammeln für die Wettkämpfe, am besten die ganze Woche durch.

17. September 2000

Am nächsten Morgen, als ich erwachte, hatte ich Mühe, Ort und Zeit einzuordnen, obwohl es seit Wochen meine beste Nacht gewesen war. »Ich wünsche Ihnen viel Glück für Ihren Vorlauf.« Der Satz des IAAF-Anwalts hallte in meinem Kopf, als hätte er ihn ins Aufwachen hinein gesagt. Ich stellte mir vor, wie sich Isabelle über diese Nachricht freuen würde. Meine Eltern, ihre Eltern, meine Geschwister. Welche Erleichterung wäre es für sie, für meine Trainingskollegen, für die Freunde, für Dieter Rössner, den ich in seinem Büro vor mir sah, ungeduldig auf diese Nachricht wartend. Ich wurde unruhig.

Sie wollten heute entscheiden. Ich musste raus auf die Sandwege, musste laufen. Immer wieder versuchte ich, mich auf das Rennen einzustellen, 5000-Meter-Vorläufe aus der Vergangenheit abzurufen. Aber es funktionierte nicht. Heute noch nicht. Mein Gefühl für die Lauferei war jetzt nicht da. Aber es würde kommen, wenn sie heute für mich entscheiden würden. Die Form konnte nicht weg sein. Ich wusste es. Viele warteten zu Hause und wollten mich laufen sehen.

»Nein, immer noch keine Entscheidung.« Auch Michael Lehner konnte seine Nervosität nicht verbergen. »Aber du musst dir vorstellen, gestern Abend hat Digel tatsächlich Sekt bestellt.« Hatte der Präsident Grund zum Feiern? Hatte er eine entsprechende Information erhalten, wieder wie wild in der Gegend herumtelefoniert? Lehner meinte, dass das nicht nötig sei, weil sich die Herren Funktionäre alle auf denselben Partys träfen, im selben Hotel wohnten, und dort würden sie über nichts anderes reden als über den Casus Baumann. Unsere Schiedsrichter seien da gewiss mit dabei.

Der Olympia-Novize Lehner hatte von seinem Besuch auf der MS Deutschland ein halbwegs zutreffendes Bild mitgebracht. Was die Partys anbelangte, stimmte die Beobachtung. Dort wurde die Politik gemacht, das Geschäft mit den Sponsoren abgewickelt, das Beziehungsgeflecht gepflegt, das einem wichtig erschien oder zu einem späteren Zeitpunkt von Nutzen sein konnte. Auch der Fall Baumann dürfte in diesen Zirkeln diskutiert worden sein. Wirklich bedeutend war er aber nur für mich.

Am späten Nachmittag versuchte ich Rössner zu erreichen. Er schien in unserer Zeitzone zu leben, hatte schon Kontakt mit Digel gehabt. Der Präsident sei »hundertprozentig überzeugt«, dass ich laufen könne, berichtete er. Aber warum dauerte das nur so lange? In meiner Rastlosigkeit hatte ich mich wieder auf meinen Platz hoch oben unter den Bäumen zurückgezogen. Hier im Schatten wurde es merklich kühler. »Die kommen bestimmt in der nächsten Zeit mit ihrer Entscheidung heraus«, versuchte mich Rössner zu beruhigen. Er spürte mein Misstrauen. Es dauerte zu lange. Warum hatten sie nicht gleich entschieden, noch gestern, mündlich, wenn alles so klar war? Jetzt wurde wieder hinter den Kulissen gekungelt, am großen sportpolitischen Rad gedreht, um mich, wenn's opportun erschien, platt zu walzen. »Dieter, die werden dich laufen lassen, Digel war sich ganz sicher.« Ich konnte Rössners Optimismus nicht teilen.

Das Laufen auf der Insel machte einfach keine Freude. Zu eingeschränkt war mein Radius, zu unwirklich meine Umwelt. Was sollte ich in den Dünen, am Strand, auf den Elektrowägelchen? Ich war hier fehl am Platz, weil ich nur auf einen Anruf von Lehner wartete, und der wiederum hockte in seinem Hotelzimmer in Sydney und fuhr bei jedem Geräusch hoch, das ihn an ein Fax erinnerte. Wunderbares Australien. Spät nach 10 Uhr abends rief ich ihn resigniert an. »Michael«, sagte ich zu ihm, »die entscheiden heute nicht mehr.« Und ich ahnte Schlimmeres: »Ich sag dir was, Michael, das ist ein schlechtes Zeichen, ein ganz schlechtes Zeichen.«

Er musste mir nicht antworten, meine ganze Hoffnung, dieses Gefühl der Vorfreude auf diesen Vorlauf, auf die Olympischen

Spiele, noch letzte Nacht unter den Baumkronen des Tropenwaldes, war dahin. Ich fühlte es. Dieses Pochen im Kopf war wieder da. Es erinnerte mich an November 1999.

18. September 2000

Wie gelähmt lag ich auf der Wiese des Sportplatzes, inmitten von Palmen und einem schönen Blick auf die nahe gelegene Bucht. Die Feriengäste, die hier normalerweise Cricket spielten, haben das gewiss genossen. Aber ich lag da, mit dem Handy neben mir, und mühte mich mit ein paar Lockerungsübungen ab, um meine Beine etwas geschmeidiger zu machen. Eine richtige Trainingseinheit war hier nicht möglich, aber nach dem Stand der Dinge auch nicht mehr nötig. Die anderen Athleten hatten es vorgezogen, aufs Festland ins Stadion zu fahren. So war es hier ruhig. Ich dachte über Rössner nach, der mir in der gestrigen Nacht noch geraten hatte, mich auf den Sport zu konzentrieren. Hier auf dieser winzigen Rasenfläche wirkte das sehr irreal auf mich.
Meine letzte Hoffnung zerstörte Lehner mit einer neuen Meldung. »Eben hat ein Journalist angerufen, sie haben gegen uns entschieden«, Michael war am Boden, das war unüberhörbar. »Hast du etwas von Digel gehört?« Hatte ich nicht. Langes Schweigen. Er wusste, was das bedeutete. Gegen mich entschieden. Noch immer lag ich auf dem Rasen unter den Palmen. Es war heiß, ich suchte Schatten und wählte Digels Nummer. Ich hoffte auf ein klärendes Gespräch mit ihm. Er wisse von keiner Entscheidung, meldete er aus Sydney, aber er klang verunsichert. Am Abend zuvor hatte er noch große Hoffnung verbreitet, war von meinem Freispruch überzeugt. »Ich werde sofort mit der IAAF sprechen«, kündigte er an und war wenige Minuten später wieder am Apparat. Mit der Nachricht, die ich befürchtet hatte, die jetzt zur Gewissheit wurde: »Es ist wahr,

Herr Baumann. Die haben Sie gesperrt.« Seine Stimme überschlug sich fast vor Empörung. Sie konnte nicht gespielt sein. »Rufen Sie sofort Rössner an. Sie müssen noch morgen vor das Schiedsgericht des IOC. Das Urteil kann keinen Bestand haben.« Innerhalb weniger Minuten war ich schweißgebadet. Gesperrt. Alles dahin, vorbei. Ich war unfähig, auch nur einen vernünftigen Gedanken zu fassen, hatte mich in mein Baumhaus geflüchtet. Aber auch dort oben war die Luft dick und schwül. Die Vögel waren in der Mittagshitze still geworden. Gesperrt. Nur langsam kehrten alle meine Sinne zurück. Ich rief Lehner an, der die Nachricht schon von einem weiteren Journalisten bestätigt bekommen hatte. Er wollte sich sofort um die Begründung kümmern. »Ist Rössner wach?« Woher sollte ich das wissen? »Keine Ahnung, ruf ihn an, es ist doch egal.« Mehr konnte ich in diesem Moment nicht sagen. Ich legte auf und blieb auf meinem Turm sitzen. Warum mussten sie immerfort ihre Dolche in meinen Rücken stoßen, immer größere Wunden aufreißen? Aber vielleicht waren es diese Schmerzen, die mich aufrüttelten, die mich abermals antrieben. Das Schiedsgericht des IOC. Wir hatten uns mit dieser Möglichkeit auseinander gesetzt, diesen Schritt in Erwägung gezogen. Aber im Verlauf der vergangenen Tage schien er überflüssig geworden zu sein.
Rössner hatte bereits einen Marathon am Telefon hinter sich, als ich ihn anrief. Zusammen mit Lehner war er dabei, einen Schriftsatz zu formulieren, mit dem wir in die letzte Sportgerichtsinstanz ziehen konnten. Er werde jedoch noch ein paar Stunden benötigen, um alle Unterlagen zusammen zu haben, kündigte er an. Dazwischen musste er mich ertragen, mit allen meinen Fragen nach dem Warum. Warum dieser Sinneswandel? Warum hatten sie mir Zuversicht signalisiert? Glück für die Vorläufe gewünscht? War das alles Theater? »Ich weiß es auch nicht«, seufzte Rössner, »ich weiß nur, dass Digel gekocht hat.« Selbstverständlich hatte auch der Präsident Rat bei ihm gesucht,

und zugleich Dampf abgelassen. Der Tübinger Jurist war inzwischen zum Telefonseelsorger geworden, den alle Ratlosen in diesem Fallenstellerstück anwählten. Digels Empörung sei echt gewesen, sagte Rössner, »so kann er sich einfach nicht verstellen«. Für mich in meiner Inselisolation war der Rechtsprofessor ein Anker, an dem ich mich auch jetzt festklammerte, um nicht davongespült zu werden. »Es hilft nichts, wir müssen vor das Schiedsgericht, da hat Digel Recht«, verlangte Rössner. »Du wirst sehen, es ist noch mal eine echte Chance. Versuche im Training zu bleiben, Dieter.« Im Training bleiben? Fragte sich nur, wie?

»Angenommen du darfst noch laufen. Irgendeine Belastung müsstest du noch machen?« Es war Paul-Heinz Wellmann, der mich in meiner Not an das Notwendigste erinnerte. Er hatte mich vor zehn Jahren zu Bayer Leverkusen geholt und war dort als Vereinsmanager für mich mit verantwortlich. Er hatte mir alle Freiheiten gewährt, die ich mir wünschen konnte. Ich blieb im Schwäbischen zu Hause und war als Werksklub-Profi abgesichert. Meine erfolgreichsten Jahre hatte ich diesem offenen System zu verdanken. Als ehemaliger Weltklasseläufer wusste Paul-Heinz, dass Sportler ihren Freiraum brauchten, wenn sie erfolgreich sein wollten.

Schon einmal in meiner Karriere hatte er mit einem Satz den Kern getroffen. Es war bei den Olympischen Spielen 1988 in Seoul gewesen, als ich allein auf dem Einlaufplatz gelegen hatte. Isabelle war noch nicht Bundestrainerin gewesen, hatte also keinen Zutritt gehabt. Kurz vor dem Finale war er zu mir gekommen, die Vorbereitung, das Warmlaufen hätten gleich beginnen sollen. Den Vorlauf hatte ich überstanden, den Zwischenlauf ebenso locker und kontrolliert. Was würde nun kommen? Keiner konnte mir, dem jungen unerfahrenen Athleten, die entscheidende Antwort geben. »Eine Medaille, Dieter«, ich konnte mich noch an die Pause erinnern, die er damals eingelegt hatte, und an sein verschmitztes Lächeln, »das ist echt geil.« Diese beiden Wörter, »eine Medaille«, das war's, was ich verstanden hatte. Diese Botschaft war angekommen. Genau die hatte ich damals gewollt.

Belasten, wie sollte ich jetzt belasten, schnell laufen? Paul-Heinz schlug vor, es morgen Vormittag zu probieren. Ein Training mit häufigen Tempowechseln. Am Nachmittag könnte ich dann nach Sydney fliegen. Ich schüttelte den Kopf. Meine Beine fühlten sich an, als müssten sie 20 Kilogramm Übergewicht tragen. Die Nachricht von der Sperre hatte mich – wie damals am Spitzberg im Schnee – am Lebensnerv getroffen, auch meine körperliche Balance zerstört. Aber Paul-Heinz ließ nicht locker. Der Bayer-Konzern hatte in Sydney drei Häuser gemietet, in einem davon wollte er mich während des kommenden Verfahrens unterbringen. Er selbst wollte mich morgen mit dem Fahrrad beim Laufen begleiten. Wie ferngesteuert, entscheidungsunfähig, aber glücklich über das Angebot, stimmte ich zu.

19. September 2000

Auf keinen Fall wollte ich im Stadion laufen. Ich wollte mich nicht mit genauen Zeiten auseinander setzen. Dazu fühlte ich mich zu schwach. Ich wollte nur etwas schneller laufen, mich von meinen Fesseln befreien, wenigstens für einen kurzen Augenblick. Schon nach wenigen Minuten trieb mir die Sonne den Schweiß auf die Stirn. »15-mal eine Minute, mit einer Minute Trabpause, mehr schaffe ich nicht«, sagte ich zu Paul-Heinz. Mit Isabelle hatte ich das Pensum abgesprochen, soweit dies über die Entfernung möglich war und soweit es ihr gelang meine Verfassung einzuschätzen. Sie selbst war mutlos geworden, glaubte noch weniger an einen guten Ausgang als ich. »Am liebsten wäre mir, du würdest nach Hause kommen.« Noch nie hatte ich Isabelle so desillusioniert gehört, so ohne Hoffnung. »Das ist die Hölle, Dieter. Das kannst du nicht überstehen.« Wenn ich sie nur in den Arm hätte nehmen können, ihr übers Haar streicheln. Ich verfluchte die lange Distanz, das Telefon.

Paul-Heinz Wellmann war während der gesamten Warmlaufphase mit dem Fahrrad dabei. »Fang ganz ruhig an, lass dich erst einmal reinrollen. Du wirst sehen, die Lockerheit deines Schritts kommt schnell zurück.« Durch seine Ruhe nahm mir der Bronzemedaillegewinner von 1976 etwas von meiner Anspannung. Mit einem langen Schritt versuchte ich meinen Laufrhythmus zu wechseln. Nur langsam, zögernd kamen die Befehle bei meinen Beinen an. Eine Minute war schon vorbei. Konzentriere dich besser, dachte ich. Vergiss alles um dich, reiß dich zusammen. Wieder änderte ich meinen Schritt, wurde schneller, um nach einer Minute in einen ganz langsamen Trab überzugehen. Schnell wurden aus den Schweißperlen Rinnsale, die mir über Gesicht und Nacken flossen. Mein Trikot troff. Wieder ein Schrittwechsel, lang das Tempo verschärfend, aber immer noch kontrolliert. So müsste es sich im Rennen anfühlen, dieses Tempo ungefähr. »Das ist schnell genug, Dieter«, hörte ich Paul-Heinz sagen. Er fuhr ganz dicht neben mir auf dem asphaltierten Weg. Wir hatten wenig Schatten. Der Rundkurs führte um das Stadion durch ein Wohngebiet. Große Bäume waren selten. Wieder eine Trabpause. Ich fühlte mich besser, alles um mich herum vergessend.

»Das Programm war echt gut, Dieter.« Paul-Heinz verabschiedete mich am Steg der Fähre. Wir umarmten uns kurz. Zehn Jahre gemeinsamer Arbeit, die nun in einem solchen Desaster enden sollten? Er hatte mich in der schwierigen Phase der vergangenen Monate gestärkt, auch gegenüber dem Vorstand des Unternehmens. Aber jetzt, wir spürten es, gab es kaum noch Hoffnung auf ein versöhnliches Ende. Das Schiedsgericht des IOC konnte nicht in meinem Sinne entscheiden. Zu stark war

der sportpolitische Druck. An Baumann musste ein Exempel statuiert werden.
Kaum war ich in Sydney gelandet, hatte ich schon Digel in der Leitung. Ihm ging wieder einmal alles viel zu langsam: »Ich habe gedacht, Ihr Anwalt hätte schon alles für das CAS vorbereitet.« Er konnte es einfach nicht lassen, Lehner am Zeug zu flicken. Er brauchte für seine Niederlage offensichtlich einen Sündenbock. Aber wer hatte Lehner denn, im Brustton der Selbstüberzeugung, vom Verfahren gegen die IAAF fern gehalten? Und wer hatte in Deutschland einen ausgezeichneten Job gemacht, mir einen Freispruch erstritten? Mich kosteten diese unaufhörlichen Telefonate zu viel Kraft, das ständige Gegenargumentieren zog mir die Energie aus dem Leib. Jetzt sollte ich seinen Anwalt Brett Walker engagieren. Walker? Ein Anruf genügte, und mir war klar, dass er nicht infrage kam. Zu teuer. Kopfschüttelnd legte ich auf. Auch wenn er ein noch so ausgebuffter Verteidiger sein sollte, bei diesem Stand des Verfahrens war dieses exorbitante Honorar nicht zu verantworten. Das leuchtete auch Digel ein. »Dann soll Lehner so schnell wie möglich das CAS anrufen. Auf was wartet er noch?« Es musste immer der gestreckte Galopp sein.
Ich suchte einen Platz zum Nachdenken und fand ihn in einer ruhigen Seitenstraße. Der Abend war mild, das Café abgelegen genug, um einigermaßen ungestört telefonieren zu können. Ein Glück, dass es den besonnenen Dieter Rössner gab. Er plädierte für Abwarten, bis eine Reaktion des IOC vorlag, und natürlich wieder für Hoffnung. Er sei sicher, »dass wir auf bessere Richter stoßen werden«. Sein Glaube an eine unabhängige Rechtsprechung schien unerschütterlich. Oder wollte er mich nur am Laufen halten? Sicher war nur, dass beide, Michael und Dieter, auf Hochtouren arbeiteten. Sie brauchten mich heute Abend nicht mehr.

20. September 2000

Michael Lehners Hotelzimmer sah aus, als wäre gerade ein Wirbelsturm hindurchgefegt. Der Boden übersät von zusammengerollten Faxpapieren, Schriftstücke auf dem Bett und den Stühlen. Er selbst hockte dazwischen und machte sich Notizen. »Tut mir Leid, dass ich nicht mehr Platz schaffen konnte«, sagte er grinsend. Obwohl beide durchgearbeitet hatten, er die Nacht in Sydney, Rössner den Tag in Tübingen, war Lehner guter Dinge. Unser Antrag war fertig. Michael hatte bereits Kontakt mit australischen Anwälten aufgenommen, die vom IOC für Rat suchende Athleten ausgewählt wurden. Einer von ihnen sollte uns vertreten, das Schiedsgericht wollte das so.

»Das heißt, wir reichen den Antrag noch heute ein?« Digel hatte mich mit seiner Hektik angesteckt, ich wollte es hinter mich bringen, endlich Klarheit haben, welche auch immer. Ich hatte einfach nicht mehr die Energie länger zu warten. Michael zögerte, der örtliche Verteidiger wollte Zeit gewinnen, zuerst mit uns reden. Aber er spürte meine Ungeduld. »Okay, wir können um 13 Uhr einreichen, dann ist die Verhandlung wahrscheinlich morgen, und wir haben noch den Nachmittag, um mit den Australiern zu sprechen.« Ich wollte nicht noch einen Tag warten, zweifelte ohnehin daran, was ein wiederum neuer australischer Anwalt würde ausrichten können, der meinen Fall nicht einmal im Ansatz kannte.

Der neue Rechtsbeistand hieß Bruce Collings. In seiner Kanzlei trafen wir ihn allerdings nicht an, sondern nur zwei seiner Assistenten, die ihm den Vortrag für den nächsten Tag vorbereiten sollten. Auch die beiden jungen Anwälte hatten gehofft, mehr Zeit zu haben, aber jetzt mussten sie eben in Windeseile eine für sie fremde Materie pauken. Ihnen blieben zwölf Stunden, die sie nach Kräften nutzten.

21. September 2000

Uns erwartete ein gut präparierter Collings. Aus jedem seiner Sätze hörte ich Kompetenz, Erfahrung und Ruhe heraus. Ich traute dem wuchtigen Mann mit der tiefen Stimme. Das Schwierige sei zunächst, das CAS zu überzeugen, dass es überhaupt entscheidet, sagte er, bevor wir uns auf den Weg zur Verhandlung begaben. Die Entschlossenheit, die er dabei an den Tag legte, unterstrichen durch seinen massigen Leib, gefiel mir. Er gehörte zu den Verteidigern, die viel durch ihre Körpersprache ausdrückten. Ähnlich wie Athleten, die mit diesem Mittel arbeiten, wenn sie ihre Konkurrenz kurz vor dem Wettkampf einschüchtern wollen.
Collings marschierte vorneweg in den Sitzungssaal und fühlte sich auf seinem Platz, gegenüber den drei Richtern des IOC, sichtlich wohl. Ich saß neben der Abordnung des Nationalen Olympischen Komitees, vertreten durch dessen Generalsekretär Heiner Henze und Helmut Digel. Uns gegenüber die IAAF. Die Vorsitzende Richterin, die Australierin Tricia Kavanagh, eröffnete die Verhandlung mit der Feststellung, für meinen Fall zuständig zu sein. Immerhin, aber schon das war der IAAF zu viel. Ihr Generalsekretär Istvan Gyulai sagte, dieses Gericht könne nicht über meinen Start entscheiden, und deshalb werde die IAAF an dem Verfahren nicht teilnehmen. Vielleicht werde man dem CAS im nächsten Jahr beitreten. Es klang wie eine Drohung. Man lasse lediglich eine Anwältin als Beobachterin zurück. Sprach's und verließ mit drei Adjutanten den Saal.
Wir wähnten uns auf dem richtigen Weg, unser erstes entscheidendes Rechtsargument hatte gegriffen, das CAS wollte entscheiden. Collings war, in Anbetracht seiner kurzen Vorbereitung, großartig. Sein Assistent flüsterte ihm unentwegt neue Informationen ins Ohr, er schien sie sofort zu speichern. Woher nahm er bloß dieses Aufnahmevermögen, dieses in wenigen

Stunden aufgesogene Detailwissen? »Wir werden auch leisesten Zweifel beseitigen«, raunte er mir in einer Pause zu. Er kannte die Knackpunkte. »Hat die IAAF eine Begründung für die Ergebnisse der Blutprobe?« Keine Antwort auf die Frage des CAS-Richters. Ihre Anwältin zog sich schlicht auf ihren Beobachterstatus zurück. Erst als die Vorsitzende Richterin nachhakte und fragte, ob sie zu dem gesamten Fall nichts vorzubringen habe, rang sie sich zu dem Satz durch: »Es könnte doch auch eine Lutschtablette gewesen sein. Ich glaube, in diese Richtung hat sich auch der Gutachter Hemmersbach geäußert.«
Wie vom Blitz getroffen wollte ich sofort kontern, doch Collings, der meine Empörung sah, aber nicht verstand, hielt mich zurück. Es war derselbe Satz, den Prokop als DLV-Chefankläger im Verfahren vor dem Rechtsausschuss formuliert hatte. Den der Vorsitzende Schoeppe als falsch zurückgewiesen hatte, weil auf diesem Weg das exakte Präparieren der Zahnpasta mit den passenden Urinwerten ohne ein Hightech-Labor im Keller unmöglich war. Auch Digel schreckte hoch. Schon zuvor hatte er klar und deutlich betont, dass die IAAF ihre eigenen Verfahrensregeln verletzt habe, jetzt wollte er wieder eingreifen. »Das hat Hemmersbach nicht gesagt«, raunte er mir zu, aber er kam nicht zu Wort.
Nach vier Stunden war die Verhandlung beendet. Die Vorsitzende versprach, uns so schnell wie möglich eine schriftliche Entscheidung zukommen zu lassen. »Wie schnell?«, wollte ich wissen, was Collings wohl als kleine Despektierlichkeit gegenüber dem Hohen Gericht wertete und geistesgegenwärtig in eine diplomatische Frage kleidete: »Mit dem größten Respekt vor Ihrer gewissenhaften Prüfung aller Argumente – aber können Sie uns eine vage Andeutung machen, wie lange Sie für Ihre Entscheidung brauchen? Dieser junge Athlet muss sich noch geistig auf seinen Vorlauf einstellen können.« Frau Kavanagh ließ sich ein leichtes Schmunzeln entlocken, sichtlich angetan von

Collings' Zuvorkommenheit während der gesamten Verhandlung. »Wir werden aller Voraussicht nach noch heute eine Entscheidung fällen.«
Wieder keimte Hoffnung. Kein einziges Argument wurde von der Gegenseite entkräftet. Wieder dieselben Szenen wie nach dem Verfahren beim »Arbitration Panel«. Ein CAS-Richter war es diesmal, der mir für die anstehenden Vorläufe Glück wünschte. Selbst die Vorsitzende schüttelte mir mit den Worten »good luck« die Hand. Was sollte ich glauben? Michael und ich schauten uns draußen vor der Tür besorgt an. Wir ließen uns nicht mehr von der Euphorie anstecken, wir waren unserer Sache nicht mehr sicher.
Ich war müde und versuchte trotzdem zu laufen. In der Nähe meiner Unterkunft hatte ich einen Park entdeckt. Langsam trabte ich über den Rasen. An diesem späten Nachmittag wimmelte es von Läufern, die alle an mir vorbeizogen. Wie an einer Perlenschnur aufgereiht. Sie waren viel zu schnell für mich. Die Sonne stand schon tiefer und verlor ihr wärmende Kraft, Tau legte sich übers Gras. In Gedanken versunken, brachte ich 20 Minuten laufend hinter mich, dann musste ich gehen.
Die Verhandlungen, der Kampf vor und hinter den Kulissen hatten mich alle Kraft gekostet. »Sie gehen nicht hinein«, hatte mir Digel gesagt. Prokop war mein Verteidiger. Ich musste mich zwingen, wieder ein paar hundert Meter zu laufen. Es ging nicht. Weit vornübergebeugt blieb ich stehen, stützte meine Arme auf die Oberschenkel, versuchte durchzuatmen. »Dieter, komm nach Hause.« Ich dachte an Isabelle, wie so oft in den vergangenen Stunden. Nach Hause. Es gab nichts, was ich mir mehr wünschte. Diese Schlacht konnte ich nicht gewinnen. Zu viele Gegner, zu starke Mächte.
»Es könnte eine Lutschtablette sein. Solche Verfahren werden in der Kaffeepause entschieden.« Immer wieder murmelte ich diese Sätze vor mich hin. Die vorbeieilenden Jogger schauten mich

irritiert an. Wieder versuchte ich mich in Bewegung zu setzen. Es war dunkel geworden, aber die Straßenlaternen der Stadt erzeugten noch genug Streulicht. »Komm doch nach Hause.« Isabelles Wunsch. Ich sehnte mich nach ihr, wollte, dass sie hier wäre, laufend an meiner Seite. Daneben erreichte mich nichts mehr. Weder der Geruch des feuchten Grases noch die Kälte, die sich durch meine Kleidung schlich. Ich schleppte mich in meine Unterkunft, keine 500 Meter weit.
Nur drei Stunden waren vergangen, da meldete sich Michael Lehner. Noch ehe er seinen Namen nannte, sagte er: »Ich habe noch nichts. Es ist noch keine Entscheidung da.« Die Müdigkeit in seiner Stimme ließ seine Gemütslage erkennen. »Besser ist es, wenn ich im Hotel bleibe. Hier bekomme ich die Entscheidung sofort zugesandt. Ich melde mich sofort. Versuch du zu essen und dich auszuruhen.« Es war ein hilfloser Appell. Ich hatte mit den Olympischen Spielen abgeschlossen.
Wie ferngesteuert landete ich in einem kleinen Café. Allein am Tisch und mit empfangsbereitem Handy. Lustlos stocherte ich im Essen herum. Es klingelte. Winfried Hermann, der grüne Abgeordnete, wollte mich zum Frühstück einladen. Er war mit einer Delegation des Sportausschusses in Sydney und wollte sich ein Bild verschaffen. »Morgen zum Frühstück? Mit hoffentlich guten Nachrichten.« Er klang fröhlich. Es war wohl ein angenehmer Wechsel aus dem Bundestag zu den Olympischen Spielen. Was würde morgen früh sein? Ohne nachzudenken sagte ich zu.
Wieder das Telefon. War es Lehner mit dem Ergebnis? Das Handy lag drohend in der Mitte des Tisches. Nur zögernd nahm ich den Anruf entgegen. Ein Journalist. Wo ich denn stecke? Was es denn Neues gäbe? Ich gab mir schon lange keine Mühe mehr mich zu fragen, ob Zynismus in den Fragen steckte oder nicht. Woher nur hatte er meine Nummer? Ich hatte eine Plaudertasche am anderen Ende der Leitung und fror. Bitte nicht

jetzt, nicht heute Abend. Genervt brach ich das Gespräch ab. Es war 23 Uhr. Und wieder glotzte mich das Handy auf dem Tisch drohend an. Noch einmal Michael Lehner am Apparat. Seine Stimme zitterte. »Ich habe nichts«, wie aus einer Pistole schoss der Satz aus seinem Mund, »es wird heute sicher keiner Entscheidung mehr geben.« Ich wusste, dass das eine schlechte Nachricht war.

22. September 2000

Lange vor dem Morgengrauen saß ich in der Küche. Mein in früheren Zeiten heiß geliebter Good Morning Tea war eine Brühe, ich rührte lustlos in der Tasse, wartete trostlos auf den Tag. Das schöne Haus, das mein Verein gemietet hatte, konnte mir so wenig helfen wie der Garten, der mit einer hübschen Sitzecke liebevoll hergerichtet war. Eigentlich ein wunderbarer Platz mitten in der Stadt. Ich musste zu den Politikern. Die letzten Partygänger schlenderten auf den Straßen nach Hause, um Platz zu machen für die, die schon früh den Tag begannen. Schichtwechsel auf der Oxford Street. Die Herren aus Berlin hatten einen straffen Tagesplan, hörten aber interessiert und geduldig zu. Ich war nicht überrascht, wie dünn ihre Kenntnisse waren, wie einseitig sie zum Teil informiert waren.
Mein Handy riss mich aus dem Gespräch. Wieder war es Lehner. Ich entfernte mich vom Tisch der Parlamentarier. Diesmal wartete Michael mit der finalen Nachricht auf. »Mach dir keine Hoffnung, Dieter, sie haben gegen uns entschieden.« Jetzt gab es nichts mehr zu relativieren, nichts mehr abzuschwächen. Jetzt war es endgültig. Keine Olympischen Spiele mehr. Hastig kündigte er mir noch an, sich sofort ins Taxi zu setzen und in mein Quartier zu kommen. Am Telefon gab es nichts mehr zu erklären. Ich konnte die große Enttäuschung bei ihm heraushören,

auch für ihn war es längst mehr als ein juristischer Fall geworden. Langsam ging ich zum Tisch zurück. Endgültig kein Start. Kurz informierte ich die Abgeordneten noch über die Entscheidung des CAS und bat dann um Entschuldigung für meinen überstürzten Aufbruch.

Im kleinen Garten meiner Unterkunft saß Michael auf einer Bank und starrte auf meine Akkreditierung, die ich schon am gestrigen Abend in den Baum gehängt hatte. Achselzuckend, mit fragendem Blick kam er mir entgegen. »Um das wäre es gegangen.« Mit dem Finger tippte er auf die Karte. Sie begann zu schaukeln. »Ich mach uns einen Kaffee.« Als ich aus der Küche kam, schaute er immer noch auf die schaukelnde Karte. Ich setzte mich neben ihn. Wir sprachen lange nichts. Es war, als hätte er selbst Startverbot bekommen.

»Heute Nachmittag gehe ich noch zu einer Pressekonferenz ins ›Deutsche Haus‹. Digel hat mich angerufen.« Ich unterbrach die Stille. Michael schaute hoch, er schien sich Sorgen zu machen. »Ich werde versuchen, schon morgen einen Rückflug zu bekommen. Was soll ich noch hier.« Er fragte, ob ich schon mit Isabelle telefoniert hätte. Ich nickte stumm und er ersparte sich die Frage nach ihrem Befinden. Unsere Tassen waren längst leer, als ich mich daran erinnerte, dass er für heute seinen Rückflug gebucht hatte. Er wollte direkt von hier zum Flughafen fahren.

Allein ging ich langsam die abgesperrte Straße in unmittelbarer Nähe des Olympiastadions hinunter, auf das »Deutsche Haus« zu, dem Treffpunkt von Medien, Sponsoren, Funktionären und Athleten. Ein Ort zum Sehen und Gesehenwerden. Früher habe ich diesen Hort der Eitelkeiten gerne gemieden. Ich war offensichtlich so mit mir beschäftigt, dass ich Paul-Heinz Wellmann nicht erkannte, der weit vor dem Vergnügungstempel wartete. Er nahm mich in die Arme. »Mach es kurz da drin«, sagte er und deutete auf die Meute der Kameraleute, die uns noch nicht gesehen hatte. »Ich wollte dich in Ruhe sehen, nicht dort drin. Sag nichts, ich kann es nicht glauben.« Er legte seine Hand um meinen Hals, wollte mir noch einmal Kraft geben für diesen letzten Auftritt. »Es hat nicht sollen sein, Paul-Heinz«, sagte ich noch, »und danke für die Unterkunft.« Eine letzte Umarmung und er blieb auf dem Gehweg zurück.

Kaum hatte mich der Erste entdeckt, liefen die Medienmenschen wie ein aufgescheuchter Bienenschwarm durcheinander. Das wilde Durcheinander bewegte sich mit großer Geschwindigkeit auf mich zu. Kabel flogen durch die Luft, ich hörte das Fluchen der Kameraleute, Ellbogen wurden dem Nebenmann in die Rippen gerammt oder sonstwohin. Zunächst blieb ich stehen, um die Menge zu beruhigen. Sie wollten doch alle nur ihr Bild. Aber es nutzte nichts, es wurde weiter gestoßen, geflucht, Mikrofone wurden vor mein Gesicht gehalten, was nur dazu führte, dass die Kameraleute noch lauter schrien, weil man mich damit gar nicht mehr im Bild hatte. Es waren nur 50 Meter zum Eingang.

»Meine Damen, meine Herren.« Ich startete einen hilflosen Vermittlungsversuch und deutete auf das Gebäude vor mir. »Ich denke, die Pressekonferenz findet im Saal statt.« Es war eine unsinnige Bemerkung, weil erstens keine Dame da war und zweitens keiner hinhörte. Sie blieben einfach stehen, sofern sie nicht über eigene oder fremde Kabel gestolpert waren. Endlich doch drinnen angelangt, wurde ich von einem NOK-Vertreter in einen ruhigen Nebenraum geleitet. Digel war schon da, neben ihm saß Klaus Steinbach, der Chef de Mission. Wir begrüßten uns kurz. Digel sah sehr müde aus.

Bei der Pressekonferenz dasselbe Gedränge, der Raum war zu klein. Meine Energie war weg, alle Kraft verbraucht. Langsam nahm ich meinen Platz auf dem erhöhten Podium ein, vor mir die aufgeregte Presse. Was glaubte sie zu erfahren? Was konnte ich ihr sagen? Das Ergebnis war bekannt. Noch einmal musste ich mich konzentrieren, meine Sätze wägen. Ich wusste, die Journalisten warteten auf die große Abrechnung. Mit wem sollte ich

abrechnen? Mit dem Täter, ja, ganz sicher. Und dann? Ich dachte an meinen Heimflug. Das NOK hatte mir freundlicherweise das Ticket umgebucht. Morgen. Nur noch 24 Stunden an diesem Ort. Ich freute mich auf Isabelle.
Die ersten Fragen, schnelle Antworten. Was sollte ich schon sagen. Abzurechnen hatte ich an dieser Stelle nicht. Die Pressekonferenz war früher zu Ende, als ich zu hoffen gewagt hatte. »Wir können Sie am Hintereingang mit dem Wagen abholen«, bot mir der NOK-Bedienstete an. »Ich gehe so, wie ich gekommen bin. Durch den Haupteingang«, entgegnete ich. Sollten die Kameraleute halt noch einmal übereinander herfallen. Der Fahrer kam mit. Im Foyer erkannte ich aus den Augenwinkeln zwei junge Athleten, die an einem Computer saßen. Einer davon war ein Nachwuchsläufer, der mich in Portugal und Tirrenia im Trainingslager begleitet hatte. Unser Blick traf sich für eine Sekunde. Bleib' wo du bist, dachte ich, sonst fallen die Jungs auch über dich her, sie warten nur auf eine Rührgeschichte. Unmerklich nickte er mir zu. Ich beschleunigte meine Schritte. »Hier ist der Wagen, ich bringe Sie nach Hause«, sagte der Fahrer.

23. September 2000

Lange vor dem Start meiner Maschine nach Frankfurt war ich am Flughafen. Auf jedem Bildschirm liefen die Spiele, gerade die 1500 Meter im Freistilschwimmen der Männer. Es war einer meiner ersten Wettbewerbe, die ich live bei Olympischen Spielen angeschaut hatte. 1988 in Seoul. Der Deutsche Pfeiffer pflügte mit einer ungeheuren Armkraft durch das Wasser. Er hatte sich auf die Verfolgung des Führenden gemacht, den er jedoch nicht mehr erreichen würde. Würde er seinen Platz halten können? Er schaffte es und gewann die Silbermedaille. Voller Bewunderung ging ich damals zurück ins Dorf. Zweiter Platz. Einige Tage später sollte mir das Gleiche passieren. Für mich damals unvorstellbar.

Der Bahnbeamte in Frankfurt schaute mich nur kurz und fragend an. »Nach Tübingen«, wiederholte ich im festen Glauben, er hätte mich nicht verstanden. Er schüttelte den Kopf, das wollte er gar nicht wissen. »Es ist eine große Sauerei, was die da unten mit Ihnen gemacht haben. Viel Glück für die Zukunft.« Beinahe hätte er meine Fahrkarte vergessen.

Trainingslauf in der Toskana.

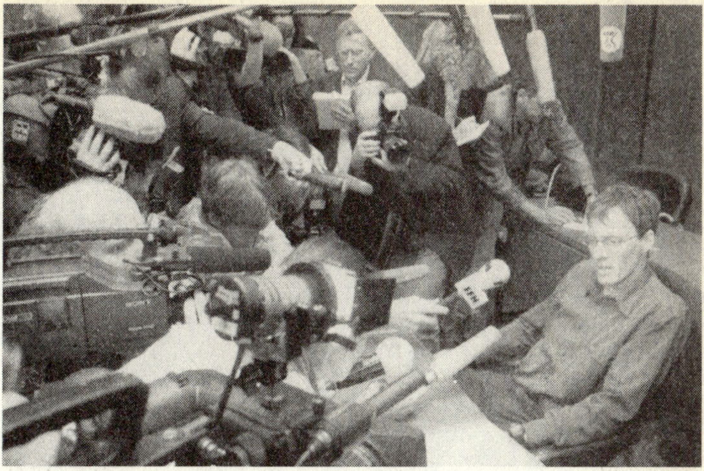

18. Mai 2000. Pressekonferenz nach der Entscheidung des Oberlandesgerichts Frankfurt.

Dieter und Isabelle Baumann sagen die Wahrheit. Der Psychologe Prof. Dr. Udo Undeutsch erläutert der Presse die Ergebnisse des Lügendetektortests.

Der ZDF-Sportchef Wolf-Dieter Poschmann wollte das Interview in der kalten Januarnacht.

Dieter Baumann und sein Anwalt Michael Lehner im Stuttgarter Landgericht.

Dieter Baumann nach seinem Sieg über 5000 Meter bei den Deutschen Meisterschaften in Braunschweig am 29. Juli 2000.

Dieter und Isabelle Baumann in St. Moritz.

Dieter Baumann und Helmut Digel auf dem Weg zum Schiedsgericht des IAAF in Sydney.

Dieter Baumann bei seinem Sieg in Dortmund am 25. Februar 2001.

Marathon – 3000 Meter – Marathon

3.–24. Januar 2001

»Dem Antragsteller wird gestattet, bezüglich der hier gestellten Anträge den Antragsgegner (DLV) ohne Ausschöpfung des Verbandsgerichtsweges vor einem ordentlichen Gericht zu verklagen. ... Das von der IAAF mehrfach verletzte Rechtsstaatsprinzip ist ein zu hohes Gut, als dass dessen unterwürfige Aufgabe zu billigen wäre.«

Wolfgang Schoeppe am 22.12.2000

Ein Jahr war seit den Dopingbefunden ins Land gezogen, drei Monate lag mein Ausschluss in Sydney zurück. Die Athletenvereinbarung mit dem DLV hatte mich bisher daran gehindert, vor Gericht zu ziehen. Also musste ich erneut den Rechtsausschuss anrufen – und jetzt erlaubte mir Wolfgang Schoeppe, den DLV zu verklagen. Der Vorsitzende sah offenbar keine andere Möglichkeit mehr, als mir auf diese Weise Rechtsschutz zu gewähren. Ich hatte zwar einen nationalen Freispruch in der Tasche, aber der Verband wollte mich bei den kommenden Rennen in Deutschland nicht zulassen.
Das dreiseitige Schriftstück von Schoeppe sprach einerseits Klartext, andererseits war ebenso deutlich, dass er sich nicht mehr die Finger verbrennen wollte. Er wollte keine Entscheidung mehr über meine Startberechtigung fällen, sondern mich auf den Weg vor ordentliche Gerichte schicken. Der Ansbacher Anwalt hatte es wohl aufgegeben, an die Vernunft der Sportfunktionäre zu glauben. »Schoeppe gestattet mir, den DLV zu verklagen.« Ich murmelte diesen Satz vor mich hin, voller Sarkasmus, das Fax in der Hand, das er mir erst mit zweiwöchiger Verspätung nach Portugal geschickt hatte. Dort war ich wieder mit einer

Gruppe von Langstrecklern gelandet, mit Isabelle als Bundestrainerin.
Ich war die Steilküste an der Algarve entlanggewandert. Es war warm, 20 Grad, windstill und das Meer lag ruhig unter mir. Ein verwinkelter Pfad führte mich hinab, unten angekommen bog ich barfuß in den weiten Sandstrand ein. Beim Gehen hielt ich mich an die Linie, die mir die Wellen mit ihren weitesten Ausläufern zeichneten. Dort war der Sand nass und schwer. Das Wasser umspülte meine Knöchel und zog sich wieder zurück, um neuen Schwung zu holen.
Ich dachte daran, wie mich die IAAF einfach aus Sydney weggeschickt hatte. Proben positiv und damit basta. Indizien, Gutachten, Aussagen vor der Kriminalpolizei hatten sie nicht interessiert. Stattdessen Berufsverbot all around the world, und der DLV war sofort dabei.
Mein Überlebensmittel nach dem Schock von Sydney hieß Laufen. Es tat mir gut. Schon im Oktober hatte ich wieder damit angefangen und in den Wochen danach meine Unlust abgelegt. Unlust. Ein Gefühl, das ich vorher nie gekannt hatte und das sich verstärkte, weil ich wieder mehr mit der Sportpolitik kämpfen musste als mit dem Training.
Clemens Prokop war ja nicht vom Erdboden verschwunden. In Treue fest zur IAAF hielt er unbeirrt dagegen, und er marschierte stramm auf das Amt des Präsidenten zu, der im März neu gewählt werden sollte. Ich war mir sicher, dass er sich weiterhin als Chamäleon präsentieren würde. Ankläger vor Sydney, Verteidiger in Sydney, Ankläger nach Sydney.
Das Machtgefüge beim DLV hatte sich endgültig geändert. Helmut Digel war inzwischen so geschwächt, dass er seine Ankündigung, gerichtliche Schritte gegen die IAAF einzuleiten, nicht mehr in die Tat umsetzen konnte. Bei einem privaten Treffen mit mir hatte er einen sehr unglücklichen Eindruck gemacht. Der Hardliner Prokop war aus seiner Vizepräsidenten-

rolle herausgewachsen und hatte die Mehrheit des Präsidiums hinter sich geschart. Je härter der Wahlkampf wurde, desto mehr schwand Digels Einfluss. Sein Schicksal innerhalb des DLV schien besiegelt. Prokop bereitete sich auf die Machtübernahme vor.

Der Schulterschluss mit dem Weltverband, dem Schoeppe bescheinigte, mehrfach das Rechtsstaatsprinzip verletzt zu haben, würde so vollzogen. Was kümmerte dabei Prokop die Athletenvereinbarung, die er vor Jahren noch selbst mit den Sportlern abgeschlossen hatte. Darin stand eindeutig, dass die DLV-Regeln Priorität haben und die IAAF-Statuten nachgeordnet sind. Mit anderen Worten: Hätte Prokop die Athletenvereinbarung ernst genommen, hätte er mich starten lassen müssen. Schließlich war ich vom eigenen Verband »in erster und letzter Instanz« freigesprochen worden. Wenn überhaupt, dann zog er den Vertrag nur aus der Tasche, wenn es galt, die Athleten zu knebeln, ihnen den Gang vor ein ordentliches Gericht zu verwehren, die Beweislastumkehr vorzuschreiben oder Solidarität mit den weniger Erfolgreichen einzufordern. Selbstverständlich wurde auch Fairness verlangt, was er offenbar als Einbahnstraße verstanden hatte. In seinem eigenen Handeln konnte ich sie jedenfalls nicht entdecken.

Aber noch war Prokop nicht Präsident und ich war zum Laufen hier an der Algarve. Ich steckte die drei Seiten von Schoeppe wieder in die Tasche. Das Rauschen der Wellen, das lange Ausrollen des Wassers bis zu meinen Zehen beruhigte mich. Ein neuer Gedanke begann sich in meinem Kopf festzusetzen: Marathon. Seit einigen Wochen hatte ich einem Kollegen aus Tübingen bei seiner Vorbereitung auf die lange Strecke geholfen, Läufe von über zwei Stunden waren daraus geworden.

Und so kam es, wie es kommen musste. Nach einer Strecke von 20 Kilometern, die für mich normalerweise sehr lang ist, kehrten wir ins Hotel zurück. Einer kleinen Gruppe war es nicht genug, sie wollte noch eine Runde anhängen. Ohne darüber nachzudenken, just for fun, schloss ich mich an, obwohl es für mich eigentlich keinen sportlichen Sinn hatte. Ausdauer kann man nun einmal nicht auf Vorrat trainieren. Aber jetzt, nach dem klaren Signal des Rechtsausschusses, war die Situation wieder eine andere. Waren Wettkämpfe vielleicht doch möglich? Vielleicht sogar Marathon? Wieder ein Hoffnungsschimmer.

Bei diesem langen Lauf hatte ich das erste Mal dieses neue Gefühl. Vielleicht eine Art Marathon-Feeling. Kaum war das Hotel außer Sichtweite, zogen die Jungs das Tempo an. Wir bogen in einen kleinen Sandweg ein, der uns an Orangenhainen auf einen Rundkurs von 8 Kilometer führte. Das Tempo war jetzt hoch, trotz der langen Zeit, die wir schon unterwegs waren. Würde mein Körper diese doch ganz andere Belastung verkraften? Hatten meine Beine die Kraft, auch noch nach zwei Stunden dieses Tempo zu halten? Ich wusste es nicht.

Wir waren weit mehr als zwei Stunden unterwegs. Genau so, glaubte ich, müsste sich ein Lauf über die klassische Distanz von 42 Kilometern anfühlen. Ich durfte keine unnötige Energie verbrauchen, durfte keine Tempospitzen einbauen. Immer ruhig und zurückhaltend laufend, versuchte ich in der Gruppe zu bleiben und meinen Rhythmus zu halten. Die Kunst nichts zu denken, die mir bei Bahnwettkämpfen geholfen hatte, schien mir auf solch einer langen Strecke fast nicht zu helfen. Vielleicht war das der entscheidende Unterschied zu den kürzeren Rennen. Das Problem beim Marathon ist der Kopf. Wie einfach, es so reduziert zu sehen, aber es ist eine verdammt lange Zeit, die man als Läufer unter ständiger Belastung unterwegs ist.

Mehr als zwei Stunden. Zeit genug, sich Gedanken zu machen. Der Kopf – ständig stellt er Fragen. Wie steht es mit den Beinen? Warum zwickt es hier und da? Warum steigt mein Puls, komme

ich außer Atem? Können meine Gegner dieses Tempo halten? Ist das gut oder ist das schlecht für mich?
Sich treiben lassen zu Beginn des Rennens, aber gleichzeitig konzentriert bleiben. Ein Widerspruch. Unterwegs keinesfalls hektisch reagieren, dem Ziel entgegenstürmen wollen, wie in einem 5000-Meter-Rennen. Nein, verhalten reagieren und trotzdem die Gegner im Auge behalten. Die Kunst lag wohl eher darin, auch seine mentale Kraft gut einzuteilen, sich auch geistig ein Konzept für diese Strecke bereitzuhalten. Eben nicht nur ein 13-minütiges Abschalten des Gehirns. Körperlich, dies bestätigte mir dieser immer schneller werdende Dauerlauf, war ich bereit für dieses neue Abenteuer. Marathon. Wenn Schoeppe nur entschieden hätte.

15 Runden an der Spitze

25. Februar 2001

Innerlich zerrissen kehrte ich aus Portugal zurück. Der Gedanke an den Marathon ließ mich nicht mehr los, aber vielleicht war es einfach zu früh umzusteigen. Die kürzeren Strecken war ich seit vielen Jahren gewohnt, auf sie hatte ich Körper und Kopf eingestellt. Sie waren mein Zuhause. Sollte ich jetzt, in dieser kritischen Situation, ein neues Abenteuer wagen? Am 22. April in Hamburg beim Marathon? Oder sollte ich mich auf die Deutschen Hallenmeisterschaften am 24./25. Februar in Dortmund fixieren und wieder die gewohnten 3000 Meter laufen?
Wie auch immer, meine Hoffnungen zielten jetzt zwangsläufig auf die deutschen Gerichte. Diesen Weg hatte Schoeppe freigemacht, aber nur den Weg. Einmal bei der Justiz angelangt, prallte ich gegen eine Wand. Das Landgericht Stuttgart erließ keine Verfügung gegen die IAAF, mit der Begründung, ich hätte sie zu spät eingereicht. Das Landgericht in Darmstadt, wo ich

auf Empfehlung von Schoeppe gegen den DLV klagte, vertröstete mich auf den 7. März, also auf einen Termin, der zwei Wochen nach den Hallenmeisterschaften lag. So blieb mir wieder nur Schoeppes Rechtsausschuss, der einen Eilbeschluss fällen musste, nur für dieses eine Rennen in Dortmund. Der Gedanke Marathon schlich sich aus meinem Kopf und ich fand mich Anfang Februar in der Halle wieder.
Ein Testlauf machte mir Mut. 3000 Meter in 7 Minuten und 42 Sekunden. Eine verblüffende Zeit. Nur mit Ausdauertraining. Aber wofür? Ich hatte keine Ahnung, ob mir Wolfgang Schoeppe eine Starterlaubnis für die Hallenmeisterschaften erteilen würde. Seit Tagen wartete ich auf ein positives Signal. Das ewige Was-wäre-wenn-ich-laufen-könnte-Spiel schien nie ein Ende zu finden. Am 20. Februar Abschlussprogramm, nur noch fünf Tage bis Dortmund. Wieder ein Test, diesmal 1500 Meter. Aber ich schaffte nur noch 1200, entnervt und mit bleischweren Beinen zog ich die Laufschuhe aus. Die Ungewissheit raubte mir meine Konzentration, ließ nicht mehr zu. Ich wollte nur noch raus aus der Halle.
Ein junger Läufer hinderte mich daran. Fast scherzhaft forderte er mich zum Duell: »Komm, mach noch einen 400-Meter-Lauf mit.« Ich hatte eigentlich überhaupt keine Lust, mich darauf einzulassen, das Sofa zu Hause schien mir viel verführerischer. Aber warum nicht, wenn es dem Kerl nutzte. Außerdem blitzte da ein kleiner Wettkampf auf, mit dem man mich immer reizen konnte. »Wie schnell denn«, fragte ich leicht belustigt ob seines Eifers. »Nur 55 Sekunden, das wirst du auch in deinem Alter noch schaffen«, antwortete der Jungspund und fand in Isabelle sofort eine Assistentin. »Ein Lauf noch, Dieter, dann war das wenigstens ein ordentliches Programm und nicht nur ein abgebrochener Testlauf.« Think positive, ihr Motto. Also die Schuhe noch einmal gebunden. Was glaubte der überhaupt? »In deinem Alter.« Anerkennend schaute Isabelle nach dem

Spontanlauf auf die Uhr. 56 Sekunden, und nicht einmal voll durchgelaufen.
Mitten in diesen Test platzte Michael Lehner. »Hast du es schon gelesen?« Welche Frage hier in der Halle, mitten im Training? »Er hat stattgegeben. Schoeppe lässt dich in Dortmund laufen.« Und dann las er die entscheidende Passage vor: »Der Antragsgegner ist verpflichtet, dem Antragssteller für den 3000-Meter-Lauf der Männer die Starterlaubnis zu erteilen.«
Ich war wie ausgewechselt, voller Euphorie. Am liebsten hätte ich den 1500-Meter-Test nochmals gemacht. »Eine ›56‹ in der letzten Runde wird dir nicht reichen«, drohte ich aufgekratzt meinem jungen Kollegen, »wenn du am Sonntag gegen mich gewinnen willst.« Nur kurz schaute er mich an und begriff sofort. »Mann, das ist ja irre.« Lachend schlugen wir die Handflächen gegeneinander.
Fünf Tage später standen wir in Dortmund an der Startlinie. Wie lange hatte ich dieses Ritual, die Stimme des Kampfrichters vermisst: »Bitte, meine Herren. Die Kurven in der Halle sind sehr eng. Laufen Sie fair und stoßen Sie Ihre Kollegen nicht mit den Ellbogen. Bleiben Sie auch in der Kurve innerhalb der Markierung.« Danach der vertraute Aufruf: Auf die Plätze!
In der Halle wurde es still. Diese Stille war völlig ungewöhnlich. Auf einen guten oder schlechten Start kommt es bei uns nun wirklich nicht an. Die Zuschauer spürten, dass dies ein besonderes Rennen war. Denn die Funktionäre hatten vorher Handzettel auf allen Sitzplätzen verteilt, auf denen zu lesen war, wie gefährlich es sei, mit mir in einem Rennen zu starten.
Tief gebeugt standen wir an der Linie. Meine Fußspitze war nur noch einen Millimeter von der weißen Markierung entfernt. Aus den Augenwinkeln registrierte ich das Handzeichen des Kampfrichters. Gleich musste der Schuss fallen.
Mit Isabelle hatte ich die Lauftaktik abgesteckt. Vom ersten Meter an wollte ich an der Spitze laufen. 2:35 Minuten für den

ersten Kilometer. »Dann können nur noch wenige mitlaufen, und du wirst sehr schnell spüren, ob es dir gut geht. Bleib bei diesem Tempo.« Ihr Plan war klar. Aber ich war mir unsicher, ob ich diese Taktik würde durchhalten können. Die letzten Tage waren unruhig gewesen, doch ich wollte dem DLV-Präsidium, das mich mit allen Mitteln bekämpft hatte, zeigen, dass ich wieder da war: 15 Runden lang an der Spitze.

Endlich der Start. Zwei, drei schnelle Schritte. Schon war ich in der schrägen Kurve, zog aber nicht gleich auf die Innenbahn, sondern lief deutlich auf Bahn zwei, um dem Gedränge aus dem Weg zu gehen. Damit hatte ich mich frei gelaufen. Reichte mein Tempo, um ausgangs der Kurve an der Spitze zu sein? Ja, sie warteten. Keiner wollte vorne laufen, obwohl noch keiner die Qualifikation für die Hallenweltmeisterschaften erreicht hatte.

Mit seiner Entscheidung vom 20. Februar hatte Schoeppe einen wilden Kampf im DLV-Präsidium ausgelöst, den ich nicht mehr begriff. Noch am selben Tag schrieb Clemens Prokop ein Fax an den Generalsekretär der IAAF, Istvan Gyulai, in dem er vom »lieben Istvan« wissen wollte, ob der Weltverband einen Start von mir akzeptieren würde. Der »liebe Istvan« antwortete prompt, nur eine Stunde später. Die IAAF werde alle Teilnehmer an den Deutschen Meisterschaften sperren, und zwar nach ihrer Regel 53 ii, dem Sippenhaft-Paragraphen, den Digel später als »lächerlich« bezeichnen sollte.

Nach 200 Metern zeigte mir die Digitaluhr an der Innenkannte von Bahn eins die Ziffer 30. Ich war zu schnell. Hinter mir formierte sich das Feld. Meine Kollegen erkannten alle die Möglichkeit, in meinem Sog eine schnelle Zeit zu erreichen. Einen besseren Hasen würden sie in dieser Hallensaison nicht mehr bekommen. Ruhiger laufen, ermahnte ich mich, ruhiger. 31 Sekunden reichen aus. Nur vereinzelte Pfiffe nahm ich wahr. Sie kamen von der Ehrentribüne, wo die Funktionäre saßen. Ansonsten angespannte Stille.

»Sie laufen doch in Dortmund?« Helmut Digel hatte mich am Vortag noch einmal angerufen. Der ausgesteuerte Präsident machte keinen Hehl daraus, dass er das miese Spiel seines Präsidiums für unfair und unanständig hielt. Es ignorierte schlicht eine Entscheidung des eigenen Rechtsausschusses. Selbstverständlich würde ich antreten, antwortete ich Digel. Aber mich interessierte eine ganz andere Frage: »Warum treten Sie nicht zurück, Herr Digel?« Musste es so weit kommen, dass ich per Zwangsvollstreckung über das Oberlandesgericht Frankfurt hier an den Start konnte? Gab es in diesem Präsidium niemanden außer ihm, der vernünftig dachte?
Tausendmal hätte er sich diese Frage gestellt, klagte Digel. »Aber damit helfe ich Ihnen auch nicht, Herr Baumann.« Er wollte helfen, das spürte ich. Vielleicht wollte er in den letzten Monaten nichts anderes als das. Zunächst wollte er die IAAF verklagen und war an seinen eigenen Funktionären gescheitert. Dann wollte er die Entscheidung von Schoeppe ohne Wenn und Aber umsetzen und keiner hörte auf ihn. »Haben Sie morgen beim Finale ein Chance zu gewinnen?« Diese Frage überraschte mich. Ohne zu zögern, fast beleidigt, sagte ich: »Herr Professor, natürlich.« Er schien zufrieden.
Die ersten 1000 Meter waren zurückgelegt. 2 Minuten 36 Sekunden. Ein optimaler Rennverlauf. Es war nicht zu vergleichen mit meinem verpatzten Testlauf von Dienstag. Welten lagen dazwischen. Ruhig, entspannt hatte ich meinen Rhythmus gefunden und genoss, so gut das bei dieser Geschwindigkeit eben geht, meine Position an der Spitze des Feldes. Ich wusste, ich hatte noch Reserven. Bei 1500 Meter würde ich wissen, ob die anderen mithalten konnten. So lange musste ich auf Druck laufen. Isabelle kannte den psychologisch kritischen Punkt bei einer Taktik des Front-Runners. Im Verlauf des Rennens muss irgendwann eine Lücke entstehen, irgendwann muss ich spüren, dass den anderen das Tempo schwer fällt. Nur dann habe ich die

Sicherheit, das Tempo weiter hoch halten zu können. 31 Sekunden für 200 Meter. Die Uhr bestätigte mir meinen eingeschlagenen Rhythmus, ich blieb bei der Flucht nach vorne.
Digel konnte das Rennen nicht mehr sehen. Er war abgereist. Sein Präsidium hatte noch wenige Stunden vor meinem Auftritt versucht, beim Oberlandesgericht Frankfurt ein Startverbot zu erzwingen. Aber Sippenhaft lehnten die Richter nun doch ab. Also relativierte die IAAF flugs und ließ durch den »lieben Istvan« mitteilen, dass jetzt nur noch die zwölf Teilnehmer an meinem Lauf gesperrt würden. Es half nicht weiter, die Frankfurter Richter bestätigten mein Startrecht. Auf den Sitzplätzen lagen freilich immer noch die Handzettel mit dem Generalbann.
Hinter mir entstand eine kleine Lücke. Sofort spürte ich den Stimmungswechsel in der Halle. Ich hatte die richtige Taktik gewählt. Es ist zu schnell für die Jungs, dachte ich. Mein direkter Verfolger fiel zurück, die Lücke wurde größer. Innerhalb einer Runde hatte ich plötzlich einen komfortablen Vorsprung. Längst waren die wenigen Pfiffe verstummt, rhythmisches Klatschen feuerte mich an und verlieh mir Kraft. Ich musste den Vorsprung ausbauen. Jan Fitschen lag nun an zweiter Stelle, er war nicht zu unterschätzen. 5 Minuten und 11 Sekunden nach 2000 Metern. Die Qualifikationsnorm lag bei 7:48 Minuten. Ich könnte sie schaffen.
Auf der Ehrentribüne war es ruhig geworden. Dort sinnierten sie jetzt wohl darüber, welche Winkelzüge noch angewandt werden konnten. Wälzten sie damals schon den Gedanken, das Bundesverfassungsgericht anzurufen, damit es ihnen gestatte, »vorrangig die IAAF-Dopingregeln einschließlich der hierauf von der IAAF gestützten Entscheidungen über die Sperre von deutschen Leichtathleten im Zusammenhang mit dem Start von Dieter Baumann zu berücksichtigen und umzusetzen«? So formulierten sie es in ihrem Antrag. Dass der DLV vorher noch seinen Athleten schriftlich Rechtsschutz zugesichert hatte, gehörte offenbar

auch zu dem unverantwortlichen Spiel. Jetzt sollten den Sportlern vom höchsten deutschen Gericht die Rechte genommen werden. Es verwarf diesen abenteuerlichen Gedanken und lehnte den Antrag ab.

Der Abstand zu Fitschen war gleich geblieben. Vielleicht 30 Meter. In den engen Kurven war es schwierig, die genaue Distanz abzuschätzen. Ich wurde müde. Zuerst die Arme. Ich verlor an Rhythmus, bildete mir ein, auch an Geschwindigkeit. Wieder eine 31er Runde. Es passte noch. Er kann nicht näher kommen, sagte ich mir. Locker bleiben, nicht auf die Zeit achten. Noch 400 Meter. Ich war langsamer geworden. 6 Minuten 47 Sekunden. Nur eine 60er Schlussrunde würde genügen. Ich erinnerte mich an mein Programm vom Dienstag. 56 Sekunden für 400 Meter. Es geht, hämmerte ich mir ein, es geht. Sprangen die Zuschauer von ihren Sitzen auf? Ich konnte es nicht mehr erkennen, nahm nur noch ein Rauschen wahr: Es blieb nur noch die volle Konzentration auf meine Beine, auf meine Lunge, meine Atmung, die Sauerstoff in meinen Körper brachte. Genug für eine 60er Schlussrunde. Die Uhr blieb bei 7:47 Minuten stehen. Eine Sekunde schneller als gefordert.

Schweißüberströmt blieb ich stehen, das blaue Trikot meines neuen Vereines, der LAV Tübingen, klebte auf meiner Haut. Zögernd nahm ich den Beifall der Zuschauer auf und machte mich auf die Ehrenrunde. Bewusst langsam. Ich wollte nicht laufen und den Anschein erwecken, auf die Schnelle eine Pflichtübung erledigen zu wollen. Ich wollte meine Freunde und Gegner sehen, ihre unterschiedlichen Reaktionen genau registrieren. Die Zuschauer brachten Standing Ovations, und Isabelle wartete nach der Hälfte der Hallenrunde hinter der Absperrung. Wir hatten es uns abgewöhnt, nach den Rennen unsere Gefühle zu zeigen. Die öffentliche Beobachtung war allgegenwärtig. Ihr Daumen ging kurz nach oben, dabei drückte sie ein Auge zu. Ich nickte ihr lachend zu. Sie sah herrlich aus.

Kurz darauf buhte mich eine Frau in der ersten Reihe lautstark aus. Als ihr die Luft ausging, wandte sie ihr Gesicht ab. Sie war mir unbekannt. Hatte ich ihr persönlich wehgetan, ihr Leid zugefügt oder sie beleidigt, dass sie mich schmähen musste? Geduldig blieb ich stehen, suchte den Blickkontakt. Nach langem Zögern drehte sie sich wieder zu mir und schaute mich direkt an. Sie begann zu lachen. Warum lachte sie jetzt?
Kopfschüttelnd ging ich weiter. Ein langjähriger Trainer der LG Bayer Leverkusen stand nur wenige Meter weiter an der Bande eingangs der Zielgeraden. Sein üblicher Platz, an dem wir uns immer begegneten. »Du wirst langsam alt, Maultasche«, rief er mir zu, »hast du Angst vor einem kurzen Spurt oder warum läufst du plötzlich von vorne?« Er drückte mich an sich und wir lachten herzlich.
Weiter, vor die Ehrentribüne, von der noch einzelne Pfiffe kamen. Ein Mann mit grauem Lockenkopf stieg die Stufen herunter. Es war der Jugendbeauftragte des DLV, Fred Eberle. Er nahm mich in die Arme, wie ein väterlicher Freund. Tränen standen in seinen Augen. Aber wo war Theo Rous, der Vizepräsident des DLV, der mich vor Monaten noch weinend umarmt hatte? »Ich glaube dir«, hatte er damals gesagt. Irgendwie vermisste ich diesen Satz.

Sippenhaft:
Der Schuldige bin wieder einmal ich
26. Februar 2001

»Ohne Rücksicht auf staatliches Recht und rechtsstaatliche Prinzipien werden in einem weiteren Unrechtsakt deutsche Athleten nur deshalb gesperrt, weil sie am Wettkampf mit dem rechtmäßig startenden Dieter Baumann teilgenommen haben. (...) Das Kalkül der Macht zeigt Wirkung: Die Nötigung der

IAAF (Aussperrung unschuldiger Athleten, wenn Dieter Baumann sein Recht wahrnimmt) führt zu einem Rollentausch. Plötzlich erwartet die Sportwelt von Dieter Baumann den Verzicht auf sein Berufsrecht. Sein Start wird als egoistisch und verantwortungsloses Handeln gesehen. (...) Warum macht man die verwerfliche und paradoxe Verantwortungsverschiebung auf das Opfer durch die rechtswidrigen IAAF-Akte mit? Die schnelle Aufhebung der Sperre der ›kontaminierten‹ Läufer durch die IAAF ist leider kein Beweis dafür, dass die Organisation ins Recht zurückkehren will. Zuckerbrot und Peitsche sind die Mittel der Macht, nicht die des Rechts.«

Prof. Dr. Dieter Rössner
(»Süddeutsche Zeitung« 22.3.2001)

Die Sperre meiner Kollegen hatte mich genauso unvorbereitet getroffen wie alle anderen Teilnehmer des 3000-Meter-Laufes. Istvan Gyulai und sein Weltverband hatten wieder einmal demonstriert, dass sie sich von niemandem etwas vorschreiben lassen wollten. Auch nicht von einem deutschen Gericht. Und Jan Fitschen, der Wattenscheider, war am Ende derjenige, der dafür büßen musste. Er durfte nicht bei den Hallenweltmeisterschaften in Lissabon starten. Mir tat das unendlich Leid. Aber es passte in das Weltbild dieser Funktionäre. Ungerechte Entscheidungen müssen in Kauf genommen werden – dieser Satz von Prokop war mir zu vertraut. Auf ein Bauernopfer Fitschen kam es nicht an.
Hatte Prokop, der mittlerweile zum DLV-Präsidenten aufgestiegen war, mit seinen Faxen an die IAAF diese Entscheidung nicht geradezu provoziert? War er es nicht, der die Drohung Gyulais, alle Teilnehmer sperren zu wollen, in der Halle verbreitete, um die Stimmung gegen mich anzuheizen? Hatte nicht er das Bundesverfassungsgericht angerufen, mit dem Ziel, »die von allen Seiten geforderte Rechtssicherheit zu erzielen, wie mit IAAF-Sanktionen in Deutschland umzugehen ist«? Eine Rechtssicherheit, die er mit

seiner Athletenvereinbarung längst hergestellt hatte, weil sie klar die Nachrangigkeit der IAAF-Regeln definierte.
Aber der Schuldige war natürlich nicht Prokop, sondern ich. »Es geht um die Existenz der deutschen Leichtathletik«, hatte der neue Präsident geunkt und fand seinen Widerhall bei Volkes Stimme, bei »Bild«. »Stürzt Baumann die ganze Leichtathletik ins Unglück?«, fragte ihre Onlineausgabe.
Was hätte ich tun sollen? Endgültig aufgeben, weil es jetzt angeblich nicht mehr nur um mein Schicksal ging, sondern um jenes von Hunderten, ja Tausenden von Sportlern, die von einer Sperre bedroht waren, wo immer ich antrat? Welch eine Groteske! Sollte ich endgültig auf das Ausüben meines Berufsrechts, wie es Rössner nannte, verzichten, nur weil die Funktionäre von IAAF und DLV ihr System des Machterhalts gefährdet sahen und mit wüsten Drohungen versuchten, alle einzuschüchtern? Nein, ich wollte laufen.
Ich ließ mich von Freunden überreden, mit nach Italien in ihr Haus zu kommen. Vielleicht könnte ich dort, im umbrischen Hinterland, nahe am Trasimenischen See, etwas Abstand gewinnen und zugleich trainieren. Aber wo? Die vielen Hügel, das ständige Rauf und Runter machte die notwendige Tempobelastung schwer, aber Not machte eben auch erfinderisch. Ich hatte eine Strecke entdeckt, die vom Tibertal nach Preggio, einem winzigen Bergdorf, führte, 18 Kilometer, vorbei an Bauernhöfen und Weingütern und gut geeignet, jeweils zwölfmal drei Minuten bergauf zu laufen. Die wenigen Menschen, denen ich begegnete, schauten mich ziemlich entgeistert an. Sie waren es gewohnt, mit ihren Dreirädern, den Apes, auf der Landstraße herumzuknattern, und hatten mich bald zum Gegenstand ihres Dorfklatsches gemacht. »Il corridore«, der unheimliche Deutsche, sei wieder unterwegs gewesen, hatten sie erzählt. So wenigstens hatten es mir meine Freunde berichtet, wenn sie abends aus Francos Bar gekommen waren.

Aber ich hatte wieder Tritt gefasst, wieder zu einer Form gefunden, von der ich selbst überrascht war. Unter den Eichen Umbriens, auf den Wegen, vorbei an den aufbrechenden Ginsterbüschen, für niemanden erreichbar, hatte sich erneut dieser Marathon in meinem Hinterkopf eingenistet. Für eine Zeit unter 2:10 Stunden war ich noch nicht reif, das ahnte ich nach dieser chaotischen Vorbereitung, aber 2:15 und leicht darunter, das müsste möglich sein. Ich bat Michael Lehner, die nächste Instanz anzurufen. Er sollte alles vorbereiten, um eine richterliche Genehmigung für den Hamburger Marathon einzuholen. Würde es die IAAF wagen, 15 000 Läufer zu sperren?
»Chaos durch Baumann in Hamburg« – so lauteten sofort die Schlagzeilen in völliger Verkennung der Geschehnisse. Selbst wenn ich in Dortmund eine Regel verletzt hätte, hätte jeder Teilnehmer das Recht gehabt, ein Verfahren vor dem DLV-Rechtsausschuss anzustrengen. Chaos durch die IAAF wäre also die korrekte Headline gewesen. Wie sagte doch Helmut Digel? »Juristisch exakt war Jan Fitschen nie gesperrt. Es ist eine klare Fehlentscheidung getroffen worden, was man im IAAF-Council eingesehen hat, aber dann niemand mehr zugeben konnte. Im Grunde ist das gleiche Spiel gelaufen wie im Fall Baumann in Sydney – eine reine Demonstration der Macht.«
Allein die Meldung für den Marathon sorgte in Hamburg für helle Aufregung. Eilends zog der Veranstalter seine im Vorfeld abgegebene Zusage zurück, worauf mir ein Insider anbot, mich über seine Betriebssportgruppe einzuschreiben. Dann könnte weder die IAAF noch der DLV eingreifen. Der Vorschlag hatte seinen Reiz, gewiss, aber es war nicht meine Art, mich über die Hintertür einzuschleichen. Ich wollte offiziell laufen oder gar nicht. In letzter Sekunde meldete ich mich via Internet an. Schließlich wurde der Veranstalter seiner Nöte durch das Frankfurter Oberlandesgericht enthoben. Es befand, dass die IAAF die Entscheidung des Rechtsausschusses »formalrecht-

lich« zwar nicht aufhebe, sie aber »gegenstandslos« mache. Als juristischer Laie musste man diese Logik wahrscheinlich nicht verstehen.

In einer ersten Amtshandlung als Präsident verfügte Prokop, dass der Rechtsausschuss nicht mehr für Dopingverfahren zuständig war, und damit war auch die jahrelange ehrenamtliche Tätigkeit von Wolfgang Schoeppe zu Ende.

Brücken auf einem langen Weg

November 2001

Der Schönbuch ist Württembergs schönstes Waldgebiet. Es reicht von Tübingen fast bis Stuttgart, im Westen grenzt er nahezu an den Nordschwarzwald. Dort zu laufen ist wunderschön, gerade jetzt im schwäbischen Spätherbst, in dem die Blätter in allen Farben leuchten. Ich hatte mich auf die langen Läufe eingependelt. Harmonisch, nicht mehr mit den Kraftakten, die mir diese Distanzen noch im Januar in Portugal und im April vor dem Hamburg-Marathon abgenötigt hatten. Damals hatte es einfach nicht gepasst, eine ruhige, richtige Vorbereitung auf die 42 Kilometer wollte nicht gelingen. Es war eben doch ein kleiner Unterschied zwischen den 3000 Metern und einem Marathon, und für mich bedeutete dieses mentale Hinundherwechseln nur zusätzliche Unsicherheit. Die ganzen Jahre über hatte ich von meiner Fähigkeit gelebt, mich auf eine Strecke, ein Ereignis, ein Programm einzulassen. Ohne Wenn und Aber. Hier im Schönbuch kehrte diese Stärke wieder zurück.

Aber wann würde ich sie beweisen können? Keines der angerufenen Gerichte konnte sich zu einer Entscheidung durchringen, und um das Maß voll zu machen, verlängerte die IAAF meine Sperre noch um ein weiteres Jahr bis 2003. Ganz kühl erklärte ihr Generalsekretär Istvan Gyulai, diese Sanktion trete automatisch in Kraft, wenn ein Athlet, wie ich in Dortmund, ein Startverbot ignoriere. Daran ändere auch die Tatsache nichts, dass mir ein ordentliches Gericht das Startrecht zugesprochen hätte. Gyulai wörtlich: »Da gibt es keinen Spielraum für Interpretationen.« Der Weltverband, der seinen Sitz in Monte Carlo hat, bewies eben einmal mehr, dass er sich als Staat im Staate fühlte.

Oder, um es in den Worten von Clemens Prokop zu sagen: »Die IAAF ist nicht zimperlich.«
Ich hatte es mir abgewöhnt, jeden Tag darüber zu grübeln, warum es in einer Demokratie möglich war, staatliches Recht durch die Willkür eines monegassischen Vereins zu ersetzen. Ich wusste nur, dass ich zuvor, fast 20 Jahre lang, einen geordneten Plan hatte. Ein Jahr, eine Saison, ein Ziel. Jeden Sommer Wettkämpfe, jeden Sommer ein neues Ziel, eine neue Herausforderung. In diesen Etappen hatte ich gelebt, und dabei hatte ich nie das Gefühl nachzulassen.
Auch jetzt sah ich mich nicht im Loch des älteren Athleten. Ich war körperlich fit, bereit, war überhaupt kein altes Eisen, wollte nichts wissen vom Aufhörenmüssen. Es war mein Kopf, der mir, wie ein trotziges Kind, das nicht spielen will, das Laufen erschwerte. Diese Erkenntnis war mir neu. Zielgerichtet die Form entwickeln lassen, auf einen Höhepunkt zusteuern, das kannte ich. Sich daran erfreuen, wie ein Rad ins andere greift. Dieser Glauben, diese Illusion, seinen Körper im Griff zu haben, das trieb mich an. Aber diese Brücke zwischen Körper und Kopf war mir weggebrochen. Wozu laufen? Diese Frage musste ich seit zwei Jahren jeden Tag beantworten, sonst konnte ich mich nicht in Bewegung setzen. Und jetzt stand ich, der 36-Jährige, vor der merkwürdigen Situation, dass mein Geist meinen Beinen nicht mehr folgen wollte, die anscheinend keine Probleme hatten.

Ich brauchte ein neues Ziel, das ich mir nur selbst stecken konnte, stecken musste. Schritt für Schritt, wie ich es seit November 1999 als Möglichkeit zum Überleben eingeübt hatte. In Wien auf der Hauptallee, unter all den Freizeitläufern, hatte ich erkannt, dass mir Laufen Stabilität bringen würde, dass es zu meinem Tagesablauf gehörte, wie Essen oder Schlafen. Ich brauchte es, um psychisch durchzuhalten, den Frust von der Seele zu laufen, den Wahnsinn um mich herum geistig verarbeiten, eine

Barriere aufbauen zu können. Ich wusste, dass ich, was immer geschehen sollte, wenigstens eine Stunde am Tag laufen musste. Das war mein Minimalziel im Dezember 1999, als nichts mehr ging. Dieses Ziel, diese eine Stunde, reichte, um mich wieder in Bewegung zu setzen, aber nicht um zu laufen, wie ich es gewohnt war. Dazu bedurfte es mehr – eines weiter reichenden Ziels, einer Orientierung.

Ich baute mir die Brücke Sydney. Damit näherte ich mich meiner alten Welt wieder an, erhielt mein Training wieder eine Struktur. Egal wie, es musste mehr sein als eine Stunde. Es waren die Olympischen Spiele, die ich am Horizont sah, und es war die Überzeugung, dass es nur einen Freispruch geben könnte. Und dann war er da, der Freispruch. Und meine Brücke hielt bis Sydney. Dann trat der schlimmste Fall ein, meine ganzes Konstrukt fiel in sich zusammen.

Und wieder ein neue Brücke. Marathon in Hamburg. Wieder trainierte ich nach dem So-tun-als-ob-Prinzip. Wieder half es, in Form zu kommen. Wieder zerbrach die Brücke. Ich musste eine neue bauen, das Chaos unter mir lassen, die Ungewissheit darüber, was der nächste Tag bringen würde.

Im November 2001 war es wieder so weit. Ich fühlte mich gut im Training, bestens eingestimmt auf die lange Strecke. Der Marathon, das letzte Abenteuer. Wenn die Herren am Hofe der IAAF ihre Sperrverlängerung zurückziehen beziehungsweise das Stuttgarter Landgericht, das ich nach den Olympischen Spielen angerufen hatte, sie dazu zwingen sollte, konnte ich es wagen. Mir blieb wieder einmal nichts anderes übrig, als zu warten, und über meine wackelige Brücke zu gehen in der Hoffnung, dass sie diesmal halten würde.

Nach mehr als zwei Stunden im Schönbuch kam ich über den »Postbotenweg« zurück ins Goldersbachtal. Die Sonne schien, die Luft war kalt, aber klar, wie geschaffen für einen Long Jog. Mein Atem ging ruhig, ich war frisch. Kurz vor Bebenhausen ein steiler Anstieg hinauf nach Tübingen. Mein lockeres Tempo behielt ich bei. Ich wollte nicht schnell laufen, wollte es nur genießen, unterwegs zu sein. Jeden Tag 25 Kilometer. Das Ziel hieß Marathon.

»Wir waren fleißig.«

28. November 2001

»Ich hoffe, du bist im Training.« Moses Kiptanui, der Hindernis-Weltmeister aus Kenia, legte seine Stirn in Falten, als er mich sah. Natürlich war ich im Training. Paul Bitok, sein Landsmann, hoffte, wieder in der Halle gegen mich antreten zu können, einen Weltrekord im Blick, natürlich. Er saß mir gegenüber und strahlte über das ganze Gesicht. Alles hing von der Entscheidung der IAAF ab, die sie schon lange nicht mehr verstanden. Ich konnte ihnen den Sachverhalt auch nicht erklären, dazu war zu wenig Zeit.
Es war ein trauriges Ereignis, das uns an diesem tristen Novembertag in der St. Mary's Church im Londoner Twickenham zusammenführte. Kim McDonald, ihr britischer Agent, war überraschend gestorben. In großer Runde waren sie versammelt, die Spitzenläufer aus Kenia: Moses Kiptanui, Paul Bitok, Daniel Komen, Kipchoge Keino, David Kiptoo. Für sie war der Brite mehr gewesen als nur ein Manager. Er hatte sie vor mehr als zehn Jahren nach Europa gebracht, ihnen die Wettkämpfe vermittelt, die Sponsoren, einen Teil ihres Geldes in Europa angelegt, um es vor der Korruption in Kenia zu schützen. »Er war mein Vater«, sagte einer in die Runde und alle nickten.
Kim McDonald war es auch gewesen, der das zarte Pflänzchen der Annäherung zwischen mir und der IAAF gepflegt hatte. Wir kannten uns schon lange. Meist waren wir in den Lobbys der Hotels herumgehockt und hatten übers Laufen philosophiert.

Er, der Kenner der Kenianer, und ich, der »weiße Kenianer«. Es war ein freundschaftlichen Verhältnis.
Kim hatte mir schon im Frühjahr einen Kontakt zu dem IAAF-Spitzenfunktionär Lamine Diack vermittelt, den er jahrelang beraten hatte. Unmittelbar vor dem geplanten Hamburg-Marathon traf ich den Senegalesen im Sheraton auf dem Pariser Flughafen Charles de Gaulle zum Mittagessen. Kim saß als Unterhändler mit am Tisch. Ich hatte einige Dokumente mitgebracht, auch das Urteil des Rechtsausschusses, und dachte, dass ich darüber mit Diack diskutieren könnte. Aber er kannte es nicht. »I will read this«, versprach er. In dem anschließenden Gedankenaustausch hatte ich den Eindruck, dass wir in unserer Einschätzung nicht weit auseinander lagen. Er zeigte Verständnis für meine Lage, warnte aber davor, die IAAF und damit ihn als künftigen Präsidenten anzugreifen. Ich bat ihn zu überlegen, wer wen zuerst angegriffen hatte, ob es einem Athleten verwehrt sein dürfe, sich zu verteidigen? Ob ein Sportler nur auf Gnade hoffen dürfe, für eine Tat, die er nicht begangen hat? Lamine Diack nickte nachdenklich und versprach erneut, die Papiere auf dem Rückflug in den Senegal zu lesen. Kim begleitete mich noch in die Hotellobby. Diack sei ein »sehr guter Mann«, sagte er mir, er werde »die Dinge sehr ernst nehmen«. Aber dann standen für August 2001 Wahlen an, Diack wollte seine Kandidatur für die Präsidentschaft in der IAAF nicht gefährden, keine Partei ergreifen.
Wir konnten Kims Tod nicht fassen. Erst 45 Jahre. Herzinfarkt. Im Urlaub. Auch ein Vertreter der IAAF war zur Beerdigung geeilt. Istvan Gyulai, der Generalsekretär. Zögernd kam der mächtige Funktionär auf mich zu. Bei unserem kurzen Händedruck sagte er mit leiser Stimme: »Wir waren fleißig am Wochenende.« Mit »wir« meinte er eine dreiköpfige IAAF-Kommission, die die »automatische« Sperrverlängerung noch einmal prüfen wollte. Ich nickte nur kurz und drehte mich um. Es war der falsche Ort,

um ihm eine passende Antwort zu geben. Was hätte ich ihm am offenen Grab von Kim auch sagen sollen? Dass ich seine Politik als zutiefst unmenschlich empfand? Dass ich nicht begriff, warum sie jetzt noch einmal eine Kommission brauchten?

»Wir waren fleißig am Wochenende.« Gyulai spielte sein eigenes Spiel innerhalb des Weltverbandes. Erst wenige Tage vor meinem Abflug, damals nach Sydney, hatte er uns den Termin für die Verhandlung gegeben und die Möglichkeit, daran teilzunehmen, und danach ungerührt zugesehen, wie mich seine Schiedsrichter von der Verhandlung aussperrten. Meinen Antrag auf eine schnellere Wiederzulassung wollte er nicht auf die Tagesordnung des IAAF-Councils setzen. »Sehr geringe Aussichten« auf Erfolg, ließ er wissen. Was machte es da schon, dass ich bis heute kein an mich gerichtetes Schriftstück des Weltverbandes besitze, in dem er seine Sperrverlängerung begründet oder auch nur dokumentiert? Sie war ja »automatisch«. Der Betroffene brauchte keine Information, er hätte schließlich auf die Idee kommen können, sich zu verteidigen.

»Was ist nun, kannst du im nächsten Jahr laufen?« David Moorcroft, der britische Verbandspräsident, stand neben mir, jeder eine Tasse Tee in der Hand. Keine 20 Meter von uns entfernt sah ich Gyulai in ein Gespräch vertieft. Ich zuckte die Schultern und deute mit einem Nicken in seine Richtung. Der Brite schnitt eine Grimasse. »Das ist doch Unsinn. Alle positiven Nandrolon-Fälle haben nichts mit einem Dopingvergehen zu tun. Die Athleten haben nichts Unrechtes getan.« Moorcroft hatte mich schon im November 1999 angeschrieben, mich unterstützt und mir gesagt, er hoffe auf eine »faire Anhörung«. Er kannte die IAAF und hatte vielleicht damals schon geahnt, was mich erwarten sollte. Die Welle der »positiven« Athleten hatte England schon einige Monate früher erreicht. Moorcroft war, im Gegensatz zu »meinen« Verbandsfürsten, von ihrer Unschuld überzeugt, er stand zu ihnen.

»Kommst du nun nach Kenia zum Training oder nicht?« Paul Bitok erinnerte mich an meinen Beruf. Ich sagte ihm zu, »aber nur, wenn ich im nächsten Jahr laufen kann«. Ich konnte keine neue Brücke mehr bauen. Wenn die alte nicht bis Dezember halten würde, war für mich Schluss. Zu hart das Training, zu viel Zeitaufwand, nur allein der Hoffnung wegen.

»Wenn der Richter in Stuttgart am 18. Dezember entscheidet, bin ich Anfang Januar bei euch in Nyharuru«, versprach ich.

»Wir freuen uns, mein Freund«, lachend gab mir Paul die Hand. Sie hatten in Kim McDonald ihren wichtigsten Mann verloren, aber nicht ihren Mut und ihre Hoffnung. Sie hatten ihm heute nochmals alle Ehre erwiesen und den Trauergästen etwas Wichtiges mitgegeben. Nichts ist sicher im Leben, nichts vorhersehbar – in der Zukunft liegt der Weg.

Keine Zeit mehr

30. November 2001

Unbedingt und auf der Stelle bestand mein Sohn Robert darauf, diese zwei und nur diese zwei Spielzeugautos zu kaufen. Flohmarkt in der Grundschule. Um uns herum wildes Treiben. Meine Tochter Jackie hatte ich längst verloren. Sie war mit ihren Klassenkameraden im Schulgebäude unterwegs. Kerzen ziehen, Sterne basteln, Bananenmilch hier, Kinderbrunch da.

Zwei Autos. Notarztwagen und Polizeiauto. Beide hatten einen Federzugmechanismus, der es Robert erlaubte, den Wagen wie eine Rakete über den Tisch flitzen zu lassen. Das musste sofort ausprobiert sein. Mit den Armen eine Art Schranke bauend war ich dafür verantwortlich, dass die beiden Autos nicht über den Tisch hinausfegen konnten. Ich wollte größeren Schaden vermeiden.

Es war schon dunkel, als ich Jackie und Robert endlich aus dem Gewühl nach Hause bringen konnte. Das Fangespiel auf dem Schulhof hatte mit einem Sturz meines Sohnes mitten in eine einladende Pfütze geendet und war mir ein willkommenes Argument gehen zu müssen. Widerwillig und nur mit dem Versprechen, noch die soeben erstandene Kassette vom alten Bauer Pettersson und seinem Kater Findus anhören zu dürfen, erklärte sich auch Jackie einverstanden mitzukommen. Aber nicht ohne auf ihr Sonderopfer aufmerksam zu machen. »Ich bin die Erste aus meiner Klasse, die schon nach Hause muss.«

Nieselregen, die Wetterlage war trostlos. Aber ich wollte noch mal laufen. Die Kinderkassette entpuppte sich als Flop, nur langweilige Lieder, worauf sich mein Sohn hingebungsvoll einer neuen Maltechnik widmete. Wenn die Buntstifte in Wasser getunkt wurden, waren viel eindrucksvollere Farben aufs Papier zu bringen. Begeistert forderten meine beiden mehr Papier und die

Freigabe des Esstisches. Meine Lust, die Laufschuhe anzuziehen, schwand. Warum sollte ich auch raus ins Novembergrau? Für die Statistik? Für einen höheren Kilometerschnitt innerhalb eines ausgezeichneten Sechs-Wochen-Programms? Es erschien mir geradezu lächerlich. Nicht einmal das Schloss konnte ich mehr richtig erkennen. Wären da nicht die hellen Scheinwerfer gewesen, der Regen hätte es verschluckt.
Isabelle war von ihrem Lauf zurückgekehrt. Trotz ihrer Aufforderung: »Es tut dir gut, frische Luft zu schnappen«, drückte ich mich. Ob nun sieben oder acht Einheiten, dachte ich und malte mit meiner Tochter um die Wette. Bald würde sie mir weit voraus sein, sie hatte Talent. Robert erwischte einen Sonderangebotskatalog des hiesigen Spielzeugladens als Malunterlage. Er war gerade dabei, sein Weihnachtsgeschenk auszusuchen, vergaß darüber die Malerei und blätterte zielsicher zu einer elektrischen Rennbahn. Er bräuchte das unbedingt, »ein Geschenk für Buben«, wie er mir ans Herz legte. Vielleicht war es gerade jetzt ein guter Augenblick abzuhauen, allerdings erinnerte sich Robert sehr schnell wieder an solche Wünsche.
Es regnete immer noch. Die Straßenlaternen spiegelten sich auf der nassen Fahrbahn. Die Runde am Spitzberg konnte ich abhaken, zu dunkel. Langsam lief ich in die andere Richtung, den Neckar entlang. Auf der Platanenallee spendeten spärliche Parkleuchten gerade noch Licht genug, um den großen Pfützen auszuweichen. Ich hatte mich warm angezogen, wollte locker laufen trotz meiner aufkommenden Müdigkeit. Der Flohmarkt war turbulent, das Training in den letzten Wochen hart gewesen. Nach nur wenigen Minuten war meine Brille beschlagen, ich packte sie weg, fand meinen Weg, den ich schon hunderte Male gelaufen war, auch so. Vorbei am Hölderlinturm, über die Neckarbrücke, flussabwärts aus der Stadt hinaus.
Gemütlich trabte ich dahin, leicht schwitzend zwar, weil ich zu dick angezogen war, aber lieber zu warm als zu kalt. Der kühle

Regen im Gesicht genügte. Nach 20 Minuten war ich im Stadion angekommen. Das Flutlicht brannte, die Läufer drehten wie jeden Abend auf der Außenbahn ihre Runden. Das Wetter kümmerte sie so wenig wie ich, als ich mich kurz anhängte. Und wieder zurück. Mein Schritt wurde schneller, die Beine wurden lockerer. Gut, dass ich draußen war. Ich war froh, dieses nasskalte Herbstwetter spüren zu können. Meine Gedanken sortierend lief ich den unbeleuchteten Weg am Neckar entlang. Nur noch drei Tage, dann wollte ich den hohen Umfang reduzieren. Seit sechs Wochen lief die Vorbereitung auf den Marathon.
Im Kopf ging ich meinen Start durch, den ich allerdings nur aus der Perspektive eines Zuschauers kannte. Wie würden sie sich anfühlen, die ersten Zwischenzeiten, die ersten Kilometer mit den Tempomachern? Wann würden die ersten Probleme auftauchen? »Bis Kilometer 27 wirst du immer das Gefühl haben, nicht in einem Rennen zu sein«, hatte mir noch vor zwei Tagen in London der spanische Manager von Weltmeister Anton Abel gesagt. Immer wieder versuchte ich mir Rennsituationen vorzustellen, die ich gar nicht kannte. Sah mich im Geist nach einer Flasche greifen, mit kleinen Schlucken trinken. Versuchte es im Training dann tatsächlich, trinken bei einer Kilometergeschwindigkeit von drei Minuten. Langsam baute ich mir ein ganz neues Zeitgefüge zusammen. Erst bei Kilometer 27 begann das Rennen, nach knapp eineinhalb Stunden, unvorstellbar. Sei's drum. Ich hatte mich entschieden, war bereit. Der Einstieg war geglückt. Die nächsten zwei Wochen weniger Kilometer, ein wenig erholen und dann?
Mein Konstrukt im Kopf, das So-tun-als-ob, funktionierte. Entweder die IAAF oder der Richter in Stuttgart – eine Entscheidung würde fallen im Dezember oder meine Karriere wäre beendet.
Kurz vor der Platanenallee, nur einen Steinwurf vom Landestheater Tübingen entfernt, erinnerte ich mich an die »Randgrup-

pencombo«, die dort vor knapp einem Jahr mit dem Programm »Immer wieder wächst das Gras« aufgetreten war. Sie spielte Lieder von Gerhard Gundermann, einem 1998 verstorbenen Barden und Baggerführer aus der Lausitz. Einen seiner Texte summte ich vor mich hin:

»Und ich habe keine Zeit mehr,
im Spalier herumzustehen,
und den Refrain ein bisschen mitzusingen,
und all' den Bescheidwissern hinterher zu gehen,
und jeden Tag nach meiner Wurst zu springen.

Und ich habe keine Zeit mehr,
ich stell' mich nicht mehr an
in den langen Warteschlangen,
wo man sich verkaufen kann.

Und ich habe keine Zeit mehr,
ich nehm' den Handschuh auf,
ich laufe um mein Leben
und gegen den Lebenslauf.«

Zufrieden lief ich den spärlich beleuchteten Weg entlang. Zu Hause schossen mir der Notarztwagen und das Polizeiauto entgegen, begleitet vom Gelächter meiner Kinder.

PS

5.12.2001, 12 Uhr: »Hier Istvan Gyulai aus Monte Carlo. Ich wollte Ihnen mitteilen, dass in wenigen Minuten ein Fax an Sie abgesandt wird. Der Fairness wegen rufe ich Sie vorher persönlich an. Sie sind ab 22. Januar 2002 wieder startberechtigt.«

Die »langen Dinger« – Der Marathonlauf in Hamburg

Februar – April 2002

»Viel zu schnell war das in Stuttgart, viel zu schnell.« Die Reaktion auf mein Hallenrennen im Februar 2002 war unmissverständlich. Martin Grüning, Redakteur und Marathonexperte der Zeitschrift »Runner's World«, interessierte nicht meine erstklassige Zeit, die ich gelaufen war. Er hatte meinen bevorstehenden Marathonlauf in Hamburg im Auge. Unmittelbar vor Abflug ins Trainingslager nach Kenia telefonierten wir miteinander. Ich versprach ihm, in den Hochlagen Afrikas vor allem die »langen Dinger« zu trainieren – Läufe von mehr als zwei Stunden. »Beim Marathon brauchst du in jeder Phase eine Antwort«, sagte Grüning. »Gerade in den schlechten Phasen, bei einer Krise.« Eine Antwort? Irgendwie konnte ich dem Marathonspezialisten nicht folgen.

Schon wenige Tage später war ich in dem kleinen kenianischen Ort Nyahururu mit einer einheimischen Laufgruppe unterwegs. Es waren keine »big names« im Trainingscamp, da die meisten bei Hallenwettkämpfen oder internationalen Cross-Rennen in Europa waren. Trotzdem zählte die Gruppe immer noch dreißig Mann. Die zweite Riege, würde man bei uns wohl sagen, aber selbst mit der hatte ich meine Probleme und konnte unmöglich jeden Tag mit ihnen laufen. Dazu war ihr Programm einfach zu hart. Vor allem jetzt, unmittelbar vor ihrem Saisonhöhepunkt, den Nationalen Cross-Meisterschaften in Nairobi.

Um 6 Uhr morgens lief ich auf der unbeleuchteten Hauptstraße zum vereinbarten Treffpunkt. Die Nächte Afrikas sind dunkler als bei uns, es gibt kein Streulicht, nirgendwo groß beleuchtete

Plätze oder Häuser, nirgendwo Straßenlaternen. Die Nachtwächter der einzelnen Geschäftshäuser der Stadt saßen in kleinen Gruppen um ihre offenen Lagerfeuer, um sich in der kalten Nacht zu wärmen. Diese offenen Feuerstellen waren für mich eine Art Leuchtfeuer. Ich musste sie immer links und rechts von mir lassen und genau die Mitte anpeilen, dann war ich sicher, dass ich mich noch auf der geteerten Straße befand. Vereinzelt kreuzten auch schon die ersten Bewohner Nyahururus meinen Weg, oder ich musste mich mit einem Sprung in den Straßengraben retten, um den ersten Radfahrern auszuweichen – sie waren ohne Licht unterwegs und nur in allerletzter Sekunde zu erkennen.

Ich brauchte genau acht Minuten für diese Wegstrecke. Und jedes Mal, wenn ich am vereinbarten Treffpunkt ankam, standen die meisten Läufer schon im Hof vor dem Haus, das ihnen ein Sponsor zur Verfügung gestellt hatte. In der Dunkelheit konnte ich niemanden erkennen. Sie warteten geduldig auf ihre Kollegen, die noch in großer Anzahl aus dem Haus strömten und mir das Rätsel aufgaben, wo in dieser kleinen Hütte sie bloß alle schlafen würden. Und sie warteten auf ihren Coach, der ihnen das morgendliche Programm verraten würde. Gespannt lauschte ich, was der Coach zu sagen hatte. »We'll warm up for thirty minutes. Than we do a hill workout.« Hill workout, dachte ich. Schade, wieder einmal konnte ich mit den Jungs nicht das komplette Programm bestreiten. Ein lockerer »long jog« stand auf meinem Tagesplan, ich musste ja die »langen Dinger« üben und mich auf den Marathon vorbereiten. Wenigstens war ich die ersten 40 Minuten nicht alleine, und beim Einlaufen sind selbst die Afrikaner langsam. Gut für mich.

Ohne weitere Erklärungen setzte sich die Gruppe in Bewegung – jeder kannte die Strecke, die gelaufen werden sollte, jeder kannte den bevorstehenden Berg. Immer noch bedauerte ich, keinen Partner bis zum Ende meines langen Laufs zu haben. Unmittel-

bar hinter einem kenianischen Läufer suchte ich in der Morgendämmerung auf den unebenen Wegen einen sicheren Tritt. Doch es wurde schnell hell, sodass ich jetzt ohne Probleme die kleinen Hindernisse am Weg erkannte. Es würde aber noch eine Weile dauern, bis die Sonne ihre wirkliche Kraft entfalten konnte. Dicht zusammen liefen wir durch ein weites Tal, in dem noch immer der Nebel hing. Der rote lehmige Weg führte uns vorbei an kleinen Lehmhütten, die von einem Holzzaun eingeschlossen waren. In ihrem Inneren herrschte schon rege Betriebsamkeit. Überall stieg Rauch in den Himmel. Waren die Feuer für den morgendlichen Tee entfacht worden? Vielleicht eine zu romantische Vorstellung eines Europäers. Meine Mitläufer kümmerten sich nicht darum und rannten unbeeindruckt und konzentriert auf den immer kleiner werdenden Pfaden weiter, dem nahen Hügel entgegen. Nach 30 Minuten blieben sie bei einem steil nach oben führenden Weg stehen. Hier also trennten sich unsere Trainingswege. Vor ihren Bergläufen wollten die Afrikaner noch ein wenig Gymnastik machen und sich mit schnellen 100-Meter-Steigerungen in Schuss bringen. Ich hingegen setzte meinen Weg in ruhigem Tempo fort und lief den steilen Berg hinauf.
»See you tomorrow«, riefen mir meine Trainingskollegen noch hinterher. Der morgendliche Nebel kämpfte verbissen mit der Sonne, als ich den mehr als einen Kilometer langen Berg hinter mich gebracht hatte und am Bergkamm einen Höhenweg entlanglief. Er schlängelte sich in der welligen Landschaft durch frisch angelegte Maisfelder. Kalte Luftströme wechselten sich mit warmen Luftschichten ab, die schon von der Sonne erreicht wurden und aufgeheizt waren. Weit entfernt am Horizont konnte ich im Gegenlicht der Sonne die zarte Silhouette des Mount Kenia sehen. Es war ein wunderbarer Anblick.
Im Gegensatz dazu war mein Laufgefühl gar nicht wunderbar. Die steilen Anstiege machten mir sehr zu schaffen, hinzu kam die dünne Luft auf 2400 Meter Höhe. Zusehends wurden meine

Beine müder und kraftloser. Nach anderthalb Stunden verließ ich das hügelige Gelände und kam auf eine Straße, die mich nach Nyahururu führte. Allmählich wurde es warm und irgendwie hatte ich das Gefühl, dass es heute ein langer Heimweg werden würde. Immer wieder begegnete ich Kindern, die auf dem Weg zur Schule waren. Und wie immer begrüßten sie mich mit ihrem freundlichem Lachen: »How are you? How are you?« Überhaupt nicht gut, hätte ich am liebsten geantwortet. Ich bin so müde, einfach platt, versteht ihr? Aber ich hob bloß zum kurzen Gruß meine Hand und lief wortlos an ihnen vorbei.

»Beim Marathon brauchst du in jeder Phase eine Antwort, gerade bei einer schlechten.« Die Worte von Martin Grüning kamen mir wieder in den Sinn. Jetzt, nach gut 1 Stunde und 50 Minuten hatte ich ganz offensichtlich Probleme. Das könnte mir in Hamburg auch passieren. Wo nur war die Antwort? Ruhig und entspannt versuchte ich meinen Laufrhythmus beizubehalten. Ich lief weiter, immer weiter auf dieser Straße in Richtung Nyahururu. Radfahrer kamen mir entgegen, Kinder lachten mir zu und winkten, und immer wieder wurde ich von einem Matatu, dem kenianischen Nahverkehrsmittel, mit lautem Hupkonzert überholt. Ich bekam das alles nicht richtig mit, Kilometer für Kilometer versuchte ich, wieder meinen Tritt zu finden – ich musste es unbedingt schaffen, die Müdigkeit von mir abzuschütteln. Aber noch während ich nach Antworten für die Krise suchte, war sie schon wieder vorüber. Plötzlich und ganz unbemerkt lief es wie von selbst. Nach 2 Stunden und 15 Minuten näherte ich mich dem kleinen afrikanischen Ort. Immer noch riefen mir die Kinder ihr »How are you?« entgegen, und ich antwortete mit dem gleichem Lachen: »Fine, thank you.«

Zurück in Deutschland: Pressekonferenz mit Lauf

Zwei Kilometer wären »ein bissl zu kurzsch«. So wurde ich von einem Journalisten der »Hamburger Morgenpost« nach der Pressekonferenz zitiert. Noch immer waren bis zu meinem Marathonstart in Hamburg fast zwei Monate Zeit, und doch warf dieses Ereignis die ersten Schatten voraus. Der Organisator hatte mich und viele Medienmenschen nach Hamburg eingeladen, zu einer »Pressekonferenz mit Lauf«. Die vom Veranstalter vorgesehenen zwei Kilometer, die ich mit den Journalisten laufen sollte, waren meiner Meinung nach einfach zu kurz. So kam es mal wieder, dass eine private Bemerkung, die ich gegenüber dem Organisator gemacht hatte, die Headline der Berichterstattung am nächsten Tag wurde. Nun, mit diesem Satz »ein bissl zu kurzsch« konnte ich natürlich ohne Probleme leben. Allerdings gibt es einige wichtige Regeln meines Dialekts, die auch norddeutsche Journalisten ruhig mal beachten könnten.

Eines der wichtigsten Merkmale meiner Sprache ist die Verkleinerungsform. Eine Tasse wird in der schwäbischen Mundart zum »Tässle«, eine Bank zum »Bänkle« usw. Das Wort bisschen kann allerdings nicht zu »bissl« werden, das ist weder schwäbisch noch bayrisch. Die Bayern würden »biss-er-l« sagen, wir im Schwäbischen bleiben bei unserer üblichen Verkleinerungsform und sagen »biss-le« dazu. Dann ist das Wort »ein« den meisten »Ureinwohnern« Baden-Württembergs fremd. Wenn, dann schlicht und einfach »a«. Dies wird mehr aus dem Bauch und schon eher als »ä« gesprochen. Es mag schon sein, dass in unserer Sprache die »sch«-Laute eine große Bedeutung einnehmen, doch legen wir großen Wert darauf, dass dies auch an der richtigen Stelle zur Anwendung kommt. Ohne eine große wissenschaftliche Ausarbeitung liefern zu können, behaupte ich hier einfach: Nach einem »z« spreche ich niemals den berühmten Zischlaut. Das Wort »kurz« bleibt »kurz«. Das Zitat »ein bissl zu kurzsch« wäre demnach richtigerweise: Die zwei Kilometer sind »a bissle kurz«. (Das Wort »zu« ist ein unnötiges Füllwort und kann vom Schwaben daher weggelassen werden.)

Ich verlängerte die vorgesehene Runde kurzerhand, und es wurde ein gemeinsamer Lauf rund um die Binnenalster daraus. Diese Verlängerung der Laufstrecke wirkte sich dann auch positiv auf die Berichterstattung aus. Ausführlich berichtete die »Hamburger Morgenpost« vom Laufspektakel: »Fünfundzwanzig Bewegungswillige kesseln Baumann regelrecht ein«, war in der Berichterstattung zu lesen, in Anspielung auf den ARD-Kommentator Gerd Rubenbauer, der während meines 5000-Meter-Laufs bei der Olympiade 1992 in Barcelona ins Mikrofon sagte: »...da ist er eingekesselt.« Ganz offensichtlich genossen es diese fünfundzwanzig bewegungswilligen Journalisten nicht nur, mir Fragen über meinen Marathonversuch und das Laufen im Allgemeinen zu stellen, sondern auch selbst aktiv zu werden und die Schuhe zu schnüren. Natürlich bemerkten meine damaligen Laufpartner meine gute Stimmungslage; ein Bericht etwa schloss ganz harmonisch mit den Worten: »Jetzt genießt er die Nestwärme.« Nestwärme hin oder her: Es war ein angenehmer Lauf bei strahlendem Winterwetter in Hamburg. Pressekonferenz einmal anders – für die Journalisten und für mich.
Bei der üblichen Fragerunde spielten zwei Themen eine wichtige Rolle. Zum einen die Frage nach meiner Zielsetzung für meinen ersten Marathon und zum anderen, wie es ein Mittelstreckenläufer, der sich an die 5000 Meter gewöhnt und die 10 000 Meter antrainiert hat, schafft, das Training so umzustellen, dass es auch mit dem Marathon klappt.
Wie fast alle Läufer, die diese Herausforderung suchen, stand auch ich vor dem Problem, die Strecke im Training nicht wirk-

lich »ausprobieren« zu können. Für mich als Mittelstreckler war es besonders schwierig vorauszusagen, was nach Kilometer 33 passiert – wie ich die letzten Kilometer der Strecke bewältige. Neben vielen anderen Motiven ist es diese Ungewissheit, die den Marathon zu einem der letzten Abenteuer unserer Zeit macht. Egal, ob man ein Topathlet oder ein Freizeitläufer ist – alle machen die gleiche Vorbereitung und laufen am Wettkampftag dieselbe Strecke mit demselben Ziel. Und im Vorfeld stellen sich alle dieselben Fragen: Wie oft muss ich für diesen Wettkampf in der Woche üben? Wie viele Kilometer sind es pro Tag? Soll ich kurze Läufe mit langen Läufen abwechseln? Wie schnell muss ich laufen oder wie langsam?

Die einhellige Meinung der Journalisten lautete, dass »der Baumann« immer mit Blick auf die Uhr laufe, Zwischenzeiten und Puls kontrollierend, stets unter Leistungsdruck sei und eine ganz bestimmte Zeit erreichen wolle. Schnell kamen daher auch die Fragen nach den Tempomachern, welche Zwischenzeiten sie für mich angehen sollten und wie meine Taktik innerhalb des Feldes aussehen würde. Und schließlich – zu guter Letzt – kamen dann auch die Fragen nach der Zeit: Wie schnell wollen Sie den Marathon laufen? Werden Sie in jedem Fall ganz vorne in der Spitzengruppe mit dabei sein? Spekulieren Sie auf den Sieg?

Sieg oder Niederlage. Wieder war es diese Reduzierung, die den Sport einerseits so spannend macht, andererseits aber mich als Akteur unter Druck setzt. Vordergründig war es ja durchaus interessant, danach zu fragen, was ich mir denn für meinen ersten Marathon in Hamburg vorgenommen hatte. Wie schnell die Zwischenzeiten werden sollten? Was der genaue Zeitplan war? Welche Endzeit ich im Auge hatte? Ob vielleicht sogar ein Platz auf dem Treppchen drin ist?

Aber nicht alle Läufer wollen sich mit einer Zeit oder einer bestimmten Distanz (geschweige denn mit beidem) auseinander setzen. Vielen geht es schlicht und einfach um den Spaß an der

Bewegung, die Freude am Laufen oder einfach darum, einmal am Tag frische Luft zu tanken. Für alle Freizeitläufer steht an erster Stelle ihre Gesundheit; sie laufen ihrem Körper zuliebe und teilweise auch, um in einer immer monotoner werdenden Arbeitswelt, die viel Stress, aber wenig Entfaltungsmöglichkeiten mit sich bringt, einen Ausgleich zu schaffen. Wie auch immer: Laufen ist ein Anreiz für eine völlig andere und neue Leistungsanforderung. Und gerade der Marathon scheint hier eine ganz besondere Anziehung auf die Laufgemeinde auszuüben.

Trotzdem lief es bei der Pressekonferenz auf die Frage nach Sieg oder Niederlage hinaus. Wie gerne hätte ich mich bei diesem ersten Marathonversuch in einen unbekannten Freizeitläufer verwandelt! Sehr schnell wurde mir nämlich klar, dass die Aufmerksamkeit groß sein würde, sehr groß. Auf Schritt und Tritt würden mich die Fachleute in Hamburg beobachten. Sie würden in Begleitfahrzeugen dabei sein, würden versuchen, aus meiner Schrittlänge die Frische des Läufers abzulesen oder, je nachdem, meine Müdigkeit. Sie würden jedes Zeichen interpretieren, das ich meinen Betreuern an den einzelnen Getränkestationen gäbe. Reichen die Kohlenhydrat-Vorräte? In jeder Veränderung meines Gesichtsausdrucks würden sie nach der Lust des Laufens suchen – dem »runner's high« – oder aber nach der Qual eines jeden Schritts, die ein Brennen entfacht, das hinaufreicht bis in den Kopf und alle Gedanken lähmt.

Jetzt, in der Vorbereitung, war es für mich extrem schwierig, Prognosen über den Verlauf des Wettkampfes abzugeben. Sieg oder Niederlage? Den Fachleuten erging es ähnlich. Es wurde viel spekuliert. Thomas Steffens, der Chefredakteur von »Runner's World«, schrieb sinngemäß: Ich könne froh sein, wenn ich einen Tempomacher hätte, der mich bis Eppendorf begleite. Allein die Entscheidung, in Hamburg zu laufen, sei falsch gewesen. Warum nicht in Rotterdam, so die Frage des Experten, oder in London? Schließlich könnte ich dort auf einige Weltklasse-

athleten treffen, die hervorragende Tempomacher wären. Schon allein die Wahl des Ortes zeige, dass ich keine Erfahrung mit dieser »neuen« Disziplin hätte. Hamburg? Dort gebe es ja nicht mal ein Feld, das mich in der entscheidenden Phase des Wettkampfs ziehen würde. Keiner würde auf mich warten in Eppendorf, allein müsste ich laufen und froh sein, mich von dort ins Ziel zu retten. So weit die Expertenmeinung.
Wo um alles in der Welt liegt Eppendorf?, fragte ich mich damals, als ich die Kritik von Steffens las. Und die Tatsache, dass ich darauf keine Antwort wusste, zeigte, dass die Prognose dieses Mannes gar nicht so abwegig war. Wenn der Einbruch kommen würde, dann in Eppendorf. Durch diesen Stadtteil von Hamburg führt die Marathonstrecke. Aber an den großzügigen Villen vorbei ist es für viele Läufer die entscheidende Etappe: Es sind die Kilometer 35 und 36.

Genau deshalb waren sie so unverzichtbar für mich, die »langen Dinger«. Mal lief ich ein ruhiges Tempo, mal versuchte ich eine stetige Temposteigerung. Und immer lief, wie ein Schatten, die Unsicherheit mit, was bei den kritischen Kilometern 32, 33 oder 34 kommen würde. Der Satz »Ich könne froh sein, wenn ich bis Eppendorf eine Begleitung hätte«, kam mir bei jedem dieser Läufe in den Sinn. Es war ein fürchterlicher Gedanke. Manches Mal fühlte ich mich schon bei einem 4-Minuten-Schnitt auf den ersten 10 Kilometern müde und hatte das Gefühl, viel schneller zu laufen, als ich es in Wirklichkeit tat. Trotzdem steigerte ich auf den nächsten 10 Kilometern das Tempo auf 3:28 Minuten pro Kilometer. Ich kämpfte mit dem Tempo, es rollte einfach nicht, und ich war davon überzeugt, keine Sekunde schneller laufen zu können. Aber der dritte 10-Kilometer-Abschnitt erwartete mich: Noch einmal erhöhte ich das Tempo und lief schließlich einen Schnitt von 3:12 Minuten. Nach 32 Minuten war auch dieser Abschnitt endlich geschafft. Ich war froh darüber und gleichzeitig entsetzt. 32 Minuten auf 10 Kilometer. Schnell rechnete ich das Tempo hoch auf eine Marathondistanz und sah im Geiste schon voller Entsetzen den Chefredakteur von »Runner's World« irgendwo in Eppendorf auf mich warten. Er würde mir, dem vereinsamten Läufer, ins Gesicht schauen. Würden dort, in Eppendorf, bei den schicken Stadtvillen, bei den parkenden Cabrios meine Kohlenhydrate zu Ende gehen? Würde ich dort in eine Krise geraten?

Die Aufgabe

Hamburg-Marathon am 21. April 2002

Bei der Halbmarathonmarke hatten wir nur 37 Sekunden Rückstand auf die Spitzengruppe. 64:25 zu 65:02 Minuten. Ich war begeistert – das gäbe eine Zeit von 2 Stunden und 10 Minuten. Hamburg Marathon 2002, die Hälfte der Strecke war um und die Spitzengruppe immer noch zum Greifen nah. Es keimte Hoffnung auf. Das Rennen hatte sich genau so entwickelt, wie ich es mir gewünscht hatte. Zunächst wollte ich nicht mit der Spitze mitlaufen. Ich wollte mein eigenes Tempo wählen, meinen eigenen Rhythmus finden, um dann im zweiten Abschnitt weiter nach vorne zu laufen. Insgeheim hatte ich den Gedanken an eine vordere Platzierung nie aufgegeben. Und tatsächlich konnten nun einzelne Läufer mit der Spitzengruppe nicht mehr Schritt halten und purzelten aus der vorderen Gruppe heraus. Bis sie von unseren Tempomachern eingeholt wurden, sahen sie sehr einsam aus zwischen den beiden Laufgruppen.
Ich hatte Tendai Chimusasa aus Simbabwe schon sehr früh an seinem Laufstil erkannt, er wirkte müde. Ursprünglich wollten wir von Anfang an gemeinsam laufen. Aber als sich nach fünf Kilometern die große Gruppe gespalten hatte, ging er das schnellere Tempo mit. Ich hingegen hielt mich an meine zwei Weg-

gefährten, die für mein Tempo zuständig waren. Die Zwischenzeiten waren für unser Vorhaben optimal. Jetzt, bei Kilometer 23, hatten wir Chimusasa wieder eingeholt. Tatsächlich gelang es ihm, unseren Laufrhythmus aufzunehmen, und er konnte den langen Weg, die kommenden schwierigen Kilometer, mit uns zusammen laufen.

Lange hatte ich selbst nicht zu meinem ruhigen Lauf gefunden. Vor allem die Unruhe und das Getöse, ausgelöst durch die vielen Begleitfahrzeuge und das ständige Hin und Her der Läufer im großen Feld, machten mir als Marathonneuling zu schaffen. Jetzt fühlte ich mich besser, entspannter. Mein Körper schien die Arbeit problemlos verrichten zu können. Der Pole Piotr Gladki sorgte unmittelbar hinter dem Tempomacher für den nötigen Druck. Alles lief wie am Schnürchen.

Bis Kilometer 25 hatten wir zur Spitzengruppe Sichtkontakt. Ich hatte lange den Eindruck, der Abstand bliebe gleich. Aber, für uns kaum wahrnehmbar, wurde er von Minute zu Minute größer. Es war nur ein schleichender Prozess, plötzlich riss der Kontakt nach vorne ab. Wir sahen die Spitze nicht mehr. Wurden wir langsamer?, fragte ich mich. Aber die Signale aus dem Betreuerfahrzeug, das neben uns her fuhr, waren eindeutig: »Ihr seid unter 2:10. Tempo drosseln. Ruhiger laufen.« Unter 2:10. Wie spielerisch, dachte ich und spürte die eigene Euphorie. Die Aufgabe des Tempomachers war schwierig. Keinesfalls durfte er jetzt verzögern, er durfte nicht warten. Andererseits aber durfte er auch kein zu hohes Tempo gehen. Der Grat wurde immer schmaler. Mit dem Polen Gladki lief ich hinter ihm. Tendai Chimusasa hielt sich als dritter Mann in dieser Gruppe immer im Hintergrund. Er war froh, damit Kraft sparen zu können. Die Spitzengruppe war weg und damit auch eine gute Platzierung. Aber immerhin war es noch möglich, eine gute Zeit zu erzielen.

»Zeiten hin, Zeiten her«, hatte ich als Antwort auf den Chefredakteur in einer Zeitungskolumne geschrieben, und: »Mit Stil ins Ziel.«

Zeiten hin, Zeiten her? Nein, ganz so einfach war es nicht. Bei all meinen Wettkämpfen waren Platzierungen oder gute Zeiten im Zentrum meiner Motivation gewesen. Dies konnte und wollte ich auch in Hamburg nicht ändern. Gute Zeit, gute Platzierung. Dies ist der wesentliche Kern im absoluten Leistungsbereich. Eines war noch möglich. Eine gute Zeit.

Auch bei Kilometer 30 stimmte der Fahrplan noch. Mein Feeling allerdings war nicht mehr dasselbe. Dieses Tempo war die Grenze, es machte sich Müdigkeit breit. Unser Tempomacher scherte aus, er hatte perfekte Arbeit geleistet. Ohne zu zögern übernahm der Pole Gladki die Führung, gefolgt von Chimusasa, der sich nun an mir vorbeischob. Offensichtlich hatte er sich wieder erholt. Es entstand eine kleine Lücke, nur wenige Meter. Verwundert blickte ich hinter ihnen her. Wurden sie schneller?

3:08 Minuten war dieser Kilometerabschnitt. Nicht sie wurden schneller, sondern ich langsamer. Ich musste meinen Rhythmus ändern. Die Lücke, irgendwie musste ich diese Lücke wieder schließen.

Der nächste Kilometer: 3:15 Minuten. Mit dieser Zeit wurde die Lücke nicht kleiner, ganz im Gegenteil. Schnell waren aus 5 Metern 30 geworden. Aber noch waren die zwei in Sichtweite, fast zum Greifen nah.

3:30 Minuten. War es nur eine vorübergehende Krise? Auch in einer schwierigen Phase solltest du eine Antwort haben, so hatte ich es schon einmal gehört. Wie komme ich nur wieder in dieses Rennen zurück? Wie finde ich meinen Laufrhythmus wieder? Ist eine gute Zeit noch möglich?

Mit jedem Schritt zerrannen die Sekunden, zerrannen die Minuten auf eine gute Zeit. Das Einzige, was mir vor 5 Kilometern noch an Hoffnung geblieben war, war eine gute Zeit. Aber jetzt?

3:45 Minuten der nächste Kilometer. Schneller, Mann, nimm

das Tempo auf, los, lauf, volle Kiste. Lauf! Es war vergeblich, meine Beine konnten die Arbeit nicht mehr verrichten.
4:00 Minuten. Die gute Zeit war weg, ganz sicher. Keine gute Platzierung, keine gute Zeit. Ernüchterung machte sich breit und damit auch eine große Müdigkeit. Der »freie Fall« hatte eingesetzt.
Sollte ich das Rennen aufgeben? Diese Frage stellte sich nicht wirklich. Unkonzentriert lief ich noch einige hundert Meter, es war ein unglaublicher körperlicher Aufwand. Dann musste ich das Rennen abbrechen. »Mit Stil ins Ziel« hatte ich leichtfertig geschrieben. Schon damals ahnend, dass die vielen Freizeitläufer und ich, der Laufprofi, nicht dasselbe meinen. Heute hatte ich die Bestätigung. Eine gute Zeit oder eine gute Platzierung – im Leistungssport gibt es wenig dazwischen. Kompliment an alle, die auch die Zwischentöne genießen können und dürfen. Kompliment an alle, die es geschafft haben diesen Marathon durchzustehen.

Die EM in München

Im Juli 2002

Das erste Schuljahr meiner Tochter brachte nicht nur für sie, sondern auch für uns große Veränderungen. Vor allem waren davon unsere Reisegewohnheiten betroffen. Die üblichen gemeinsamen Trainingslager waren dahin, und so gab es bei meiner Vorbereitung zur EM in München nur noch Familientreffen am Wochenende.
An diese Umstellung konnte ich mich nur schwer gewöhnen. Es war auch deshalb schade, weil es ein wunderschöner Sommer war. Nachdem die üblichen Nebelschwaden über dem St.-Moritz-See verschwunden waren, begannen an manchen Tagen die Bergspitzen in der Morgensonne zu leuchten. Die Felskämme zeichneten sich ganz deutlich ab, und manchmal überkam mich der Wunsch, heute auf alle Fälle noch aufzusteigen, auf irgendeinen dieser Gipfel.
Vielleicht ging es dem jungen Luis Trenker ebenso. Hier in der Schweizer Region Engadin begann seine Karriere als Bergsteiger. Mit seinen spektakulären Aufstiegen zum Piz Palü und Piz Bernina wurde er weltberühmt. Aber um es ehrlich zu sagen, mir liegt das Bergsteigen eher nicht. Erstens fürchte ich mich vor steilen Abgründen und zweitens bin ich wohl auch deshalb im Schnee oder auf Geröllhalden nicht trittsicher.
Meist wird es wegen dieser (Berg-)Schwächen dann mit dem Aufstieg doch nichts. Aber nicht nur deshalb, schließlich bin ich nicht nur zum Vergnügen hier heroben, wie etwa Luis und seine Kameraden. Mit meinem täglichen Laufpensum von 25 Kilometern fühle ich mich nach dem ersten Hochgefühl am Morgen plötzlich doch nicht mehr so frisch, um auf 3000 Meter aufzusteigen.
An einem dieser wunderschönen Tage, mit diesem Drang auf

einen Gipfel zu steigen, ließ ein Anruf meines Sohnes mein Hochgefühl noch länger andauern. Er würde, so kündigte er mit fester Stimme an, nach seinem nächsten Besuch bei mir in den Bergen nicht mehr mit der Mama und seiner Schwester nach Hause fahren. Pflichttermine gab es für ihn nicht – Kindergarten hin, Kindergarten her. Er wolle viel lieber bei mir bleiben und, sein größter Wunsch, auf ebendiese Berggipfel klettern.

Nach dieser für einen Papa schmeichelhaften Ankündigung galt es drei Tage zu organisieren. Zunächst das Wichtigste: Ich brauchte für sechs Trainingseinheiten einen Babysitter. Dann kam das Rahmenprogramm: Klettern. Von mir hatte er diese Idee ganz sicher nicht. Als Kind hatte ich nicht die Möglichkeit, mit Hochseilgarten und Kletterwand Bekanntschaft zu machen. Vieles wäre heute vielleicht leichter, mein Tritt am Gletscher beispielsweise.

Schon am Abend saß ich oben auf der Diavolezza. Der Piz Palü, Bellavista, Piz Bernina, sie leuchteten im Sonnenlicht. Hier heroben, auf historischem Bergsteigerboden, das wäre doch gerade richtig für meinen Sohn. Das ist doch alles wunderbar, dachte ich. Das beste Training für einen festen Griff und den richtigen Umgang mit der Höhe. Mein Sohn, ein neuer Trenker eben. Und tatsächlich, auf 3000 Meter Höhe gibt es sogar einen Kindernachmittag. Spielen und klettern rund um den Gletscher. Alles unter Aufsicht und Anleitung. Na bitte.

Mit großer Spannung wartete ich auf den Samstag, aber vom Mut und von der Entschlossenheit meines Sohnes war nach seiner Ankunft nicht mehr viel zu spüren. Ob ich denn sehr traurig sei, wenn ich nach den drei Tagen wieder alleine bleiben müsste? Außerdem, fügte er hinzu, wäre ich ja nicht richtig allein. Der Sebastian (Hallmann) sei ja auch noch da. Deshalb bestünde auch überhaupt kein Grund, traurig zu sein. Das war ganz offensichtlich eine große Sorge von ihm. In seinem kleinen Kopf ging es hin und her: in den Bergen bleiben oder wieder zurück nach

Tübingen? Am Sonntagabend fiel die Entscheidung. Er fahre wieder zurück, sagte er und fügte noch tröstend hinzu, dass er ja bald wiederkommen würde.
Warum nur wollte mein Sohn nicht bleiben? Die Frage trieb mich um. Trotz Piz Palü, Luis Trenker und Kletterprogramm. Ein Freund spendete mir Trost am Telefon und brachte es schonungslos auf den Punkt. »Dein Sohn hat die Situation doch richtig erfasst. Mit dem Papa ist dort oben sowieso nichts los. Morgens und abends läuft er, dazwischen macht er einen Mittagschlaf und das jeden Tag. Was bleibt als Gegenwert? Eine Gondelfahrt, ein Restaurantbesuch und danach vielleicht ein Eis. Und eines ist ohnehin nicht zu ersetzen: die Mama.«

7. August 2002

Noch immer hingen dicke Regenwolken über dem Olympiastadion von München, aber zumindest hatte es aufgehört zu regnen. Jetzt in der Nacht deutete nichts mehr darauf hin, dass noch vor wenigen Stunden die Zuschauer die Stimmung zum Überkochen gebracht hatten – wie in einem Tollhaus. Es war sonderbar still geworden, eine fast unheimliche Stimmung. Nur noch vereinzelte Ordner huschten durch die Dunkelheit. Der Shuttle-Service zum Athletendorf hatte um diese Zeit auch schon seinen Dienst aufgegeben. Aber der kurze Weg hinüber zu den Unterkünften der Athleten bot sich geradezu zum Laufen an und deshalb setzten Isabelle und ich uns ganz locker in Bewegung. Ohnehin musste ich das bis dahin »ausgefallene« Auslaufen nachholen.
Der langsame leichte Lauf durch die Nacht tat uns beiden gut. Für Isabelle war dieses 10 000-Meter-Finale bei der EM 2002 sicherlich genauso anstrengend wie für mich. Mit dem Unterschied, dass ich auf der Tartanbahn den unschätzbaren Vorteil

hatte, selbst handeln zu können. Ich konnte jederzeit in den Rennverlauf eingreifen, konnte reagieren und meine Anspannung »ablaufen«. Sie hingegen war zum Zuschauen verdammt. Allerdings hatte meine Muskulatur große Mühe, sich wieder in Bewegung zu setzen. Selbst bei diesen leichten Laufschritten war es zunächst eine Tortur. Das anstrengende Rennen hatte meine Beine sehr müde gemacht, im nächtlichen Regen waren sie dazu noch ausgekühlt und seit zwei Stunden saß ich in den Katakomben des Stadions fest.

Unmittelbar nach dem Rennen hatten mich die Journalisten erwartet. An diesem Abend – nach meinem zweiten Platz – war es ein wahrer Interview-Marathon. Ich hatte mir mit dem Rennausgang und der Ehrenrunde eine kleine Verschnaufpause verschafft. Das Nebenprodukt einer solchen Ehrenrunde ist auch, die nötige Zeit zu haben, den kleinen Abstand, den ich brauche, um nach einer solchen körperlichen und psychischen Anstrengung wieder einen klaren Gedanken fassen zu können.
In einer Reihe standen die verschiedenen Fernsehanstalten mit je einem Kamerateam. Jeder wollte sein eigenes Interview. Danach hatte sich im langen Tunnel der Katakomben die schreibende Zunft eingefunden. Es war ganz sicher die zugigste Ecke des Stadions. Ein Metallzaun trennte den schmalen Gang in zwei längliche Teile. Durch diesen zwei Meter breiten Schlauch musste ich an den Medienvertretern vorbei, um zu meiner trockenen Kleidung zu gelangen. Es war ein fast vertrauter Anblick, diese wilde Horde, die sich an dem Metallzaun drängte, um die erste Frage zu stellen oder einen O-Ton einzufangen. Zunächst fiel es mir schwer, die vielen Gesichter richtig einzuordnen. Wegen des Regens hatte ich meine Brille schon vor dem Wettkampf abgenommen, deshalb erkannte ich erst beim Näherkommen einige von ihnen, den harten Kern sozusagen.
Seit den Olympischen Spielen 1988 war dieser Gang durch die

Katakomben der Stadien ein immer gleiches Ritual. Es hatte sich in den letzten fünfzehn Jahren nicht viel geändert. Immer hieß es: Rede und Antwort stehen, in welcher Gemütsverfassung auch immer. Journalisten und auch die Öffentlichkeit verlangen dieses »Sichstellen«. So verstand ich auch immer meine Aufgabe als Athlet.

Unser kleiner Lauf dauerte nicht sehr lange. In nur 10 Minuten waren wir im Athletendorf und gingen auf direktem Weg in die Mensa. Kurz vor Mitternacht war sie fast leer, die an jeder Ecke aufgestellten Fernseher waren abgeschaltet und es herrschte eine angenehme Ruhe. Nur die Protagonisten des Abends, die Athleten des 10 000-Meter-Finales, und ihre Betreuer hatten wie Isabelle und ich den direkten Weg hierher gesucht, in der Hoffnung, noch etwas Essbares zu finden. Wie wir waren sie immer noch in ihren Trainingsanzügen und saßen in kleinen Grüppchen müde an den Tischen, die im großen Zelt verstreut standen. Unverkennbar die Italiener und Franzosen in blauen, die Spanier in rot-gelben Trainingsanzügen, und auch die Holländer stachen mit ihren knalligen Orangefarben ins Auge. Wir gingen das leer gefegte Büfett ab. Die Auswahl war nicht sehr groß, alles, was übrig geblieben war, war Kartoffelsalat mit Wiener Würstchen, dazu ein Wecken.
Ich schob mein Tablett auf der Ablage entlang und erblickte Kamiel Maase am Tisch sitzen. Die Enttäuschung konnte ich aus seinem Gesicht lesen. Schon nach 3000 Metern war der Franzose Behar gestürzt. 1994 in Helsinki war er über 5000 Meter mein großer Gegenspieler gewesen. Heute, acht Jahre später, muss es unmittelbar hinter mir geschehen sein. Allerdings erahnte ich nur, was geschah. Behar lag plötzlich neben mir am Boden; wie Maase über ihn hinwegspringen musste, dabei das Gleichgewicht verlor und innerhalb von 100 Metern 30 bis 40 Meter auf die Spitzengruppe verlor, bekam ich nicht mehr mit. Dabei hatte

alles so gut begonnen, für Maase wie auch für mich. Mir war klar, dass nur er oder Baldini für ein schnelles Anfangstempo sorgen könnten. Aber auch ich wollte kein ganz langsames Rennen. Der Holländer sorgte auch gleich zu Beginn für 66-Sekunden-Runden. Immerhin ergäbe das eine Zeit von 27:30 Minuten. Ich wollte helfen, wollte ihn unterstützen und nach zwei Runden übernahm ich das Tempo und für 600 Meter die Spitze des Feldes. Alles schien gut zu gehen, ich wollte ihm signalisieren, bei diesem Tempo bin ich dabei, immer weiter so. Aber schon nach 3000 Metern war ein Helfer weg.

Langsam ging ich mit meinem Abendessen durch die leeren Bankreihen. Kaum kam ich am Tisch der italienischen Mannschaft vorbei, sprangen sie aufgeregt auf. Sie gestikulierten wild, als wollten sie nochmals laufen, und wirkten ratlos. »Ich war der beste Tempomacher«, meinte Barradi halb ärgerlich, halb scherzend. Und in der Tat war es gerade der Mann, den ich gar nicht auf der Rechnung hatte, der immer wieder für schnelle Runden und damit für Unruhe im Feld sorgte. Ein Konzept, das mir an diesem Abend nicht ungelegen kam. Ich sah darin auch für mich einen Weg zum Erfolg zu kommen. Während des Rennens übernahm ich sein schnelleres Tempo, um es 200 bis 300 Meter weiterzuführen. Ich wollte alles vermeiden, in einem Bummeltempo mit acht Mann in die letzte Runde zu kommen, und nur so dünnte die Spitzengruppe immer mehr aus.

Nur einen Tisch weiter saß Lahssini mit hängenden Schultern zwischen seinen französischen Landsleuten. Gerade für ihn wäre ein langsames Rennen gut gewesen. Er hatte die schnellste Zeit über 5000 Meter in diesem Jahr geschafft. Aber es war kein gleichmäßiges, kein einfaches Rennen mit einer schnellen letzten Runde. Bei jedem Tempowechsel hatte er Mühe, konnte aber immer wieder die Lücken schließen, doch im entscheidenden Moment verlor er die Spur.

Dafür trug der zweite Italiener im Feld die Hauptverantwortung, Stefano Baldini. Noch immer war ich von den Italienern umringt. »Aber was hätte ich auch anderes tun sollen?«, fragte Baldini und hob zur Verstärkung seiner Frage die Schultern und Arme in die Höhe. Es herrschte eine ganz typische italienische Aufgeregtheit. Fast in jedem Jahr kreuzten sich unsere Wege in Trainingslagern. Entweder in Tirrenia oder in St. Moritz. Er war es auch, der mit einer energischen Tempoverschärfung vier Runden vor Schluss für eine Vorentscheidung sorgte. Aber entscheidend kam er von uns nicht weg. »Hätte ich vielleicht schon sieben Runden vor Schluss marschieren sollen?«, fragte er verzweifelt. Es hätte ihm nichts genutzt. Nicht an diesem Abend, nicht mit diesen Gegnern. Die Spitzengruppe war heute Abend zu ausgeglichen. Wir waren alle gleich stark. »Dann wären wir dir eben sieben Runden hinterhergelaufen«, gab ich zurück. Er nickte zustimmend, als ob er die Antwort schon einmal gehört hätte. Ja, er wusste, er hatte heute Abend alles richtig gemacht und doch hatte es nicht für eine Medaille gereicht.

Hatte Rios alles richtig gemacht? Er wusste nicht so genau ob er sich ärgern sollte über den verpassten Sieg oder freuen über Bronze. Im Grunde war es ein Rennen seines Verschnitts gewesen. Es war nicht zu langsam und durch Baldinis Attacke waren wir nur noch vier. Wie so oft suchte er den langen Spurt, glaubte sich darin offensichtlich sicher. Doch dann kam Martinez, sein Landsmann, auf der Gegengerade und auch ich hing ihm im Nacken. Sicherlich keine komfortable Situation für einen Favoriten. Martinez, der Europameister, der Sieger des Abends, sprang von seinem Platz auf, als ich den spanischen Tisch streifte. Er war überglücklich. Jahrelang war er die Nummer zwei in Spanien gewesen, jahrelang immer hinter Rios. Die spanische Öffentlichkeit hatte ihn auch heute nicht auf der Rechnung und jetzt dieser Triumph. Wir schüttelten uns nochmals, ganz ohne Öffentlichkeit, ohne Medienpräsenz, die Hände. Als wir die letzten 300 Meter nochmals liefen, lachte auch Rios wieder mit uns mit. Wir versuchten uns neu einzuordnen, die Wörter »hätte«, »wenn« und »aber« fielen mehrfach, aber immer kamen wir doch zu der Erkenntnis, alles für einen optimalen Ausgang gemacht zu haben. Vielleicht ein kleiner Trost für Rios, in jedem Fall ein großes Kompliment für Martinez.

Langsam ging ich durch das Zelt weiter. Zwei alte Wegbegleiter, zwei Freunde warteten geduldig an einem Tisch. Martin Block und Marc Ostendarp fielen mir um den Hals, dass beinahe der gute Kartoffelsalat unter dem Tisch verloren gegangen wäre.

Der Freispruch

Rechtsausschuss des Deutschen Leichtathletikverbandes

In dem Verbandsverfahren

Deutscher Leichtathletikverband e.V., Alsfelder Straße 27, 64289 Darmstadt, vertreten durch das DLV-Präsidium, dieses vertreten durch den Vizepräsidenten Recht Dr. Clemens Prokop
– Antragsteller –

gegen

Dieter Baumann, Tübingen
– Antragsgegner –
Verfahrensbevollmächtigter: Rechtsanwalt Dr. Lehner, Vangerowstr. 20, 69115 Heidelberg

wegen Feststellung eines Dopingverstoßes u.a.
RA 1 /00

ergeht am 13.07.2000 durch den Vorsitzenden Wolfgang Schoeppe und die Beisitzer Hans-Peter Breit und Ferdinand Sahner folgender

BESCHLUSS:

1. Die Anträge werden abgewiesen.

2. Der Antragsteller trägt die Kosten des Verfahrens.

3. Die Hinzuziehung eines Rechtsanwalts war notwendig; die

Erstattung der Anwaltskosten entspricht im Rahmen der Streitwertfestsetzung der Billigkeit.

Gründe:

I.
Der Antragsgegner ist ein international erfahrener Leichtathlet, der seit Jahren als Berufssportler besonders erfolgreich im Bereich des Mittel- und Langstreckenlaufs aktiv ist. Er hat sich durch den Startpassantrag und die Unterzeichnung der Athletenvereinbarung dem gesamten Regelwerk des Antragstellers und der IAAF unterworfen. Als Mitglied der Nationalmannschaft und Zugehöriger des A-Kaders des Antragstellers ist er von diesem dem Referat Anti-Doping beim DSB namentlich gemeldet. Vom DSB werden anhand der Zuordnung zu den Kadern und nach einem bestimmten Schlüssel der Sportartenzugehörigkeit die Anzahl und der Zeitpunkt der durchzuführenden Dopingkontrollen festgelegt. Am 19.10.1999 und 12.11.1999 wurden beim Antragsgegner auf Veranlassung des DSB unangemeldete Trainingskontrollen durchgeführt. Die Urinprobe vom 19.10.1999 wurde in Kreischa, Institut für Dopinganalytik und Sportbiochemie, Leiter Prof. Dr. Klaus Müller, untersucht, die Urinprobe vom 12.11.1999 in Köln, Institut für Biochemie, Leiter Prof. Dr. Wilhelm Schänzer. Die Untersuchung der beiden A-Proben ergab das Vorhandensein von Metaboliten der Substanz Nandrolon. Die am 28.12.1999 in Kreischa und 29.12.1999 in Köln durchgeführten Analysen der B-Proben bestätigten den Befund der A-Proben.
Die Untersuchung der A-Probe vom 19.10.1999 ergab ein Ergebnis von 19-Norandrosteron 23,2 ng/ml und 19-Noretiocholanolon 5,1 ng/ml; die A-Probe vom 12.11.1999 ergab das Vorliegen von 19-Norandrosteron in einer Konzentration von 24 ng/ml. Als Grenzwert für einen positiven Dopingbefund sind

für diese Substanzen festgelegt 2 ng/ml beim Mann, 5 ng/ml bei einer Frau.
Eine am 28.11.1999 im Institut für Biochemie in Köln durchgeführte Isotopenmessung, die im Einverständnis mit dem Antragsgegner erfolgte, ergab darüber hinaus bezüglich der am 12.11.1999 entnommenen A-Probe, dass die dort festgestellten 19-Norsteroide nicht im Körper des Athleten produziert sein können, sondern künstlich dem Körper zugeführt worden waren.
Die Anti-Doping-Kommission des Antragstellers informierte den Antragsgegner mit Einschreiben plus Rückschein vom 15.11.1999 über den ersten der beiden positiven Kontrollbefunde und hörte ihn am 17.11.1999 an. Anlässlich dieser Anhörung wurde der Antragsgegner auch über den positiven Befund der zweiten Probe unterrichtet. Mit Einschreiben plus Rückschein vom 19.11.1999 suspendierte die Anti-Doping-Kommission des Antragstellers den Antragsgegner vorläufig. Der Antragsgegner erstattete am 02.12.1999 Strafanzeige gegen Unbekannt wegen vorsätzlicher Körperverletzung, wobei er zur Begründung darauf abstellte, dass eine von ihm benutzte Zahncreme verfälscht worden war, um ihn zu schädigen. Im Zuge der Ermittlungen ergab es sich, dass noch eine zweite kontaminierte Zahnpastatube im Besitz des Antragsgegners war.
Nachdem die Staatsanwaltschaft bei dem LG Tübingen mit Schreiben vom 17.01.2000, Az. 14 Ujs 1043/99, mitgeteilt hatte, dass die Ermittlungen noch andauern und bisher keine zureichenden Täterhinweise erbracht hätten, beschloss das Präsidium des Antragstellers am 22.01.2000 auf Antrag der Anti-Doping-Kommission die Fortdauer der Suspendierung und beantragte mit Schriftsatz vom 28.01.2000 beim Rechtsausschuss

den Antragsgener eines Dopingverstoßes schuldig zu sprechen und gegen ihn eine Wettkampfsperre von insgesamt zwei Jahren zu verhängen.

Zur Begründung trägt der Antragsteller vor, dass die vom Antragsgegner zu seiner Entlastung aufgestellte Behauptung einer Fremdmanipulation möglich, aber nicht bewiesen sei. Zunächst beweise der Nandrolonbefund in der Zahnpasta keineswegs, dass eine Fremdmanipulation vorliege. Denn die erste kontaminierte Zahnpastatube sei 14 Tage, nachdem der Antragsgegner über den ersten positiven Kontrollbefundinformiert wurde, sichergestellt worden. Weiterhin sei dem Antragsgegner zu diesem Zeitpunkt schon seit 12 Tagen bekannt gewesen, dass Mitarbeiter des Kölner Labors systematisch nach einer Quelle für den positiven Befund suchten. Weiterhin sei die zweite kontaminierte Zahnpasta erst am 07.12.1999 sichergestellt worden, damit noch später. Es hätte folglich genug Zeit bestanden, die Zahnpastatube als Beweismittel selbst zu präparieren. Schließlich sei bislang nicht einmal festgestellt, ob die positiven Kontrollbefunde tatsächlich durch eine der kontaminierten Zahncremes ausgelöst worden sind. Als dopender und hierbei erwischter Athlet hätte der Antragsgegner ein Motiv gehabt, nachträglich Beweismittel zu präparieren, die für seine Unschuld sprechen.
Der Antragsteller begründet weiter, dass die Erklärung beider Zahnpastafunde nur in der Annahme zweier Attentate liegen könne. Damit wäre Voraussetzung einer Fremdmanipulation ein systematisches und organisiertes Vorgehen gegen den Antragsgegner, was ein komplexes kriminelles Vorgehen gegen den Antragsgegner enthalte, welches nur schwer vorstellbar sei. Schließlich meint der Antragsteller noch, dass gegen eine Fremdmanipulation die verwendete Substanz spreche. Denn bei Nandrolon handele es sich um eine Dopingsubstanz, deren Verbot in der Öffentlichkeit umstritten sei. Bei einem Attentat durch Dritte wäre eigentlich zu erwarten, dass eine Substanz verwendet würde, deren dopende Wirkung unbestritten sei. Umgekehrt hätte der Antragsgegner durchaus ein Motiv für eine bewusste Einnahme gehabt. Denn im Jahr 2000 finden die Olympischen

Spiele in Sydney statt. Dies sei ein sportlich besonders attraktives Ziel. Nandrolon bzw. seine Vorläufer würden als Substanzen gelten, die trotz starker anaboler Wirkung nur wenig androgene Nebenwirkungen hervorrufen würden. Im Zusammenhang mit dem vom Antragsgegner veränderten Krafttraining würde die Einnahme von Nandrolon durchaus Sinn ergeben. Die Gesamtumstände würden jedenfalls nicht unerhebliche Zweifel an der vom Antragsgegner vorgetragenen Theorie einer Fremdmanipulation begründen.

Der Antragsteller schließt seine Begründung damit ab, dass die positiven Kontrollergebnisse auf dreifache Weise zu erklären seien, und zwar

a) es liegt eine Manipulation der Zahnpasta durch Dritte vor und die Zahnpasta ist Ursache der positiven Kontrollergebnisse,

b) der Antragsgegner hat mittels der Zahnpasta die verbotenen Substanzen bewusst aufgenommen und damit schuldhaft gedopt,

c) der Antragsgegner hat das Dopingmittel schuldhaft eingenommen und die Zahnpasta lediglich als Beweismittel präpariert.

Nachdem nach Auffassung des Antragstellers keine dieser drei Möglichkeiten positiv nachgewiesen sei, keine dieser drei Möglichkeiten aber auch ohne vernünftigen Zweifel ausgeschlossen werden könne, müsse die Frage des Verschuldens nach Beweislast entschieden werden. Gemäß IAAF-Regel 55, Ziff. 4 hätten die Parteien vereinbart, dass alle Athleten für alle Substanzen verantwortlich sind, die in ihrem Körper gefunden werden, was beinhalte, dass jeder Athlet im Falle eines positiven Kontrollergebnisses beweisen muss, dass die verbotene Substanz ohne sein Wissen und Wollen in den Körper gelangt ist. Die Geltung dieser Regel sei in der Athletenvereinbarung zwischen den Parteien vertraglich festgehalten und dementsprechend für die Frage der Beweislastverteilung entscheidend.

Hilfsweise hierzu bezieht sich der Antragsteller auf den Rechtsgedanken aus § 282 BGB (Beweisumkehr) bzw. den Rechtsgedanken aus dem Vertragsstrafenrecht, wonach der Gläubiger lediglich die Verletzung der vertraglichen Verpflichtung zu beweisen hat, der Schuldner hingegen sein fehlendes Verschulden.

Der Antragsgegner beantragt,

die Anträge abzuweisen.

Er ist der Auffassung, dass ausschließlich eine Fremdmanipulation vorliege. Ziel des Täters (oder der mehreren Täter) sei es gewesen, ihn anlässlich eines Wettkampfes »positiv zu machen«, um ihn als unbequemen Bekämpfer des Dopings in der Öffentlichkeit zu diskreditieren. Der Antragsgegner verwahrt sich gegen die Beweisumkehrlast. Er zitiert u.a. den so genannten Akpan-Fall aus 1995, in welchem die IAAF unzweifelhaft nach den Grundsätzen des Anscheinbeweises entschieden hätte.
Weiterhin trägt der Antragsgegner vor, dass bei ihm nur geringe Mengen der verbotenen Substanz aufgefunden wurden, dass jegliche leistungssteigernde Wirkung damit unmöglich verbunden sein konnte. Vielmehr würde das Ergebnis eines Sachverständigengutachtens zwingend ergeben, dass einziges Ziel der Zuführung des Ausgangsstoffes ein entsprechendes »Positivmachen« des Antragsgegners, d.h. ein Anschlag auf seine sportliche Glaubwürdigkeit sein konnte. In der Fachliteratur gebe es nicht einen einzigen Beweis einer leistungssteigernden Wirkung von oral zugeführtem Norandrostendion oder anderen Verbindungen, erst recht nicht beim Mann. Es müsse vielmehr eine Unwirksamkeit dieser Verabreichungsweise in Konzentrationen von täglich nur 100 mg und weniger angenommen werden, da diese Verbindungen schnell in inaktive Metabolite überführt bzw. abgebaut würden. Die positiven Kontrollergebnisse seien

ausschließlich auf die aufgefundenen manipulierten Zahncremes zurückzuführen. Die Präparierung der Zahnpastatuben zur Hervorrufung von Ergebnissen wie in den gegenständlichen Dopingkontrollen aufgefundenen erfordere höchstes Fachwissen, über welches der Antragsgegner nicht verfüge. Auch sei die Zahnpastatube Elmex Sensitive nicht die von seiner Ehefrau gekaufte Zahnpastatube, sondern es müsse ein Austausch stattgefunden haben. Am wahrscheinlichsten wäre ein Austausch gewesen im Trainingslager in St. Moritz im Juli 1999. Schließlich erlaube der gegenwärtige gesicherte Erkenntnisstand auch nicht die Aussage, dass endogene Produktion ausgeschlossen sei. Erstmals mit Schriftsatz vom 09.06.2000 trägt der Antragsgegner noch vor, dass er nunmehr auch die Ordnungsmäßigkeit der bei ihm abgenommenen Urinproben bestreitet, da er nunmehr die Kenntnis erhalten habe, dass seine Urinproben bis zum Eintreffen in den beiden IOC-akkreditierten Labors in Köln und Kreischa nicht gekühlt gelagert und transportiert worden sind, sondern Raumtemperatur ausgesetzt waren.

Der Rechtsausschuss hat Beweis erhoben durch die Einholung von Gutachten bzw. gutachterlicher Stellungnahmen und die Beiziehung der staatsanwaltlichen Ermittlungsakte der Staatsanwaltschaft bei dem LG Tübingen, Az. 14 Ujs 1043/99. Der ermittelnde Kriminalbeamte der Polizeiinspektion Tübingen wurde telefonisch angehört. Der Inhalt des Gesprächs war den Parteien bekannt gegeben worden. Sie hatten Gelegenheit zur Stellungnahme.

Aus der Ermittlungsakte der Staatsanwaltschaft wurde dem Rechtsausschuss zum 09.06.2000 u.a. Folgendes bekannt:

1. Die am 05.09.1999 vom Antragsgegner anlässlich eines Wettkampfes freiwillig ermöglichte Blutprobe ergab ebenfalls einen positiven Nandrolonbefund. Die Blutkontrolle war ausweislich des Abnahmeprotokolls um 17.50 Uhr. Der Wettkampf war gegen 16.45 Uhr. Nach Einschätzung des

Sachverständigen Prof. Dr. Schänzer erfolgte die Applikation ca. 90 Minuten vor der Blutentnahme und lasse sich am ehesten erklären mit einer buccalen Aufnahme.

2. Die Ehefrau des Antragsgegners kaufte lediglich einmal eine Zahnpasta Elmex Sensitive im Frühjahr 1998, während die beim Antragsgegner sichergestellte kontaminierte Zahnpasta Elmex Sensitive frühestens im März 1999 von der Firma Wybert an den Einzelhandel ausgeliefert wurde.
3. Beim Öffnen der Tube der Marke Signal (der zweiten kontaminierten Zahnpasta) hat sich entlang des Tubenkopfes gezeigt, dass im Tubenkopf die rote Masse konzentriert vorhanden ist und die weiße Masse sich im unteren Teil der Tube befindet. Eine Abtrennung zwischen weißer und roter Pastenmasse ist nicht vorhanden, vielmehr liegt die weiße Masse unmittelbar an der roten Masse an. Die Konzentration der roten Masse endet etwa 50 mm unterhalb der Öffnung eines Steigrohres in Richtung Tubenpfalz gesehen. Diese sichergestellte Tube der Marke Signal ist ausschließlich im roten Pastenteil mit Norandrostendion kontaminiert.
4. Durch einen Abgleich der Werkzeugspuren am Tubenpfalz ergab sich, dass beide kontaminierten Tuben mit derselben Maschine geschlossen worden sind. Die Untersuchung der Tuben auf äußere Beschädigungen, z.B. Einstiche, verlief negativ.
5. Der Zeuge Klaus Wetter gab in seiner Einvernahme am 17.02.2000 vor der Kriminalpolizei Folgendes an:

   Seit Februar 1994 ist er als Dopingkontrolleur unterwegs, und zwar im Auftrag der **Fa. PWC GmbH aus Grünwald.** Er führte beide Urinkontrollen beim Antragsgegner durch. Er kam beide Male unangemeldet zum Antragsgegner nach Tübingen in dessen Wohnung.

   Auf die Frage nach dem Transport gab der Zeuge wörtlich an: »*Die beiden Plastikflaschen mit den Glasbehältern des Urins*

verstaute ich anschließend in der Seitentasche meiner Sporttasche. Ich weiß mit Sicherheit, dass ich am 19.10.1999 anschließend hier nach Hause gefahren bin. Am 12.11.1999 bin ich entweder ins Allgäu gefahren oder ich bin gerade vom Allgäu nach Tübingen gekommen. Auf alle Fälle bin ich am gleichen Tage jeweils noch zu mir nach Hause gefahren. Zu Hause sortiere ich die Protokolle, nehme die Urinproben aus meiner Tasche und lege sie im Winter normalerweise in ein Fach von meinem Küchenschrank. Im Sommer verstaue ich die Urinproben in einem Fach meines Kühlschrankes.«
Auf die Frage, ob es wisse, wie er die beiden Urinproben des Antragsgegners behandelt hat, gab der Zeuge wörtlich an:
»Was ich damals mit diesen Proben gemacht habe, kann ich jetzt nicht mehr genau sagen. Ich weiß nicht, ob ich sie im Kühlschrank hatte oder einfach im Unterschrank meines Küchenschrankes. Normalerweise sind die Proben drei bis vier Tage bei mir zu Hause gelagert. Anschließend verpacke ich sie in einer Plastiktüte und schicke sie nach Köln und Kreischa. Sie kommen also von mir direkt ins Labor.«
Auf die Frage, ob er nachvollziehen könne, wann er die Proben des Antragsgegners weggeschickt hat, gibt der Zeuge wörtlich an:
»Nein, das kann ich beim besten Willen nicht mehr nachvollziehen. Wenn ich wie gesagt etwa fünf Proben beieinander habe, rufe ich die Fa. TNT an und lasse die Proben abholen. Von dieser Firma aus werden sie dann in die Labors nach Köln und Kreischa gefahren. In der Regel habe ich Urinproben so zwischen zwei und drei Tage bei mir zu Hause. Es können auch mal fünf Tage werden. Es ist uns erlaubt, diese Proben so lange bei uns zu lassen, das ist kein Problem. So ist es uns damals vom Professor Müller aus Kreischa gesagt worden.«
Auf weitere Frage, ob er die Urinproben nicht tieflagern bzw. eingefrieren müsse, gab der Zeuge wörtlich an:

»Nein, uns wurde gesagt, das sei nicht nötig. Man soll sie zwar nicht im Auto lassen bei 30 Grad Celsius, sondern normal im Kühlschrank oder Küchenschrank aufbewahren.«
Auf weitere Frage, ob ihm nicht vorgeschrieben worden sei, die Urinproben in einem Eisfach aufzubewahren, gab der Zeuge wörtlich an:
»Nein, das ist nicht der Fall.«
Auf weitere Frage, wie der Transport vor sich gehe, gab der Zeuge wörtlich an:
»Der Fahrer der Firma TNT kommt entweder in einem Kleintransporter oder wenn es der Chef selbst ist, kommt er in einem LKW. Soviel ich weiß, ist das ein ganz normaler LKW oder Transporter, also auch kein Kühlwagen.«
Auf weitere Frage, wie der Plastikbehälter aussehe, in dem er die Urinproben transportieren lasse, gab der Zeuge wörtlich an:
»Hierbei handelt es sich um eine reißfeste Plastiktüte mit der Aufschrift ›TNT Supa Pack Express‹ und einem so genannten Sicherheitsverschluss ... besonders gekühlt sind die Urinproben in diesem Plastikbehältnis nicht.«

6. Aus den von der Kriminalpolizei Tübingen eingesehenen Versandlisten hat diese festgestellt, dass die Urinprobe vom 19.10. 1999 am 22.10.1999 an das Dopinglabor nach Kreischa versandt worden ist, die Urinprobe vom 12.11.1999 am 15.11.1999 an das Institut für Biochemie in Köln.
Die Urinprobe vom 19.10.1999 traf ausweislich des Analyseprotokolls Nr. 284/99 des Institutes in Kreischa dort am 25.10.1999 ein, die Urinprobe vom 12.11.1999 ausweislich des Analyseberichtes Nr. 2119 des Instituts in Köln dort am 16.11.1999.
Im Termin vom 14.06.2000 legte der vom Rechtsausschuss hinzugezogene Sachverständige Dr. Harald Zilg aus Marburg, ehemaliger Leiter eines Speziallabors, u.a. für Pharma-

kokinetik und Metabolismen, dar, dass die Lagerung der Urine bei Raumtemperaturen bis zum Eintreffen in den IOC-Labors für die Beweisführung im Sinne eines Dopingbefundes unschädlich gewesen ist, wie die in den Erstvermessungen in Kreischa und Köln bezüglich des Gehaltes an Norandrosteron erbrachten Befunde belegen. Lediglich bezüglich des für die Beweisführung des Antragsgegners verwendbaren Gehaltes an Norandrostendion (Konzentration 2–3 Größenordnungen kleiner als Norandrosteron) ist die Lagerung als fehlerhaft zu bezeichnen.

Wegen der weiteren Einzelheiten wird auf die dem Rechtsausschuss vorliegende Verfahrensakte verwiesen.

II.

Die Anträge des Antragstellers müssen in der Sache erfolglos bleiben. Sie waren daher abzuweisen.

Der Antragsgegner ist an das Regelwerk des DLV und der IAAF gebunden. Er hat sich unter anderem den Anti-Doping-Bestimmungen im Startpassantrag, aber auch in der Athletenvereinbarung unterworfen.

Im Startpassantrag heißt es unmittelbar vor der Unterschrift des Athleten wie folgt:

»Ich unterwerfe mich den Satzungen und Ordnungen des *DLV und seiner Landesverbände …«*

In der Athletenvereinbarung zwischen dem Antragsteller und dem Antragsgegner heißt es unter Ziffer 2:

»Der Athlet erkennt die Regelungen der DLV-Satzung, der Internationalen Wettkampfbestimmungen (IM), der Deutschen Leichtathletikordnung (LAO), der rechts- und Verfahrensordnung des DLV sowie die Dopingbestimmungen des Deutschen Sportbundes (Rahmenrichtlinien des DSB sowie DKS = Dopingkontrollsystem) und die IAAF-Bestimmungen (IAAF-Regeln/Rules) einschließlich der Verfahrensrichtlinien für Dopingkon-

trollen in der jeweils gültigen Fassung im Training und Wettkampf als für sich verbindlich an und verpflichtet sich, den in diesen Regelungen statuierten Vorgaben nachzukommen. Diese Rechtsgrundlagen dienen der einheitlichen und chancengleichen Ausübung der Leichtathletik. Ihre Einhaltung und Anerkennung ist Grundvoraussetzung für die Leichtathletik als Wettkampfsportart. Die Regelungen unterliegen nicht der Disposition der Vertragsparteien.«

Ein Dopingverstoß liegt u.a. vor, wenn der Athlet einen Tatbestand der IAAF-Regeln 55, 56, 57 oder 60 erfüllt (§ 79 Abs. 2 RuVO-DLV). Einschlägig ist hier Regel 55, Ziff. 2 a). Hiernach ist der Tatbestand eines Dopingverstoßes erfüllt, wenn eine verbotene Substanz im Körpergewebe oder in der Körperflüssigkeit eines Athleten gefunden wird. Der Begriff der verbotenen Substanz beinhaltet dabei auch einen Metaboliten einer verbotenen Substanz (Regel 55, Ziff. 6). Nandrolon oder einer seiner Metaboliten stellen eine solche verbotene Substanz dar. Nandrolon ist ausdrücklich in Liste 1, Teil I der IAAF-Verfahrensrichtlinien für Dopingkontrollen aufgeführt.

Im Urin des Antragsgegners wurde sowohl zur Urinprobe vom 19.10.1999 als auch zur Urinprobe vom 12.11.1999 Norandrosteron bestimmt. Die Bestimmung von Norandrosteron gilt als Nachweis für die Anwendung von Nandrolon, Norandrostendion und Norandrostendiol. Alle Verbindungen sind nach den den IOC-Labors vorliegenden Unterlagen verboten (vgl. Mitteilung des Instituts für Biochemie in Köln vom 16.11.1999). Gemäß den derzeit gültigen IOC-Richtlinien (Medical Code) in der Fassung vom 31.01.1999 und der erneuten Bewertung positiver analytischer Befunde von Nandrolon am 06.10.1999 sind die bereits früher empfohlenen Grenzwerte beizubehalten. Danach sind bei Männern Befunde über 2 ng Norandrosteron/ml Urin als positiv zu berichten (Norandrosteron ist der Hauptmetabolit von Nandrolon). Dies gründet sich darauf, dass in der Vergangenheit, soweit Nandrolonmetaboliten nachweisbar waren, mittlere Konzentrationen um 0,1 ng/ml gemessen wurden; der höchste berichtete Wert lag in der Vergangenheit bei 0,6 ng/ml. Deswegen berücksichtigt der Grenzwert von 2 ng/ml bereits eine beträchtliche Sicherheitsspanne (vgl. Bericht des Instituts für Dopinganalytik in Kreischa vom 25.11.1999).

Beim Antragsgegner ist nach den Analyseberichten des IOC-Labors in Kreischa und Köln der in den IOC-Richtlinien festgehaltene Grenzwert sowohl bei der Probe vom 19.10.1999 als auch der vom 12.11.1999 deutlich überschritten. Insofern musste der Antragsteller zunächst von einem objektiven Dopingverstoß ausgehen.

Für die Sanktionierung mit einer empfindlichen Wettkampfsperre, wie vom Antragsteller begehrt, reicht es jedoch nach ständiger Rechtsprechung des Rechtsausschusses nicht aus, den rein objektiven Tatbestand eines Dopingverstoßes festzustellen. Wie bereits mit Beschluss vom 26.03.1993, RA 10/92, entschieden, ist es mit dem Rechtsstaatprinzip nicht vereinbar, wenn eine Wettkampfsperre von bis zu zwei Jahren ohne Feststellung eines Verschuldens verhängt werden soll. Eine satzungsgemäße Bestimmung kann nicht, auch nicht ausdrücklich, bei einem Verstoß gegen Verhaltenspflichten für eine vereinsrechtliche empfindliche Ahndung – wie es eine mehrjährige Wettkampfsperre darstellt – vom Erfordernis des Verschuldens absehen. Eine solche das Verschuldenserfordernis negierende Satzungsbestimmung ist unwirksam (Reichert/van Look, Handbuch des Vereins- und Verbandsrechtes 6. Auflage Rand-Nr. 1599a); H. Kauffmann und Röhricht in Verbandsrechtsprechung Seite 6, 15 und Seite 75, 85; vgl. Beschluss vom 26.03.1993 RA 10/92 unter Hinweis auf Prof. Dr. Turner MDR 91, 570, Prof. Dr. Vieweg NJW 91, 1515; Prof. Dr. Steiner NJW 91, 2736). In gleicher Weise ist bei vertraglicher Ausgestaltung der Forderung, den Athleten unabhängig von allen persönlichen Umständen für

die in seinem Körper aufgefundenen verbotenen Substanzen verantwortlich und haftbar zu machen, eine Absage zu erteilen (vgl. Beschluss vom 26.03.1993, RA 10/92, und Beschluss vom 01.07.1996, RA 3/95, ständige Rechtsprechung sowie Dr. Adolphsen, SpuRt 2000, Seite 98).
Der Antragsteller trägt dieser Rechtsprechung in der Antragschrift vom 28.01.2000 dadurch Rechnung, dass er ausführt, der Athlet müsse im Falle eines positiven Kontrollergebnisses beweisen, dass die verbotene Substanz ohne sein Verschulden in den Körper gelangt ist. Die Schlussfolgerung zieht der Antragsteller dabei aus IAAF-Regel 55, Ziff. 4, in der bestimmt ist, dass die Athleten für alle Substanzen verantwortlich sind, die in ihrem Körper gefunden werden. Der Antragsteller beruft sich darauf, dass diese Regelung eine klare Beweislastverteilung enthalte und zwischen den Parteien vertraglich über die Athletenvereinbarung festgehalten ist.
Nach ständiger Rechtsprechung des Rechtsausschusses gilt zum Verschuldenserfordernis und dessen Nachweis Folgendes:
Auf die Unschuldsvermutung gemäß strafrechtlicher Grundsätze kann sich ein betroffener Athlet nicht berufen. Das Rechtsverhältnis zwischen Verband/Athlet ist auf vertragliche Basis gestützt. Im Vertragsrecht verteilt jedoch die Rechtsprechung aus praktischen Gründen der Billigkeit und eines gerechten Interessenausgleichs zunehmend die Beweislast nach Risikobereichen. Steht fest – insofern liegt die Beweislast beim Gläubiger, d.h. hier dem Verband, wobei ihm die Regeln des Anscheinsbeweises zugute kommen können –, dass nur eine Schadensursache aus dem Verantwortungsbereich des Schuldners (hier des Athleten) in Betracht kommt, so muss sich der Athlet entlasten, und zwar sowohl hinsichtlich der objektiven Pflichtwidrigkeit wie des Vertretenmüssens (BGH VersR 87, 663; BAG DB 72, 2165; BGH NJW 62, 31; BGH 48, 310; Thomas-Putzo 18. Auflage zur ZPO, Vorbemerkung vor § 284 ZPO Rand-Nr. 25 ff, vgl. auch

Beschluss vom 01.07.1996, RA 3/95; SpuRt 2000, 74 ff., ständige Rechtsprechung). Der Vorgang der Fremdmanipulation vor der Urinprobe ist aber ein Umstand, der allein dem Einfluss und Kontrollbereich des betroffenen Athleten, hier des Antragsgegners, unterliegt. Es liegt in der »Natur« des Dopings, dass es sich in einer Sphäre abspielt, die primär der Athlet beherrscht und bestimmt. Insofern ist auch nur er regelmäßig in der Lage, die Tatsachen zu benennen und zu beweisen, die seine persönliche Verantwortung für den Dopingvorgang ausschließen. So hat auch das Bundesverfassungsgericht in seiner Entscheidung zu Beweisfragen im Arzthaftungsrecht grundsätzlich anerkannt, dass die Herausbildung sachverhalts- und vor allem problemspezifischer Beweisregeln mit dem Grundrecht des fairen Verfahrens vereinbar sind (BverfG, Beschluss vom 25.07.1979 zu Art. 2 Abs. 1 in Verbindung mit Art. 20 Abs. 3 GG; NJW 79, 1925 ff., vgl. auch Steiner, Richter am Bundesverfassungsgericht, Aufsatz »Doping aus verfassungsrechtlicher Sicht«). Dieser Lösung steht auch nicht das Grundrecht der Berufsfreiheit (Art. 12 GG) des betroffenen Athleten entgegen. Denn das Grundrecht der Berufsfreiheit kann schwerlich berufsbezogene Regeln in Frage stellen, die berufssichernde Wirkung haben (vgl. Steiner a.a.O.,.
Im Unterschied hierzu vertritt das OLG Frankfurt in seinem Beschluss vom 18.05.2000 (Az. 13 W 29/00) die Auffassung, dass allein nach den Regeln des Anscheinsbeweises zu verfahren sei. Auch in diesem Falle liegt es jedoch am Sportgericht, die näheren Voraussetzungen zu entwickeln, unter denen der Anscheinsbeweis erschüttert werden kann. Die Behauptung einer Fremdmanipulation stellt sich in der Regel als Schutzbehauptung dar, so dass sich die Erschütterung des Anscheinsbeweises in der Praxis nicht oder nur selten von der rechtlichen Lösung der Beweislastverteilung nach Risikobereichen unterscheiden wird. Kommen im konkreten Einzelfall auf Seiten des betroffenen

Athleten Beweiserleichterungen zum Tragen, wird sich auch insofern in der Regel keine der beiden rechtlichen Lösungsmöglichkeiten unterscheiden. Der Rechtsausschuss sieht daher auch im Hinblick auf die Entscheidung des OLG Frankfurt vom 18.05.2000 keine Veranlassung, von seiner bisherigen Rechtsprechung Abstand zu nehmen.
Beiden Lösungsvorschlägen ist zunächst gemeinsam, dass sich der Verband für seine Beweisführung hinsichtlich des Verschuldens des Athleten grundsätzlich auf die Beweiserleichterung des Anscheinsbeweises berufen darf. Hierbei ist vorausgesetzt, dass ein Tatbestand feststeht, bei dem das behauptete Verschulden typischerweise gegeben ist, d.h. bei dem die Regeln des Lebens und die Erfahrung regelmäßig auf einen bestimmten Verlauf hinweisen und so sehr das Gepräge des Üblichen und Gewöhnlichen tragen, dass die besonderen Umstände des einzelnen Falles in ihrer Bedeutung zurücktreten (BGHZ 100, 214). In diesem Sinne entspricht es ständiger Rechtsprechung des Rechtsausschusses, dass es für den Verband immer dann statthaft ist, nach den Grundsätzen des Anscheinsbeweises das Verschulden eines Athleten zu unterstellen, wenn – regelkonforme Lagerung und Transport vorausgesetzt – die Applikation einer verbotenen Substanz nachgewiesen und diese verbotene Substanz auch ausdrücklich auf der Verbotsliste aufgeführt ist. Denn bei gehöriger Sorgfalt kann sich der Athlet regelmäßig vor der Einnahme solcher Substanzen schützen. Wenn der Athlet eine Injektion erhält oder Tabletten oral oder buccal einnimmt, geschieht dies mit seinem Wissen. Eine Applikation ohne Wissen und Wollen des betroffenen Athleten ist und bleibt nach der Lebenserfahrung die Ausnahme.
Nach der am 22.01.2000 bekannten Sachlage mussten sowohl das Präsidium des Antragstellers als auch nachfolgend bis 09.06.2000 (Eintreffen der staatsanwaltlichen Ermittlungsakten beim Rechtsausschuss) der Rechtsausschuss von der Statthaftig-

keit der erleichterten Beweisführung des Anscheinsbeweises ausgehen. Mit Schriftsatz vom 09.06.2000 rügte der Antragsgegner die fehlende ordnungsgemäße Lagerung und den fehlenden ordnungsgemäßen Transport aller betroffener Urinproben. Erst mit Sichtung der Ermittlungsakte, bestehend aus vier Leitz-Ordnern, erhielt der Rechtsausschuss Kenntnis von der Aussage des Zeugen Klaus Wetter vom 17.02.2000, wie oben unter I festgehalten. Die in dieser Aussage enthaltenen tatsächlichen Angaben des Zeugen Wetter führen im Ergebnis dazu, dass sich der Antragsteller vorliegend nicht auf die Beweiserleichterung des Anscheinsbeweises berufen kann.
Der Bundesgerichtshof hat mit Urteil vom 17.06.1997 (NJW 98, 79 ff.) entschieden, dass derjenige, der die Gegenpartei schuldhaft in der Möglichkeit beschneidet, den Anscheinsbeweis zu erschüttern oder zu widerlegen, sich nicht auf die Grundsätze des Anscheinsbeweises berufen kann. So ist es hier im konkreten Fall.
Für den Antragsgegner war es für seine Beweisführung u.a. von erheblicher Bedeutung, den Nachweis zu führen, dass die zwei positiven Dopingproben tatsächlich auf das Zähneputzen mit einer der beiden kontaminierten Zahncremes zurückzuführen sind und keine andere Ursache haben, insbesondere keine orale Zufuhr vorliegt, soll sein Vortrag einer Fremdmanipulation nicht als Schutzbehauptung gewertet werden. Diese Beweisführung ist vermeidbar und dem Antragsteller zurechenbar beeinträchtigt worden.
Gemäß den Verfahrensrichtlinien für Dopingkontrollen, Ausgabe 1998, Ziff. 2.39 sollen alle Urin- und/oder Blutproben in einem Kühlschrank oder einer Kühltruhe verwahrt werden, bevor sie das Analyselabor erreichen. Dies heißt, dass der Kontrolleur nicht nur die Urinproben bis zum Versand regelkonform bei höchstens 4 Grad Celsius, eher bei noch niedrigeren Temperaturen, zu lagern hat, sondern dass er auch dafür Sorge zu tragen

hat, dass auch der Versand regelkonform in gekühltem Zustand erfolgt. Dass dies geschehen ist, ist im Bestreitungsfalle durch den Verband nachzuweisen. Dieser ist nicht nur für die ordnungsgemäße Durchführung der Dopingkontrolle selbst, sondern auch für die nachfolgende Lagerung und den Transport verantwortlich. Der Antragsteller als Mitgliedsverband der IAAF ist verpflichtet, Dopingkontrollen außerhalb des Wettkampfes in eigener Zuständigkeit durchzuführen (Regel 57, Ziff. 1 a). Er ist dabei berechtigt, die Probeentnahme einer staatlichen Einrichtung oder jeder anderen geeigneten dritten Partei zu übertragen (Regel 55, Ziff. 12). Liegt – wie hier – die Dopingkontrolle in der Verantwortung des Mitgliedsverbandes der IAAF, hat sich dieser, soweit nach den Umständen möglich, an die in den Verfahrensrichtlinien für Dopingkontrollen empfohlenen Verfahrensweisen zu halten (Regel 58, Ziff. 3 in Verbindung mit Ziff. 2). Diese Verantwortlichkeit entspricht im Übrigen auch der Rechtsprechung des Rechtsausschusses hinsichtlich der Beweislastverteilung nach Risikobereichen. Der betroffene Athlet hat keinen Einfluss auf die Lagerung und den Transport der bei ihm genommenen Urinproben, wohl aber der Verband bzw. der Dritte, der entsprechend beauftragt ist. Im Bereich des Antragstellers werden die Doping-Kontrollen der Kader-Athleten nach namentlicher Benennung durch den Antragsteller seitens des DSB veranlasst. In dessen Auftrag wird die PWC GmbH tätig, in dessen Auftrag wiederum ist der Zeuge Klaus Wetter beim Antragsgegner erschienen und hat die unangemeldeten Trainingskontrollen durchgeführt.

In Berücksichtigung dieser Ausführungen ist aus dem festgestellten Sachverhalt folgendes herauszustellen:

Der Antragsteller hat zwar mit Schriftsatz vom 15.06.2000 eine Stellungnahme der PWC GmbH beigebracht, aus der sich ergibt, dass den eingesetzten Kontrolleuren entsprechende Verhaltensregeln nahe gelegt sind. Der hier eingesetzte Kontrolleur, der

Zeuge Klaus Wetter, hat sich nach dieser Stellungnahme sogar einen eigenen Kühlschrank zugelegt, um die Urinproben entsprechend lagern zu können. Entscheidend ist jedoch nicht, welche Anweisungen die Kontrolleure erhalten haben, sondern wie sie sich tatsächlich im Einzelfall verhalten. Insofern ist Maßstab allein die Aussage des Zeugen Klaus Wetter vom 17.02.2000 vor der Kriminalpolizei Tübingen. Gemäß dieser Aussage hat der Zeuge die mit dem Urin des Antragsgegners gefüllten Glasbehälter in der Seitentasche seiner Sporttasche verstaut. Am 19.10.1999 fuhr er anschließend nach Hause, am 12.11.1999 schließt er nicht aus, dass er noch ins Allgäu gefahren ist. Er ist lediglich sicher, an beiden Tagen noch am gleichen Tage zu Hause angekommen zu sein. Ob er dann die Proben jeweils im Kühlschrank deponiert hat oder im Unterschrank seines Küchenschrankes, weiß er trotz intensiver Befragung durch den vernehmenden Polizeibeamten nicht mehr.
Ist gemäß dieser Aussage bereits nicht auszuschließen, dass sämtliche den Antragsteller betreffenden Urinproben Raumtemperatur (18 bis 20 Grad Celsius) oder noch höheren Temperaturen ausgesetzt waren, so wird dies noch gefestigt durch die Tatsache, dass beispielsweise die am 16.11.1999 in Köln eingetroffenen Urinproben bereits im Februar 2000 Bakterienaktivität aufwiesen. Diese frühzeitige Bakterienaktivität ist ein deutlicher Hinweis darauf, dass der Zeuge Klaus Wetter die streitgegenständlichen Proben tatsächlich im Küchenschrank und nicht im Kühlschrank aufbewahrt hat. Dies wird unterstützt durch die weitere Aussage des Zeugen Klaus Wetter, dass ihm nicht gesagt worden ist, die Urinproben gekühlt oder eingefroren zu lagern. Vielmehr gibt er an, man hätte sogar erwähnt, die Aufbewahrung im Küchenschrank genüge. Es müsse lediglich sichergestellt werden, dass die Urinproben im Auto nicht einer Temperatur von 30 Grad Celsius ausgesetzt werden.
Gemäß seiner Aussage hat er die streitgegenständlichen Urin-

proben der Firma TNT zum Transport in die Analyselabors übergeben. Diese Firma verwendet für den Transport entweder einen Kleintransporter oder einen LKW. Zu beiden Fahrzeugen gibt der Zeuge an, dass dies jeweils kein Kühlwagen ist. Für den Transport wurden die Urinproben in einer reißfesten Plastiktüte verstaut. Diese hat zwar einen Sicherheitsverschluss, ist aber nicht besonders gekühlt. Die Urinprobe vom 19.10.1999 traf am 25.10.1999 im IOC-Labor in Kreischa ein, wie sich aus dem Analyseprotokoll Nr. 284/99 des Instituts ergibt. die Urinprobe vom 12.11.1999 traf am 16.11.1999 im IOC-Labor in Köln ein, wie sich aus dessen Analysebericht Nr. 2119 ergibt. Ein Transportprotokoll oder eine Stellungnahme der Firma TNT, dass die Urinproben im Transporter, auch wenn dieser kein Kühlwagen ist, zumindest in Kühlboxen befördert worden sind, hat der Antragsteller trotz Aufforderung im Anhörungstermin vom 14.06.2000 nicht beigebracht. Damit ist zu Gunsten des Antragsgegners zugrunde zu legen, dass trotz vorhandener Möglichkeiten der kühlen Lagerung und eines gekühlten Transportes mit geradezu unglaublicher Sorglosigkeit die wichtigsten Beweismittel, nämlich die Urinproben, einmal für sechs Tage, einmal für vier Tage Temperaturen ausgesetzt waren, die nicht lege artis sind. Weder die Lagerung noch der Transport entsprachen den Vorgaben der IAAF-Verfahrensrichtlinien für Dopingkontrollen. Es ist innerhalb der BDR zweifelsfrei Stand der Technik, d.h. kein unzumutbares Verlangen, Urinproben gekühlt zu lagern und auch gekühlt zu transportieren. Durch das spätere Eingefrieren in den IOC-Labors in Köln und Kreischa ist dieser erhebliche Verfahrensfehler bezüglich aller vier Proben nicht mehr heilbar gewesen. Für die erst später erkannte und erforderlich gewordene Beweisführung des Antragsgegners konnte dieser Fehler nicht mehr beseitigt werden.

Der vom Rechtsausschuss hinzugezogene Sachverständige Dr. Harald Zilg aus Marburg hat im Termin vom 14.06.2000 aus-

geführt, dass die Lagerung und/oder Transport der Urine bei Raumtemperatur bis zum Eintreffen in den IOC-Labors zwar die Beweisführung im Sinne eines Dopingbefundes nicht beeinträchtigt hat. Dies belegen die in den Erstvermessungen in Kreischa und Köln bezüglich des Gehaltes an Norandrosteron erbrachten Befunde. Jedoch waren die Lagerung und/oder der Transport ebenso zweifelsfrei fehlerhaft bezüglich des für die Beweisführung des Antragsgegners verwendbaren Gehaltes an Norandrostendion (Konzentration 2 bis 3 Größenordnungen kleiner als Norandrosteron). Denn die kontaminierten Zahncremes enthalten Norandrostendion. Für die Beweisführung des Antragsgegners war es daher entscheidend, herauszufinden, ob die Ausgangssubstanz ausschließlich Norandrostendion war oder nicht.
Dass ein solcher Beweis grundsätzlich führbar ist, ziehen auch die weiteren mit entsprechenden Untersuchungen seitens der Staatsanwaltschaft bei dem LG Tübingen beauftragten Sachverständigen nicht in Zweifel. So führte Prof. Dr. Müller vom Institut für Dopinganalytik in Kreischa am 18.02.2000 aus, dass die dortigen weiteren Untersuchungen des Urines des Antragsgegners die Hoffnung nicht erfüllt haben, über die massenspektrometrische Erfassung weiterer, außer den bisher nachgewiesenen ggf. untergeordnet vorkommenden Metaboliten die in Frage kommenden drei Ausgangsstoffe Nandrolon, Norandrostendion und Norandrostendiol einengen zu können. Mit ein Grund hierfür war, dass dem Institut in Kreischa keine Angaben dazu vorlagen, ob die inkriminierte Zahnpasta die genannten Substanzen völlig rein enthält oder zusammen mit a priori vorhandenen Begleitstoffen. Weitergehende Untersuchungen waren von Prof. Dr. Müller in Anerkennung der Entscheidungsbefugnisse der Staatsanwaltschaft bei dem LG Tübingen dem Institut für Biochemie und Pharmazeutische Forschung in Nürnberg-Heroldsberg überlassen worden. Dessen Institutsleiter Prof.

Dr. Sörgel hatte dem Verfahrensbevollmächtigten des Antragsgegners per Telefax am 01.02.2000 die Pressemitteilung vom 31.01.2000 übermittelt, in der Prof. Dr. Sörgel die Behauptung aufgestellt hat, dass zusätzliche Untersuchungen des Urins von Dieter Baumann zu weitergehenden Aussagen, möglicherweise zu einer zügigen Aufklärung des Falles beitragen könnten. Auf Seite 5 dieser Pressemitteilung folgt die Aussage von Prof. Dr. Sörgel, dass zwar die bisher vorhandene wissenschaftliche Basis in Übereinstimmung mit der Aussage des Rektors der Sporthochschule Köln, Prof. Dr. Tukarski, unzureichend sei, dass aber durch Anwendung von Methoden der Pharmakologie, insbesondere der Pharmakokinetik, die Möglichkeit geschaffen sei, festzustellen, ob die verbotene Substanz tatsächlich über die Zahnpasta in den Körper des Athleten – hier des Antragsgegners – gelangt ist. Prof. Dr. Schänzer teilt am 02.02.2000 der Staatsanwaltschaft bei dem LG Tübingen mit, dass es der weitergehenden Untersuchung des Urins des Antragsgegners gemäß den Behauptungen von Prof. Dr. Sörgel gar nicht bedarf. Nach den Untersuchungsergebnissen in Köln kann bereits jetzt die Feststellung getroffen werden, dass die in den positiven Urinproben des Antragsgegners aufgefundenen Norandrosteronwerte mit einer Anwendung der mit Norandrostendion kontaminierten Zahnpasta Elmex Sensitive erklärt werden können. Gleichwohl führte auch das Institut für Biochemie in Köln im Auftrag der Staatsanwaltschaft bei dem LG Tübingen weitere Untersuchungen durch und teilte mit Zwischenbericht vom 01.03.2000 der Ermittlungsbehörde mit, dass zurzeit nicht eindeutig geklärt werden könne, welche Ausgangsverbindung (Nandrolon, Norandrostendion oder Norandrostendiol) verwendet worden ist. Zurzeit werde noch abgeklärt, ob aufgrund der Metabolitenmuster niedrige oder hohe Dosierungen der 19-Norsteroide unterschieden werden können, wobei die Differenzierung nach den ersten Ergebnissen möglich erscheine, aber noch abgesichert

werden müsse. Beide im Auftrag der Ermittlungsbehörde tätigen Sachverständigen gingen somit von der grundsätzlichen Unterscheidungsmöglichkeit und damit Nachweisbarkeit aus, ob die positiven Urinkontrollen auf das Zähneputzen unter Verwendung einer der kontaminierten Zahncremes zurückzuführen ist oder nicht. Dabei unterstellt Prof. Dr. Sörgel für das Ergebnis seines Gutachtens, dass die gesamte Lagerung des Urins bis zum Eingang in seinem Labor in Nürnberg-Heroldsberg bei unter 4 Grad Celsius erfolgt ist. Zu Recht weist der Sachverständige darauf hin, dass es im Bereich der Pharmakologie unüblich ist, Urin- und/oder Blutproben in uneingefrorenem Zustand zu lagern. Vielmehr ist es nach seiner Feststellung die Regel, dass Urinproben eingefroren werden. Für empfindliche Substanzen können sogar Temperaturen bis zu minus 70 Grad Celsius erforderlich sein. Mit dieser Aussage stimmt er mit dem Sachverständigen Dr. Harald Zilg aus Marburg überein. Auch Prof. Dr. Schänzer hat die Problematik in diesem Sinne aufgegriffen, wie nachfolgend noch ausgeführt wird.
In seiner nachträglichen Stellungnahme vom 15.06.2000 gibt Prof. Dr. Schänzer an, dass sowohl zum Zeitpunkt der Durchführung der A-Probe als auch zum Zeitpunkt der Durchführung der B-Probe (16.11.1999 bzw. 29.12.1999) keine Bakterienaktivitäten festgestellt worden sind, die das Ergebnis des positiven Befundes hätten beeinflussen können. Insofern ist er in Übereinstimmung mit den Ausführungen des Sachverständigen Dr. Harald Zilg, ohne diesem für die umgekehrte Beweisführung des Antragsgegners zu widersprechen. Vielmehr führt Prof. Dr. Schänzer weiter aus, dass die vom Sachverständigen Prof. Dr. Sörgel benutzten Quotienten beeinträchtigt worden sind, weil Bakterienaktivitäten in den Proben aufgetreten sind. Diese führen u.a. zur Bildung von Norandrostendion aus dem Metaboliten 3α Hydroxy-est-4-en-17-on und zum Abbau von Norandrostendion. Bakterienaktivität wurde in den Proben in Köln nach

dem 08.02.2000 nachgewiesen, weswegen die Ergebnisse von Analysen nach diesem Zeitpunkt auch nach Auffassung von Prof. Schänzer verändert worden sind. Erst nach diesem Zeitpunkt wurde jedoch im Institut für Biochemie in Köln als auch im Institut von Prof. Dr. Sörgel im Auftrag der Staatsanwaltschaft mit der Beweisführung begonnen, ob die positiven Befunde mit der kontaminierten Zahnpasta zusammenhängen oder nicht. Der Sachverständige Dr. Harald Zilg hat zudem im Termin vom 14.06.2000 noch die Auffassung vertreten, dass unabhängig von dem bei zu hohen Temperaturen durchgeführten Transport der Proben (wobei bezüglich der Probe, die nach Kreischa verschickt wurde, ein Wochenende dazwischen liegt) die Akzeptanzprüfung pH nicht ausreichend ist. Die einfache pH-Messmethodik mit Teststreifen und einer Genauigkeit von +/- 0,5 pH-Einheiten ist seiner Auffassung nach nicht geeignet, um zu erkennen, ob von der Probeentnahme bis zur Erreichung des Analyselabors eine pH-Veränderung aufgetreten ist.
Im Ergebnis ist daher festzustellen, dass das wichtigste aller Beweismittel, nämlich die positiven Proben, die für die Beweisführung des Antragsgegners auch ein taugliches Beweismittel gewesen wären, gerade hierfür nicht mehr tauglich waren. Unter Verstoß gegen die Verfahrensrichtlinien für Dopingkontrollen haben Lagerung und Transport bei Raumtemperatur stattgefunden. Dass dem so ist, folgt ungeachtet der Aussage des Zeugen Klaus Wetter aus der am 16.06.2000 fernmündlich mitgeteilten Einschätzung des Sachverständigen Prof. Dr. Schänzer, dass hiermit der relativ früh eingetretene Bakterienbefall durchaus erklärbar ist. Dass der Transport ungekühlt erfolgt ist, steht nach der Aussage des Zeugen Klaus Wetter im Übrigen fest. Mit den Urinproben, dem wichtigsten aller Beweismittel, darf eingedenk der Konsequenzen, die eine positive Probe nach sich zieht, nicht so leichtfertig umgegangen werden wie hier geschehen. Prof. Dr. Schänzer stellt am 14.06.2000 in einem Schreiben an den An-

tragsteller fest, dass Urin grundsätzlich ein infektiöses Material ist, da hierin eine Vielzahl an Bakterien enthalten ist, deren Wachstum vor allem bei Raumtemperatur und höheren Temperaturen gefördert wird. Ist bisher schon unter den IOC-akkreditierten Labors die Temperierung der Doping-Proben im Rahmen der Lagerung und der Aufbewahrung nach der Probeentnahme sowie die anschließende Versendung zu den Labors als kritisch angesehen worden, so gibt der hier streitgegenständliche Fall alarmierend Anlass dazu, die Lagerung bei tieferen Temperaturen als 4 Grad Celsius zu veranlassen. Prof. Dr. Schänzer strebt insofern für die Lagerung in den Labors eine Harmonisierung zwischen den IOC-akkreditierten Labors an. Konsequenterweise gehört hierzu auch die klare Anweisung an alle mit der Abnahme, Lagerung und Versendung von Urinproben betrauten Personen, eine entsprechende Kühlung sicherzustellen. Wenn sich an die Auswertung eines Beweismittels eine Wettkampfsperre von bis zu zwei Jahren anschließen soll, kann und muss verlangt werden, dass dieses Beweismittel in beide Richtungen der Beweisführung unantastbar ist, jedenfalls dann, wenn wie in der BRD der Einsatz eines Kühlschrankes anstelle eines Küchenschrankes und der Einsatz von Kühlboxen zum Standard des täglichen Lebens gehören.
Wegen der von Anfang an erschwerten bzw. frühzeitig dem Antragsgegner zu seinen Gunsten unmöglich gewordenen Beweisführung, mittels der abgegebenen Urinprobe nachzuweisen, dass Ausgangspunkt der positiven Befunde Norandrostendion ist wie in den kontaminierten Zahncremes enthalten, ist es dem Antragsteller verwehrt, über den Anscheinsbeweis zu Lasten des Antragsgegners zu argumentieren. Der BGH verwendet den Begriff der Beweisvereitelung allgemein in Fällen, in denen jemand seinem beweispflichtigen Gegner die Beweisführung schuldhaft erschwert oder unmöglich macht. Dies kann bereits im Vorstadium oder während eines Verfahrens durch gezielte oder fahrlässige

Handlungen geschehen, mit denen bereits vorhandene Beweismittel vernichtet oder vorenthalten werden (BGH NJW 98,79 ff.). Ein solcher Fall der Beweisvereitelung ist hier zwar nicht in Bezug auf die dem Antragsteller obliegende Beweislast gegeben, wohl aber in Bezug auf die dem Antragsgegner obliegende Last anzunehmen, den für den Antragsteller sprechenden Anscheinsbeweis zu erschüttern oder gar zu widerlegen. Bereits aus der Fürsorgepflicht des Antragstellers gegenüber den Athleten, die mit ihm in vertraglichen Beziehungen stehen, ist abzuleiten, dass Beweismittel, an die sich bei entsprechenden Feststellungen auch Sanktionen, die wie ein Berufsverbot wirken, anknüpfen können, so weit als möglich sachgerecht behandelt werden. Mit dieser vertraglichen Nebenpflicht (§ 242 BGB) wird vom Antragsteller nichts Unmögliches verlangt, sondern etwas Selbstverständliches und Alltägliches. Deshalb kann die hier gegebene Beweisvereitelung auch nicht lediglich zu Erleichterungen bei der etwaigen Erschütterung des Anscheinsbeweises führen oder zu Beweiserleichterungen bei der etwaigen Erschütterung des Anscheinsbeweises führen oder zu Beweiserleichterungen bei der Beweisführung der behaupteten Schuldlosigkeit aus dem Risikobereich des Antragsgegners. Die Anwendung der von der Rechtsprechung entwickelten Grundsätze des Anscheinsbeweises verlangt, dass der Gegenseite die ursprünglich vorhandene Möglichkeit, den Anscheinsbeweis zu erschüttern oder zu wiederlegen, auch so lange als möglich verleibt. Wer daher die Gegenpartei schuldhaft in diesen Möglichkeiten beschneidet, kann sich nicht auf die Grundsätze des Anscheinsbeweises berufen, auch nicht in modifizierter Form (BGH a.a.O.). Will sich der Antragsteller künftig auf die Beweiserleichterung des Anscheinsbeweises berufen können, muss er bei schlüssigem Bestreiten auch in der Lage sein, zu belegen, dass Lagerung und Transport der Urinproben sachgerecht, d.h. gemäß den Verfahrensrichtlinien für Dopingkontrollen, erfolgt sind.

III.

Der Antragsteller ist in Konsequenz der Rechtstatsache, dass es im konkreten Einzelfall nicht statthaft ist, für sich die Beweiserleichterung des Anscheinsbeweises in Anspruch zu nehmen, von Anfang an gehalten, zu beweisen, dass der Antragsgegner die in den zwei streitgegenständlichen Dopingproben aufgefundene verbotene Substanz wissentlich zu sich genommen hat.

Aufgrund des mit Einverständnis des Antragsgegners durchgeführten Isotopenverfahrens im Institut für Biochemie in Köln steht fest, dass der verbotene Wirkstoff exogen zugeführt worden ist. Eine endogene Produktion ist ausgeschlossen, wie Prof. Dr. Schänzer mit den GC/IRMS-Messungen bezüglich der Urinprobe vom 12.11.1999 zur Überprüfung des Ursprungs des Nandrolonmetaboliten Norandrosteron am 20.11.1999 festgestellt hat. Der Isotopenwert für Norandrosteron beträgt –31,1 und steht damit in Übereinstimmung mit den Werten von synthetischen 19-Norsteroiden.

Auch scheidet eine fahrlässige und damit schuldhafte Applikation beim Antragsgegner aus. Die Kontamination erfolgte zweifelsfrei nicht durch den Hersteller, sodass der Antragsgegner – insofern sanktionsfrei – auch nicht versehentlich infolge gutgläubigen Kaufes in den Besitz dieser kontaminierten Zahncremes gelangt wäre. Eine fahrlässige Applikation hätte allenfalls erfolgen können über den Konsum von Nahrungsergänzungsmitteln. Insofern ist jedoch zwischen den Parteien unstreitig, dass auf diesem Wege die Zufuhr des verbotenen Wirkstoffes beim Antragsgegner nicht erfolgt ist. Denn das Institut für Biochemie in Köln hat beim Antragsgegner nicht nur sämtliche Nahrungsergänzungsmittel, sondern auch sämtliche Lebensmittel untersucht und sämtlich für negativ befunden. Es verbleibt damit im Ergebnis nur, wenn der Antragsgegner nicht das Opfer eines Anschlages gewesen sein soll, die Beweisführung

durch den Antragsteller, dass der Antragsgegner sich selbst mit Wissen und Wollen positiv gemacht hat.
Da ein Geständnis des Antragsgegners nicht vorliegt, er vielmehr mit schlüssigem Vortrag bestreitet, von der Applikation etwas gewusst zu haben, ist dem Antragsteller als das einzig mögliche und zuverlässigste Beweismittel nur die Durchführung einer Haaranalyse verblieben, wenngleich er sie in Verkennung seiner Beweispflicht und in Verkennung der Beweismöglichkeiten kritisiert hat.
Aus dem Gutachten von Prof. Dr. Schänzer vom 12.04.2000 ist ersichtlich, dass eine Leistungssteigerung (und diese soll ja durch Dopen erreicht und bei Nachweis empfindlich sanktioniert werden) bei Androstendion erst erreicht wird, wenn Mengen von 200 mg oder mehr pro Tag eingenommen werden. Diese Aussage wird auch auf Norandrostendion als richtig vermutet, wobei gegenwärtig wissenschaftlich noch nicht geklärt ist, zu welchem Anteil Norandrostendion und andere 19-Norsteroide überhaupt im Blut in aktives Nandrolon überführt werden und wie die Pharmakokinetik von Nandrolon im Blut verläuft. Der Sachverständige führt weiter aus, dass eine mögliche physiologische Relevanz bei Männern in Betracht gezogen werden müsste, wenn das nicht konjungierte Nandrolon im Serum für eine längere Zeitspanne Werte von über 0,5–1 ng/ml überschreitet. Insofern ist für den Antragsteller zunächst von Bedeutung, dass die Trainingskontrollen bezüglich des Antragsgegners seit Ende 1997 kalkulierbar geworden sind. Unangemeldete Trainingkontrollen fanden zu folgenden Zeiten statt:

03.11.1997
19.02.1998
07.04.1998
25.05.1998
17.06.1998

21.07.1998
08.10.1998
29.01.1999
06.04.1999
11.05.1999
16.06.1999
05.08.1999
20.09.1999
19.10.1999
12.11.1999

Hieraus ergibt sich, dass der kürzeste Abstand, innerhalb dessen die nächste unangemeldete Trainingskontrolle zu erwarten war, drei Wochen und zwei Tage beträgt. Diese Gleichmäßigkeit und Kalkulierbarkeit der Trainingskontrollen hätte es dem Antragsgegner ermöglicht, nach einer Trainingskontrolle unter Beachtung der Wettkämpfe, die er bestreitet, kontinuierlich eine Zeit lang (oral od. sublingual mit den erforderlichen täglichen Dosen) zu dopen, um nach 2 bis 2½ Wochen aufzuhören und abzuwarten, bis die nächste Trainingskontrolle durchgeführt worden ist. Dass sich ein Athlet mit zwei- bis dreimaligem Zähneputzen im Jahr, wobei insgesamt nicht mehr als fünf bis sechs Milligramm Norandrostendion in den Körper gelangen, nicht erfolgreich für die Olympischen Spiele dopen kann, steht außer Frage. Der Rechtsausschuss ist sowohl zur Erhärtung der Glaubwürdigkeit des Antragsgegners als auch zur Beweisführung des Antragstellers seiner Amtsermittlungspflicht nachgekommen, als er den Antragsgegner gebeten hat, sich beim Sachverständigen Dr. Pascal Kintz in Straßburg einer Haaranalyse zu unterziehen. Dr. Pascal Kintz gab vor Auftragserteilung am 16.06.2000 in Kenntnis des »Falles Baumann« an, dass es möglich sein, aus einer Haaranalyse auf ein Dopingvergehen zu schließen – Prof. Dr. Müller, der ebenfalls Spezialist für Haaranalysen ist, hat einen solchen Hinweis nicht verlautbart –, wenn anabolisch wirksame Dosen eingenommen werden. Bei Nandrolon lägen diese bei etwa 300 mg/Tag, wobei er aber mit der bei ihm etablierten Methode eine Dosis von 100–200 mg/Woche nachweisen könne. Eine lediglich gelegentliche buccale Resorption von 1 mg Norandrostendion würde in seiner Methode jedoch nicht erkannt werden. Weiterhin sei es ihm möglich, die Muttersubstanz zu bestimmen, so dass es nicht erforderlich sei, sich auf die Messung von Metaboliten zu beschränken. Als Probe werde Schamhaar eingesetzt, wobei wegen des geringeren Wachstums der Nachweis noch 8–12 Monate nach der Applikation geführt werden könne.

In Konsequenz dieser Ausführungen hätte bei einem entsprechenden Untersuchungsergebnis nicht nur der Antragsgegner seine Glaubwürdigkeit erhärten oder gar den Nachweis seiner Schuldlosigkeit führen, sondern umgekehrt der Antragsteller bei einem für ihn günstigen Ergebnis den Nachweis wissentlicher Einnahme verbotener Substanzen erbringen, d.h. verdecktes Doping beweisen können. Es war daher folgerichtig, die Haaranalyse durchführen zu lassen. In Gerichtsverfahren und der Forensik werden sie bereits seit längerem als Beweismittel verwendet. Dr. Pascal Kintz ist zudem auch unbestritten ein herausragender Experte auf diesem Sachgebiet. Am 22.06.2000 übermittelte Dr. Pascal Kintz vorab das Ergebnis seiner Untersuchung. Danach waren die ihm bei Auftragserteilung angegebenen Nachweisüberprüfungen bezüglich Nandrolon, Norandrostendiol und Norandrostendion sämtlich negativ. Das schriftliche Gutachten zum Ergebnisbefund vom 22.06.2000 übermittelte Dr. Pascal Kintz, nachdem er wie von ihm erbeten eine schriftliche Aufforderung des Rechtsausschusses erhalten hatte, per Telefax unter dem 29.06.2000, ohne hierbei jedoch auf die von ihm am 16.06.2000 angegebene Nachweisgrenze einzugehen. In einer telefonischen Rücksprache zur gutachterlichen

Stellungnahme vom 29.06.2000 gab der Sachverständige zwar an, diese Nachweisgrenze habe er geäußert, er könne sie jedoch nicht wissenschaftlich untermauern. Gleichwohl entspreche diese Nachweisgrenze seiner eigenen Einschätzung. Die Methodik als solche ist jedoch zweifelsfrei wissenschaftlich abgesichert. Die Technik ist ausgefeilt, die Erwartungen sind hoch. Positive Befunde führen auch zu entsprechenden Erhärtungen bzw. Nachweisen eines Dopingverdachtes.

Dem Antragsteller ist nach alledem der ihm obliegende Beweis für sinnvolles verdecktes, wissentliches Doping nicht gelungen. Den Nachweis, dass der Antragsgegner sich mit zweimaligem Zähneputzen am 19.10.1999 und 12.11.1999 wissentlich ohne jeden Leistungserfolg »positiv gemacht« hat, kann der Antragsteller ohne Geständnis des Antragsgegners nicht führen. Dies gilt umsomehr, als umgekehrt gegen die wissentliche Applikation mittels der Zahnpasta die Tatsache spricht, dass der Antragsgegner anlässlich einer freiwilligen Blutkontrolle am 05.09.1999 in Leverkusen ebenfalls positiv auf Nandrolon getestet worden ist. Hierzu gilt Folgendes:

Der Antragsgegner wurde ca. 20 Minuten vor seinem Wettkampf gefragt, ob er sich einer freiwilligen Blutkontrolle unterziehe. Der Antragsgegner sagte dies zu, aber erst für den Zeitpunkt nach dem Wettkampf. Die Blutentnahme erfolgte lt. Protokoll vom 05.09.1 999 um 17.50 Uhr, der Lauf des Antragsgegners war gegen 16.45 Uhr.

Die Veranstaltung vom 05.09.1999 in Leverkusen war als internationale Veranstaltung im Terminkalender ausgewiesen. Es fanden Wettkampfkontrollen in Form von Urinkontrollen statt, wobei der zuständige Kontrolleur vorher nicht wusste, wer kontrolliert würde. Dies ist zwischen den Parteien unstreitig.

Zwischen der Anti-Doping-Kommission des Antragstellers und den Athleten, darunter dem Antragsgegner, ist bezüglich der Teilnahme an der Blutstudie 1999 vereinbart, dass die in dieser

Stufe der Forschung gesammelten Blutproben dazu dienen sollen, individuelle Reverenzbereiche für Parameter zu erstellen, die alle durch EPO beeinflusst werden. Den Teilnehmern an der freiwilligen Blutstudie war jedoch zugesichert, dass die Anonymität auf jeden Fall erhalten bleibt und es sich bei den Blutabnahmen auch nicht um Dopingkontrollen handelt, d.h. die Ergebnisse nicht zu Sanktionen führen werden. Auf eine B-Probe wird in diesen Fällen ebenso verzichtet wie auf eine Versiegelung.
Mit dieser vertraglichen Absprache kann der Antragsteller zwar argumentieren, der Antragsgegner hätte ohne jedes Risiko dopen und sich gleichwohl der freiwilligen Blutkontrolle unterziehen können. Zu beachten ist jedoch, dass aus dem Gutachten von Prof. Dr. Schänzer vom 12.04.2000 zu entnehmen ist, dass die Entdeckungsgefahr bei buccaler Einnahme von Nandrolon bis zu 52,5 Stunden besteht, aber auf 23 Stunden reduziert werden kann. Da gleichzeitig Urinkontrollen, die bei Entdecken verbotener Substanzen zu Sanktionen führen, stattgefunden haben, der Antragsgegner jedoch nicht wusste, ob nicht bei ihm eine Urinkontrolle stattfindet, war jedoch ein Dopen ohne Risiko nur möglich, wenn die Applikation länger als einen Tag, eher zwei Tage, zurückliegt.
Prof Dr. Schänzer hat in seinem Gutachten an die Staatsanwaltschaft bei dem LG Tübingen vom 02.05.2000 zu dieser Blutprobe festgestellt, dass diese folgende Metaboliten aufwies: Norandrosteron 9,9 ng/ml Serum, Norandrostendion mit 2,14 ng/ml Serum und Nandrolon mit ca. 0,48 ng/ml Serum. Die relativ hohe Menge von Norandrostendion in der Serumgabe vom 05.09.1999 im Vergleich zum Hauptmetaboliten Norandrosteron veranlasste den Sachverständigen zu der Äußerung, dass eine Applikation über die Mundschleimhäute wesentlich wahrscheinlicher ist als eine orale Zufuhr. Außerdem grenzt er, ohne sich allerdings sicher sein zu können, den Zeitpunkt der Applikation auf bis zu 90 Minuten vor der Blutentnahme ein. Damit

hätte die Applikation ca. 20–30 Minuten vor dem eigentlichen Wettkampf des Antragsgegners stattgefunden. Auch wenn der Sachverständige festhält, dass diese Zeitangaben Schätzungen sind, verdichtet sich der angenommene Zeitpunkt der Applikation auf diese Zeitspanne. Der den Antragsgegner mehrfach vernehmende Polizeibeamte KHK Milles von der Kriminalpolizei Tübingen hat am 16.06.2000 fernmündlich bestätigt, dass der Antragsgegner in einer seiner Vernehmungen angegeben hat, dass er sich regelmäßig vor Wettkämpfen die Zähne putzt. Dies gehöre bei ihm zur mentalen Vorbereitung. Diese Aussage wurde damals lediglich deswegen nicht festgehalten, weil deren spätere Bedeutung noch nicht erkannt worden war. Festgehalten ist in der Ermittlungsakte jedoch vorab schon die Aussage des Antragsgegners, dass er sich bei Wettkämpfen grundsätzlich eine Zahnbürste, eine Zahncreme und einen Waschlappen einpackt und mitnimmt. Es gibt deswegen in Verbindung mit den polizeilichen Ermittlungen keinen vernünftigen Anlass, daran zu zweifeln, dass der Antragsgegner am 05.09.1999 kurz vor dem Wettkampf »positiv« wurde, und zwar über das Zähneputzen mit der Zahnpasta Elmex Sensitive. Dazu kommt, dass der Sachverständige ausführt, dass bei Eintrag der Messwerte aus der Blutprobe des Antragsgegners in die für ihn erstellte Grafik diese klar in dem Bereich liegen, der für eine buccale Applikation charakteristisch ist, und zwar deutlich näher an der Kurve, die sich aus der Einnahme von 1,1 mg ergibt.
Bei Berücksichtigung des Körpergewichtes des Antragsgegners im Vergleich zum Körpergewicht der Versuchspersonen (60 kg zu 79 kg) ergibt sich eine noch stärkere Überlappung mit der 1,1-mg-Kurve. Deswegen stimmen die Ergebnisse der Serumprobe des Antragsgegners vom 05.09.1999 mit hoher Wahrscheinlichkeit mit einer buccalen Aufnahme überein. Hierzu passt auch, dass das Verhältnis von Norandrostendion zu Norandrosteron in der Serumprobe des Antragsgegners auf die auf-

genommene Menge hinweist, die nach der Auswertung des Zahnputzversuches mit 1,1 mg Norandrostendion und unter Berücksichtigung des Körpergewichtes des Athleten bei etwa 0,8 mg gelegen haben muss. Damit lässt sich die Applikation über die kontaminierte Zahnpasta Elmex Sensitive widerspruchsfrei erklären, ohne dass absolute Sicherheit besteht. Dies bedeutet aber wiederum, dass der Antragsgegner nicht gewusst haben kann, dass die Zahnpasta Elmex Sensitive mit Norandrostendion kontaminiert ist, andernfalls er diese zweifelsfrei nicht benutzt hätte. Denn er musste ja, wie oben erwähnt, mit einer Wettkampfkontrolle in Form einer Urinkontrolle rechnen, von der er weiß, dass diese zu Sanktionen führt, wenn eine verbotene Substanz aufgefunden wird. Es gibt keine vernünftige Antwort auf die Frage, warum sich der Antragsgegner mit einem nachgewiesen in dieser Menge nutzlosen Dopingmittel für einen 20 bis 30 Minuten später stattfindenden Wettkampf, der ihm weder die Teilnahme an den Olympischen Spielen in Sydney noch sonstige Vorteile garantierte, dopen sollte in der gleichzeitigen Erkenntnis, wenn bei ihm eine Urinkontrolle stattfindet, dass er eine Sanktion von zwei Jahren Wettkampfsperre zu erwarten hat. Wenn der Antragsgegner seine Karriere beenden wollte, könnte er dies ohne Schädigung seines Rufes tun, indem er seinen Rücktritt erklärt. Er bräuchte keinen spektakulären Abgang über eine zweijährige Wettkampfsperre provozieren, abgesehen davon, dass ein solch spektakulärer Abgang der Zukunftsplanung des Antragsgegners im Wege stünde. Denn er hatte ja vor, nach Abschluss seiner Karriere in vergleichbarer öffentlicher Weise für die Leichtathletik tätig zu sein, wie es bereits andere herausragende Sportler auch in anderen Sportarten vorleben. Dem Antragsteller ist zwar Recht zu geben, dass die von Prof. Dr. Schänzer festgehaltenen Ergebnisse zu dieser Blutkontrolle keine Sicherheit beinhalten, dass die Applikation nur über die kontaminierte Zahnpasta erfolgt sein kann. Auch eine frühere

Einnahme, auch sublingual, wäre theoretisch möglich, ergibt aber anhand der Gesamtumstände dieses Vorfalls keinen Sinn. Aufgrund der Kontrollhistorie musste der Antragsgegner bei sich von einer hohen Kontrolldichte ausgehen. Er musste bei jedem Wettkampf mit Überprüfungen rechnen. Wenn er sich dann gleichwohl unmittelbar vor einem Wettkampf bewusst mit kontaminierter Zahnpasta die Zähne geputzt hätte, hätte er »russisches Roulett« gespielt. Hierfür ist der Antragsgegner, dem ansonsten geniale Planung mit einem Ablenkungsmanöver unterstellt würde, viel zu intelligent. Diese Fallgestaltung ist nicht vergleichbar mit der eines Athleten, der Tage oder gar eine Woche vor einem Wettkampf mit dem Anabolikakonsum aussetzt und dann gleichwohl in einem Wettkampf positiv getestet wird, weil die Analytik zwischenzeitlich in der Lage ist, nicht nur Metaboliten der 1. Generation, sondern sogar Metaboliten der 2. Generation zu erfassen. Zur Überzeugung des Rechtsausschusses steht daher fest, dass der Antragsteller auch mit dem positiven Ergebnis aus der Blutkontrolle vom 05.09.1999 nicht den Nachweis erbracht hat, dass der Antragsgegner sich den verbotenen Wirkstoff wissentlich zugeführt hat.
Vorab war es dem Antragsteller schon nicht gelungen, den Nachweis wissentlicher Einnahme dadurch zu führen, dass bewiesen würde, dass die zwei positiven Dopingproben nicht auf das Zähneputzen mit der kontaminierten Zahnpasta Elmex Sensitive zurückzuführen sind.
Der Sachverständige Prof. Dr. Schänzer kommt in seinem Gutachten vom 02.05.2000 zu dem Ergebnis, dass die beiden positiven Dopingbefunde mittels Applikation über die kontaminierte Zahnpasta Elmex Sensitive möglich gewesen sind. Es ist zwar mit den vorhandenen Beweismitteln kein 100 % sicherer Beweis möglich gewesen, welches von den in Frage kommenden 19-Norsteroiden appliziert worden ist, der Sachverständige ist jedoch der Auffassung, dass eine orale Norandrostendion-An-

wendung nicht erfolgt ist, ebenso wenig eine Anwendung von Nandrolon in Depotform. Letzteres schließt er sogar aus. Bezüglich der Anwendung von Nandrolon in oraler Form spricht der Sachverständige von Unwahrscheinlichkeit, da derzeit kein orales medizinisches Präparat kommerziell verfügbar ist, welches Nandrolon enthält. Auch über den Vertrieb durch Schwarzmärkte sind entsprechende orale Präparate bisher nicht bekannt geworden. Auch wenn die Zuordnung der freiwilligen Proben des Antragsgegners aus der Zeit vom 20.–29.11.1999 zur Gruppe der buccalen Applikationen im strengen Sinne nicht sicher ist, ist aufgrund der aufgefundenen, mit Norandrostendion präparierten Zahnpasta mit hoher Wahrscheinlichkeit auf die Anwendung dieser Zahnpasta zu schließen. Da darüber hinaus die Zuordnung der A- und B-Proben mit einer extrem hohen Wahrscheinlichkeit zur Gruppe der buccalen Applikationen gehört, spricht trotz aller Einschränkungen das Ergebnis der Klassifikationsversuche in der Summe deutlich dafür, dass die positive Probe vom 12.11.1999 das Resultat einer buccalen Abnahme von Norandrostendion ist.
Der Sachverständige der Staatsanwaltschaft bei dem LG Tübingen Prof. Dr. Sörgel widerspricht in seinem Gutachten vom 08.05.2000 diesem Ergebnis nicht, wenn die Applikation am Tag vor der Urinkontrolle erfolgt ist. Er schließt lediglich aus, dass die Applikation mit der kontaminierten Zahnpasta an den Tagen der Urinkontrollen stattgefunden haben kann. Gemäß dem Ermittlungsbericht der Kriminalpolizei Tübingen vom 30.05.2000 war jedoch nicht festzustellen, ob sich der Antragsgegner am Tag der beiden Urinkontrollen mit der kontaminierten Zahnpasta Elmex Sensitive die Zähne geputzt hat oder mit einer der anderen zahlreichen Zahnpastacremes, die in seinem Haushalt nachgewiesen vorhanden sind. Hinzu kommt, dass nach Auffassung der Sachverständigen Prof. Dr. Schänzer und Dr. Harald Zilg das von Prof. Dr. Sörgel gefundene Ergebnis

unabhängig von der ungeklärten Frage, mit welcher Zahnpasta sich der Antragsgegner am Tag der Urinproben die Zähne geputzt hat, angreifbar ist, und zwar wegen der in und aus Köln versandten Urinproben stattgefundenen Bakterienaktivität bereits im Februar 2000. Außerdem beseitigt der Sachverständige Prof Dr. Sörgel selbst die Qualität seines Gutachtens, wenn er auf Seite 15 festhält, dass die Schlussfolgerungen nicht nur auf eigenen Messungen beruhen, sondern auch auf einer Reihe von Annahmen. Diese hält er aufgrund seiner langjährigen pharmakologischen Erfahrung für zutreffend, ohne sie jedoch zu untermauern. Eine dieser Annahmen war die Ausgangssituation, dass die Urinproben gekühlt gelagert und transportiert wurden, wie es den Vorschriften entspricht. Gerade diese Annahme aber hat sich als unzutreffende Ausgangslage erwiesen. Hierzu hat sich auch der vom Rechtsausschuss hinzugezogene Sachverständige Dr. Harald Zilg dahingehend eingelassen, dass gerade wegen der fehlerhaften Lagerung und des fehlerhaften Transports bei Raumtemperatur die für die Unterscheidung zwischen buccaler und oraler Aufnahme grundsätzlich verwendbaren Norandrostendionwerte nicht verwendbar sind, was besonders deutlich erkennbar ist an den weit auseinander liegenden Norandrostendionwerten der A- und B-Proben des in Köln untersuchten Urins. Etwaige vorhandene Restproben des in Kreischa untersuchten Urins könnten nur noch zur Bestimmung des Norandrosterons herangezogen werden, nicht aber zur Bestimmung weiterer Metabolite, auf die es ankäme. Das Gutachten von Prof. Dr. Sörgel ist deswegen nicht geeignet, das Gutachten von Prof. Dr. Schänzer, der mit hoher Wahrscheinlichkeit bezüglich der Urinproben von einer Applikation auf buccalem Wege ausgeht, zu erschüttern.
Bezüglich der positiven Probe vom 05.09.1999 sind sich gemäß der Besprechung am 17.05.2000 mit dem Leitenden Staatsanwalt die Sachverständigen Prof. Dr. Schänzer und Prof.

Dr. Sörgel einig, dass eine buccale Aufnahme stattgefunden hat.
Damit ist dem Antragsteller der Beweis, dass der Antragsgegner wissentlich verbotene Substanzen zu sich genommen hat, nicht gelungen.
Folgt man entgegen der Auffassung des Rechtsausschusses nicht der Rechtsprechung des BGH, dass sich der Antragsteller wegen festgestellter grob fahrlässiger vermeidbarer Beweisvereitelung nicht auf die Beweiserleichterung des Anscheinsbeweises berufen kann, so ergibt sich kein anderes Ergebnis. Denn wenn dem Antragsteller entgegen der Rechtsprechung des BGH der Anscheinsbeweis gleichwohl zur Seite stünde, würden auf der anderen Seite dem Antragsgegner erhebliche Beweiserleichterungen für seine Beweisführung zugute kommen (BGH NJW 98, 79 ff. mit weiteren Nachweisen; BGH NJW 96,1589).
Nach dieser erleichterten Beweisführung spricht das oben Dargestellte in weitaus höherem Maße für die Einlassung des Antragsgegners als umgekehrt dagegen.
Zu beachten ist weiter, dass nach dem Ermittlungsergebnis der Kriminalpolizei die Ehefrau des Antragsgegners nur eine Zahnpasta der Marke Elmex Sensitive gekauft hat. Dieser Kauf war im Frühjahr, spätestens Sommer 1998. Dies ergibt sich aus deren Aussage in Verbindung mit dem zeitlichen Zusammenhang des Gespräches mit dem Zeugen (...), der anlässlich des Trainingslagers zum Jahreswechsel 1997/1998 diese Zahnpasta empfohlen hat.
Die beim Antragsgegner aufgefundene, mit Norandrostendion versetzte Zahnpasta Elmex Sensitive ist jedoch vom Hersteller, der Firma Wybert, erst im März 1999 zum Verkauf ausgeliefert worden. Dies hat die Kriminalpolizei zweifelsfrei ermittelt. Damit ist bewiesen, dass die beim Antragsgegner aufgefundene kontaminierte Zahnpastatube nicht diejenige ist, die seine Ehefrau käuflich erworben hat. Damit wiederum ist seine Ein-

lassung, die Zahnpastatube wäre ausgetauscht worden, schlüssig. Gelegenheit zum (wiederholten) Vertauschen der Zahnpasten bestand bei Trainingslagern ausreichend. Ebenso gab es ausreichend Gelegenheiten, sich bei Trainingslagern über die Zahnputzgewohnheiten und die verwendeten Zahnpastamarken des Antragsgegners zu informieren. Wie sich aus den staatsanwaltlichen Ermittlungen ergibt, war es für den Antragsgegner nichts Ungewöhnliches, sein Zimmer und damit auch die Nasszelle mit anderen Athleten zu teilen. Wer in Erfahrung bringen wollte, bei welchen Gelegenheiten sich der Antragsgegner die Zähne putzt, welche Zahnpastamarken er benutzt usw., konnte dies mit Sicherheit tun. Gerade auch die Vielzahl benutzter Tuben unterschiedlicher Marken erhöht die Erfolgschancen eines Täters, die Zahnpasta unbemerkt zu vertauschen. Ein Täter konnte damit rechnen, dass der Antragsgegner wegen seiner »Zahnpastasammlung« selbst den Überblick diesbezüglich verloren hat und eine Vertauschung ihm nicht ohne weiteres auffallen wird.

Die Ermittlungen der Kriminalpolizei haben auch ergeben, dass die seit März 1999 ausgelieferten Tuben der Marke Elmex Sensitive bis zum Zeitpunkt der Proben im Herbst 1999 käuflich erhältlich waren.

Die Ermittlungen der Kriminalpolizei haben weiter ergeben, dass auch die Tube »Signal« mit der gleichen Maschine bearbeitet worden ist wie die kontaminierte Zahnpastatube Elmex Sensitive. Der Verschluss der Tuben ist daher an einem dritten, nicht mit den Produktionsorten der Firmen Wybert und Lever Farberge identischen Ort geschehen. Äußere Beschädigungen, z.B. Einstiche, wurden bei der kriminaltechnischen Untersuchung nicht aufgefunden. Hinzu kommt, dass zur Verfälschung beider Zahnpastatuben entsprechendes Fachwissen notwendig ist. In seinem Gutachten vom 12.04.2000 stellt Prof. Dr. Schänzer zwei verschiedene Methoden der Präparierung dar. Nach seiner

Einschätzung setzen beide Fachwissen voraus. Berücksichtigt man weiter, dass die Zahnpastatube der Marke Signal so verfälscht worden ist, dass der weiße Tubeninhalt völlig rein ist, ausschließlich der rote Tubeninhalt kontaminiert, der rote Tubeninhalt sich unterhalb der Tubenkopfes befindet, dann ist ohne weiteres nachvollziehbar, dass hier Spezialkenntnisse, auch hinsichtlich der Bedienung der Maschine, vorhanden sein müssen, über die der Antragsgegner mangels pharmakologischer und chemischer Ausbildung als gelernter Fotolaborant nicht verfügt. Wäre er Täter und nicht das Opfer eines Anschlags, müsste er sich damit der Hilfe eines oder mehrerer Dritter bedient haben. Er wäre, wie die Kriminalpolizei richtig einschätzt, zukünftig erpressbar, was nicht vereinbar ist mit der Tatsache, nach Beendigung seiner sportlichen Laufbahn eine herausragende Rolle im Bereich des Sportes zu spielen.
Die Kriminalpolizei Tübingen hat nach Veröffentlichung der Aufhebung der vorläufigen Suspendierung mit der Ehefrau des Antragsgegners Kontakt aufgenommen und mit dieser vorbeugende Maßnahmen beraten, um eine Wiederholung eines etwaigen Anschlages möglichst zu vermeiden. Dies wäre mit Sicherheit nicht der Fall gewesen, wenn die Kriminalpolizei Tübingen nach den eigenen Ermittlungen davon ausginge, dass die »Anschlagstheorie« frei erfunden ist. Der die Vernehmungen begleitende KHK Milles hat am 16.06.2000 fernmündlich darauf hingewiesen, dass er seit über 25 Jahren in der Mordkommission tätig ist und eine entsprechende Erfahrung in der Vernehmungspraxis erworben hat. Für ihn ist der Antragsgegner mit seiner Darstellung absolut glaubwürdig. Er hat widerspruchsfrei bei verschiedensten Vernehmungen seine Angaben gemacht. Ihm wurden auch widersprüchliche Fragen gestellt, die der Antragsgegner widerspruchsfrei beantwortete. KHK Milles hat auch eine Erklärung dafür, wie es sich mit den zwei kontaminierten Zahnpastatuben verhält. Die erste kontaminierte Zahnpasta ist

seiner Einschätzung nach die Signal-Tube gewesen, und erst als der erwartete Erfolg des Anschlags ausblieb, hat man beobachtet, welche Zahnpasta der Antragsgegner tatsächlich benutzt, und dann die Marke Elmex Sensitive käuflich erworben. Dies passt zu der Tatsache, dass die kontaminierte Zahnpasta Elmex Sensitive erst ab März 1999 in den Verkaufshandel gelangt ist, während die vom Antragsgegner zunächst benutzte Elmex Sensitive bereits im Frühjahr oder Sommer 1998 käuflich erworben war. Die Einschätzung der Kriminalpolizei Tübingen ist zweifelsfrei schlüssig und nachvollziehbar, auch wenn diese wegen der fehlenden Ermittlung eines tatsächlichen Täters noch Raum für gegenteilige Spekulationen offen lässt. Die fehlende Ermittlung eines Täters beinhaltet nicht, dass es die Tat nicht gegeben hat.

Der Sachverständige Prof. Dr. Sörgel hat weiterhin festgehalten, dass der Wirkstoff Norandrostendion in der Zahnpasta nicht zu schmecken ist. Er verflüssigt sich auch nicht. Der Antragsgegner hätte bei Benutzung dieser Zahnpasta nichts bemerken müssen. Nach seiner Einschätzung gibt es entgegen Veröffentlichungen in der Presse auch nicht einen auffälligen Erdnussgeruch.

Nimmt man hinzu, dass der Antragsgegner anlässlich eines Wettkampfes am 05.09.1999, bei welchem er mit einer sanktionsfähigen Urinkontrolle rechnen musste, positiv gewesen ist und die Applikation erst kurz vor dem Wettkampf, jedenfalls weit innerhalb der Zeitspanne, innerhalb der Entdeckungsgefahr besteht, erfolgt ist, dann verdichtet sich aus der Gesamtschau die These des Antragsgegners zu einem schlüssigen Ergebnis, dass er nicht wissentlich gedopt hat, sondern von einem unbekannten Dritten anlässlich eines Wettkampfes positiv gemacht werden sollte, um einen unbequemen Bekämpfer des Dopings in seiner Glaubwürdigkeit zu erschüttern.

Schließlich darf auch die negative Haaranalyse des Sachverständigen Dr. Pascal Kintz aus Straßburg nicht außer Acht gelassen werden. Aus dieser geht hervor, dass der Antragsgegner im dopingrelevanten Bereich über einen längeren Zeitraum zweifelsfrei nicht gedopt hat. Als nachgewiesene Tatsachen verbleiben unter Einbezug der Blutkontrolle insgesamt drei positive Proben, die weder für sich allein gesehen noch in ihrer Gesamtheit geeignet waren, auch nur annähernd eine Leistungssteigerung zu bewirken.

Aus der Gesamtschau aller dieser Umstände wäre daher im Rahmen der zuzugestehenden Beweiserleichterung seitens des Antragsgegners der erleichterte Nachweis geführt, dass er manipuliert worden ist und nicht seinerseits wissentlich gedopt hat. Festzuhalten bleibt insoweit lediglich, dass keine dieser Folgerungen für sich alleine ausgereicht hätte, den erleichterten Nachweis der Unschuld zu führen. Die Zusammenfügung aller einzelnen Mosaiksteinchen ergibt jedoch ein in sich stimmiges Bild zu Gunsten des Antragsgegners.

Auch bei der Annahme eines vom Antragsteller geführten Anscheinsbeweises wäre dem Antragsgegner kein vorsätzliches Dopingvergehen anzulasten.

Bleibt nur noch zur Vollständigkeit zu erwähnen, dass die hier verwendete Substanz selbst in der Wissenschaft noch umstritten ist und Klärungsbedarf besteht. So hält der Sachverständige Prof. Dr. Schänzer in seinem Gutachten vom 12.04.2000 fest, dass Nandrolon betreffend noch vieles unerforscht ist. So kann gegenwärtig noch nicht einmal die Frage beantwortet werden, ob Norandrostendion in oraler bzw. anderer Applikation überhaupt leistungssteigernd wirken kann. Es müssen weitere Studien mit Norandrostendion zur Klärung offener Fragen vorgenommen werden. Bisher wird lediglich aus Ergebnissen einer Androstendion-Studie geschlussfolgert, dass bei einer einmaligen Anwendung oraler Präparate von 300 mg/Tag eine Erhöhung des Testosteronspiegels im Blut erreicht wird, so dass eine Physiologische Relevanz bestehen könnte. Bei Anwendung von 100 mg Androstendion pro Tag oder 3 x täglich 100 mg konnten keine erhöhten Serumspiegel für Testosteron ermittelt werden. Es liegt daher nahe, dass es gegenwärtig und zukünftig Aufgabe der Forschung ist, hier wissenschaftliche Klarheit herbeizuführen. Sollte Norandrostendion allein aus analytischen Gründen auf der Verbotsliste stehen, führt dies zu zweifelhaften Befunden.

Als der Unterlegene trägt der Antragsteller die Kosten des Verfahrens (§ 87 Abs. 1 RuVO-DLV). Die Hinzuziehung eines Rechtsanwaltes war für notwendig zu erachten. Die Erstattung der Anwaltkosten durch den Antragsteller entspricht im Rahmen der vom Rechtsauschuss gepflogenen Streitwertfestsetzung der Billigkeit.

gez. Schoeppe, gez. Breit, gez. Sahner

Beschluss:

Der Streitwert wird auf 16.000,00 DM festgesetzt.

Gründe:

Für die Frage, ob ein Dopingverstoß festgestellt werden muss oder nicht, und für die weitere Frage, ob und in welcher Höhe nach entsprechender Feststellung eine Wettkampfsperre verhängt wird, ist es ohne Bedeutung, in welchen wirtschaftlichen Einkommensverhältnissen der betroffene Athlet/die betroffene Athletin seinen/ihren Sport ausübt und welche wirtschaftlichen Interessen verfolgt werden. Es entspricht daher ständiger Rechtsprechung des Rechtsausschusses, den Streitwert in Analogie zu § 13 Abs. 1 GKG je Begehren mit dem Regelwert von 8.000,00 DM zu bewerten. Die Streitwertfestsetzung auf 16.000,00 DM ergibt sich damit zwingend aus der Praxis der Antragstellung in Dopingverfahren. In diesem Umfange entspricht die Kostenerstattung auch bezüglich von Rechtsanwaltkosten der Billigkeit.

gez. Schoeppe, gez. Breit, gez. Sahner

Sachregister

Ad-hoc-CAS Schiedsgericht nur für die Zeit der Olympischen Spiele. Das Organ muss innerhalb von 24 Stunden eine Verhandlung ansetzen und entscheiden.

Anscheinsbeweis Dabei handelt es sich um eine Regel, die in bestimmten Fällen schwieriger Beweisführung dem Beweispflichtigen Erleichterung verschafft. Statt des Vollbeweises einer Tatsache genügt der volle Nachweis eines Indiz-Sachverhaltes (z.B. objektiver Befund im Körper eines Athleten), der nach allgemeiner Erfahrung auf die eigentliche zu beweisende Tatsache (bewusste Einnahme des Mittels) schließen läßt. Der Anscheinsbeweis entfällt konsequenterweise schon dann, wenn der Indiz-Sachverhalt nicht voll bewiesen ist oder erschüttert wird.

Anti-Doping-Kommision des DLV Das Gremium besteht aus dem Anti-Doping-Beauftragten, dem Vizepräsidenten Recht und dem Vorsitzenden des Bundesausschusses Wettkampforganisation. Die Kommission leitet das Dopingverfahren ein und spricht die Suspendierung eines Athleten aus, wenn ein hinreichender Verdacht für ein Dopingvergehen besteht.

Anti-Doping-Kommission der IAAF Leitet auf IAAF-Ebene ein Verfahren ein.

Arbitration Panel IAAF Verbandsgerichtorgan der IAAF, das in Dopingfällen auf Antrag des Councils des Weltverbandes tätig wird. Der Arbitration Panel entscheidet Streitfälle zwischen der IAAF und ihren Mitgliedern, den nationalen Verbänden.

Beweislastumkehr Nach der üblichen Beweisregel muss derjenige (z.B. der Verband), der eine Rechtsfolge für sich beansprucht, etwa die Sperre eines Athleten, die Voraussetzungen dieser Folge (z.B. das Verschulden) nachweisen. Im Ausnahmefall kann diese Beweislast aus Gründen der Fairness umgekehrt werden, wenn der Beweispflichtige keinen Zugang zu den notwendigen Beweisen hat, weil sie nur in der Sphäre der anderen Partei zu finden sind (z.B. Herstellungsfehler bei industriellen Produkten oder ärztliche Behandlungsfehler).

CAS Schiedsgericht des Internationalen Olympischen Komitees mit Sitz in Lausanne.

DLV Der Deutsche Leichtathletik-Verband ist die Dachorganisation von 20 Landesverbänden. Mit seinen 856 693 Mitgliedern ist er die größte Vereinigung innerhalb des Weltverbandes IAAF.

EPO (Erythropoietin) EPO ist ein Peptidhormon, das auch vom menschlichen Körper produziert wird. Es wird in der Niere gebildet und stimuliert in den Knochenmark-Stammzellen die Ausreifung der roten Blutkörperchen. Mit dem gentechnisch produzierten EPO wird versucht, die Gesamtzahl der roten Blutkörperchen zu erhöhen, um eine größere Menge an Sauerstoff transportieren zu können. Das soll vor allem zu besseren Ausdauerleistungen führen. Peptidhormone sind seit 1989 auf der Dopingliste. Die ungenügende Nachweisbarkeit von künstlich hergestelltem EPO ist ein Problem.

HES (Hydroxyethylstärke) HES ist ein Plasmaexpander und steht seit dem 01.01.2000 auf der Verbotsliste des IOC. Plasmaexpander sind Wirkstoffe, die zu einer Erhöhung des Gesamtblutvolumens führen. Mit der Anwendung von HES kann man den Hämatokritwert (Prozentsatz der festen Blutbestandteile am Gesamtblutvolumen, Normalwert Mann 42–52, Frau 37–47 Prozent) stabil senken (z.B. als Gegenmaßnahme und zur Verschleierung von EPO-Doping). Ein weiterer günstiger Effekt besteht in der Kompensation von Flüssigkeitsverlusten bei Ausdauerbelastungen. Faustregel: Ein fünfprozentiger Wasserverlust bringt einen zwanzigprozentigen Leistungsverlust mit sich.

IAAF International Association of Athletic Federations mit Sitz in Monaco. Vereinigung von 210 nationalen Verbänden.

Nandrolon (19-Nortestosteron) Anaboles Steroidhormon, das im Labor hergestellt wird. Es hat hauptsächlich eine eiweißaufbauende Wirkung, die den Stoffwechsel beeinflusst und die Gewebsbildung fördert, also einen Muskel- bzw. Kraftzuwachs zur Folge hat. Daneben soll sich durch Nandrolon die Erholungsphase nach harten Trainingsbelastungen verkürzen. Eine orale Einnahme von Nandrolon ist wenig sinnvoll, da der Stoff direkt in die Leber gelangt und dort fast vollständig zu nicht wirksamen Substanzen abgebaut wird. Deshalb wird Nandrolon intramuskulär gespritzt. Nandrolon ist mit den herkömmlichen Dopinganalysen sehr leicht nachweisbar.

4-Norandrostendion, 4-Norandrostendiol, 5-Norandrostendiol Alle drei Stoffe sind körperfremde Prohormone (Vorhormone) von Nandrolon. Der menschliche Organismus kann nach der Gabe dieser Prohormone, die dem Körper z.B. durch Tabletten zugeführt werden, daraus Nandrolon synthetisieren. Allerdings ist die Umwandlungsrate dieser Prohormone durch Leberenzyme zu Nandrolon sehr gering. Um physiologisch wirksame Konzentrationen im Blut zu erreichen, müssten diese Substanzen in großen Mengen (200 mg mehrmals täglich) eingenommen werden. Alle Prohormone von Nandrolon werden derzeit im großen Stil als Nahrungsergänzungsmittel im Ausland vertrieben. In Deutschland gelten sie als nicht zugelassene Arzneimittel und eine Weitergabe gilt als Verstoß gegen das Arzneimittelgesetz. Alle Prohormone sind nach dem Dopingreglement des IOC verboten.

Rechtsausschuss Verbandsgericht des DLV, das nach dessen Rechts- und Verfahrensordnung (RVO) verbandsinterne Streitigkeiten abschließend entscheidet. Die Beschlüsse dieses auf der Verbandsautonomie beruhenden »Sportgerichts« unterliegen nur eingeschränkter Überprüfung durch staatliche

Gerichte bei der Verletzung elementarer Rechtsgrundsätze. Das Gremium entscheidet in Dreierbesetzung, die Verbandsrichter sind grundsätzlich unabhängig. Das DLV-Präsidium agiert in diesem Verfahren als Ankläger, vergleichbar mit der Rolle des Staatsanwalts in staatlichen Strafprozessen. Die Sanktionen des Rechtsausschusses bestimmen sich nach den Dopingvorschriften der IAAF unter Berücksichtigung der Vorgaben staatlichen Rechts sowie der sonstigen Vorschriften der RVO.

Chronologie

05.08.1999 Kurz nach der Rückkehr aus St. Moritz wird Baumann in Tübingen unangemeldet kontrolliert. Die Analyse der Probe ergibt einen Nandrolonbefund von unter 2,0 ng/ml Urin. Man spricht von einem »Schleier« im Urin.

05.09.1999 Baumann gibt eine freiwillige Blutprobe nach einem Wettkampf in Leverkusen ab. Bei ihrer Untersuchung im März 2000 weist sie 9,9 ng/ml Norandrosteron, 2,14 ng/ml Norandrostendion und 0,48 ng/ml Serum Nandrolon aus.

19.10.1999 In einer unangemeldeten Trainingskontrolle finden sich 23,2 ng/ml Urin 19-Norandrostesteron und 5,1 ng/ml 19-Noretiocholanolon. Als Grenzwert für einen positiven Dopingbefund sind beim Mann 2 ng/ml Urin festgelegt.

12.11.1999 Die Analyse der nächsten unangemeldeten Trainingskontrolle ergibt den Befund: 19-Norandrosteron in einer Konzentration von 24 ng/ml.

15.11.1999 Der DLV unterrichtet Baumann von seinen positiven Dopingbefunden.

17.11.1999 Baumann wird von der Anti-Doping-Kommission des DLV angehört.

19.11.1999 Der DLV suspendiert Baumann vorläufig mit sofortiger Wirkung wegen des Verdachts eines Anabolika-Missbrauchs. In einer Pressekonferenz in Stuttgart erklärt Baumann, er wisse nicht, wie die Substanzen in seinen Körper gelangt seien.

01.12.1999 Das Kölner IOC-Labor unter der Leitung von Prof. Dr. Wilhelm Schänzer findet in einer Zahnpasta Baumanns den »Vorläufer« des anabolen Steroids

Nandrolon: Norandrostendion. Schänzer: »Ich gehe davon aus, dass die Substanz in die Zahnpasta gebracht wurde.«

02.12.1999 Baumann erstattet Strafanzeige wegen vorsätzlicher Körperverletzung bei der Staatsanwaltschaft Tübingen.

06.12.1999 Das Dezernat für Sonderfälle der Landespolizeidirektion Tübingen nimmt die Ermittlungen auf und verhört das Ehepaar Baumann.

03.01.2000 In der Presse werden Stephane Franke und Damian Kallabis mit dem Fall in Zusammenhang gebracht. Beide hatten während eines Trainingslagers in St.Moritz im Juli 1999 Zugang zur Wohnung eines DLV-Masseurs, in der auch Baumann untergebracht war.

Die Staatsanwaltschaft Tübingen gibt ein Gutachten bei Prof. Schänzer in Auftrag. Es soll klären, ob das in den Urinproben gefundene Norandrostendion über die Mundschleimhaut (buccale Aufnahme) oder den Magen-Darm-Trakt (orale Aufnahme) in den Urin gelangte.

07.01.2000 Franke und Kallabis reagieren über ihren Berliner Anwalt Böken mit der Androhung strafrechtlicher Schritte auf Behauptungen, sie seien in die Baumann-Affäre verwickelt.

11.01.2000 Prof. Schänzer darf bis auf weiteres keine Proben von DLV-Athleten mehr analysieren, nachdem er erklärt hatte, er halte Baumann für unschuldig. Das wertet der DLV als Befangenheit und entzieht Schänzer die Kontrollerlaubnis.

12.01.2000 Baumann setzt eine Belohnung von 100 000 DM für sachdienliche Hinweise aus, die zur Ergreifung des Täters führen.

15.01.2000	Das Nachrichtenmagazin »Spiegel« berichtet von einem ehemaligen DDR-Trainer, der Drahtzieher des Anschlags sein soll.
21.01.2000	Die Kripo Tübingen gibt bekannt, dass in einer zweiten Zahnpasta der Stoff Norandrostendion entdeckt worden ist. Diese Tube war am 7.12.1999 von der Polizei aus dem Haus Baumann mitgenommen worden.
22.01.2000	Das DLV-Präsidium beschließt mit 9:1 Stimmen, bei seinem unabhängigen Rechtsausschuss eine zweijährige Sperre zu beantragen. Aus Kreisen der Staatsanwaltschaft verlautet, dass klare Indizien vorliegen, die auf einen Anschlag hindeuten.
02.02.2000	Prof. Schänzer darf wieder Dopingproben von DLV-Athleten untersuchen.
07.02.2000	Die Staatsanwaltschaft gibt bei Prof. Fritz Sörgel, Leiter des pharmakologischen Forschungsinstituts IBMP Nürnberg, ein Gutachten in Auftrag. Er soll klären, ob die positiven Befunde auf eine Zufuhr des Dopingstoffes Norandrostendion über die Mundschleimhaut zurückgeführt werden können.
14.02.2000	Anhörung von Baumann durch den DLV-Rechtsausschuss im »Haus des Sports« in München.
25.03.2000	Dieter und Isabelle Baumann unterziehen sich einem Lügendetektor-Test bei Prof. Udo Undeutsch, Köln.
04.04.2000	In seinem Gutachten kommt Prof. Undeutsch zu dem Schluss, dass Dieter und Isabelle Baumann mit einer Wahrscheinlichkeit von 95 Prozent die Wahrheit sagen.
18.05.2000	Das Oberlandesgericht Frankfurt weist in letzter Instanz den Antrag Baumanns auf eine Aufhebung der vorläufigen Wettkampfsperre zurück.

30.05.2000 Die Staatsanwaltschaft Tübingen stellt die Ermittlungen ein. Es habe kein konkreter Tatverdächtiger ermittelt werden können, ein hinreichender Tatverdacht gegen Baumann habe sich ebenfalls nicht ergeben, so die Behörde.

14.06.2000 Erneute Anhörung von Baumann vor dem DLV-Rechtsausschuss.

16.06.2000 Auf Aufforderung des Rechtsausschusses lässt Baumann seine Schamhaare bei dem Straßburger Gerichtsmediziner Pascal Kintz auf Dopingmittelrückstände untersuchen.

23.06.2000 Die Suspendierung Baumanns wird vom DLV-Rechtsausschuss aufgehoben. Nach der Schamhaaranalyse bestehe »kein dringender Tatverdacht wegen Dopings« mehr. Der Internationale Leichtathletikverband (MAF) erlaubt den Start in Nürnberg am 25. Juni.

25.06.2000 Baumann läuft beim Meeting in Nürnberg und erfüllt mit 13:18,78 Minuten die Olympianorm.

13.07.2000 Der DLV-Rechtsausschuss spricht Baumann frei.

29.07.2000 Baumann wird in Braunschweig Deutscher Meister über 5000 Meter.

02.08.2000 Das IAAF-Council verweist den Fall Baumann an sein Schiedsgericht zur Prüfung. Er darf bis zur endgültigen Entscheidung starten.

11.08.2000 Isabelle Baumann erhält keine Akkreditierung als Trainerin für die Olympischen Spiele.

Baumann läuft beim Meeting »Weltklasse« in Zürich die 5000 Meter in 13:13,83 Minuten.

14.09. bis 16.09.2000 Verhandlung vor dem IAAF-Schiedsgericht, dem Arbitration Panel, in Sydney.

18.09.2000 Das Schiedsgericht sperrt Baumann wegen Dopings rückwirkend für zwei Jahre und drei Monate bis zum 21.01.2002 und schließt ihn von der Teilnahme an den Olympischen Spielen aus.

19.09.2000 Helmut Digel kritisiert das IAAF-Schiedsgericht: »Ich bin sehr betroffen gewesen, mit welcher Arroganz das Verfahren durchgeführt wurde.« Digel moniert, dass sich die Richter nicht in die Akten eingelesen hätten, und fordert Reformen im Sinne der Athletenrechte.

20.09.2000 Das IAAF-Council lehnt ein vom DLV eingereichtes Gnadengesuch ab.

21.09.2000 Verhandlung vor dem Internationalen Sportgericht (CAS) in Sydney.

22.09.2000 Das Internationale Sportgericht bestätigt den Ausschluss Baumanns von den Olympischen Spielen.

06.11.2000 Das DLV Präsidium beschließt mit 7:3 Stimmen, keine juristischen Schritte gegen die IAAF einzuleiten. Die Erfolgschancen werden als gering bewertet, die Prozesskosten im Falle einer Niederlage mit einer sechsstelligen Summe veranschlagt. Der Verband ist finanzschwach.

21.11.2000 Baumann reicht beim Landgericht Stuttgart Klage gegen die IAAF ein, um eine Aufhebung der Sperre zu erreichen. Außerdem stellt er Schadensersatzansprüche.

Baumann stellt beim Rechtsausschuss des DLV den Antrag, das am 13. Juli gefällte Urteil zu vollstrecken.

29.11.2000 Baumann schließt sich der LAV-Tübingen an, nachdem sein Vertrag bei Bayer 04 Leverkusen nicht verlängert wird.

20.02.2001 Der Vorsitzende des DLV-Rechtsausschusses, Wolfgang Schoeppe, gibt Baumann die Starterlaubnis für die Deutsche Hallenmeisterschaft am

24./25.02.2001 in Dortmund. Er stellt fest, dass die IAAF »auch weiterhin kein Berufungsgericht zum DLV-Rechtsausschuss« ist. In der Athletenvereinbarung sei die Rangfolge klar geregelt: zuerst die DLV-Rechts- und Verfahrensordnung und dann die IAAF-Regeln. Damit sei die Entscheidung des Rechtsausschusses endgültig.

23.02.2001 Das Oberlandesgericht Frankfurt bestätigt die Starterlaubnis. In seinem Urteil betont das OLG, dass der Rechtsausschuss »abschließend über solche Streitigkeiten entscheiden sollte«. In der Athletenvereinbarung hätten die Parteien die Rechts- und Verfahrensordnung des DLV als verbindlich anerkannt.

25.02.2001 Baumann gewinnt den Titel über 3000 Meter in einer Zeit von 7:47,29 Minuten.

26.02.2001 Der Internationale Leichtathletik-Verband IAAF suspendiert zunächst alle Teilnehmer des 3000-Meter-Endlaufs. Später werden sie begnadigt, bis auf Jan Fitschen, der bei der Hallenweltmeisterschaft in Lissabon nicht laufen darf.

27.02.2001 IAAF-Generalsekretär Istvan Gyulai erklärt vor der Presse, Baumanns Sperre werde sich bis zum 25. Februar 2003 automatisch verlängern, weil er ohne internationales Startrecht an der Meisterschaft in Dortmund teilgenommen habe.

21.03.2001 Das Landgericht Darmstadt lehnt einen Antrag Baumanns auf das Startrecht beim Hamburg-Marathon ab. Baumann kündigt Berufung gegen das Urteil an. Das LG hält fest, dass die Auswirkungen von unterschiedlichen Entscheidungen des nationalen Rechtsausschusses und des Arbitration Panel der IAAF »nicht ausreichend in den Regelwerken berücksichtigt wurden«. Allerdings hätte eine »ungehinderte Zulassung« eine »weitreichende Sperre« aller übrigen teilnehmenden Athleten durch den internationalen Verband zur Folge.

03.04.2001 Baumann meldet sich offiziell zum Hamburg-Marathon an.

18.04.2001 Das OLG Frankfurt folgt in der Berufungsverhandlung dem Landgericht Darmstadt und bestätigt damit die Vorgehensweise des DLV, der sich der IAAF unterwirft. Die Frankfurter Richter halten den inhaltlichen Aufbau der Athletenvereinbarung zwar »für wenig geglückt und transparent«, daraus könne man jedoch nicht den Schluss ziehen, dass die IAAF keine Sanktionskompetenz gegen den Athleten habe. Die Entscheidung des IAAF-Schiedsgerichts hebe »formalrechtlich zwar nicht die Entscheidung des Rechtsausschusses auf, macht sie aber gegenstandslos«, befindet das OLG.

05.09.2001 Helmut Digel erklärt, er empfinde die Behandlung Baumanns durch den Verband als nicht fair. Als DLV-Präsident hat ihn inzwischen sein früherer Stellvertreter Clemens Prokop abgelöst.

18.09.2001 Das Landgericht Stuttgart vertagt die Verhandlung über Baumanns Antrag auf Wiederzulassung und Schadensersatz gegen die IAAF auf 18. Dezember. IAAF-Generalsekretär Istvan Gyulai betont, er sehe ein kommendes Urteil des Gerichts als nicht bindend an.

26.11.2001 Das IAAF-Council setzt eine Kommission ein, die unter Führung von Präsident Lamine Diack über die Startberechtigung Baumanns ab Januar 2002 entscheiden soll. Der Weltverband stellt noch einmal klar, dass er es nicht dulden werde, wenn Athleten verbindliche Entscheidungen der IAAF nicht akzeptieren und gerichtlich dagegen vorgehen.

05.12.2001 Die IAAF entscheidet, die ursprüngliche Verlängerung der Sperre bis zum 23.02.2003 aufzuheben. Dieter Baumann kann ab 22. Januar 2002 wieder an Wettkämpfen teilnehmen.